Jin Kim : Einfuhrung in die Religionswissenschaft

종교란 무엇인가

김진 지음

UUP

종교란 무엇인가

- 2017년 08월 25일 개정판 **인쇄**
- 2017년 08월 31일 개정판 **발행**
- 2008년 03월 02일 **초판 발행**
- **지은이** 김 진
- **펴낸이** 오연천
- **펴낸곳** UUP(울산대학교출판부) 680-749 울산광역시 남구 대학로 93(무거동) 울산대학교 출판부
- **전화** (052)259-2488 **팩스** (052)277-3011 ▪ **홈페이지** http://uup.ulsan.ac.kr
- **출판등록** 제370-1996-000001호(1996.3.13)
- ₩ 19,500

이도서의 국립중앙도서관 출판도서목록(CIP)은 e-CIP 홈페이지(http://www.nl.go.kr/ecip)에서 이용하실 수 있습니다.(CIP제어번호: CIP2017021451)

ISBN 978.89.7868.409.5 (03200)

서문

종교를 알아야 세계를 알 수 있다. 종교는 세계관이기 때문이다. 지상에는 수없이 많은 종교들이 있다. 그리고 그 종교를 신봉하는 사람들이 살고 있다. 그런 의미에서 다양한 종교들은 저마다의 삶과 문화를 반영하고 있다. 그러므로 어떤 사람을 안다고 말할 수 있으려면, 무엇보다도 먼저 그 사람이 무엇을 믿고 무엇을 가치있게 생각하고 있는가를 알아야 한다. 따라서 종교란 무엇인가라는 물음은 인간이란 무엇인가라는 물음과 동일한 지평위에 있다. 이 물음은 삶, 도덕, 가치의 문제들을 함축하고 있다.

지금 세계는 문화 콘텐츠 전쟁에 돌입하였다. 우리나라도 예외는 아니다. 한 편의 성공한 영화가 자동차 수 만 대를 생산한 것보다 더 큰 이익을 창출하는 시대가 된 것이다. 새로운 세기를 맞이하면서 인류는 그 동안의 모든 문화 현상들에 대한 철학적 반성을 하기 시작하였다. 서구의 합리주의 전통에 대한 비판적 시각이 커지면서 포스트모더니즘이라는 새로운 얼굴을 한 문명비판이 철학계를 풍비하였다. 기존의 로고스중심주의의 한 축이 무너지는 순간이기도 하였다. 소크라테스의 신화를 니체가 전면적으로 거부하면서 일어난 합리주의에 대한 도전은 이제 비판의 차원에만 머무르지 않고 새로운 세계의 철학으로 그 모습을 드러내고 있다.

지금 세계는 다시 종교와 문화 현상에 주목하고 있다. 종교와 문화는 구조적으로 절대적인 이념을 지향하면서도, 그 구체적인 현상들에서는 상대적인 모습으로 드러나는 특징을 갖고 있다. 그리하여 일찍이 칸트는 하나의 종교가 있으나, 그 신앙 양식은 매우 다양하다고 지적한 바 있다. 그러나 이 시대에는 수많은 종교와 문화체계가 있으며, 동일한 체계 속에서도 서로 다른 이질적인 현상들이 겹쳐있다. 따라서 문화를 이해하는 방식은 우리에게 매우 중요한 과제가 아닐 수 없다.

종교는 일차적으로 자신의 본래적인 모습을 찾으려는 노력이라고 생각할 수 있으나 저마다의 깨달음이 다르기 때문에 종교 간의 분쟁으로 치달을 수도 있다. 이처럼 종교는 가장 강력한 세계관과 신념체계를 형성하기 때문에, 종교대화나 타종교에 대한 이해 없이 진정한 세계평화를 기대하는 것은 거의 불가능하다. 따라서 종교다원화 사회에서 종교대화의 가능성 조건에 대한 물음은 이 시대의 가장 긴급한 철학적 문제로 떠오르고 있다. 우리는 이러한 문제 이해를 통하여 인간생활에 가장 중요한 종교적 상상력과 영성체험에 대한 근본적인 이해를 갖게 될 것이다. 종교는 이제 더 이상 우리에게 군림하지 않아야 한다. 종교는 최소한의 인간성과 도덕을 전제로 해야 하며, 모든 인간이 공존할 수 있는 유토피아적 실천을 내용으로 하지 않으면 안 되는 것이다.

이 책의 일차적인 목적은 종교에 대한 기본적인 이해를 제공하려는데 있다. 종교에 대한 어원, 정의, 목적 등에 대한 논의는 물론이고 세계의 주요 종교들과 우리나라의 종교 현상들을 개략적으로 살펴보면서 현대사회에서 종교가 어떤 위상과 의미를 가질 수 있는 가에 대한 방향을 제시하고자 하였다.

1998년에 초판을 내고 2001년과 2003년에 각각 2, 3판이 나왔던 『종교문화의 이해』를 전면적으로 개편하였다. 그 책의 원고들을 이 책에 편입하면서 대폭 수정하였고, 전체적으로 사진자료를 보완하였다. 제7장, 12장, 13장은 새로 작성하였다. 종교학 일반의 사전적 개념들에 대한 서술은『브리태니커 한글판』,『한국민족문화대백과사전』,『두산동아세계백과사전』 등을 활용하였으며, 세계 종교 일반에 대한 기초적 논의들은『한 눈에 보는 세계의 종교』 *Schnell-kurs Weltreligion* 5부작(예경 2007) 등의 문헌을 참고하였다. 이 책에 게재한 사진자료들의 출처는 말미의 "사진자료 인용문헌"에 밝혀 두었다. 학술적인 주장들에 대하여는 각주로 인용 출처를 밝혔으나, 개설적인 논의들이나 일부 사진자료들은 "참고문헌"에 제시한 자료들을 활용하였음을 밝히는 바이다.

이 개정판은 우리말 어법에 맞게 고쳐 썼으며, 일부 사항들에 대해서는 보완하였다. 이 책은 종교학 일반에 대한 개론적인 이해에 접하고자 하는 학생, 일반인, 종교지도자들에게 유익한 정보를 제공할 것이다.

고헌산 기슭의 선필(善畢) 마을에서
2008년 2월 22일에 쓰고, 2017년 8월 10일에 새로 고쳐 씀.
저자 배상.

차례

■ 제2부 ■ 세계의 종교

■ 제3부 ■ 종교와 구원

■ 제 4 부 ■ 종교와 신비

제1부
종교의 본질

세계를 안고 있는 누트여신

제 1 장

종교란 무엇인가?

1. 종교의 어원과 정의

탈레스, 헤라클레이토스 (위로부터)

종교religion, Religion는 초월적 권능에 대한 경배, 신에 대한 모든 이론, 인간의 신앙고백의 모든 형태들을 포괄하는 총체적 개념이다. 이 말은 원래 라틴어의 *religio*에서 파생한 것이다. 리비우스Livius는 religiones를 평화시에 드리는 제의cultus, Kult라는 의미로 사용하였다. 그리하여 *religio*는 객관적으로 금기에 해당되는 '사실 자체', '제의' 또는 '의식'을 뜻하게 되었고, 시간이 지나면서 차츰 주관적인 경향성을 갖게 되었다.

종교학science of religion, Religionswissenschaft은 종교 현상, 즉 종교와 관련하여 객관적으로 서술할 수 있는 사회 문화적 현상들을 분석하여 종교 일반의 본질을 규명하려는 학문이다. 종교학은 구체적인 역사 속에 인류가 직접 추구한 종교현상들과 종교적 경험들, 그리고 다양한 제의형태들에 대한 문화인류학적, 종교사회학적, 종교심리학적, 종교현상학적 접근을 통하여 종교의 본질을 규명하고자 한다. 종교학은 종교적 상징, 신비적인 현상, 제의 형태, 그리고 문화적 전통 및 교의학적 언어사용 등에 대한 조사 및 기술, 그리고 역사적 연구를 수행하기 때문에, 주관적이고 고백적인 신학보다 훨씬 더 학문적인 객관성을 가지고 있다.

플라톤, 키케로, 아우구스티누스 (위로부터)

기원전 8세기에 헤시오도스Hesiodos는 『신통기』*Theogony*에서 신의 출현을 계보적으로 서술하였다. 이어서 기원전 6세기 경에 탈레스Thales (기원전 625~547)는 만물의 근원에 대한 아르케[1] 물음을 통하여 철학의 효시를 이루었고, 모든 사물 속에는 신적인 것이 깃들어 있다는 물활론적 세계관을 제시하였다. 헤라클레이토스Herakleitos (기원전 544~484)는 세상에 존재하는 것은 모두 변화하고 생성하지만, 오직 로고스Logos만은 변하지 않는다고 주장함으로써 철학적 신론의 효시를 이루었다. 같은 시기의 크세노파네스Xenophanes (기원전 565~470)는 전통적인 신화를 비도덕적인 것이라고 비난하였다. 소피스트들과 플라톤Platon (기원전 429~377) 역시 종교를 고상한 거짓이나 신격화된 인간의 이야기라고 격하하는 점에서는 공통적이었다. 플라톤은 처음에는 이데아론에 입각하여 '선의 이데아'를 가장 완전하고 신적인 것으로 파악하였으나, 후기에 이르러서는 '데미우르고스' Demiurgos제작자라는 신 개념을 통하여 세계 형성 과정을 설명하였다. 아리스토텔레스는 세계 존재의 원인 계열 가운데서 신을 '제1의 존재자' 또는 '제1의 부동의 원동자'라고 파악하였고, 이것은 나중에 토마스 아퀴나스의 신 개념에 절대적인 영향을 주었다.

로마시대에는 자연주의적, 합리주의적 종교관이 유행하였다. 키케로Cicero (기원전 106~43)는 *religio* 개념을 신들이 원하는 바를 마음 속 깊이 생각하는 것으로 정의하였다. 이는 제사장이 경건한 마음으로 텍스트를 반복하여 암송하는 데서 비롯되었다. 여기에서 키케로가 말하는 로마의 신들은 권위와 강제력을 가진 존재였다. 따라서 종교는 인간이 신적인 것으로 불리는 자연의 고차적인 질서에 종사하고 헌신하는 것을 의미한다.

그로부터 약 350여 년 후에 기독교인이었던 락탄티우스Lactantius

(240~320)는 키케로와는 전혀 다른 '결합하다 religati'는 말에서 종교의 개념을 정의하려고 시도하였다. 이로부터 종교 개념은 기독교적인 의미, 즉 신과 끊어졌던 관계를 다시 회복하는 것, 즉 '재결합'을 뜻하게 되었다. 그러나 오늘날 많은 종교학자들은 랙탄티우스의 언어사용이 잘못되었을 가능성을 지적하고 있다. 아우구스티누스 Augustinus (354~430)는 랙탄티우스의 개념 정의를 수용하여, 로마적인 제의 형태로서 종교 개념을 신과 인간사이의 단절 관계의 재정립이라는 기독교적인 종교 개념으로 변형하기에 이른다. 아우구스티누스는 종교의 의미를 '인간 영혼이 유일신과 결합하려고 노력하는 것'이라고 파악하였다. 중세시대에는 기독교를 중심으로 신의 존재 방식을 둘러싼 보편논쟁이 일어났고, 이슬람교나 기타 종교들과 접촉을 통하여 인간의 본성 자체가 종교적이라는 자연주의적 종교론이 두드러졌다.

르네상스 시대에는 지오반니 보카치오 Giovanni Boccaccio (1313~1375)와 에라스무스 Erasmus (1466~1536) 등을 중심으로 인간 자체에 대한 관심 속에서 종교의 문제가 다루어졌다. 지리상의 발견으로 마테오 리치 Matteo Ricci (1522~1610) 등이 유럽 이외의 다른 문화권과 접촉하게 되었고, 그 결과 호교론적 태도에 대한 반성이 일어나면서 새로운 유형의 비교종교학이 출현하게 되었다.[2]

플라톤, 아리스토텔레스, 아우구스티누스, 안셀무스, 토마스 아퀴나스, 데카르트 René Descartes (1596~1650)로 이어지는 철학자들은 최고 존재자의 존재를 증명하려는 시도를 해 왔으며, 이러한 철학적인 노력을 우리는 철학적 신학으로서 종교철학이라고 부른다. 이들은 다른 모든 존재자들을 바로 그것으로 존재하게 하는 존재의 원리를 찾으려고 하였다. 이들에게 종교는 최고원리를 찾으려는 제1철학으로서 형이상학과 동일한 위치를 가지고 있었던 것이다.

에라스무스, 마테오 리치, 데카르트, 흄(위로부터)

17, 18세기에 기암바티스타 비코 Giambattista Vico (1668~1774)와 데이비드 흄 David Hume (1711~1776)[3] 등이 종교 발전의 역사에 관심을 가

지면서 신적인 것을 인간적인 형식 속에서 파악하는 이른바 신인동형동성설 anthropomorphism이 떠오르기 시작하였다. 비코는 『새로운 학문』(1774)에서 인류와 민족의 형성과정과 그 문화적, 사상적 전개과정을 신의 섭리로 해석하였다. 특히 그는 형이상학을 "신 가운데 비치는 인간의 정신세계"라고 파악하는 동시에, 인류의 문명사를 "신의 섭리를 논하는 문명신학"이라고 규정하였다. 그리스의 신화와 전설은 고대 그리스 민족의 진정한 역사이며, 자연신통기는 고대인들의 마음속에 자연적으로 새겨진 신들의 계보라고 주장하였다. 이처럼 비코는 각 민족의 신화, 역사, 문화는 신의 정신세계가 인간에 투영한 결과라고 보았던 것이다.[4]

새로운 합리주의의 출현과 이신론理神論 종교관은 칸트 Kant (1724~1804)에 이르게 되면서 계시신앙의 한계를 넘어설 수 있는 이성신앙 또는 도덕신학의 수립을 가져왔다. 칸트는 종교를 도덕의 보완물로 이해하였다. 그는 이론적인 지식이 성립할 수 없는 자리에서 종교적 신앙을 구축하고자 하였다. 칸트는 종교를 도덕적으로 행위하려고 노력하는 사람들만이 기대할 수 있는 '위안적 희망'의 문제로 설정함으로써, 전통적인 기독교신학에서 계시신앙과 대비를 이루는 이성신앙 또는 도덕신학의 이론을 정립하였다. 칸트의 종교 개념에 대한 서술은 다음과 같다.

> 종교란 우리 내면의 법칙이 입법자와 심판자를 통하여 우리에게 압력을 행사하는 법칙이다. 다시 말하면 종교는 신에 대한 인식에 따른 도덕이다(『교육학』, VI 755 이하).

> 도덕법칙은 순수한 실천이성의 대상이자 궁극목적인 최고선의 개념을 통하여 종교, 즉 모든 의무를 신의 명령으로 인식하는 데에 도달한다. 이제 의무는 그 자체로 보아 [외부로부터] 제재, 즉 타인의 의지가 임의대로 내리는 우연적인 지시로 알려지는 것이 아니라, 모든 자유의지가 스스로를 위하여 제시하는 본질적인 법칙으로 인식한다. 그럼에도 불구하고 이 법칙은 또한 최고 존재자의 명령으로 간주될

칸트, 헤겔, 슐라이어마허 (위로부터)

수밖에 없다(『실천이성비판』 IV, 261).

> 우리 인간에게는 자연적인 소질과 도덕적인 소질이 동시에 존재하는데, 이 중 후자가 모든 종교의 기초이고 주석자 역할을 하는 것이다. 이러한 두 가지 소질들의 필연적인 결과로서 종교는 마침내 모든 경험적인 규정 근거들이나 규율들로부터 자유롭게 된다. 그런 것들은 [성서 기록으로서] 역사에 근거하며 교회신앙을 매개로 선을 촉진하기 위하여 인간들을 잠정적으로 결합시키는 것에 불과하다.
> (『이성의 오롯한 한계 안에서 종교』, IV 785)[5)]

그러나 헤겔 Hegel (1770~1831)은 종교를 절대정신의 운동과정 속에서 설명하려고 하였다. 슐라이어마허 Schleiermacher (1768~1834) 역시 칸트의 시도와는 정반대로 종교적 신앙을 감정의 문제, 즉 '절대의존의 감정'으로 이해하였다. 칸트가 도덕적인 것을 매개로 하는 신과의 일치, 즉 '도덕적 세계질서의 요청'을 강조한 반면에, 슐라이어마허는 우리의 감정을 매개로 하는 신과의 일치, 즉 신 안에서 신을 통한 삶을 강조하였다. 슐라이어마허는 『종교론』 *Über die Religion* (1799)의 제2장에서 종교의 본질에 대한 자신의 입장을 밝히고 있다.

> 종교는 형이상학과 같이 우주를 그 본성에 따라 규정하고 설명하기를 원치 않으며, 도덕과 같이 자유와 인간의 신적인 자의가 갖는 힘으로부터 우주를 더 형성하고 완성하기를 또한 원치 않는다. 종교의 본질은 사유나 행위가 아니라 직관과 감정이다. 종교는 우주를 직관하려 하며 우주의 고유한 시술과 행위 속에서 그에게 경건히 귀 기울여 들으려 하고 스스로 어린아이의 수동성으로 우주의 직접적인 영향에 사로잡히고 충만하게 채워질 수 있으려고 한다. [...] 종교는 다른 모든 개별자와 유한자 가운데서 무한자를 보는 것에 못지않게 인간 속에서 무한자를 보며 그 각인된 흔적과 연출을 본다. [...] 종교는 그 전체의 삶을 자연 속에서 영위하며, 그것도 전체의, 즉 일자와 전체의 무한한 본성 가운데서 영위한다. 종교는 이 자연 속에서 모든 만물과 인간이 영원히 비등沸騰하는 개별적인 형식과 본질 가운데 활동하며 머물고 싶어하는 곳을 고요한 애착과 탐닉으로 개별자 가운데서 직관하고 예감하려고 한다. [...] 종교는 무한자에 대한 느낌이

며 취향이다. [...] 우주는 끊임없이 활동하며 매 순간 우리에게 계시로 나타난다. 우주가 산출하는 모든 형식, 삶의 충만에 따라 각별하게 현존하는 모든 존재자들, 우주가 그 충만하고 늘 풍성한 품에서 쏟아 내는 모든 사건들, 이것이 곧 우리를 향한 우주의 행위이다. 이렇듯 종교는 모든 개별자를 전체의 부분으로 모든 제약자를 무한자의 표현과 서술로 받아들이는 것이다.6)

포이에르바흐, 칼 마르크스

19세기에는 종교에 대한 다양한 입장들이 활발하게 나타난다. 콩트 Auguste Comte (1798~1857)는 인류의 역사가 신학적, 형이상학적, 실증적 단계를 통하여 점진적으로 발달한다고 보았으며, 스펜서 Herbert Spencer (1820~1903)는 종교를 미지의 것 또는 불가지적인 것이라고 규정하였다. 루트비히 포이에르바흐 Ludwig Feuerbach (1804~1872)는 종교를 인간의 열망을 투사한 것이라고 단정하였다. 그에 의하면 종교는 기만적인 동시에 허위적이다. 그것은 보다 나은 사회를 이룩하기 위하여 고심하는 모든 인간의 노력을 좌절하게 만든다. 초자연적인 신에게 최고의 위상을 부여함으로써 인간들 자신의 사회경제적 조건들의 개선 노력을 포기하게 만들기 때문이다. 종교는 단순한 투사를 통하여 날조한 것이다. 인간은 자신의 필요와 갈망을 하늘을 향해서 투사한다. 이를 통하여 인간들은 상상적인 정신작용으로 종교를 창조한다.

칼 마르크스 Karl Marx (1818~1883)는 포이에르바흐의 견해를 발전시켜서 종교를 '인민의 아편'이라고 규정하였다. 종교는 인간들이 자신들의 필요와 궁핍을 초자연적, 초월적으로 투사하여 그것의 성취에 대한 기대를 체계화한 것이다. 그러므로 종교 현상은 바로 그 사회의 정치경제적 조건들의 한계를 적나라하게 노정하고 있다. 종교의 필요성은 바로 그 사회가 개혁을 요구하고 있다는 것을 입증하는 것이다. 그러나 종교는 인간의 해방을 실질적으로 가능하게 하는 것이 아니라 현실의 문제들을 하늘 저편으로 투사할 뿐이다. 사람들은 그것도 모르고 망상과 허울에 속고 지내는 것이다. 마르크스는 사람들이 종교를 통하여 요구하는 것들을 혁명을 통하여 국가가 현실적으로 충족시켜야 한다고 보았다.

20세기에 이르러 종교학은 여러 인접 학문의 성립과 발달로 인하여 다양한 방법론으로 접근할 수 있게 되었다. 이에 대하여는 종교의 연구방법에서 상세하게 다루게 될 것이다. 이처럼 종교에 대한 입장은 너무나 다양하기 때문에 그것을 한마디로 정의하는 것은 쉬운 일이 아니다. 그럼에도 불구하고 종교는 어떤 궁극적인 것에 대한 관심이며, 그것에 대한 절대의존의 감정이고, 최고의 지존과 존재적으로 일치하려는 소망이며, 그것을 자기 자신 속에서 발견하고 실현하려는 노력이라고 할 수 있다. 서구권의 일신론적 종교들이 절대적인 유일신에 매달림으로써 단절상태에 있는 신과 인간의 관계를 회복하려고 노력하였다면, 그것은 무속신앙의 종교적 구원 기능과 매우 유사한 구조를 가지고 있다. 허신許愼은『설문해자說文解字』에서 '무'巫를 "여자 중에 무형의 것을 섬겨서 춤으로써 신을 내리게 할 수 있는 자"(女能事無刑, 以舞降神者也)라고 하였다.[7] 무속신앙에서 구원론적 기능은 억울한 신명들의 한恨을 대신 풀어주는 것, 즉 한의 해체라고 볼 수 있는데, 여기에서 '무' 巫는 하늘과 땅의 갈라진 틈을 춤과 노래를 부르는 사람이 중재한다는 의미를 갖는다. 유동식은 무 巫의 한자어 구성을 통하여 무속신앙의 본질에 대하여 다음과 같이 설명한다.

> 위의 一은 하늘 또는 신령을 표시하는 것이요, 아래의 一은 땅 또는 인간을 표시한다. 그리고 한 가운데 내려 그은 작대기는 하늘과 땅을 하나로 연결하는 상징이다. 그런데 그 작대기 양편에는 사람 '인' 人자가 있어 춤추는 모습을 그리고 있다. 즉, 무교 巫敎란 사람(무당)이 춤을 추어 신과 인간을 하나로 연결하게 하는 종교현상이다. [...] 신과 인간이 하나가 되는 황홀경을 두고 하는 말이다. 무교란 노래와 춤으로써 신령을 섬기되 신과 인간이 하나로 융합됨으로써 신령의 힘을 빌려 재액을 없애고 복을 초래하자는 한 원시종교 현상이다."[8]

신과 인간, 하늘과 땅의 분리와 분열을 다시 결합하게 한다는 점에서 무속의 종교적 기능은 기독교적 종교 개념과 일치한다.

동양권에서는 religion을 19세기 말 일본의 메이지 시대에 '근본적인 가르침'이라는 뜻을 가진 '종교' 宗敎라는 단어로 번역하여 사용하기 시작하였다. 지금은 기독교, 불교, 이슬람교, 유교 등 다양한 신앙 행위와 교의 체계를 총칭하는 의미로 사용하고 있으나, 신성한 것과 인간 사이의 관계, 신성성에 관련된 감정 및 심리상태의 다양성, 특정한 가치체계를 갖춘 인간의 생활 등까지를 포괄하게 됨으로써, 사실상 종교는 모든 것을 포괄하고 있다. 종교철학자 존 힉 John Hick은 사실상 종교에 대한 정확한 정의는 불가능하다고 주장하였다.[9)]

2. 종교의 기초 개념

1) 신화와 상징

신화 myth는 그 기원은 불분명하지만 우주 창조나 선사시대를 배경으로 신이나 초인들의 특정한 사건과 행위들에 대한 이야기를 전승한 것이다. 그것은 현대인의 일상적인 생활과 다소 거리감이 있지만 삶의 문제를 이해하는데 생동적인 지혜를 주기도 한다. 신화를 통하여 인간의 행동이나 제도, 우주적 상황에 대한 원형들을 제시할 수 있다. 고대 그리스의 철학자들은 신화를 풍자적인 이야

아테네 학당(라파엘 作)

기나 도덕적으로 열악한 것으로 간주하기도 하였다. 그러나 각 민족의 신화는 그들의 문화적 역사적 정체성을 확인하는데 중요한 전거가 된다. 예를 들면 단군신화는 우리나라 사람들의 정체성을 나타내는 가장 강력한 텍스트인 것이다.

19세기의 비교언어학, 그리고 20세기의 민속학 발달에 힘입어서 이른바 신화학이 성립하게 되었다. 낭만주의 시대를 전후하여 모든 신화학은 비교연구방법론에 의존하였으며, 특히 빌헬름 만하르트 Wilhelm Mannhardt, 프레이저 Frazer, 스미스 톰프슨 Smith Tompson 등은 민담과 신화의 주제를 수집, 분류하여 비교연구를 시도하였다. 인류학자 말리노프스키 Bronislaw Malinowski (1844~1942)는 신화가 일상적인 사회적 기능들을 완수하는 측면을 가지고 있다고 주장하였다.

프로이트 Sigmund Freud (1856~1939)는 상징적 의사소통이 문화적 역사뿐만 아니라 심리작용에도 기반을 둔다는 생각에서, 인간에 대한 초역사적, 생물학적 개념과 신화를 일종의 억압된 관념의 표현이라고 주장하였다. 그러나 융 Jung은 초역사적, 심리학적 접근을 확장한 집단무의식 이론을 주장하였고, 이에 대한 원형을 신화에서 발굴하려고 시도하였다.

그러나 종교현상학자인 루돌프 오토 Rudolf Otto (1869~1937)와 미르치아 엘리아데 Mircia Eliade (1907~1986)는 종교를 비종교적인 범주로 환원하려는 모든 시도에 반대하여, 종교적 현상에 대한 연구를 강화하였다. 현대에 이르러 신화에 대한 해석을 폭넓게 진행하면서 물리학, 생물학, 의학 등의 여러 학문 패러다임에서 신화와 유사한 요소들을 발굴하고 있다.

종교에서 상징 symbol은 거룩한 존재가 내재해 있는 대상물이다. 신성한 돌, 동물, 식물, 북, 토템상, 조상의 영정은 모두 거룩한 존재를 상징하고 있으며, 그 임재와 영험을 드러내고 있다. 종교가 거룩한 존재와 인간 사이의 대화 체계라고 한다면, 상징은 거룩한 존재의 임재를 묘사한 것이라고 볼 수 있다.

말리노프스키, 프로이트, 루돌프 오토, 엘리아데 (위로부터)

기원전 2590 ~ 1600년경, 영국남부지역의 스톤헨지(좌), 이집트의 호루스 신(우)

황소와 디오니소스, 곡식 이삭과 데메테르 여신, 돌과 주피터, 식물과 시리아의 신 탐무즈 아도니스, 매와 이집트의 신 호루스 등은 자연 사물과 동일시한 신의 상징물들이다. 또한 거룩한 존재가 현현한다고 믿어지는 성스러운 장소, 예를 들면 영국의 스톤헨지, 이집트의 신전이나 바벨론의 신전 등은 상징적 의미를 부여한 거룩한 장소들이다.

최후의 만찬, 주앙 드 유안느 (Juan de Juanes 1523~1579) 作

기독교의 십자가는 인간과 거룩한 존재의 종교적 관계를 드러내고 있으며, 불교의 법륜法輪은 사회 및 물질세계와 맺고 있는 관계 개념을 전달하기 위한 상징이다. 상징은 실재와 동일시하거나 유사한 기능으로 해석하기도 한다. 동방정교회, 로마 가톨릭 교회, 프로테스탄트 교회에서 성찬식에 대한 다양한 해석은 상징과 실재 사이의 델리케이트한

관계 규정의 일단을 엿볼 수 있게 한다. 빵과 포도주의 속성은 그대로 남아 있으나, 그 요소들의 본질은 그리스도의 살과 피로 변한다는 로마 가톨릭 교회의 화체설은 상징과 실재의 동일성에 기초하고 있으며, 성찬식에 그리스도가 임재한다고 보는 루터의 실재적 임재설은 상징과 실재의 대응적 일치에 근거하고 있으며, 츠빙글리의 상징설 또는 기념설은 성찬식이 구속 행위에 대한 상징적인 제의라는 의미를 함축하고 있다. 종교적 상징이 극단적으로 되면 그것은 하나의 새로운 우상이 될 수도 있다.

2) 금기와 제의

금기 Taboo는 일상생활이나 종교적 의례에서 어떤 특정한 대상이나 행위를 신성하거나 두려운 것으로 간주하여 그 대상에 대한 접촉이나 특정 행위를 금하는 것을 뜻한다. 금기는 구기 拘忌라고도 하는데, 주로 '가리고 삼가야 할 일'이나 '지켜야 할 일'을 뜻한다. 이 용어는 남태평양 폴리네시아의 토속어인 tabu에서 비롯되었으며, 1771년에 통가섬을 방문한 영국의 탐험가인 제임스 쿡 James Cook (1728~1779) 선장이 처음으로 영어권에 소개하였다.

우리나라에서 금기에 대한 최초의 기록은 『삼국유사』의 「고조선조」에서 곰과 호랑이에게 쑥과 마늘을 먹지 말라고 한 데서 찾아볼 수 있다.10) 신성한 제의 공간이나 해산 후에 황토를 뿌리고 금줄을 쳐서 사람의 출입을 막거나, 역귀나 잡귀를 막기 위하여 대문 위에 가시나무나 엄나무를 달아 놓는 등 행동이나 표시로써 하는 금기도 있다. 밥 먹고 금방 누우면 소가 된다거나 갓난아이를 무겁다고 하면 살이 빠지고, 해 진 후에 곡식을 보내면 복이 나가서 가난하게 된다는 것은 말로써 이루어진 금기

제임스 쿡 선장,
제임스 쿡 선장이 뉴질랜드에서 상륙하는 장면
(위로부터)

에 속한다.

제의 ritual, 예배 worship 또는 성례 sacred rites and ceremonies는 경외의 대상이 되는 성스러운 것에 대하여 드리는 의식이다. 고대시대에는 제물을 직접 신에게 바치는 행사였으나 차츰 순수한 의식으로 전환하게 되었다. 기독교의 경우 구약성서 시대에 일반적으로 제사가 행하여졌으며, 아브라함의 시대에 인간을 제물로 바치는 사례도 찾을 수 있다. 예수의 십자가 사건도 실제로는 신이 인간의 속죄에 대한 대가로서 자신의 아들을 희생물로서 바친 것이다. 그러나 직접적인 희생을 치르는 제사는 예배의식의 형태로 전환하였다. 유교에서는 지금도 주로 제사라는 말을 사용한다. 제의 및 예배는 신성한 것을 숭배하는 마음에서 비롯한 것으로 제의, 금기, 성례전적 의식, 묵상, 봉헌, 축제, 고행 등의 모든 종교적 행위를 포괄한다.

예수 그리스도와 막달라 마리아, 루카 시그노렐라 (1441 ~ 1523) 作

종교철학적으로 제의 및 예배는 절대적이고 거룩한 것이 상대적이고 유한한 인간에게 현현하는 장소인 동시에, 신성한 것에 대한 인간의 답변이라고 할 수 있다. 제의는 인간 사회에서 가장 오래된 전통 유지의 수단이다. 원시사회에서 틀을 갖춘 신에 대한 외경과 신률적 질서는 거의 원형 그대로 지금까지 전해지고 있으며, 사회구성체를 결속하는 잠재적 권능을 가지고 있다. 따라서 제의는 사실상 종교행위 그 자체와 같은 의미를 갖기도 한다. 어떤 특정한 종교를 믿는다는 사실은 그 종교의 특유한 제의에 참여하는 것을 뜻한다. 제의는 오늘날 일반사회에서 출생, 혼인, 죽음, 입학, 졸업 등 수많은 통과의례로서 치러지기도 한다.

3) 점술과 주술

점술 divination은 자연적 심리적 수법 등으로 미래 사태를 예견하는 행위를 말한다. 어원적으로 이 말은 '신의 의지'를 발견하는 것과 관련된다. 천체, 꿈, 날씨, 카드배열 등을 활용하는 귀납적 점술 inductive divination, 창자점, 어깨뼈점, 발자국점 등 어떤 특정한 사물의 외부 모양이나 상태를 해석하여 미래 사건을 예언하는 해석적 점술 interpretive divination, 그리고 무당을 비롯한 점술가가 몽환상태에서 초인간적 존재와 접촉하여 미래를 직시하는 방식의 직관적 점술 intuitive divination이 있다.

『삼국지』三國志 「위지동이전」魏志東夷傳 부여조 夫餘條에 전쟁이 일어나면 하늘에 제사를 지내고, 소를 잡아 그 발톱을 보고 승패를 예견하였는데, 소의 발톱이 붙어 있으면 길한 것으로 판단하였다. 신라의 일관 日官, 백제의 일자 日者와 무자 巫者, 고구려의 사무 師巫는 무당 및 점술가로서 왕의 자문 역할을 수행하였다. 특히 신라의 혜성가는 혜성이 심성을 범하는 천변을 관찰하여 왜구가 침입할 것을 예견하였다는 배경 설화를 가지고 있다. 고려시대의 태복감 太卜監과 조선시대의 서운관 書雲觀은 점술을 주관한 부서였다.

주술 Magic은 지식을 가진 자가 보이지 않는 신비한 힘이나 또는 부적, 주문, 몰약 등을 사용하여 특별한 일을 행하는 것을 말한다. 프레이저 James Frazer (1854~1941)는 『황금의 가지』 *The Golden Bough* (1890~1915)에서 종교의 기원을 인간이 원초적인 주술에 의하여 자연을 통제하려고 시도하다가 좌절한 경험에서 찾으려고 하였다.

프레이저

프레이저는 주술이 전제하는 두 가지 사유원칙을 분석하였는데, 그 하나는 유사 類似는 유사를 낳는다, 즉 그 효과는 원인과 비슷하다는 것이고, 다른 하나는 서로 접촉한 적이 있는 사물들은 물리적인 접촉 이후에도 상호작용을 지속한다는 것이다. 전자를 유사성의 법칙 law of similarity, 후자를 감염의 법칙 law of contagion이라고 한다. 유사성의 법칙을 기본으로 한 주술행위는 모방주술 homoeopathic or imitative magic이다. 『계축일기』와 『인현왕후전』에서 볼 수 있듯이 목표가 되는 화상에 활을 쏘거나 저주하는 흑색 샤만이나, 가뭄

때 용왕의 화상에 기원하거나 물을 키로 쳐서 비 오는 모습을 연출하고, 자식을 기원하기 위하여 남근석이나 공알 바위에 접촉하는 것 등이 여기에 속한다.[11]

그리고 감염의 법칙을 기본으로 한 주술행위는 감염주술contagious magic이다. 예를 들면 도둑의 발을 그려서 마른 쑥을 태우면 실제로 도둑의 발에 탈이 생긴다거나, 머리카락과 손톱 등으로 시체를 대신하고, 산모의 속옷을 구하여 자식 얻기를 바라며, 부잣집 흙으로 부뚜막을 발라서 부자 되기를 바라는 것 등은 여기에 해당한다.

프레이저는 인류의 사고가 점진적으로 발전하고 그 과정 또한 측정이 가능하다고 보았다. 태초의 주술적 사유는 시간이 경과함에 따라서 종교적 사유를 거쳐서 과학의 단계에까지 이르게 되며, 그 단계들 사이를 연결하는 '사슬'이 존재한다고 가정하였다.[12]

3. 체계종교의 교의 개념

1) 창조와 섭리

창조creation는 신 또는 우주의 주재자가 이 세계를 무에서 만들었거나 또는 혼돈 상태에서 질서를 부여하였다는 가설이다.

희랍신화, 특히 플라톤의 『티마이오스』에서는 세계제작자인 데미우르고스가 질료적인 혼돈 상태에서 형상을 부여하여 지금과 같은 조화로운 세계를 만들었다. 따라서 여기에서 창조 개념은 이미 존재하고 있는 질료에 형상을 부여하는 작업에 지나지 않는다.

그러나 기독교에서는 세계가 존재하기 전에 미리부터 스스로 존재하고 있는 절대적 권능을 가진 하느님이 전적인 무로부터 이 세계를 창조하였다고 주장한다. 우리가 일반적으로 사용하고 있는 창조 개념은 바로 이 기독교적인 개념이다. 이 경우에 신은 세계를 초월한 존재이지만, 그렇다고 신의 내재 및 임재를 부인하는 것도 아니다.

그러나 유출론자들과 범신론자들은 세계가 신으로부터 비롯된 것은 사실이지만, 이 신은 세계를 초월한 존재가 아니고 세계 속에 내재하는 존재라고 주장한다. 이 세계 자체가 바로 신의 유출이고 현현이라는 것이다. 이러한 생각은 불교에서 이 세계를 비로자나불의 현신이라고 보는데서도 나타난다. 종교학에서 출현신화 emergence myth는 우주가 태아와 같은 어린 상태에서 발육 성장한다는 가설이다. 이 밖에도 세계는 태초의 부모가 낳은 것이라든가, 우주 알에서 나온 것이라는 가설 등이 있다.

다윈 Charles Robert Darwin (1809~1882)이 진화론을 발표한 이후 창조론과의 논쟁은 지금도 진행 중이다. 1925년에 한 고등학교 교사는 진화론을 불법으로 가르쳤다는 이유로 기소처분을 받기도 했지만, 1987년에는 공립학교에서 창조설과 진화론을 함께 가르치도록 주정부가 규정하지 않아도 된다는 미국의 대법원 판결이 나왔다. 그리하여 한 때 창조론은 진화론의 위협을 받아서 학문적으로 인정을 받지 못할 처지로 내몰렸지만, 유신론적 진화론자들이나 현대

찰스 다윈

아브라함이 아들 이삭을 제물로 바치려는 순간, 샤갈 作

물리학자들은 첨단 이론을 통한 창조 가설의 학문적 정초 가능성을 새롭게 논의하고 있다.

섭리 providence는 기독교에서 신이 자신의 의로써 세계를 직접 다스려서 완전한 세계로 인도하는 것을 말한다. 아브라함에게 그의 아들 이삭을 바치라고 하였으나 하느님께서 친히 번제물을 준비한 부분(창세기 22,8)은 신의 섭리의 한 사례이다. 신약성서에서 하늘의 새와 들의 백합화까지도 하느님께서 기른다는 예수의 말씀(마태복음 6,24-34) 역시 신의 섭리에 대한 것이다. 섭리 사상은 그리스-로마 시대부터 발달하기 시작하였으며, 특히 스토아학파에 속한 마르쿠스 아우렐리우스 황제는 그의 『명상록』에서 "신의 행위는 섭리에 가득 차 있다"고 말하기도 하였다. 아우구스티누스는 세계사를 신의 섭리로써 인류를 교육하는 진정한 학교라고 규정하였다.

2) 계시와 예언

계시 revelation, Offenbarung는 신 또는 절대자가 자기 자신의 모습을 스스로 드러내는 종교적 현상을 말한다. 힌두교는 베다를 신비적 영감으로 쓴 책이라고 보지만, 기독교처럼 계시 자체가 그 신앙의 골격을 이루고 있지는 않다. 기독교는 계시를 일반계시와 특별계시로 구분한다. 일반계시는 자연과 삶의 모든 현상 속에 내재한 하느님의 의도(우주적 계시)를 뜻하고, 특별계시는 성서를 통하여 제시한 구속사를 지칭한다. 고대 희랍에서 신탁, 조로아스터의 교훈들도 특별계시에 속한다. 이슬람교에서는 무함마드가 천사 가브리엘을 통하여 신으로부터 특별한 계시를 받았다고 주장한다.

▌고대 그리스 델피의 신탁

계시 개념보다 좀 더 일반적인 종교학적 개념으로는 성현 聖顯이 있다. 싱스러운 것, 거룩한 것이 드러나는 현상을 성현이라고

하는데, 계시는 인격적 주체적 성격이 강한 성현의 특수한 형태이다. 엘리아데는 불교적 깨달음覺이나 그와 유사한 종교적 성현 사건들까지도 우주적 계시로 이해하였다.

선지자 무함마드, 16세기 作

예언prophecy은 미래 사건에 대해서 미리 말하는 것이다. 유신론에서 예언은 신이 선택한 특정한 인간에 의하여 이루어진다. 가장 일반적인 형태로는 기독교에서 찾아볼 수 있다. 구약성서의 아모스, 미가, 엘리아와 같은 유대 선지자들은 민족의 운명뿐만 아니라 인류 역사의 진행 과정과 세계 종말에 대해서 예언하였다. 그리고 이들은 종교적 소명감을 가지고 강한 도덕적 주장을 하였다. 따라서 이들에게서 예언이란 주문呪文이나 주술을 사용하지 않고 신의 의지를 직접적으로 전달하는 것이었다. 이와 같은 예언은 초월적, 인격적, 윤리적 신관을 갖고 있는 종교에서 지배적으로 나타나고 있다.

3) 구원과 종말

구원salvation이란 삶의 실존적 상황에서 필연적으로 출현하는 온갖 부정적인 요소들, 즉 질병, 죽음, 고통, 불행, 유한성 등으로부터 탈출하여 이상적이고 긍정적인 상태에 도달하게 되는 것을 뜻한다. 그러므로 사실상 모든 종교생활의 궁극적인 목적은 바로 구원에 도달하는 데 있다. 구원에 도달하는 방식의 차이에 따라서 크게 자력적인 종교와 타력적인 종교로 구분한다. 자력적인 종교는 유교나 불교처럼 스스로 도덕적 종교적 실천을 통하여 이상적인 상태, 즉 성현이나 열반의 경지에 도달하게 한다. 그러나 기독교와 이슬람교와 같은 타력적인 종교들은 초월적 존재 또는 신에게 의존함으로써 구원을 얻을 수 있다고 가르친다.

특히 기독교에서 구원은 예정predestination 개념, 즉 하느님이 구원할 사람들을 영원 전부터 미리 선택하였다는 가설이다. 예정론은 인간의 구원론적 결과가 그 자신의 의지사용에 달려 있다고 주장하는 사실에서 결정론이나 운명론과 구별하고 있으나, 엄밀한 의미에서 볼 때 구원이 전적으로 하느님의 영원한 섭리에 근거한다는 점에서 결정론적 요소가 매우 강하다. 예정 문제의 근본 주제들은 종교만큼이나 보편적인 것이지만, 신약성서가 하느님의 구원 계획을 강조함으로써 기독교 신학의 중요한 쟁점이 되었다. 사도 바울은 신이 이미 오래 전에 택한 사람들을 당신의 아들과 같은 모습을 갖도록 미리 정하였다고 주장하였다. (로마서 8,29-30)

반펠라기우스주의자들과 일부 유명론자들, 그리고 아르메니우스주의자들은 예지를 예정의 근거로 삼았으나, 아우구스티누스, 마르틴 루터, 장 칼뱅과 얀센주의자들은 하느님이 영원 전부터 신앙의 유무에 관계없이 구원할 사람과 멸망시킬 사람을 결정해 두었다고 주장하였다. 따라서 구원은 하느님의 은총에 의하여 주어지는 선물인 것이다.

종말론eschatology은 근원적으로 유대교와 기독교에서 사용한 서구적 종교 개념이다. 신이 창조한 이 세계가 마지막 날에 이르러서 심판을 받게 된다는 것이다. 동양권에서는 순환사관을 전제하는 윤회사상이 일반적으로 받아들여지고 있기 때문에 종말에 대한 생각에 민감한 반응을 보이지 않고 있다. 다만 힌두교나 불교는 윤회로부터 해탈 또는 영원한 순환으로부터 해방을 종말로 이해하기도 한다. 그러나 서구의 역사 개념은 대개 직선사관을 전제하고 있으며, 따라서 이 역사적 세계의 종말에 대한 수많은 언급이 있었다.

서구의 예언사상은 사실상 종말의 도래를 선포하고 있다. 유대교, 기독교, 이슬람교는 종말의 심판으로부터 인류를 구원해 낼 구세주에 대한 믿음, 즉 메시아주의messianism를 공통적으로 가지고 있다. 종말은 인류에게 공포와 위협의 대상이다. 그러나 횔덜린Johann C.F. Hölderlin (1770~1843)은 "위험이 있는 곳에는 구원이 있다"고 하였으며, 그 구원이 바로 메시아사상이다. 그와 반대로 블로흐Ernst Bloch (1885~1977)는 "구원이 가까운 곳에는 위험도 커진다"고 경고하였다. 위기와 해결, 그리고 위험과 구원은 동시에 존재한다. 구약성서의 「다니엘서」와 신약성서의 「요한계시록」은 종말론적 사건들을 기술한 책들로서 묵시주의apocalypticism의 전형이다.

횔덜린, 블로흐(위로부터)

실존적인 차원에서 보면 종말은 개인의 신체적 죽음을 의미한다. 기독교에 의하면 인간의 삶은 일회적으로 주어지는 역사적 사건이며, 한 인간의 삶이 종말에 이르게 되면 그의 영혼은 신체로부터 분리한다. 그러나 이와 같은 영혼의 분리도 부활을 통하여 신체와 다시 결합하여 새로운 삶을 시작하게 된다. 따라서 엄밀한 의미에서 종말은 현세적인 삶의 마감을 뜻하며, 영원한 삶을 시작하기 위한 절차에 지나지 않는다.

역사적 차원에서 종말은 지상적인 왕국의 마지막을 의미하고 있지만, 그것 역시 천년왕국Millennium이나 '하느님의 나라'로 불리고 있는 영원한 세계가 들어서기 위한 하나의 절차에 지나지 않는다.

이상과 같은 의미에서 서구적인 종말 개념은 현재 상태를 절대적으로 부화시켜 버리는 것이 아니라, 현세적 삶에 대

사도요한이 밧모(Patmos) 섬에서 하느님의 계시를 적고 있다.
모스크바 근교 세르지오 수도원, 15세기

한 도덕적 종교적 결산을 통하여 새로운 삶을 시작할 수 있는 조건을 성찰하는 것으로 이해할 수 있다.

4. 원시신앙의 유형

1) 자연숭배

자연숭배 nature worship는 하늘, 태양, 바다, 달, 산, 물과 같은 자연사물 또는 자연현상에 신성한 힘이 존재한다고 믿는 행위를 말한다. 원시인들은 전체성으로서 자연 개념을 갖고 있지 않았으며, 이처럼 개별적인 자연 현상들에 대해서만 생각하였다. 고대인들은 자연의 특정 대상 및 현상에 대해서 독특한 종교관을 가지고 있었으며, 자연대상에 특이한 권력적 상징을 부가하면서 숭배의 대상으로 삼았다.

물론 자연 그 자체가 아직 신격화하지 않은 상태에서 숭배의 대상이 되는 경우도 있고, 자연의 특정한 대상이나 그 속에 깃든 신적 성질을 숭배의 대상으로 삼기도 하였다. 그러나 어떤 자연존재 또는 특정한 자연현상이 자연숭배의 대상이 되면, 그것은 곧 초자연화 과정을 통하여 의인화 또는 신격화에 이르게 된다. 자연사물과 그 신적인 마력에 인간의 교감이 작용하여 상승작용을 일으킨 것이다. 그리고 이처럼 자연숭배의 대상이 되었던 사물들은 그 이후의 종교현상에서 흔히 종교적 상징물로 활용되었다.

고대인들에게 자연을 지배하는 힘은 여러 모습으로 나타난다. 고대 문화에서는 일종의 지고신 至高神, a high god이 자주 등장하는데, 이는 자연영혼 nature spirits이라고 불리는 '숨은 신' deus otiosus으로서 자연 권능을 의인화한 것이다. 나중에 빌헬름 슈미트는 이것을 원초적인 유일신의 선구로 해석하였다. 일반적으로는 자연 대상 중에서 하늘 heaven을 상징적으로 신격화하는 경우가 많다. 고대 이집트에서는 태양을 유일신으로 섬기기도 하였다.

또한 자연의 생성과 순환에서 빚어지는 생산과 파괴의 힘은 다양한 생명력으로 드러났으며, 인간과의 관계설정을 통하여 독특한 위력을 발휘하였다. 19세기에 서구의 인류학자들에 의하여 알려진 폴리네시아 및 멜라네시아 사람들의 '마나' mana 개념은 자연현상 속에서 나타나는 어떤 비인격적이고 초자연적인 힘과 능력이다. 마나는 신으로부터 주어지는 '강력한 힘' super force 또는 '특별한 작용' extraordinary efficiency으로서, 이것을 얻은 사람들은 행복하게 되고 성공할 수 있다. 인도네시아에는 이와 유사한 '하시나' hasina 개념이 있다.

다신론적인 종교 전통에서는 하늘이 천신의 위상을 갖는 반면에 땅 또는 대지는 모신母神, mother goddess으로 섬겨지고 있다. 고대 그리스에서 최초의 신은 '가이아'이고, 그것으로부터 하늘의 신 '우라노스'가 나왔다. 그 외에도 태양, 산, 지진, 조수, 물 등이 자연숭배의 대상이 되었다.

2) 애니미즘

애니미즘 Animism 또는 정령숭배는 영적인 존재들에 대한 믿음을 뜻하며, '영혼'이라는 의미를 가진 라틴어 '아니마' anima에서 나온 것이다. 고대인들은 일반적으로 영적인 존재들이 인간의 일에 관여하거나 개입할 수 있다고 믿었으며, 대부분의 원시 부족 사이에 널리 퍼져 있었다.

애니미즘에 대해서 최초로 조사한 사람은 19세기 에드워드 버네트 타일러 경 Sir Edward Burnett Tylor (1832~1917)이다. 1871년 타일러는 종교가 애니미즘에서 시작했다는 사실을 증명하기 위해서 『원시 문화』 Primitive Culture를 저술하였다. 그는 마치 최초의 철학자 탈레스가 물활론을 주장하였던 것처럼 모든 것 속에는 영혼이 깃들어 있다고 생각하였다.[13] 그의 견해에 따르면, 애니미즘은 살아있는 사물과 생명이 없는 대상에 혼이나 영혼을 부여하는 것이다. 애니미즘에서는 생명이 없는 대상은 아무것도 없으며, 동작 여부에 관계없이 모든 것은 영혼과 더불어 있다고 보았다. 따라서 그는 종교를 '영적 존재들에 대한 믿음'이라고 정의하였다.

타일러는 모든 사물이 생령生靈을 가지고 있으며, 꿈이나 환상처럼 환영을 가지고 있다고 보았다. 그리고 이러한 생령과 유령[환영]은 몸[신체]으로부터 분리할 수 있다. 예를 들면 살아있는 영혼이 신체를 떠나면 무감각하거나 죽은 상태로 있게 되고, 환영은 멀리 있는 다른 사람에게 나타날 수도 있다. 고대의 철학자들은 생령과 환영을 결합한 영혼(또는 유령)의 출현을 묘사하기도 하였으며, 이와 같은 유령은 보다 발전한 단계에서 동물, 식물, 사물[무기, 옷, 음식] 속에 들어가서 활동할 수 있다고 생각하였다. 따라서 타일러는 원시시대에 인간이 주변의 물질적 대상과 살아있는 모든 존재에 자기 것과 같은 영혼을 부여하는 데서 종교가 발생했다고 보았다. 종교는 모든 자연에 편만해 있는 영혼과 인간 자신의 관계를 다루는 것이다.

그러나 타일러의 입장은 곧 다른 인류학자들에 의해 비판을 받았다. 원시인들이 죽음과 꿈을 설명하기 위해 정령숭배 이론을 발전시켰다는 타일러의 주장은 잘못되었다는 것이다. 그러나 신학적 진화에 애니미즘적 요소를 지닌 단계가 존재할 가능성이 다시 주목을 받게 된다.

영국의 인류학자 매럿R.R. Marett (1866~1943)은 『종교의 시원』*The Threshold of Religion* (1914)에서 생동성aliveness의 관념은 그 외모나 행동이 특별한 관심을 유발하는 대상들에 한정한다고 주장하였다. 그는 타일러의 주장에 약간의 이의를 제기하였다. 그는 종교의 초기현상으로 애니미즘이 존재했다면, 전前애니미즘preanimism이나 반反애니미즘antianimism과 같이 애니미즘 이전의 어떤 형태 혹은 다른 형태도 존재할 수 있다고 생각함으로써 타일러와 차별화를

버네트 타일러
로버트 라눌프 매럿
(위로부터)

시도한 것이다. 그는 종교를 어떤 특정한 개념이나 범주로 환원하려는 시도에 반대하면서 종교의 기원에 대하여 불가지론적 입장을 표명하였다. 따라서 그는 종교를 사고, 감정, 행위의 유기적 복합체 또는 사회적 행위양식으로 이해하였다. 매럿은 자신의 이론을 입증하기 위해서 멜라네시아 원주민에게서 발견한 일종의 상호소통이 가능한 에너지인 마나 개념에 의존하기도 하였다.14)

우리나라에서 영혼은 신神, 혼魂, 귀鬼로 이루어져 있으며, 그밖에도 돌무더기, 곡식, 나무, 산, 토지, 강, 해, 달, 암석 등에 영적인 힘이 있다는 민간신앙에서 애니미즘적 요소를 찾아볼 수 있다.

3) 토테미즘

토테미즘Totemism은 동물이나 식물과 같은 자연사물과 인간이 신비적인 관계 또는 친족관계가 있다는 믿음에 근거한 복합적인 관념이나 의식을 뜻한다. 토템totem은 알공킨족 인디언Algonkian Indian의 오지브와Ojibwa 족이 사용한 단어 오토테만ototeman에서 유래하였다. 오토테만은 형제자매의 혈연관계를 뜻한다. 문법적으로 어근 '*ote*'는 같은 어머니를 가진 혈연관계를 의미하는 말이다. 이로부터 토테미즘은 한 사회나 개인이 동물이나 자연물(토템)과 맺는 숭배 관계 또는 친족 관계를 포함하는 다양한 관계를 의미하며, 많은 원시 부족들의 공동체나 종교에서 중요한 역할을 해 왔다. 영어권에서는 토템이라는 말을 1791년에 처음으로 사용하였고, 1856년에는 감리교 선교사 피터 존스Peter Jones가 북미지역의 토테미즘에 대한 최초의 정확한 보고를 하였다.

이로써 인류학자들은 토테미즘을 어떤 특정한 인간 집단과 토템과의 관계 규정에 집중하였다. 따라서 어떤 수호 정령이나 동물적 가족관계 또는 초자연적 힘의 근원이라 할지라도 한 동물이 한 사람과의 관계만을 가지고 있을 경우, 예를 들면 어떤 사람이 늑대 인간으로 변모하거나 동물 정령에 의해 샤먼이 사로잡히거나 초자연적으로 동물의 지배자가 되는 경우에는 토템으로 간주하지 않았다. 그러나 20세기 후반부터는 개인적인 관계도 토테미즘에 포함시켜서 보려는 분위기가 나타났다.

일반적으로 한 사회가 동질적인 일정한 수의 씨족들로 나누어져 있고, 각 씨족들이 어떤 생물이나 무생물과 특별한 관계를 맺고 있을 때, 우리는 그 사회가 토테미즘을 갖고 있다고 말할 수 있다. 토템은 기원 설화나 사회도덕과 관련하여 금기시하는 것을, 엄격한 제의를 통해서만 접촉할 수 있다. 그리고 한 집단 구성원의 토템 신앙은 그 자녀와 혈족과의 관계를 규제하고, 심지어는 출산을 위한 배우자 선정에 이르기까지 평생 동안 구속력을 가지며, 대를 이은 전승을 기본으로 한다.

맥레넌 J.F. McLennan은 「동물과 식물의 숭배」 *The Worship of Animals and Plants* (1869)라는 논문에서 최초로 의미 있는 이론적 작업을 시도하였으며, 프레이저 경은 1885년에 『토테미즘』 *Totemism*이라는 포괄적인 연구업적을 이루어냈다. 프로이트는 『토템과 금기』 *Totem and Taboo* (1913)에서 토테미즘은 이중적인 사회적 태도로부터 기인하며, 사회적으로 금지한 행동을 끝없이 갈망하는 경향성과 사회적 질서유지 및 통제를 위한 일반 체계에 해당하는 대상 및 행위와 관련이 있다고 주장하였다. 뒤르켕 Emil Durkheim (1858~1917)은 『종교생활의 기본형태』 *Elementary Forms of Religious Life* (1915)에서 종교는 토테미즘에서 시작하였으며, 이 토테미즘은 사회의 품안에서 안정을 기대하는 동기에서 비롯되었다고 주장하였다. 그러나 그는 토테미즘을 애니미즘의 제의들 가운데 하나로 보지 않았던 점 때문에 비판에 직면하게 되었다. 20세기 초반에 사회학과 문화인류학이 부흥하면서 토테미즘이 새로운 관심 대상이 되었고, 특히 레비스트로스는 토테미즘의 실재성을 거부하는 내용을 담은 『오늘날의 토테미즘』 *Le Totémisme aujourd'hui* (1963)을 저술하였다.

뒤르켕

우리나라에서는 단군신화의 곰 토템에서 신적인 권위와 특정한 씨족 또는 부족과의 연관성을 유추할 수 있으며, 그밖에도 산신당이나 신수 神樹를 위해할 경우에 해를 입으며, 임산부가 오리 고기를 먹으면 태아의 손가락과 발가락이 붙는다거나, 설날에 일하면 죽을 때까지 헛손질한다는 민간전승에서 토템적 요소를 찾아볼 수 있다.

신수(神樹)

4) 조상숭배

조상숭배 Ancestor Worship는 죽은 조상의 혼백과 관련된 종교적 신앙과 제의를 총칭한 것이다. 조상숭배는 아프리카, 아시아, 태평양 지역의 문자사용 이전 사회에 널리 분포하고 있으며, 지중해 연안과 유럽의 고대 민족에서도 발견할 수 있다. 특히 한국, 인도, 중국, 일본을 비롯한 아시아 문화권에서 가장 두드러지게 나타나는 종교현상이다.

경북 문경시 사불산 대승사 소재 산신각

조상숭배에서 산 자와 죽은 자는 공동체의 구성원으로 간주한다. 죽은 이후에도 그 사람의 가정적 위계와 사회적 신분의 유지는 물론이고, 여러 가지 방식으로 살아있는 가족들과 관계할 수 있는 존재로 남아있게 된다. 따라서 죽은 자는 자손들이나 주변 인물들에게 직접적으로 화복을 내릴 수 있는 영적 권능을 가진 인격체로서 존경과 경외의 대상이 된다. 그리하여 죽은 자가 속해 있었던 사회구성원 전체 (가족에서 국가에 이르기까지)가 조상숭배의 형태로 나타나기도 하였다. 로마에서 마네스 (조상의 영혼) 숭배는 공동체 단위의 신앙 형태이며, 특정한 혈통을 중심으로 하

는 생명력 genius을 숭배의 대상으로 하였다. (이집트, 로마, 일본에서 황실 숭배)

일반적으로 조상숭배는 평범한 사람의 경우에는 직계 가족에 의해서 일정한 기간 동안 이루어지지만, 유명인사의 경우에는 사회 전체가 숭배하기도 한다. 특히 어떤 가계의 선조가 탁월한 성품이나 업적을 이루어냈을 경우에는 영웅이나 신의 지위를 부여하기도 한다. 또한 살아있는 사람들의 공동체에 위기가 발생하면 조상들의 영혼들에게 구원을 요청하는 기도 및 제사행위를 하게 된다. 가문의 승계, 풍성한 수확, 질병과 재앙으로부터 보호 등은 가장 일상적인 기원의 대상이 된다.

조상숭배의 기원과 본질을 중심으로 한 연구로는 종교인류학자로 이름난 타일러 E.B. Tylor와 스펜서 H. Spencer를 들 수 있다. 특히 스펜서는 당시 유행하던 진화론의 영향을 받아 종교가 조상숭배로부터 진화, 발전한 것이라고 주장하였다. 또한 타일러는 동식물에서 무생물에 이르기까지 만물은 모두 살아 움직인다고 보았다. 만물이 살아 있다는 관념에서 모든 것들은 인간과 같이 모두 영혼을 가지고 있다는 관념으로 이어진다. 또한 만물에 깃들어 있는 각각의 영혼은 인간의 영혼처럼 일시적 혹은 영구적으로 그 사물 자체로부터 분리, 독립하여 존재할 수 있다는 생각을 가능하게 함으로써, 인간의 사령 死靈 등과 같이 독립하여 있는 정령이 존재한다는 신념을 낳았으며, 이로부터 마침내 신들의 관념이 발전했다고 주장하였다. 타일러는 육체로부터 분리하여 독립적인 존재로 있는 영혼 또는 사령을 애니미즘이 성립한 근거로 보았다.

조상숭배는 사자 死者에 대한 숭배자의 태도를 중심으로 연구가 이루어지기도 한다. 이는 죽은 자에 대해서 적극적이고 친밀한 감정을 갖느냐, 그렇지 않으면 적대감을 갖느냐에 따라서 구분할 수 있다. 예를 들면, 제본스 F.B. Jevons는 선조와 자손은 적극적이고 친밀한 관계에 있다고 보았으나, 프레이저 E.B. Frazer는 선조를 살아있는 사람들과 적대적인 것으로 규정하였는데, 이와 같은 선조에 대한 공포심은 사체에 대한 본능적인 공포의 연장에 지나지 않는다고 생각하였다. 특히 예기치 않은 불의의 사고로 죽은 사람의 경우에는 그 영혼에 대한 두려움은 더 커진다고 보았다. 다른 한편 말리노브스키와 프로이트는 제본스와 프레이저의 다툼을 절충하려고 시도하였다. 말리노브스키는 인간이 사체에 대한 공포심과 애정을 동시에 갖고 있으며, 그와 같은 죽음에 대한 양극적인 감정이 지배한다고 주장하였다. 프로이트는 더 나아가 양극적인 감정이 죽은 사람에만 한정하지 않고 살아있는 사람에게도 영향을 미친다고 보았다.

사회구조와의 상호관계 속에서 조상숭배의 연구가 이루어지기도 한다. 쿨랑주F. Coulanges는 고대 로마사회에 대한 사료를 바탕으로 조상숭배와 혈연집단 구조의 관계를 연구하였다. 쿨랑주의 영향을 받은 뒤르켕 학파는 장례葬禮의 연구에 집중하였으며, 특히 헤르츠는 보르네오의 다야크족에 대한 연구를 통하여 죽음을 근본적인 사회현상으로 규정하였다. 그에 의하면 죽음을 통하여 사회제도가 존속 위기를 맞게 되기 때문에 이에 대한 사회적 대책으로 죽은 사람의 영혼에 대한 신앙이 생겨났다는 것이다. 그러므로 죽은 자의 영혼에 대한 제의는 사회제도의 영속성과 사회 구성원의 일시성 사이에서 드러나는 갈등과 모순을 해소하려는 시도라고 볼 수 있을 것이다. 이 학설을 지지한 학자들은 종교의 주요 기능이 사회체제를 유지·존속하는 데 있으며, 그 가장 대표적인 유형이 바로 조상숭배라고 주장하였다.

『예기』禮記에 의하면 "성인들은 그 근본과 시초를 항상 돌이켜 봄으로써 그가 출생하게 된 근본을 잊지 않는다"聖人反本復始 不忘其所由生也고 하였으며, 따라서 "제사를 가르침의 근본"祭者, 敎之本也으로 생각하였다. 우리나라의 경우에도 조상숭배는 가장 보편적인 종교현상이었다. 그것은 종교적 제의의 유형이라기보다는 생활의 일부분으로 여겨질 정도이다. 우리나라에서는 산 자와 죽은 자는 단절을 생각할 수 없을 정도로 하나의 유기적인 공동체를 형성하고 있다. 특히 풍수에서 음택(묘지) 사상은 하나의 가족 공동체인 동시에 죽은 자와 산 자의 행복과 평안이 유기적인 관계에 있다는 사실을 보여준다. 가신신앙家神信仰, 무속신앙에서 조상굿, 유교의 제례祭禮 의식, 불교의 49제 등과 같이 우리나라의 거의 모든 종교들은 조상숭배를 기본으로 하고 있다. 우리나라에 기독교가 들어오는 과정에서 가장 큰 걸림돌이 되었던 제사 문제를 천주교가 전향적인 태도표명으로 해결한 사례는 우리나라의 조상숭배가 얼마나 유서 깊은 것인가를 단적으로 보여준다.

5) 샤머니즘

샤머니즘Shamanism은 전 세계에 펼쳐져 있는 가장 원초적인 종교현상으로서, 엑스터시 상태에서 초자연적, 신적 존재와 직접 접촉하여 점복, 예언, 치병, 제의, 사령의 인도 등을 행한다. 주로 오스탸크, 사모예드, 퉁구스족 등 우랄 알타이 계통의 종족들과 유카기르, 축치, 코리야크족 등 고아시아족의 종교체계에서 나타나는 현상이다. 샤머니즘의 최초 관찰은 시베리아에서 이루어졌고, 특히 베링해협에서 스칸디나비아반도에 이르는 북아시아 전역은 샤먼문화대schamanistische Kulturwelle를 형성하고 있다. 그러나 점차적으로 세계 도처에 나타난 이와 유사한 종교 현상을 총칭하는 의미로 사용하고 있다.

일반적으로 샤먼shaman은 퉁구스 만주어로 '아는 사람'이라는 뜻을 가진 것으로 알려져 있다. 시베리아 및 우랄 알타이 지방에서 샤먼은 주로 병을 고치고 영적인 의사소통을 주관할 수 있는 능력을 가진 치유자, 제사장, 심령술사로서 기능을 하고 있었다. 그러나 샤먼이란 말은 17세기 후반 트란스바이칼 지방과 예니세이강가에서 퉁구스인을 만났던 한 러시아인에 의해 최초의 보고가 이루어졌다. 19세기의 동양학자들은 산스크리트어에서 승려를 뜻하는 sramana, 팔리어에서 samana가 샤먼이라는 말의 기원이라고 주장하였다. 20세기에 이르러 J. 네메스와 B. 라우퍼 등은 퉁구스계의 종족들이 주술사('아는 사람')를 지칭하는 saman, s'aman 등의 말에서 유래하였다는 퉁구스 토착어설을 주장하였으며 오늘날 많은 지지를 얻고 있다.

샤먼은 한자로 무격巫覡이라고 하는데, 무巫는 여성, 격覡은 남성을 지칭한다. 따라서 샤머니즘을 무격신앙 또는 무속신앙이라고도 한다. 샤먼은 무巫, 무녀巫女, 무당巫堂, 무자巫子, 무복巫卜, 신자神子, 단골, 만신, 박수, 심방 등으로 불리고 있으나, 남자의 경우에는 박수, 여성의 경우에는 무당을 가장 많이 사용하고 있다. 신성에 대한 구체적인 체험을 갖고 있는 샤먼은 엑스터시의 기제를 활용하여 영계와 인간계를 매개한다. 그는 신적인 세계로부터 떨어져있는 타락한 인간 세계(혼돈 상태)를 원초적인 시간Urzeit의 세계로 재현하는 것을 종교적 과제로 삼고 있다.

엘리아데에 의하면 샤머니즘은 세계 어느 곳에서나 발견할 수 있는 '낙원 신화' myth of paradise와 연관이 있다. 인류에게 낙원이란 하늘과 땅이 갈라지기 전의 시간상태를 의미한다. 여기서는 영혼은 불멸적 존재인 동시에 천계와 지하계를 자유자재로 여행할 수 있고, 영혼과 동물들과도 자유롭게 의사소통할 수 있는 자유로운 존재상태를 향유한다. 그러나 인간의 타락에 의하여 우주가 분열함으로써 성과 속의 분리가 이루어졌다. 이와 같은 존재론적 분리를 극복할 수 있는 유일한 방안은 엑스터시의 체험을 통하여 원초적인 상태로 회귀하는 것이다.

샤먼은 존재론적 분리를 초월하여 신적 존재들과 소통할 수 있는 영적 능력을 소유하고 있다. 그러나 샤먼은 원초적 상태에서처럼 몸과 영혼이 동시에 움직이지 못하고, 그의 영혼만이 신적 세계를 방문할 수 있다. 이와 같은 샤먼의 종교적 기능은 사실상 그 이후의 모든 종교의 신화와 상징체계 속에서 이어지고 있다.

샤머니즘은 주로 무속인이 되는 방식, 즉 입무入巫의 유형에 따라 분류할 수 있다. 엘리아데는 첫째로 종교적 직능의 세습에 의한 방식(세습무), 둘째로 신이나 정령의 소명에 의한 방식(강신무), 셋째로 자유의지 또는 씨족의 의지에 의한 방식에 의한 유형으로 샤먼을 분류할 것을 제안하였다.

샤먼은 어릴 때부터 특이한 성격과 정서를 갖고 있으며, 특히 우울하고 민감하여 환각과 황홀상태에 빠지기 쉽다. 이들은 대개 입무과정에서 무병巫病을 앓거나 환상 체험을 하게 된다. 에스키모족의 경우에 원인 모를 병을 앓거나 혼자서 고행을 하다가 신이나 정령을 만나는 환상 체험을 하게 되면, 샤먼을 찾아가 병을 고친 후에 그로부터 샤먼으로서 필요한 모든 것을 전수 받는다.(강신무) 그러나 차리카우아 아파치족의 경우에는 환상체험 없이 샤먼으로부터 학습을 통하여 전수 받는다.(세습무)

우리나라의 샤먼은 북부지방의 강신무와 제주도 및 남부지방의 세습무로 대별할 수 있다. 강신무는 빙의憑依, possession와 같은 직접적인 강신체험을 통하여 신적 영력을 부여받고 엑스터시의 기능을 수행한다. 그러나 세습무는 사제司祭의 직분을 인위적으로 계승한 경우를 말한다. 무속신앙은 우리 민족에게 기층종교의 역할을 수행해 왔으며, 그 이후의 모든 종교에서 무속적 요소를 발견할 수 있다. 한국의 무속신앙은 한恨을 해체하려는 고유한 구원론적 기능을 통하여 오랜 동안 민중종교의 기반을 다져 왔다.

제2장

종교는 어떻게 생겨났는가?

1. 비교문화적 종교기원설(막스 뮐러)

종교의 기원에 대한 연구는 중세 기독교의 교의체계 중심으로 이루어졌던 종교학에 대한 이해가 지리상의 발견으로 일대 변혁을 맞게 되면서부터 활발하게 이루어졌다. 다른 문화권의 언어 및 역사 자료를 수집하게 되면서 비교문화적 연구가 가능하게 되었고, 이를 통하여 종교의 기원에 대한 심층적인 연구가 이루어지기 시작하였다.

막스 뮐러

종교학의 아버지 막스 뮐러Max Müller(1823~1900)는 가장 먼저 비교신화학과 비교종교학의 연구를 수행하였으나,[1] 1875년에 『동방경전집』*Sacred Books of the East*의 편집장을 맡아서 50권에 달하는 비기독교 권의 종교 자료들을 서구에 소개하기도 하였다. 뮐러는 셸링 철학의 영향을 받아서 무한성은 유한한 모든 것 속에 현존하며, 종교적 신성은 자연현상이 인격화한 것이라고 주장하였다. 무한성은 항상 유형적인 것과 결합하고 있으며, 유한성이 없는 무한성 역시 생각할 수 없다. 그러므로 인간은 종교적 인식을 통하여 그러한 신성을 포착할 수 있는 것이다. 그리하여 뮐러는 종교를 감각과 이성에 의존하기는 하지만, 그것을 통하여 무한성을 포착하는 정신 기능이라고 정의하였다. 우리에게 무한성을 포착하는 정신적 기능이 없다면 가장 저급한 우상과 주물신앙을 포함해서 그 어떤 종교도 가능하지 않을 것이다. 모든 종교들 속에는 "생각할 수 없는 것들을 생각하려고 하고, 말할 수 없는 것들을 말하려고 하는 갈등, 무한성을 갈망하는 신에 대한 사랑"이 숨어 있는 것이다.

뮐러에 의하면 신성의 초기 개념들은 자연적 현상들이 그대로 인격화한 것이다. 해, 달, 하늘, 강, 비 등은 고대 인류에게 신성의 직관과 비가시적 실재를 넘어서는 어떤 것이었다. 그런데 언어의 발전과정에서 이러한 실재들을 신성화하고, 그 속에 깃든 무한성을 인격화하면서, 그 본질적인 특성들을 소멸하고 망각하게 되고 말았다. 이것이 바로 뮐러의 언어질병설 또는 언어폐해설이다. 그 가장 대표적인 형태가 바로 신화이다. 신화는 언어의 특정한 발전 단계에서 객관적인 실재를 반영하는 고유한 은유와 상징을 잃게 되면서 발생한 것이다. 이로써 유한성 속에 담긴 무한성이나 무한성이 드러나 있는 유한성의 참된 관계를 정상적으로 포착할 수 없게 되었다는 것이다. 뮐러는 신과 신성에 대한 모든 기준들이 탈인격화하여 다시 자연적인 것으로 돌려져야 한다고 주장하였다.

언어학, 인류학, 철학, 신학 등에 많은 지식을 가지고 있었던 뮐러는 동양에서 온 많은 성전들과의 비교연구를 통하여 종교학이라는 새로운 학문분야를 정립하였다. 그는 종교학이 언어 연구를 전제로 하고 있으며, 모든 종교의 자기주장의 논리적 정당화도 고려해야 한다는 사실을 강조하였다.

이후 고고학적 탐사에 의하여 선사시대의 종교를 해독할 수 있는 자료가 발굴되면서 종교사 연구는 실증적인 경향성을 띠게 되었으며, 조각과 건축 및 제의용 기구 등의 발견을 통하여 생활사적 측면에서 종교연구도 활발하게 이루어졌다.

2. 인류학적 종교기원설(빌헬름 슈미트)

종교인류학 anthropology of religion은 인류학적 관점에서 종교현상을 연구하는 학문이며, 원시문화에 대한 실증적 연구인 인류학을 방법론으로 도입하여 종교의 기원과 진화 현상에 대한 총체적 이해를 구하려고 시도하였다. 따라서 그 주요 연구대상은 원시종교이다. 원시종교에는 역사적 시원, 즉 원시시대의 종교와, 현존하는 미개사회의 종교가 있다. 전자는 주로 유적과 유물로 남아 있으며, 주로 종교고고학의 연구대상이 된다. 그러나 후자의 경우는 기독교나 불교와 같은 고등종교에 기층적인 민간신앙이 혼재하듯이, 현대의 문명사회와 시간을 공유하고 있는 미개한 부족사회와 그 원시적 문화를 연구대상으로 한다. 종교인류학은 넓은 의미에서 종교고고학과 종교민속학을 포함하지만 현실적으로는 현존하는 미개종교를 그 대상으로 한다.

종교인류학자들은 진화론에 비추어서 인류문화의 재구성을 시도하였으며, 종교의 기원에 대한 연구를 수행하였다. 이들은 종교의 기원에 대한 여러 가지 가설들을 제시하였는데, 타일러 E.B Tylor (1832~1917)는 애니미즘 animism, 매럿 R. Marett (1866~1943)은 마나이즘 manaism, 프레이저 James Frazer (1854~1941)는 주술 magic이 최초의 종교형태였다고 주장한다. 타일러는 인류의 본성은 동일하며, 문명화한 정신 속에 잔존하는 과거 상황의 흔적을 추적하여 초기의 인류문화를 복원할 수 있다고 보았다. 이것은 영혼과 혼령들 속에 미개한 주물 숭배자로부터 문명화한 기독교인에 이르기까지 정신적인 연결선이 있기 때문에 가능하다는 것이다.[2] 프레이저는 그 연결선이 주술, 종교, 과학으로 진화하는 사고과정 속에 단절 없이 존재한다고 보았다.

존 러벅 John Lubbock (1834~1913)은 그의 저서 『문명의 기원과 인간의 원시적 상태』 *The Origin of Civilization and the Primitive Condition of Man*에

존 러벅, 앤드류 랭, 빌헬름 슈미트(위로부터)

서 종교의 진화 단계를 무신론 atheism, 물신숭배 fetishism, 자연숭배 nature worship, 토테미즘 totemism, 샤머니즘 shamanism, 신인동형동성설 anthropomorphism, 유일신론 monotheism, 윤리적 유일신론 ethical monotheism 등으로 제시하였다.

종교의 기원을 진화론적으로 규명하려는 학자들은 일반적으로 원시적인 신앙 개념에서 초월적인 존재에 대한 신앙으로 설명하려는 시도에 반대한다. 특히 타일러의 제자였던 앤드류 랭 Andrew Lang (1844~1912)은 원시부족이 창조주이면서 도덕적 질서의 조정자인 고차적인 지고신 a high god으로부터 각각의 종교 형태가 파생적으로 진화한 것이라고 주장하였다. 랭은 우선 가장 원시적이고 단순한 사람들에게서 신에 대한 믿음을 확인하였다. 그것은 물활론적인 정령존재가 아니라 인간을 만든 '거대한 비자연적 인간'인 조물주 사상이었으며, 여기에다 윤리적인 배려가 가미된 고차적인 신 개념이었다. 그러나 랭의 주장은 당시 사람들에게 주의를 끌지 못하였다.

랭의 주장은 빌헬름 슈미트 Wilhelm Schmidt (1868~1954)에 의하여 빛을 보게 되었다. 독일 출신의 인류학자, 언어학자, 민속학자이면서 가톨릭 신부였던 슈미트는 최초의 인류가 장소에 관계없이 모두 지고의 존재를 믿었다는 원유일신론 Urmonotheismus, primordial monotheism을 주장하였다. 그는 1912년에서 1954년까지 저술한 『신 관념의 기원』 *Der Ursprung der Gottesidee, The Origin of the Idea of God*에서 피그미족, 티에라 델 푸에고인, 부시맨, 오스트레일리아 원주민, 북아메리카 원주민들에 대한 광범위한 실증적인 연구를 통하여, 여러 문화권에서 공통적으로 하나의 지고신을 믿고 있는 사실을 확인하였다. 그는 다신교 이전에 이미 일신교가 광범위하게 존재하고 있었다고 말한다.

인간은 합리적 원인을 발견하지 않으면 안 된다. 이는 세계와 그 안에 거주하는 것들을 창조했던 지고 존재라는 개념에 의해서 충족된다. 인간은 사회적 욕구를 가지는데, 가족을 창시했고 그러므로 남편과 아내, 부모와 자식, 형제와 자매, 친족이 신종臣從할 의무를 가졌으며 또한 인류의 아버지이기도 한 지고 존재에 대한 믿음에서 이 욕구는 충족될 수 있다. 인간은 도덕적 욕구를 가지는데, 이것 역시 입법자, 감독관, 선함과 악함의 재판관이며 스스로는 모든 도덕적 오점에서 자유로운 지고 존재에게서 머물 곳을 찾고 충족된다. 인간의 정서적 욕망, 신뢰, 사랑, 감사는 그런 존재, 모든 선이 나오고 선밖에는 아무것도 없는 아버지에 의해서 만족된다. [...]

인간은 스스로를 체념하고 맡길 수 있는 보호자를 필요로 한다. 이런 필요는 지극히 높고 만물 위에 있는 이러한 존재에 의해서 충족된다. 그러므로 이런 모든 속성들에 있어서 이런 고귀한 존재는 원시인에게 살아가고 사랑할, 신뢰하고 일할 권능과 세계의 주인이고 노예가 아닐 수 있다는 가망성 그리고 더욱더 높고 초현세적인 저 너머의 목표에 대한 포부를 제공한다. [...]

이런 신이라는 개념을 통해서만이 우리는 전방을 향해서 투쟁해나간 우리 최초의 선조들이 가졌던 힘을 설명할 수 있다. 그리고 인간 에너지 중 가장 귀중한 것 — 모든 인류의 합일을 향한 노동, 책임감, 열망, 상승감 — 은 여전히 이런 태고 시절까지 거슬러 올라갈 수 있다. 그러므로 우리는 일련의 모든 원시민족들 사이에서 많이 분화되고 완전히 주목할 만한 종교를 발견한다.3)

슈미트는 원시인들이 일신론을 가지고 있었다는 사실에 머무르지 않고, 그들의 신 관념이 현대 기독교인들이 신봉하는 신학적 속성과 일치한다고 주장하였다. 전지전능하시고, 자비롭고, 도덕적이며, 선한 행위에 보상하는 등 하느님의 특성들은 고대인이나 현대 기독교인의 신 관념에서 공통적이라는 것이다. 이러한 사실에서 슈미트는 초기 인류가 인식했던 그 신은 바로 기독교인들이 경배하고 있는 신과 같으며, 그것은 서로 다른 이름으로 불리더라도 하나의 동일한 하느님일 것이라고 주장하였다.

이에 대하여 이탈리아 종교학자 라파엘 페타조니Raffaele Pettazzoni (1883~1959)는 슈미트가 신에 대한 신학적 고찰과 인류학적 자료들의 일치를 갈망한 데서 비롯되는 오류라고 비판하였다. 페타조니는 초기 인간들의 사회에서 단일 신격들을 신봉한 사실은 받아들이지만 그것이 기독교의 신 개념과 일치한다고 주장할 수는 없다고 못 박았다. 그는 고대의 일신교 신앙은 다신교적 틀 속에서 긴장 관계를 통하여 이루어졌다고 주장함으로써 슈미트의 원유일신론을 어느 정도 수정하고 있다.

> 일신교는 그러므로 다신교보다 나중이다. 다만 진화론자들의 이론이 가정했던 것처럼 다신교로부터 진화해 나온 것은 아니다. 진화적 과정에 의해서 거기에서 발전해 나오기는커녕 일신교는 혁명에 의해서 모양을 갖추어갔다. 모든 일신교의 도래는 종교혁명에 의해서 결정되었다. 사색에 의해서 발생하기는커녕 일신교의 형성은 종교생활의 충만으로부터 솟아나왔는데, 그런 것은 좀처럼 인간 역사 과정에서 일어나지 않을 만한 것으로, 적절한 정황들이 보기 드문 우연의 일치를 보일 경우에 일어날 뿐이다. [...] 지고 존재라는 관념은 이론적으로 거기에 내재하는 최고의 속성들로부터, 또는 전 지성 중 하나로부터 만들어진 신이라는 추상적인 일신교적 관념의 반영이 아니다. 그것이 나타났던 문화적 환경에 따라서 때로 다양한 속성과 다양한 형태를 취하는 구체적인 역사적 형성물인 것이다.[4)]

그리하여 페타조니는 초기 인류의 신 개념이 기독교의 신과 일치하지 않으며, 그 신적 속성 역시 동일한 것이 아니라고 지적하였다. 예를 들면 전지전능이라는 신적 속성이 반드시 일신교에만 해당하는 것은 아니며, 천신과 천체신의 경우에도 적용할 수 있다고 본다. 원시문화에서 지고 존재에 대한 믿음을 발견하는 것은 사실이지만, 그것은 슈미트가 말하는 원유일신론과는 다른 형태라는 것이다. 같은 지고 존재라 하더라도 그것은 부족들 사이에서 문화적 맥락에 의하여 서로 다른 의미를 가질 수 있으며, 종교는 이런 문화의 일부이고, 지고신 역시 그런 종교의 일부에 지나지 않는다고 보았다.

바하오펜

바하오펜 J.J. Bachofen (1815~1887)은 그의 저서 『모권』 *Das Mutterrecht,*

*The Mother Right*에서 고대의 모계사회를 단초로 남성 천신 the male sky god과 구별되는 천모신 the mother goddess에서 종교가 진화했다고 주장하기도 한다. 말리노프스키, 래드클리프-브라운 Radcliffe-Brown, 그리고 에반스 프리챠드 Edward Evans-Pritchard (1902~1973)는 기능주의적 입장에서 현지조사를 근거로 인류문화의 보편적 원리를 탐구하는 사회인류학을 수립하였다.

에반스 프리챠드

3. 심리학적 종교기원설(프로이트)

종교심리학은 종교현상을 심리적인 측면에서 실증적으로 연구하는 학문이다. 심리학적 방법론을 동원하여 종교심리의 구조와 기능을 분석 고찰하고, 종교 자체의 기원과 본질을 심리학적으로 규명하려고 시도한다. E.D. 스타벅의 『종교심리학』 *Psychology of Religion* (1889)이 유명하다.

프로이트 Sigmund Freud (1856~1939)는 『환상의 미래』 *The Future of an Illusion*와 『문명과 그 불만들』 *Civilization and Its Discontents*에서 종교는 인간이 조작한 환상이라고 주장하였다. 유대인들의 종교는 압도적인 외부세력에 대항하기 위한 보호막에 지나지 않는다. 그들은 신을 '아버지'라고 부르고, 그들을 신의 '자녀'로 생각하면서 '선민사상'을 확장하였는데, 이러한 일들은 그들이 처한 긴박한 상황을 극복하기 위하여 요구한 희망 사항이었다는 것이다. 그리하여 프로이트는 종교의식을 죄의식으로부터 탈피하려는 환상적 지향성 또는 유아기적 강박관념이라고 규정하였다.

> 어린 시절 무력감에 대한 공포스러운 인상은 보호의 필요성, 즉 아버지에 의해서 제공되었던 사랑을 통한 보호의 필요성을 불러일으킨다. 그리고 이런 무력함이 평생 동안 지속되리라는 것을 깨닫게 되면 더욱 강력한 아버지의 존재를 요청하게 된다. 그래서 신적인 전능

> 자의 선한 통치는 삶의 위협에 대한 우리의 공포를 완화시켜 준다. 도덕적 세계질서의 성립은 인간 문명세계에서 그렇게 이룩할 수 없었던 정의에 대한 요구가 완성됨을 보장해준다. 그리고 이 세계의 삶이 미래에도 계속 연장되리라는 생각은 이러한 희망사항들이 채워질 수 있는 장소와 시간의 형식을 제공하는 것이다.[5)]

칼 구스타프 융, 윌리엄 제임스(위로부터)

이와 반대로 융 C.G. Jung (1875~1961)은 종교의식의 현실성을 실제적인 것으로 전제함으로써, 비록 신의 존재를 심리학적으로 증명할 수는 없으나 신을 경험하는 의식현상은 실증적으로 제시할 수 있다고 주장하였다. 또한 그는 인류의 문화 자체가 집단무의식을 갖고 있으며, 여기서 발견한 원형 archetypes을 종교체험의 토대로 상정하였다. 융에 의하면 종교는 근원적인 인간의식의 구조를 이루고 있다. 프로이트가 종교를 부정적인 현상으로 규정한 반면에 융은 종교를 긍정적이고 적극적으로 해석할 수 있는 여지를 열어 놓았다.

윌리엄 제임스 William James (1842~1910)는 『종교적 경험의 다양성』 *The Varieties of Religious Experience* (1902)에서 종교가 삶에 대한 인간의 실존적인 반응이며, 개인의 경험에 기초하고 있다고 강조하였다. 종교는 각각의 사람들이 신성하다고 여기는 그 무엇과의 관계를 통하여 갖게 되는 그 자신의 고유한 감정, 행동, 경험 체계이다. 그러므로 제임스는 어떤 하나의 유일한 종교적 대상과 그에 대한 공통적인 감정이 있는 것이 아니라 무한하게 다양한 종교적 대상들과 무한하게 다양한 감정들이 존재한다고 보았다. 어떤 사람들이 종교를 의존의 감정, 공포를 잊기 위한 심리작용, 무한의 감정 등으로 정의하지만, 그것들은 종교의 일면에 지나지 않는다. 그리하여 제임스는 기존의 제도적 종교에 대한 의미보다는 그가 '개인적 종교'라고 부르는 것에 대한 중요성을 부각시켰던 것이다. 그러나 제임스는 각 개인의 종교 경험을 중시하면서도 그것이 종교제도의 다양성이나 종교상징들과 어떤 연관성을 가지고 있는가에 대해서는 충분하게 밝히지 못하였다. 그와 반대로 루바 J.H. Leuba (1868~1946)는 인류의 종교체험에서 보편적인 신비체험이 어떻게 일어나는가에 착안하여 종교 심성을 밝히려고 하였다.

4. 사회학적 종교기원설(에밀 뒤르켕, 막스 베버)

퓌스텔 드 쿨랑주, 막스 베버, 래드클리프 브라운 (위로부터)

사회과학자들은 종교가 사회에 미치는 영향과 기능에 대해서 관심을 가졌다. 예를 들면 에밀 뒤르켕 E. Durkheim (1858~1917)은 토테미즘을 근거로 종교의 사회적 통합 기능을 강조하였으며, 마르크스 Karl Marx (1818~1883)는 종교를 사회의 착취구조에서 비롯된 비과학적 세계관의 전형으로 간주하여 가장 긴급한 극복의 대상으로 보았다. 사회학적 종교 연구는 종교사회학 sociology of religion이라는 학문을 정립하였다. 종교사회학적 분석은 사회통합을 이해하는 데 중점을 두고 있다. 종교와 사회구조의 관계에 대한 실증적 연구로서는 퓌스텔 드 쿨랑주 Fustel de Coulanges (1830~1889)의 『고대 도시』*The Ancient City* (1864)와 스미스 William Robertson Smith (1846~1894)의 『셈족의 종교』*Lectures on the Religion of the Semites* (1889)가 대표적이다. 이후 종교사회학은 특히 뒤르켕과 막스 베버 Max Weber (1864~1920)에 의하여 학문으로 자리잡게 되었다.

에밀 뒤르켕은 『종교생활의 기본형태』*The Elementary Forms of the Religious Life* (1915)에서 비합리적인 요소를 사회통합의 주된 요인으로 지적하고 있다. 뒤르켕은 종교는 인간의 지적 능력에 너무나 기본적이고 원초적인 것이어서, 인간생활의 구조 전체에 영향을 미친다고 보았다. 이러한 사실에서 그는 종교를 '사회적인 어떤 것'으로 이해한다.[6] 인간은 두 가지의 대립적인 범주 구성을 통하여 사실을 파악하는 습관이 있다. 종교적 신앙의 영역에서도 성스러운 것과 속된 것의 구분이 있으며, 그것은 독특한 사회적 기능을

파슨스, 트뢸치, 요아킴 바흐 (위로부터)

하고 있다. 뒤르켕은 종교를 성스러운 것들, 즉 격리하여 금지한 것들과 관련한 믿음과 수행의 총체라고 정의한다. 특정한 종교를 믿는 사람들은 교회라는 도덕적 공동체를 결성하여, 그 속에서 자신들의 이상을 구현하려고 한다. 따라서 성스러운 세계는 비록 인간의 관념 안에 존재하기는 하지만, 현실세계 보다 더 큰 가치와 존엄성을 부여한 이상세계인 것이다. 이런 사실들은 종교가 사회적 맥락을 떠나서는 존재할 수 없는 집단양심의 근본 형태임을 알 수 있으며, 이 점에서 뒤르켕은 종교 없는 사회는 결코 존재할 수 없다고 하였던 것이다. 그의 이론은 인류학적 연구에 큰 영향을 끼쳐서 영국의 래드클리프-브라운 A.R. Radcliffe-Brown (1881~1955)이나 말리노프스키 Bronislaw Malinowski (1884~1942)로 하여금 종교의 사회적 연대강화와 일상생활에서 종교의 기능을 연구하게 하였다.

막스 베버의 일차적인 관심은 종교가 아니라 자본주의의 발흥 원인을 규명하는 것이었다. 이러한 방대한 연구를 통하여 그는 종교가 사회적 기능의 강화와 유지를 위해 긍정적으로 기여하며, 종교 문화권이 서로 다르면 그 사회구조도 다르다는 사실을 알게 되었다. 베버는 『프로테스탄티즘의 윤리와 자본주의의 정신』 *Die protestantische Ethik und der Geist des Kapitalismus* (1904~1905)에서 서구의 근대 자본주의의 발생이 새로운 가치관의 형성에 의한 것이며, 이러한 가치관의 수립에 비합리적인 종교, 특히 기독교가 결정적으로 작용하고 있다는 사실을 지적하였다. 여기에서 종교는 중요한 이념형 IdealTypen으로 기능하는데, 그것은 객관적으로 가능한 상황을 나타내는 동시에 구성적인 능력을 가지는 것이다. 종교적 개념체계는 특정한 사회에서 문화적, 사회적 구성을 주도하며, 따라서 종교적 정향은 사회경제적 용어로 번역할 수도 있으며 사회경제적 상황을 이해하고 해석할 수 있게 한다.7)

미국의 파슨스 Talcott Parsons (1902~1981)는 종교가 사회생활을 내면적으로 지지하는 가치관의 근거라고 규정하였으며, 피터 버거 Peter

Berger (1929~)나 토마스 루크만 Thomas Luckmann (1927~)은 사회질서에 궁극적으로 의미를 주는 것이 종교의 역할이라고 보았다. 독일의 에른스트 트뢸치 Ernst Troeltsch (1865~1923)나 요아킴 바흐 Joachim Bach (1898~1955)는 종교집단의 유형을 연구했는데, 특히 바흐는 자연집단(가족, 촌락, 민족)과 종교집단이 일치하는 합치적 종교집단과 개조에 의한 창조적 특수 종교집단으로 구분하였다.

5. 종교현상학적 종교기원론(루돌프 오토)

종교현상학 phenomenology of religion은 종교와 관련이 있는 문화현상을 연구하는 학문으로서, 종교현상의 내부에 있는 본질적인 구조를 파악함으로써 각각의 종교 내용을 이해하는 동시에 종교의 역동적인 구조를 드러나게 한다. 현상학은 에드문트 후설이 제안한 학문방법론이다.

루돌프 오토 Rudolf Otto (1869~1937)의 '누미노제' 개념과 프리드리히 하일러 Friedlich Heiler (1892~1967)의 기도에 관한 연구는 현상학적 방법에 의한 종교 연구의 대표적 사례에 속한다. 오토는 그의 기념비적인 저서 『거룩한 것』 *Das Heilige* (1917)에서 칸트와 슐라이어마허의 한계를 동시에 넘어서는 새로운 종교 이해를 시도하였다. 종교는 진, 선, 미의 범주나 합리주의만으로 접근할 수 없으며, 그것들을 모두 떨쳐버린 후에도 남는 것, 즉 거룩함의 영역에서 드러난다는 것이다. 여기에서 추구하는 대상은 바로 오토 자신이 표현한 대로 누멘적인 것 das Numinöse이다. 누멘은 신들린 것으로부터 비롯하는 압도적이면서도 매혹적인 힘이다. 그러므로 누멘적인 것은 비이성적이고 비합리적인 것으로서 종교의 대상이 되며, 그것에 대하여 느끼는 감정, 즉 누멘적 감정이 바로 종교의 중심을 이루게 된다. 그러나 이러한 감정은 종교의 계기가 아니라 종교가 유발하는 것에 지나지 않는다.

누멘적인 것은 두려우면서도 매혹적인 신비 mysterium tremendum et fascinans를 자아낸다. 신비한 힘은 초월적인 동시에 강압적이고, 공포스러운 동시에 매혹적인 것이다. 니체가 디오니소스적인 것과 아폴론적인 것을 말하거나 루터가 신의 분노와 사랑을 말한 것은 바로 누멘적인 것의 이중성을 가르킨 것이다. 초기의 종교생활에서 사람들은 누멘적인 것의 압도적인 측면에 사로잡혀 신에 대한 공포감으로 두려워했으나, 후기에 이르러서는 그 매혹적인 측면에 다가서게 되면서 적극적인 자기헌신의 생활을 추구하게 되었다.

> 이 누멘적인 것은 그 자체가 개념들로는 설명할 수 없는 비합리적인 것이기 때문에 오로지 그것이 체험자의 마음 가운데 불러일으키는 특이한 감정적 반응을 통해서만 알려질 수 있다. [...] 실로 우리는 슐라이어마허와는 달리 바로 대상과 관계한 저 일차적인 특정한 감정 그 자체를 찾고자 하는 것이다. 우리가 이미 본대로 피조물적 감정은 단지 이러한 일차적 감정의 그림자이며 이차적으로 비로소 자기감정 속에 따라오는 것이다. [...] 우리에게는 그것의 표현으로서 단 하나만이 남게 된다. 곧 두려운 신비 mysterium tremendum 혹은 무서운 비밀의 감정이다. 이러한 감정은 때로는 깊은 예배의 평온 속에서 고요한 조수와 같이 우리의 마음에 엄습해 오기도 한다. 그리하여 보다 지속적인 영혼의 상태로 이행하여 오래 지속하다가 여운을 남기고는 드디어 아주 사라져 버리면서 우리의 영혼을 또다시 속된 세계로 몰아넣기도 한다. 또 그런가 하면 갑자기 저돌적인 충격과 경련을 일으키면서 영혼으로부터 폭발해 나오기도 하며 때로는 이상한 흥분과 도취, 환희와 황홀경으로 이끌기도 한다. 미친 듯한 악마적인 형태로 나타나기도 하며 으스스할 정도의 소름과 전율로 하락하기도 한다. 거칠고 야만적인 그 이전의 단계들과 표현들이 있는가 하면, 또한 섬세하고 순수하고 밝은 것으로 발전하기도 한다. 또한 어떤 것 앞에서는 피조물의 겸손하고 말 없는 침묵과 떨림으로 변하기도 한다. 과연 어떤 것 앞에서인가? 말할 수 없는 신비 속에서 모든 피조물을 초월한 자 앞에서이다.[8]

오토는 거룩한 것 das Heilige은 스스로 존재하는 것이며, 그것 없이는 어떤 종교도 가능하지 않다고 보았다. 그런데 그것은 인간

정신의 감추어진 경향성이기도 하다. 그것은 자기 스스로에게 분명하게 되고, 그 목표를 달성하는 경우에만 평화에 도달할 수 있는 종교적 충동으로서 각각의 인간에게 내재되어 있다.9) 이처럼 거룩한 것은 인간에게 미리 주어져 있는 선험적 조건이며, 그 때문에 우리는 거룩한 것에 다가설 수 있게 된다. 오토는 이처럼 거룩한 것을 진, 선, 미와 같이 인간에게 미리 주어진 선험적 조건이라고 보는 사실에서 칸트와 제임스를 계승하고 있다. 그러나 그는 동시에 종교는 합리적인 것만으로 접근할 수 없으며, 그 때문에 새로운 거룩함의 범주에 대한 접근 방식이 필요하다고 강조한 사실에서 슐라이어마허를 계승하지만, 그것을 단순한 감정의 차원이 아닌 선험적 범주로 이해하는 점에서 차별화를 시도하였던 것이다.10)

반 델 레우 Gerardus van der Leeuw (1890~1950)는 종교의 본질을 힘의 실재에 대한 승인으로 전제하면서 문화권과 역사를 포괄한 종교현상의 유형화 및 범주화를 시도했지만, 불변적 구조로서 종교성과 그 현현으로서 종교사를 종합적으로 서술하지 못하였다는 평가를 받고 있다.

반 델 레우

요아킴 바흐 Joachim Wach (1898~1955)와 엘리아데 Mircea Eliade (1907~1986)를 중심으로 한 시카고학파 the Chicago school는 현상학적 종교연구를 보다 치밀하게 발전시켰다. 바흐는 종교현상을 이론적, 실천적, 제도적 측면으로 분류해서 설명하고 이를 다시 종합하였다. 엘리아데는 신화와 역사의 종합을 시도하고 성과 속의 변증법적 합일을 매개로 종교현상을 기술하였다. 그는 인류의 지성사에서 종교 자체의 역사를 파악하는 것이 종교학의 가장 중요한 과제라고 하면서, 종교학을 창조적인 해석학으로 이해하였다. 페타조니는 시카고학파가 구체적인 역사현실을 간과하고 있다고 지적하고 역사와 현상의 종합을 시도하였다. 그는 역사적 사실의 정당한 기술 없이는 현상학적 해석학이 공허한 관념일 수밖에 없고, 의미를 탐색하는 현상학적 해석학이 없는 역사학적 종교탐구는 단순한 기술과학 또는 자의적 기술에 그치고 만다고 비판하였다.

제 3 장

종교신앙에는 어떤 것들이 있는가?

1. 무신론과 유신론

무신론 atheism은 이 세계에는 신이나 영적 존재자가 존재하지 않는다는 입장으로서, 특정 종교나 또는 모든 신앙체계를 부정한다. 고대 희랍의 물질론자들, 특히 데모크리토스 Demokritos (기원전 460~370)와 에피쿠로스 Epikuros (기원전 341~270) 역시 신의 존재를 부정하였으며, 후자는 특히 신 관념이 인간의 공포와 무력감에서 비롯된다고 비판하였다.

17세기와 18세기에 등장하였던 프랑스의 유물론자들이 무신론적 주장을 강하게 이끌었다. 몽테뉴 Montaigne (1533~1592), 베일Bayle (1647~1706), 라메트리 La Mettrie (1709~1751), 돌바흐 Paul Henri Dietrich d'Holbach (1723~1789), 엘베시우스 Claude Adrien Helvétius (1715~1771), 디드로 Denis Diderot (1713~1784), 볼테르 Voltaire (1694~1778) 등은 기존의 종교가 인간을 노예적 굴종상태로 전락하게 한다는 사실을 계몽, 비판함으로써 무신론을 옹호하였다.

19세기의 사상가 중에서 가장 대표적인 무신론자는 포이에르바흐 (1804~1872)와 마르크스였다. 포이에르바흐는 『기독교의 본질』에

데모크리토스
에피쿠로스
볼테르
디드로
(좌로부터)

서 신은 인간의 이상을 투사한 것이지만, 나중에는 신에 대한 믿음 자체가 인간의 사유를 지배하게 되었다고 주장한다. 그러나 그는 신의 존재가 인간의 투사물에 지나지 않는다는 사실을 인식하게 될 때, 인간은 비로소 자유롭게 되고 자기실현에 이를 수 있다고 주장하였다. 마르크스는 포이에르바흐의 테제를 정치 사회적인 문제영역에 수용한다. 마르크스는 종교가 인간의 사회 경제 구조를 반영하기 때문에, 현실비판을 수행하기 위해서는 무엇보다도 종교비판을 수행해야 한다고 보았다. 그는 종교가 '압박 받는 피조물의 한숨이고 냉혹한 세상의 심장이며 혼이 없는 상태의 영혼'이라고 생각하면서, 이의 폐지를 주장하였다.

정신분석학자 프로이트는 종교 및 신에 대한 믿음을 무력한 어린아이가 아버지의 모습을 자연 속에 투사한 것이라고 해석하였다. 이와 같은 심리학적 해석은 결국 신의 존재를 부정하고 심리적 허구표상으로 간주함으로써 무신론적 입장에 속한다. 니체는 신 존재 자체를 부정한 것은 아니지만 전통적인 유럽사회가 믿어온 '신의 죽음'을 선포함으로써 결과적으로 무신론적 태도를 표명하였다. 사르트르와 카뮈 등 무신론적 실존주의자들은 인간을 스스로 결정할 수 있는 자유로운 존재로 규정하면서 신의 존재를 부정하였다.

논리실증주의적 전통에서는 신에 대한 명제를 검증할 수 없는 무의미한 명제, 즉 사이비 명제라고 규정함으로써 종교 언어 자체를 부정하였다. 특히 에이어A.J. Ayer는 1936년에 간행한 그의 저서 『언어, 진리, 논리』 *Language, Truth, Logic*에서 무신론, 유신론 및 불가지론 등의 종교언어는 거짓 명제에 지나지 않는다고 지적하였다.

유신론有神論, theism은 이 세계의 존재자들과 특별한 관계를 맺고 있는 신의 존재를 인정하는 입장이다. 초월적인 최고 존재자 또는 세계의 근원을 이루는 인격적 최고 존재자에 대한 신학적 주장을 총칭한다. 물론 신의 존재 및 현현 방식에 대해서는 수많은 견해들이 있다. 일반적으로 절대적인 하나의 신만을 상정하는 유일신론, 선신과 악신이라는 두 개의 대립적인 초월적 존재자를 상정하는 이원론, 서로 다른 위계질서를 가진 여러 신들을 상정하고 있는 다신론, 세계 자체가 바로 신이라는 범신론 등 여러 주장체계들이 있다.

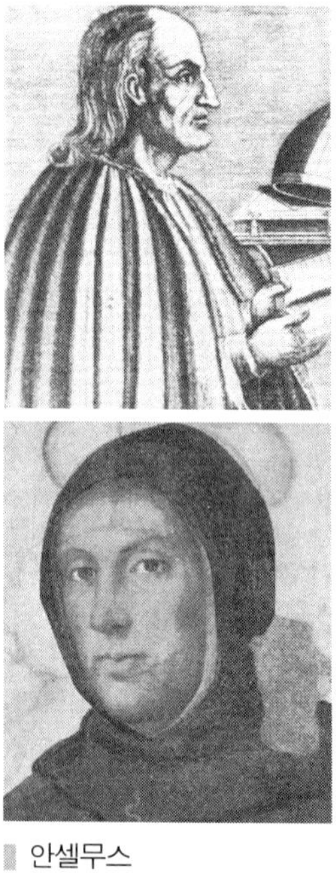

안셀무스
토마스 아퀴나스
(위로부터)

서양철학사에서는 신의 존재를 증명하려는 여러 가지 시도들이 있었다. 안셀무스Anselmus Cantaberiensis (1033~1109)는 그의 저서 『프로슬로기온』 *Proslogion*에서 존재론적 신 증명을 시도하면서, 신 존재를 신에 대한 개념에서 도출하려고 시도하였다. 즉, 그는 신을 '이 세상에서 그것보다 더 위대한 것을 생각할 수 없는 가장 위대한 존재'라고 규정했는데, 이것이 실제로 존재하려면 '가장 위대한 것'은 가능적으로 뿐만 아니라 현실적으로 존재해야 한다. 다시 말하면 우리가 만일 가장 위대한 존재자에 대한 개념을 가지고 있다면, 그것은 반드시 현실적으로 존재하지 않으면 안 된다는 것이 존재론적 논증방식이다.

토마스 아퀴나스Thomas Aquinas (1225~1274)는 『신학대전』 *Summa Theologica*에서 신 존재 증명을 위한 다섯 가지 방식을 제안하였다. 그것은 아리스토텔레스가 제시한 4원인설 (형상인, 질료인, 작용인, 목적인)에 의하여 제1원인을 추론하는 네 가지 방식에다가, 완전성의 정도에서 '완전성 그 자체'를 추론해 나가는 다섯 번째 방식을 가미한 것이었다.

그러나 이와 같은 신 존재 증명은 사실상 흄과 헉슬리가 부정하였고, 칸트가 이를 다시 확인하였다. 칸트는 신 존재증명이 이론적인 방식으로는 불가능하고, 오직 도덕적인 논증만이 가능하다고 생각하였다. 그 밖에도 유신론에서는 죄악의 기원에 대한 문제, 도덕성의 인식과 실천, 그리고 이에 대한 보상과 책임 등 수많은 철학적 문제들이 논란의 대상이 되고 있다.

2. 이신론과 불가지론

이신론理神論, deism은 17세기의 지식인들 사이에 널리 퍼졌던 종교론으로서, 계시나 교리에 의해서가 아니라 인간의 이성에 의하여 얻은 종교적 지식 체계를 인정한다. 영국, 독일, 프랑스의 계몽철학자들이 주창하였으며, 이들은 대체로 종교적 계시를 불신하는 반면에 인간의 이성을 신뢰하고, 신을 질서 있는 우주의 합리적 건축자로서 이해하였다.

르네상스의 인문주의자들은 인간의 이성이 죄악으로 인하여 타락하였다는 정통 기독교의 주장을 거부하고, 이성의 능력을 높이 평가하여 보편적인 종교진리와 도덕을 계시 및 교리로부터 구분할 수 있다고 보았다. 이신론자들은 종교 간의 차이가 있음에도 불구하고, 모든 종교는 보편적으로 인정할 수 있는 종교적 윤리적 원칙으로서 이성에 기초하고 있다고 주장하였다.

정통주의 기독교는 종교적 진리를 인식하기 위해서 인간의 이성 이외에 특별한 계시가 필요하다고 강조하였다. 정통주의에 의하면 인간이 가지고 있었던 최초의 자연종교는 인간의 타락과 원죄로 인하여 사라지게 된 후, 모세의 율법이나 선지자 및 예수와 그 제자들을 통한 계시에 의하여 기독교의 도덕법이 다시 주어졌다는 것이다. 그러나 이신론자들은 그와 반대로 이성만이 신의 계시를 이해할 수 있는 적절한 수단이라고 보았다.

또한 정통주의 유대교 및 기독교는 신이 자연과 인간의 역사에 직접적으로 개입한다고 보았으나, 이신론자들은 창조한 이후의 신은 역사에 직접 개입하지 않고 합리적인 자연법칙에 맡겨 두었다는 자연종교론을 믿었다. 우주를 합리적 법칙에 의하여 움직이는 기계장치로 이해하였던 뉴턴의 우주관을 기초로 하여 이들은 세계의 합리적인 질서와 운행에서 합리적인 창조자의 존재를 유추하려고 하였다.

영국의 이신론은 로크 John Locke (1632~1704)의 경험주의적 인식론에 기초하여 예언, 기적, 부활 등 기독교의 핵심교리를 부정하는 방향으로 진행하였으나, 그 이후 흄 David Hume (1711~1776)이 『종교의 자연사』에서 신앙과 지식의 연결고리를 끊어버림으로써 논의 자체를 무의미하게 하였다. 독일에서 이신론은 크리스찬 볼프의 합리주의에 기초하여 바움가르텐, 레싱, 라이마루스, 슈트라우스 등이 주도하였다. 프랑스에서는 볼테르와 루소를 거쳐서 돌바흐에 이르는 동안, 이신론적 주장들이 비밀 전단으로 뿌려지고, 점차 무신론적 경향으로 기울어지게 되었다.

▌로크, 오캄(위로부터)

불가지론 不可知論, agnoticism은 경험적인 현상을 넘어서는 어떤 것에 대해서도 알 수 없다는 입장이다. 이 말은 그노시스학파를 반대하려는 의도에서 헉슬리가 처음으로 도입하였다. 그는 어떤 것에 대해서 완전하게 파악할 수 없는 인간 지식의 한계를 불가지론이라는 말로 표현하였다. 불가지론자는 신이 존재하지 않는다고 주장하는 무신론자들과는 다르다. 불가지론자는 신이 존재한다고 주장하지도 않고 신이 존재하지 않는다고도 주장하지 않는다.

일찍이 유명론 철학자 오캄 William of Ockham (1280~1349)은 신의 본성이 피조물의 이해에서 너무나 멀리 떨어져 있기 때문에, 신에 대한 적극적 기술방식은 적절하지 않다고 보고, 부정신학의 입장을 취하였다. 12세기의 철학자 모제스 마이모니데스 역시 창조주에 대해서는 부정문으로만 말할 수 있다고 주장하였다.

영국의 경험론 철학자 흄은 『인간오성론』 *Enquiry concerning Human Understanding* (1748)과 『자연종교에 관한 대화』 *Dialogues concerning Natural Religion* (1779)에서 전통적인 의미에서 인과성의 법칙을 부정함으로써 사실과 실재적 존재의 원인은 선천적으로 알 수 없다는 입장을 취하였으며, 따라서 전통신학에서 시도한 모든 신 존재증명을 반박하였다. 모든 우주적 존재와 신을 결과와 그 원인으로서 추론하거나 비교하는 것은 불가능하다는 것이다.

칸트는 『순수이성비판』에서 인간의 인식능력의 한계를 비판하면서, 인간의 지성은 신의 존재를 인식하는데서 한계를 갖고 있기 때문에 유신론적 주장이나 무신론적 주장이 모두 잘못이라는 태도를 취하였다. 그는 우리가 현상으로서 포착할 수 있는 경험적 지식 이외에 물자체에 대한 인식에는 도달할 수 없다는 입장을 분명히 하였다. 우리에게 감성적으로 주어질 수 없는 그 어떤 것에 대한 이론적 지식은 불가능하며, 따라서 그러한 대상들은 우리가 알 수 없는 것들에 속한다.

헉슬리 Aldous Leonard Huxley (1894~1963)는 『불가지론과 기독교』 *Agnoticism and Christianity* (1889)에서 과학적 신학과 교권주의의 한계를 적절하게 지적하고 있다. 그는 종교적 불가지론이 성립하려면 불가지론의 원리를 수용하되 최소한 몇 가지의 교리는 확실한 것으로 인정할 수 있는 과학적 신학에 근거해야 한다고 주장하였다. 그러나 물론 모든 교리적 주장들을 과학적으로 설명할 수 있다고 보지는 않았다. 이와 반대로 교권주의자들은 어떤 명제의 증거에 대한 과학적 연구결과가 나오더라도 그것이 교리와 어긋나면 이를 부정하는 도덕적 잘못을 범한다.

헉슬리, 레닌, 엥겔스, 파스칼(위로부터)

나중에 레닌 Vladimir Il'ich Lenin (1870~1924)은 『유물론과 경험비판론』(1908)에서 헉슬리의 개념 사용을 보다 확장하여 유물론과 관념론의 중간에 위치한 흄과 칸트를 불가지론자들로 단정하였다. 그는 불가지론의 한계를 실천적 수행을 통하여 극복하고자 하였다. 엥겔스 Friedrich Engels (1820~1895)나 레닌과 같은 유물론자뿐만 아니라 유신론자들, 특히 기독교의 정통주의자들 역시 불가지론을 철저하게 비판하려고 하였다. 파스칼 Blaise Pascal (1623~1662)은 기독교의 내세신앙과 관련하여 도박이론을 제시하여 잃을 것은 짧은 목숨이고, 얻을 것은 영생이라고 주장하면서 현실적으로 불가지론을 비판하였으며, 미국의 실용주의 철학자 제임스 William James (1842~1910)는 『믿음에의 의지』 *The Will to Believe*에서 증거가 없을 경우에는 당사자의 정서적 선택에 의하여 결정할 수 있다는 사실을 강조함으로써 불가지론을 극복하려고 하였다.

3. 다신론과 범신론

다신론 多神論, Polytheism은 바빌로니아와 시리아, 고대 그리스 및 로마의 종교에서 여러 신들을 섬기는 신앙적 태도를 말한다. 역사적으로 서구의 유대교, 기독교, 이슬람교를 제외한 거의 모든 세계종교는 다신론적 성향을 보이고 있다.

힌두교와 그리스의 종교에서는 최고신 또는 지배적 위치에 있는 신을 중심으로 그에 종속하거나 수평적 관계에 있는 여러 신들을 상정하고 있다. 불교에서 신은 그렇게 큰 비중을 갖지 못하며, 그보다는 오히려 모든 존재 양태를 초월한 초선험적인 열반 경험을 궁극적 관심으로 설정한다. 스토아학파는 불멸적인 신 개념 이외에도 다수의 생성적 신들의 존재를 가정하였다. 또한 신플라톤주의자들은 이교도들의 다양한 종교 및 신 개념들을 하나의 체계

속에 수용하려고 노력하였다.

다신론에서 신과 영적 존재자의 세력은 다양한 형태로 나타난다. 일반적으로 자연신들은 천상, 대기, 지상의 신으로 구분할 수 있고, 인도 아리아족의 경우에 수리아(태양), 인드라(비와 전투), 아그니(불)이라는 세 가지 신이 섬겨지고 있다. 수렵 및 농경 사회에서 태양의 역할은 가히 절대적이었으며, 태양이 발산하는 빛은 창조의 원동력으로 받아들여졌다. 태양의 빛을 받아서 식물을 자라게 하는 것은 대지이고, 그것은 지모신地母神으로 섬겨졌다.

또한 다신론에서는 식물과 동물들을 신격화하거나 신과 간접적으로 관계를 갖는 경우가 많다. 나무나 옥수수처럼 기다란 것들은 주로 하늘과 땅을 매개하는 상징적 의미를 갖고 있으며, 예를 들면 그리스의 디오니소스 제전에서는 농업을 상징하는 포도나무를 황홀경의 상징으로 이해하였다. 동물들은 그 일반적 특징에 따라서 신들의 체계에 등장하였다. 그리고 특히 고대 그리스의 종교적 전승에서는 신을 인간의 모습으로 묘사하는 이른바 신인동형동성설이 매우 일반적인 현상이었다. 인간의 감정과 사고를 신적인 세계를 묘사하는데 사용하기도 하고, 그와 반대로 영웅이나 특정한 정치인을 신격화하기도 하였다.

범신론汎神論, Pantheism은 우주 전체가 바로 신이라는 세계관적 대도를 말한다. 신은 이 세계의 외부에 초월적으로 존재하는 것이 아니라, 바로 이 세계 현상 속에 내재해 있다는 것이다. 세계가 즉 신이라는 것이다. 이와 유사한 개념으로 만유내재신론萬有內在神論, panentheism이 있는데, 이는 이 세계가 신의 한 부분이라는 입장이다. '범신론적' pantheistic이라는 개념은 아일랜드 출신의 이신론자였던 존 톨런드John Toland (1670~1722)가 『바르게 신술한 소치누스주의』*Socinianism Truly Stated* (1705)에서 처음으로 사용하였고, 1709년에 그의 적대자 중의 한 사람이 '범신론'이라는 명사를 처음 사용하였다. 1828년에 클라우제는 '세계는 무한한 신 존재 안의 유한한

존 톨런드

스피노자
라이프니츠
쇼펜하우어
화이트헤드
(위로부터)

창조'라는 뜻으로 이 개념을 사용하였다.

고대 그리스의 자연철학자였던 크세노파네스는 인간의 모습과 감정을 가진 신들이 존재한다는 생각에 반대하고, 신은 인간의 형상에 의하여 만들어진 것이라는 종교비판을 수행하였다. 더 나아가서 그는 그리스에서 유행하던 다신론을 반대하고 우주 자체와 동일시하는 일자로서 신 개념을 주장하였다.

플로티노스를 중심으로 한 유출론자 또는 신플라톤주의자들은 이 세계의 모든 것이 궁극적 존재인 '일자'一者로부터 비롯되었다고 주장하였다. 근대에 이르러 유대인 합리주의자 스피노자Baruch de Spinoza (1632~1677)는 신만이 존재하며, '신이 곧 자연'Deus sive natura이라고 주장하였다. 다른 한편 라이프니츠Gottfried Wilhelm Leibniz (1646~1716)는 정신적 에너지인 단자들이 이 세계를 구성하고 있으며, 그것은 무생물 속에서는 잠자고 있고, 동물 속에서는 꿈꾸고 있으며, 사람 속에서는 깨어 있다고 생각하였다. 신만이 완전한 의식을 가진 단자라고 이해하였다. 이와 같은 라이프니츠의 입장은 범심론汎心論, panpsychism으로 불리며, 쇼펜하우어Arthur Schopenhauer (1788~1860)도 같은 입장을 취하여 만물의 내적 본질을 의지라고 보았다. 범신론적 입장은 독일관념론을 거쳐서 화이트헤드Alfred N. Whitehead (1861~1947)의 과정철학에 이르기까지 철학사에 깊은 영향을 끼쳤다.

4. 이원론과 유일신론

종교적 이원론二元論, Dualism은 이 세계가 선신과 악신의 투쟁과 대립에 의하여 움직이고 있다는 종교적 신앙으로서, 일반적으로 고대의 종교 사상에서 보편적으로 발견할 수 있다. 선한 신과 악한 신, 또는 신과 악마의 대립 구도가 기본적이다. 성과 속의 이원적 구분도 이에 해당한다.

철학에서 이원론은 이 세계가 물질과 정신, 주관과 객관, 질료와 형식, 물자체와 현상, 몸과 영혼, 필연과 자유, 선과 악 등, 서로 다른 두 개의 대극적인 존재요소에 의하여 이루어졌다는 세계관을 뜻한다. 아낙사고라스Anaxagoras (기원전 500~428)가 물질 이외에 정신nous의 존재를 가정한 이후에 플라톤의 두 세계론, 데카르트의 물질과 정신, 칸트의 지성계와 현상계 등 수많은 유형의 이원론적 세계관이 출현하였다.

힌두교에서는 신성한 것 또는 궁극적 실재와 세속적이고 현상적인 것 사이에 변증법적 긴장이 도사리고 있다고 가르쳤다. 도교 사상에서도 음과 양의 대립구도를 발견할 수 있다. 유대교와 기독교에서도 신과 악마의 대립을 첨예화 하고 있으며, 이를 바탕으로 아우구스티누스는 세계 역사를 신국과 지상국으로 구분하였다.

가장 극단적이고 전형적인 형태의 이원론은 역시 고대 페르시

창조신 아후라 마즈다

아의 종교에서 발견할 수 있다. 이란의 종교개혁자 조로아스터 Zoroaster (기원전 1200년경)는 이 세계의 역사를 선한 신 오르마즈드 Ormazd, Ahura Mazda와 악한 신 아흐리만 Ahriman, Angra Mainyu 사이의 적대적인 대결의 장으로 설명하였다. 에른스트 블로흐는 페르시아 이원론을 도입하여 기독교에서 풀리지 않는 여러 문제들이 기독교 안에 도사리고 있는 무신론적 요소들 때문이라는 사실을 극적으로 보여 주었다.

유일신론 唯一神論, monotheism은 이 세상에 오직 하나의 신만이 존재한다는 입장이다. 유대교, 기독교, 이슬람교적 전통에서 특징적인 현상이다. 이러한 전통에서 신은 대개 전지전능하고, 통일성과 단일성을 가지며, 인격적인 동시에 영원한 존재로서 이 세계를 주관하고 섭리하는 절대적인 존재자로서 표상된다. 신은 자연세계의 창조자인 동시에 도덕적 세계의 주재자이다. 유일신론은 일반적으로 타종교와 다신론적 신앙에 대해서 배타적이고 독선적인 태도를 취하는 경우가 많다. 이스라엘의 시온주의와 이슬람의 포교정책은 전형적인 경우에 속한다.

느부갓네살 2세 궁전입구에 있는 아후라 마즈디 신의 인갑 스핑크스
(기원전 5세기, 파리 루브르 박물관 소장)

제2부
세계의 종교

최초의 기독교 황제 콘스탄티누스와 모후 헬레나

이집트 아크나톤 파라오와 그의 유일신 아톤(기원전 1350년).
프로이트는 모세를 아톤의 추종자라고 주장한다.

제 4 장

서구인들은 무엇을 믿는가?

1. 유대교

1) 유대교의 형성

유대교는 아브라함의 출향으로부터 지금에 이르기까지 수 천 년 동안 유대 민족이 믿어 온 신앙 체계를 말한다. 그러나 유대인의 사상은 메소포타미아, 이집트, 바벨론, 시리아 등의 외래 사상들을 습합 전승한 것이다. 유대교는 메소포타미아 지역 남부지방의 우르Ur 지역에 살고 있던 아브라함Abraham을 하느님이 선택함으로써 시작하는 유대 민족의 종교이다. '유대인'은 본래 이스라엘의 12지파 중 '유다'에서 비롯되었으나, 이스라엘 민족이 정착한 팔레스타인 남부지역을 지칭하게 되었다. 유대인은 그 지역 주민을 뜻하는 말로서 구약성경 「열왕기하」 16,6에서 처음으로 사용되었다. 기원전 6세기의 예레미야 선지자 시대에는 이스라엘의 국가 구성원을 의미하게 되었다.

믿음의 조상 아브라함은 하느님의 부르심을 받아 북부지방 하란Haran으로 이주하였다가 약속의 땅 가나안 지역에 정착하게 된다. 아브라함, 이삭, 야곱 등의 족장시대를 거치면서 유대인들은

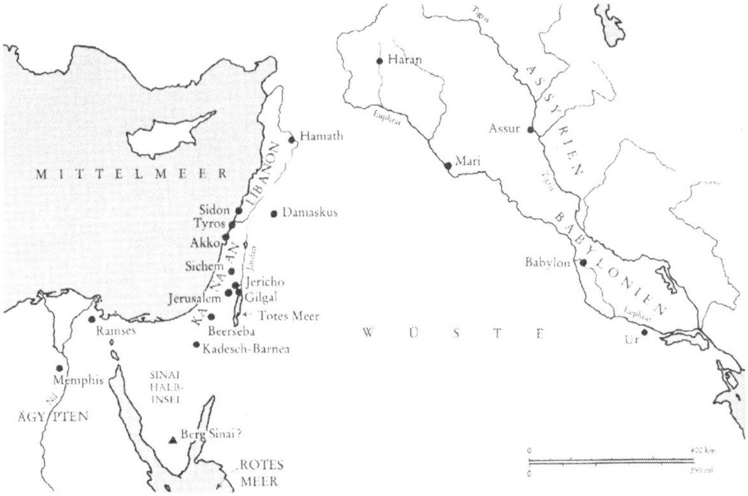

아브라함 시대의 지도

극심한 가뭄과 흉년을 이기지 못하다가 이집트로 들어갔다. 처음에는 이집트에서 고위직 관리로 지냈던 요셉의 생존 시기에 적절한 대우를 받았으나 그 이후부터 유대인들은 결국 노예의 신분으로 전락하게 되었다. 기원전 13세기경에 유대인의 지도자 모세는

약속의 땅 가나안,
모세와 아론,
십계명을 들고 서 있는 모세
(1422년 알바성서Alba-Bibel)
(좌로부터)

노예생활로부터 벗어날 수 있도록 이집트로부터 탈출을 시도하였으며, 결국 약속의 땅 가나안으로 복귀하게 된다. 프로이트는 모세가 이스라엘 사람이 아니고 이집트 출신의 사람으로서 이집트의 유일신을 신봉하던 지도자 중의 한 사람이었다는 가설을 발표하기도 하였다.

모세 Moses는 시나이 산에서 유대인의 경전인 하느님의 말씀 Torah을 받게 된다. 유대인들은 토라 외에도 구전 율법인 미쉬나 Mishna와 그에 대한 해설서인 탈무드 Talmud를 경전으로 받아들이고 있다. 유대 민족은 모세 이후 하느님의 율법을 중심으로 공동체 생활을 영위해 왔다. 유대민족은 여호수아의 지도하에 가나안을 점령하였다. 그 이후 판관 시대를 거쳐서 베냐민 지파의 사울이 암몬, 모압, 아말렉, 블레셋의 세력을 축출하면서 유대국가의 초석을 다졌다. 사울의 후계자는 다윗이었다. 다윗의 아들 솔로몬 왕에 의하여 이스라엘은 전성기를 맞이하게 된다. 그는 예루살렘에 성전을 세웠으나 이방의 신들을 허용하기도 하였다. 솔로몬 사후에 그의 아들 르호보암이 예루살렘을 수도로 하는 유다왕국을 다스렸고, 시켐 (사마리아)을 수도로 하는 이스라엘 왕국의 임금으로는 여로보암을 추대하였다.

이스라엘의 마지막 왕 호세아는 앗시리아 살만에셀 5세의 공격을 받아 포위당한 상태에서 기원전 722년에 그 후계자 사르곤 2세에게 항복하고 말았다. 앗시리아에 이은 바빌로니아 제국의 느부갓네살 2세 Nebuchadnezzar II (기원전 630~562)는 기원전 597년에 예루살렘을 정복하고 여호야긴 왕과 유대민족을 바벨론으로 추방하였다. 다윗왕가 400년의 역사가 몰락한 것이다. 그 이후 이스라엘은 메데, 페르시아, 그리스, 로마의 통치를 받게 된다. 바벨론 포로 이후에 유대인들은 선지자 에즈라 Ezra의 명에 따라 이방인 아내들과 그 사이에서 태어난 자녀들을 모두 추방함으로써 선민사상을 부추겼다. 선택받은 이스라엘 백성들은 이방인들을 모두 죄인으로

다윗 왕, 다윗의 별 (위로부터)

간주하였다. (마태복음 5,46-47; 6,7; 18,17. 사도행전 2,23) 이때부터 지금까지 유대인과 그 주변의 이방인들 사이에는 서로 적대시하는 악순환이 계속 이어져 왔다. 특히 에즈라는 율법 중심의 공동체를 강화하였다. 성전과 국가 없이 유대인들이 그토록 오랫동안 존속할 수 있었던 것은 바로 율법 중심의 공동체 때문이다. 모세의 율법은 바벨론 포로생활 이후에 레위인들에 의하여 새롭게 고쳐졌다. (느헤미야 9장) 그리하여 미드라시 Midrash 문헌, 즉 성서 주석이 생겨나게 되었으며, 율법체제를 확립하면서 선지자들의 역할도 불필요하게 되었다. 히브리 성서를 타나크 Tanakh라고도 하는데, 이는 율법서, 지혜서, 선지서의 머리글자를 배합하여 만든 것이다.

시리아 제국이 알렉산더에게 정복당하고 그 자리에 셀레우코스 왕조가 들어서게 되었다. 그 과정에서 유대인들은 희랍어 문명권에 적응하기 위하여 구약성서를 그리스어로 번역하였다. 기원전 3세기 중엽에 완성된 이 성서를 사람들은 70인역본 Septuagint이라고 부르며, 그리스제국의 디아스포라에서 광범위하게 읽혀졌다. 셀레우시드 왕조의 안디오쿠스 4세가 성전 안에 제우스 신단을 세우자 기원전 165년에 마카비 가문이 반란을 일으켜서 성전을 청소하였으며, 지금도 하누카라는 축제로 이 사건을 기념하고 있다. 그 후 기원전 63년부터 유대인들은 또 다시 로마 제국의 통치를 받게 되었다. 이 시기에 헤롯왕은 제2성전을 복구하였다. 유대인들은 나라 없이 지내다가 제2차 세계대전이 끝나면서 비로소 이스라엘 국가를 재건하게 되었다.

유대 민족이 믿어온 신은 인격적 유일신이다. 이들은 유일신인 하느님의 임재를 인간의 행위와 역사에서 구체적으로 경험할 수 있다고 믿었다. 구약성서는 하느님을 철저하게 인간처럼 묘사하고 있다. 그러나 유대인들이 바벨론과 앗시리아의 공격을 받아 포로로 끌려간 이후부터 그들의 신관 역시 의인화를 점점 배제하면서 초월성을 강조하였다. 심지어 초월적인 신을 너무 경외한 나머지 ‘야훼’라고 읽지도 못하여 ‘아도나이’(나의 주님)라고 바꾸어 읽었을 정도였다. 유대인들은 이와 같은 초월적 신이 전지전능하고 무소부재하여 이 세계와 인간을 창조하고 섭리 주관하며, 그의 나라와 백성을 궁극적으로 구원할 계획을 갖고 있다고 믿었다. 그리고 자신들은 아브라함 이후 하느님의 백성으로 선택을 받았다고 확신하였다.

독실한 유대인들은 하루에 세 번씩 쉐마 Shema를 암송한다. 예배를 청하는 것이다. “이스라엘아 들으라 우리 하나님 여호와는 오직 하나인 여호와시니 너는 마음을 다하고 뜻을 다하고 힘을 다하여 네 하나님 여호와를 사랑하라. 오늘 내가 네게 명하신 이 말씀을 너는 마음에 새기고 네 자녀에게 부지런히 가르치며 집에 앉았을 때에든지 길을 갈 때에든지 누워 있을 때에든지 일어날 때에든지 이 말씀을 강론할 것이며 너는 또 그것을 네 손목에 매어 기호를 삼으며 네 미간에 붙여 표로 삼고 또 네 집 문설주와 바깥 문에 기록할지니라.”(신명기 6,4-9) 쉐마의 핵심은 바로 하느님 여호와가 유일신이자 절대신이라는 데 있다.[1)]

유대교의 역사는 일반적으로 성서적 유대주의 Biblical Judaism (기원전 20세기~기원전 4세기), 헬레니즘적 유대주의 Hellenistic Judaism (기원전 4세기~서기 2세기), 랍비 유대주의 Rabbinic Judaism (2세기~18세기), 현대 유대주의 Modern Judaism (1750년 이후)로 구분할 수 있다.

2) 성서적 유대주의와 헬레니즘적 유대주의

북 이스라엘 왕국은 기원전 931년부터 기원전 722년까지 존속하였으며, 앗시리아에 의하여 멸망하였다. 남쪽 유다 왕국은 기원전 586년에 신바빌로니아 제국에 의하여 패망하였다. 이 과정에서 유대인들은 세 차례에 걸쳐 (기원전 597, 587, 582) 끌려가 큰 고초를 겪었다. 포로 생활 시기를 유대인들은 디아스포라 diaspora라고 부른다. 이는 ‘심는다’, ‘뿌린다’는 의미를 가진 희랍어이다. 이 말은 기원전 722년 이스라엘 왕 예후가 앗시리아의 마나사르(Salmanassar) 3세 앞에 엎드려 조공을 바치고 있다.

다리우스 1세, 기원전 6세기. 아닥사스다 황제가 아후라 마즈다 신의 보호를 받고 있다. (위로부터)

점차 그들이 거주하는 지역을 뜻하게 되었다. 기원전 539년에 페르시아 제국의 고레스 황제가 신 바벨론에 살던 유대인들에게 이듬해 칙령을 내려 유대인들의 귀향과 성전 건축을 허락하였다.(에즈라 1,2-4; 6,3-5) 세스바쌀과 그의 조카 스룹바벨이 유대 총독으로 임명을 받자, 동족들을 데리고 귀향해서 성전재건에 진력했으나 뜻대로 되지 않았다. 사마리아인들과 귀향하지 않고 눌러 살던 유대인들의 저항이 만만치 않은데다가, 귀향자들은 생계가 어려울 정도로 궁핍하였기 때문이다. 거의 한 세대가 지나 스룹바벨 Zerubbabel(기원전 6세기경 유대총독)은 다리우스 황제 Darius the Great(기원전 550~486)의 지원을 받아 기원전 515년 3월에 성전을 완공하고 다시 제사를 드릴 수 있었다. 그러나 대부분의 유대인들이 율법을 제대로 지키지 않아 신앙생활 자체가 위태롭게 되었다.

기원전 458년을 전후하여 제사장이며 율법학자인 에즈라가 페르시아 황제 아닥사스다 1세 Artaxerxes I(기원전 464~424 재위)의 명으로 모세의 법전을 갖고 유대로 와서 본격적으로 율법을 가르쳤다.(느헤미야 8장) 그는 이방인들과 맺은 혼종혼을 모두 파기하여 이방인 아내들과 그들에게서 태어난 자녀들을 모두 내보내도록 명하였다.

율법을 선포하는 에즈라(좌), 예루살렘 성문 옆의 느헤미야 (귀스타브도레 作, 1865, 우)

(에즈라 9,2; 10,2-43) 유대인들은 에즈라의 가르침에 따라 율법을 지키기로 맹세하였다. 그리하여 그들은 "이 땅에 사는 다른 민족 가운데서 사위를 맞이하거나 며느리를 보지 않을 것, 이 땅에 사는 다른 민족이 안식일에 곡식이나 그 무엇을 팔러 오더라도 사지 않을 것, [...] 7년마다 땅의 소출을 거두어들이지 않을 것, 남에게 빚 준 것이 있으면 없애버릴 것, [...] 우리 밭에서 나는 햇곡식과 처음 딴 과일은 해마다 야훼의 성전에 바칠 것, 법에 있는 대로 맏아들과 처음 난 가축, 곧 갓난 송아지나 새끼양을 우리 하느님의 성전에서 봉직하는 사제들에게 바칠 것" (느헤미야 10,31- 37)과 십일조에 대한 약속을 다짐하였다. (느헤미야 10,38-39) 에즈라가 예루살렘에 갖고 온 모세의 법전은 모세 5경이었을 가능성이 많다. 당시 이스라엘은 독립국가는 아니었지만 모세의 법전을 생활신조로 삼은 율법공동체로 다시 태어났다. 아닥사스다의 궁정 요직에 있었던 유대인 느헤미야 Nehemiah (기원전 5세기경 유대지도자)가 기원전 455년에 유대 총독으로 부임하여 12년 동안 통치하였다. 그는 유대인들이 율법을 준수하도록 여러 조치를 취하였는데, 십일조를 바치고 안

식일을 지키도록 명하였으며 혼종혼混宗婚을 금하기도 하였다.(느헤미야 13장)

기원전 332년 알렉산더 대왕(기원전 336~323 재위)이 팔레스타인을 점령하였으나, 유대 대제사장들의 노력으로 마케도니아 총독 파견을 저지함으로써 자율적인 종교활동이 가능하게 되었다. 그가 열병으로 죽은 후에 팔레스타인은 이집트의 프톨레마이오스 왕조(기원전 305년부터 기원전 30년까지 이집트를 다스린 헬레니즘 계열의 왕가)의 통치를 받았고, 기원전 198년에는 시리아의 셀레우코스 왕조 안티오코스 3세 Antiochus III(기원전 242~187)가 정복하였다. 두 왕조의 영향으로 헬레니즘 문화는 유대인들에게 전해졌다. 대제사장 야손 Jason, Joshua(기원전 2세기경 예루살렘에서 활동한 헬레니즘 유대교의 대제사장, 기원전 175년에서 172년까지 재임)과 메넬라우스 Menelaus(기원전 162년 사망)가 헬레니즘 문화의 유입에 기여하였다. 기원전 167년에 셀레우코스 왕조(알렉산더 대제의 헬레니즘 왕국을 계승한 제국으로 기원전 323년부터 기원전 60년까지 30명의 왕이 다스리다가 로마에 의하여 패망하였다)의 안티오코스 4세 Antiochus IV Epiphanes(기원전 215~164)는 유대교를 금지하고 유대인에 대한 박해를 가하다가 오히려 이스라엘에서 패권을 잃고 말았다. 유대인에게 악명높았던 안티오코스 4세에게 하스몬 또는 마카베오 가문 the Maccabees이 반기를 들었다. 하스몬 가문의 제사장 마따디아 Mattathias(기원전 166년에 사망)와 그의 다섯 아들은 기원전 164년에 성전을 정화하고 제사를 드렸다. 이들을 중심으로 한 독립전쟁이 승리하게 되면서 하스몬 왕조 Hasmonean dynasty(기원전 142~63)가 세워졌다.

그러나 하스몬 가문은 과욕하여 정권과 대제사장직을 모두 독식하였다. 마따디아의 넷째 아들 요나단(기원전 160~143 통치)은 독립군 사령관직으로 만족하지 않고, 대대로 대제사장을 배출한 사독 가문 the Sadducees을 제치고 대제사장 직분을 겸직하게 되었다.(기원전 152년) 그 후 독립군에 가담하였던 경건주의자(하시딤)들은 요나단을 지지하는 바리사이파 the Pharisees와 그에 반대하는 에세네파 Essene로 나누어졌다. 바리사이파는 경건한 평신도들로서 구약성서 못지않게 조상들에 의한 구전적 전통을 존중하였다. 이들은 섭리, 천사, 내세에서 보상, 부활에 대한 신앙을 가졌다. 유대 역사가 요세푸스 Flavius Josephus (37~100)에 의하면 헤롯 왕 때의 바리사이파는 6,000명 이상에 달하였다.

사해 북서쪽 쿰란 동굴, 사해 쿰란 동굴에서 발견된 이사야서 (위로부터)

바리사이파에 대항하여 사독을 중심으로 한 쿰란 종파가 일어났다. 기원전 152년에 요나단이 대제사장직을 찬탈하자 제사장이던 '의로운 스승'은 이에 저항하여 모진 박해를 겪었다.(하박국 주석 8,8-13) 그들은 마카베오를 '사악한 제사장'으로 불렀다. 요나단의 조카 요한네스 히르카누스 John Hyrcanus I의 통치 시기(기원전 135~104)에 의로운 스승 또는 그의 후계자는 추종자들을 데리고 사해 서북쪽에 있는 쿰란으로 가서 수도원을 세웠다. 이 수도원은 알렉산드로스 안네우스 치세(기원전 103~76) 때 매우 번창했으나, 68년 6월 로마군이 파괴하였다. 쿰란 수도사들은 사악한 제사장들이 봉직하는 예루살렘 성전이 더럽혀졌다고 보았으나, 그들은 빛의 아들들이 승리하여 다윗 계통에서 나온 왕 메시아와 사독 계통에서 나온 제사장 메시아가 이스라엘의 12지파를 다스릴 것이라고 믿었다. 쿰란 수도자들은 제사장들이 지키던 정결법을 철저히 준수하였다. 수도자들은 성교와 사정에서 생기는 불결을 피하려고 독신생활을 하였다. 이들이 바로 유대인의 금욕적 비밀교단이며, 청년 예수가 이들의 영향을 받았을 것이라는 주장도 있다.

바리사이파 및 쿰란파(에세네파)와 더불어 상급 제사장, 대지주, 귀족들이 속한 사두가이파가 있었다. 이들은 헬레니즘을 숭상하고 하스몬 왕가 및 로마 식민정권과 결탁하였으나, 70년에 예루살렘의 함락과 더불어 해체의 비운을 맞이한다. 이들은 예언서의 영감을 거부하고 구전으로 내려온 율법을 배척했으나, 모세 5경은 성서로 인정하였다. 또한 이들은 천사의 존재와 부활을 부정하였으며(사도행전 23,6-8), 영혼의 불멸과 하느님의 섭리도 인정하지 않았다. 그러나 '암하아렛츠'라고 불리는 무지한 민중들은 위의 어느 종파에도 속하지 않고 십일조법, 정결법, 기도법 등에 소홀하였기 때문에 천대와 멸시를 당하고 있었다.

이 시기에 팔레스타인에 살던 유대인들은 약 200만~500만 명에 달하였다. 이 밖에도 시리아, 소아시아, 메소포타미아, 이집트 등지에 많은 유대인들이 살고 있었다. 서기 원년 무렵에 지중해 주민 중 10%는 유대인들이었을 것으로 본다. 이것은 기원전 5~4세기의 유대인 수에 비해서 엄청나게 증가한 것이다.

이집트의 알렉산드리아에서 이민생활을 한 유대인들은 기원전 3~1세기에 구약성서를 그리스어로 번역하였다. 기원전 1세기에 씌어진 「아리스테아 편지」*Letter of Aristeas*에 의하면 프톨레마이오스 2세(기원전 283~246)가 알렉산드리아의 율법을 그리스어로 번역하게 하였는데, 72명의 역자들이 72일 동안 번역하여 이방인들도 율법을 읽을 수 있게 했다고 한다. 알렉산드리아의 유대인 공동체에서 가장 뛰어난 학자는 필론 Philon of Alexandria(기원전 20~기원후 50)이었다. 그는 그리스 철학, 특히 플라톤 철학과 유대교 신앙간의 융화를 시도하여 많은 저술을 남겼으며, 그의 우의적인 성서 주석 작업은 알렉산드리아 교부들에게 막대한 영향을 끼쳤다.

고대 팔레스타인 지역에서의 가장 대표적인 작품은 쿰란 문헌들이다. 「욥 유언집」, 「아담과 하와의 생애」, 쿰란에서 발굴한 「창세기 외경」, 「토비트」 등이 있고, 묵시문학으로는 「다니엘」, 「에녹」,

「모세 승천기」, 「에스드라 4서」, 「아브라함 묵시록」 등이 있다.

기원전 63년, 로마의 장군 폼페이우스가 이스라엘을 점령하면서 유대인들은 로마의 통치를 받게 된다. 로마는 이스라엘 성전을 철저하게 유린하고 700년간의 지배를 시작하였다. 기원전 37년에 안티고누스의 처형으로 하스몬 왕조가 무너졌고, 로마로 망명한 헤롯이 원로원의 추대로 유대의 왕이 되었다. 헤롯은 하스몬 왕가의 마리암메 공주와 혼인하여 정권을 강화하였다. 그는 사해지역의 마사다, 베들레헴 인근의 헤로디온과 예리코 등 요새를 구축하는 한 편 성전 복구 작업을 하였다. 오늘날 '통곡의 벽'이라 불리는 성전 서쪽의 외벽공사도 이 때 이루어졌다. 이러한 거대 토목공사로 인하여 경제적 부담이 커지면서 메시아주의가 팽배해졌다. 기원전 4년 헤롯의 죽음과 함께 유대왕의 통치가 종말을 고하였다.

통곡의 벽

서기 6년 로마 황제 옥타비아누스는 유대와 사마리아를 다스리던 아르켈라우스 왕을 폐위하고 코포니우스를 총독으로 임명하였다. 코포니우스 총독은 관할지역에 살고 있던 12(또는 14)~65세의 주민들에게 1데나리온 씩의 인두세를 주민세로 부과하였다. 이에 항거하여 갈릴리 지역 출신의 유다가 주민세 거부운동과 함께 동지들을 규합하여 열심당 또는 젤롯당 the Zealots을 조직하였다. 이들은 하느님만이 이스라엘의 통치자이며 황제에 대한 신앙은 우상숭배라고 규정하였다.

이스라엘에서는 에즈라 이후에 큰 예언자들이 출현하지 않았다. 그런데 서기 27년경 예수라는 인물이 스스로 메시아라고 칭하면서 종말이 임박했음을 선포하면서 회개하라고 외쳤다. 그는 율법을 지키는 것보다는 하느님에게 돌아갈 것을 강조하였다. 그는

74년 로마군 제10여단 실바 장군이 점령한 마사다 요새

기득권을 누리던 유대 지도자들과 로마 총독부에 의하여 30년 4월 7일 금요일 33세의 나이로 십자가형에 처해졌다. 그러나 예수는 십자가 죽음으로부터 부활하였으며, 마침내 30년의 오순절에 예루살렘을 찾은 제자들이 기독교를 창설하게 된다.

서기 66년에 플로루스 총독이 예루살렘에서 유대인들을 십자가에 처형하자 카이사리아와 팔레스타인 전역에서 로마 정권에 반대하는 유대인 봉기가 일어났다. 유대인과 로마의 첫 번째 전쟁인 셈이다. 기독교도들은 유대인들로부터 독립운동에 가담하라는 요구를 거부하였기 때문에 박해를 두려워한 나머지 요르단 강을 건너 펠라로 피신하였다. 로마군 사령관 베스파시아누스는 68년 여리고를 탈환하고 쿰란 수도원을 파괴하였다. 69년 6월에 베스파니아누스가 로마 황제로 등극한다. 70년의 유월절에 베스파시아누스의 아들 티투스가 4개 여단(약 2만 4천명)을 이끌고 예루살렘을 포위하여, 헤롯 왕궁을 점령하고 제2성전을 파괴하였다. 그러나 사해 서안에 있는 천연 요새 마사다에서는 약 960명의 이스라엘의 투사들이 74년 유월절까지 저항하다가 실바 장군 휘하의 로마군 제10여단이 침투하기 직전에 전원 자결하는 참사가 일어나기도 하였다.

제1차 독립전쟁의 실패로 인하여 이를 주도하였던 열심당, 사두가이파, 에세네파는 소멸하고 바리사이파만 남게 되었다. 서기 70~80년 율법학자 요하난 벤 자카이Johanan ben Zakkai는 바리사이파들을 이끌고 텔아비브 남동쪽 약 20Km 지점에 위치한 야브네로 이동하여 율법 중심의 유대교를 재건하였디. 그에 의하여 율법학교(베트 미드라시)가 세워졌고, 그의 후임자 가밀리엘 2세Gamaliel II는 유대교의 최고의결기관인 최고의회(베트딘)를 창설하였다. 100년경에는 히브리어와 아람어로 기술한 구약성서를 확정했으나, 「아가서」, 「전도서」, 「에스라서」에 대한 위경 논란이 한동안 이어졌다.

115년~117년 트라야누스 황제 때 리비아의 키레네 출신 유대인 루쿠아스 안드레아스가 메시아를 자처하면서 이집트, 키레네, 키프로스, 메소포타미아의 유대인들을 사주하여 로마에 반기를 들었다. 132~135년에는 시므온 바르 코크바 Bar Kokhba가 제2차 유대 독립전쟁을 일으켰다. 당대의 석학이었던 율법학자 아키바 Akiba ben Joseph (40~135)는 그를 메시아로 추대하여, 「민수기」 24장 17절에 나오는 '별의 아들' (바르 코크바)이라고 선포하였다. 135년 바르 코크바는 베들레헴 근교의 바티르 마을 전투에서 전사하였고, 로마군은 유대인들을 부추긴 죄로 아키바를 처형하였다. 1952~1961년에 사해 서쪽 헤베르 계곡에서 바르 코크바의 서한집 발굴이 이루어졌다.

유대인들 가운데서 기독교인으로 개종한 사람은 극히 적었으나, 수많은 이방인들이 기독교로 개종하였다. 기성종교인 유대교와 신흥종교인 기독교 간의 결별과정은 다음과 같다. 제1차 유대 독립전쟁 때(서기 66~70년) 유대계 기독교도들은 독립운동에 가담하지 않고 갈릴리 호수에서 남쪽으로 28㎞ 떨어진 펠라로 피신하였다. 85년경 야브네에서 랍비 사무엘은 유대인의 기도문 제12조에 기독교인들을 단죄하는 구절을 덧붙였다. 이로써 기독교도들은 유대교인들과 함께 예배를 드리지 못하고 분리 독립하게 되었다. 그 후 115~117년 키레네 출신 루쿠아스 안드레아스가 메시아로 자처하여 독립운동을 일으켰을 때와 132~135년 때 바르 코크바가 메시아로 자처하여 제2차 유대 독립전쟁을 일으켰을 때도 기독교인들은 이에 가담하지 않았다.

3) 랍비 유대주의와 그 이후

랍비 rabbi는 '선생'이라는 뜻으로 바리새파의 율법선생을 뜻한다. 랍비들의 구전 자료로는 방대한 율법 해석 자료인 할라카 halakah, 잠언, 비유, 설교 등의 아가다 aggadah, 성경에 대한 간단한 주석서인 미드라쉼 midrashim이다.

기원전 후에 활약한 힐렐과 샴마이 때부터 200년경 미슈나 편찬 때까지를 타나임 tannaim 시대라 한다. '타나임'은 선생 teachers을 뜻하는 말이다. 70년 야브네에서 유대교의 재건이 이루어졌으나, 제2차 유대 독립전쟁 당시 야브네 주변은 위험지역이었기 때문에 유대교의 최고 의회는 갈릴리 우샤, 베트 세아림, 세포리스, 티베리아스로 전전하였다. 성전과 제사 대신에 성서와 기도 중심의 유대교가 야브네와 갈릴리에서 세워졌다. 갈릴리에서 초기 최고의회는 시메온 벤 가말리엘(135년경~175경 재직)과 그의 아들이며 후계자인 유다 하나시 Judah ha-Nasi (175년경~220년 재직)가 주도하였다. 유다는 구전되어온 율법을 집대성하여 200년경 우샤에서 역사상 처음으로 '미슈나'라는 율법집을 편찬하였다. 미슈나는 여러 율법들을 6부 63장의 체계로 분류한 것으로서, 농업 축제, 결혼 및 가족법, 민법과 형법, 성전 제물, 제의 정결 등을 규정하고 있다. 이어서 미슈나에 빠진 전승들을 모아서 '토세프타'라는 율법집을 편찬하였다. 이 시기에 모세5경의 주석서 편찬이 이루어졌는데, 「출애굽기」 주석서 '메킬타', 「레위기」 주석서 '시프라', 「민수기」 소주석서 '시프레 주타', 「신명기」 주석서 '미드라시 타나임' 등이 있다.

2세기(132~217)는 율법집 미슈나의 편찬과 그것을 해설하는 아모라임 amoraim 시대라고 할 수 있다. '아모라임'은 '강사' 또는 '해석자'를 뜻한다. 그들이 쓴 미슈나 주석을 게마라 Gemara라고 하며, 미쉬나와 게마라를 합하여 집대성한 문헌이 바로 '탈무드' Talmud이다. 탈무드는 두 가지 종류로 나눌 수 있으며, 그 첫 번째는 '팔레스타인 탈무드' 또는 '예루살렘 탈무드'이고, 이것은 팔레스타인에 있는 카이사리아 학파와 세포리스 학파의 해석을 모아 5세기 초에 편찬한 것으로 히브리어와 아랍어로 씌어졌다. 그 두 번째는 '바빌로니아 탈무드'이며, 메소포타미아에 이민 가서 살던 유대인들이 여러 학파들의 해석을 종합하여 7세기 초에 편찬한 것으로서 전자보다 더 방대하고 완성도도 높다. 유대인의 집회 장소는 시나고게 Synagoge라고 한다.

640년에서 1038년까지 바벨론 학파가 지중해 연안의 이슬람 지배권 영역에서 세력을 떨쳐 바벨론 탈무드가 널리 읽히던 때를 게오님 gaon, geonim시대라고 한다. 게오님은 '바벨론의 종교 지도자'를 뜻한다. 게오님의 영향으로 바벨론 탈무드는 모든 유대 공동체에 보편적인 율법집이 되었다. 그러나 8세기의 아난 벤 다비드 Anan ben David가 일으킨 카라이트 운동은 게오님에 반기를 들었다. 이들은 성서 중심주의에 입각하여 랍비들의 율법을 인위적 계율이라고 단정하였으며, 메시아의 구원을 앞당기기 위하여 팔레스타인으로 돌아가자는 운동을 전개하고, 성서를 재검토하여 율법과 교리의 진수를 찾아내려고 하였다. 9세기에 이르러 카라이트 운동은 팔레스타인뿐만 아니라 북아프리카와 스페인의 유대 공동체까지 전해졌다.

950~1750년의 중세 유럽에서 유대교는 기독교 지배하의 프랑스와 독일에 위치한 아슈케나짐 the Ashkenazic community과 이슬람교 지배하의 남부 스페인에 자리잡은 세파리딤 the Sephardic community으로 분열한다. 세파리딤은 이슬람의 정치·경제, 사회·문화와 융합하면서 히브리어와 아랍어로 광범위한 저술들을 남겼다. 이 지역의 석학으로는 일명 모세스 반 마이몬으로 불리는 모세스 마이모니데스 Moses Maimonides (1135~1204)가 있다. 그는 남부 스페인에서 태어나 카이로 이집트 궁전에서 활약하였으며, 중세 아리스토텔레스주의에 입각하여 유대교를 새롭게 이해하였다. 그는 철학과 종교가 동일한 진리를 가르친다고 보았으나, 아리스토텔레스가 제시

하는 '제1의 부동의 원동자' the first Unmoved Mover를 하느님으로 여기기에는 불충분하고, 오직 계시를 통해서만 하느님을 만날 수 있다고 가르쳤다. 그는 『미쉬네 토라』 *Mishneh Torah*, 『혼돈자들을 위한 안내서』 The Guide for the Perplexed, 『미쉬나에 관한 주석』 등을 저술하였다. 마지막 책에서는 유대신앙의 열세 가지 기본 원칙을 제시하고 있으며, 그 중 하나는 유대 신앙의 특징을 잘 드러내고 있다.

마이모니데스, 토라문서(위로부터)

> 하느님은 경배와 찬양 받으시기에 마땅하신 분이시다. 그의 위대하심을 선포해야 하며, 사람들은 그분께 순종해야 한다. 우리는 하느님 아래 있는 것, 즉 천사들이건 별이건 천체들이건 그 모든 것들을 합친 것이건 간에 아무것에도 하느님께 드리듯 경배와 찬양, 순종 등을 하면 안 된다. 왜냐하면 그것들은 독립적인 판단력이나 자유의지가 없기 때문이다. 그것들은 오직 하느님을 사랑할 뿐이다. 우리는 하느님께 나아가기 위해 어떤 중재자도 통해서는 안 된다. 우리는 자신의 생각을 하나님께 직접 고해야 하고, 하느님 아래 있는 그 어떤 것도 의지하지 말아야 한다. 이 다섯 째 원칙은 우상숭배를 금하는 것이다. 토라의 많은 부분은 우상숭배를 금하라는 내용이다.[2)]

마이모니데스의 사상은 알베르투스 마그누스와 토마스 아퀴나스에게 영향을 끼쳤다. 1492년에 스페인에서, 1497년과 1506년은 포르투갈에서 유대인의 추방이 잇달아 발생함으로써 이 지역의 유대교는 붕괴하였다. 프랑스와 독일에서 아슈케나짐은 도시를 중심으로 상업에 종사하였다. 제2차 십자군 원정 (1147~1149) 이후 독일 유대교에서는 신비주의자들 Hasidism이 출현하였으며, 이들은 고행, 순교, 속죄 행위들을 강조하였다. 아슈케나짐의 석학으로는 랍비 솔로몬 벤이사크(라슈)로서 성서와 바벨론 탈무드에 대한 그의 주석서는 유명하다.

13세기에 프랑스 남부의 프로방스 지방에서는 카발라 Kabbala (비밀과 신비의 전통)라는 신비주의 운동이 일어났다. 이것은 소설 『다빈치 코드』와도 관련이 있다. 2세기부터 시작된 신비주의 운동은 12

세기 말부터 번성하였다. 그 대표적인 문헌으로는 2세기의 랍비 시므온 벤 요하이Simeon ben Yohai가 저술한 것으로 알려지고 13세기 말 스페인 출신 모세 드 레온Moses de Leon이 편집한 것으로 보이는 『조하르』*Johar*이다. 조하르는 '빛' 혹은 '광채'라는 뜻이다. 조하르는 하느님으로부터 영향력이 발하여 위로는 영적이고 인간적인 세계를 만든 후에 조금씩 영성이 떨어져서 마지막에는 물질세계를 창조한다. 따라서 모든 존재는 신성의 일부이며, 인간은 도덕적인 행위를 통하여 하느님과 연합할 수 있다.[3] 이것은 불교사상과 근본적으로 일치하며 플로티노스의 유출설의 근거가 되기도 한다.

카발라 신비주의자들 가운데 이삭 루리아Isaac ben Solomon Luria (1531~1573)는 이스라엘의 여러 환란은 신성이 억눌린 것이라고 주장하면서 신성의 생기를 해방하는 신비신학을 주창하였다. 그는 창조 과정에 약간의 부정적 힘이 개입하였다고 믿었다. 하느님은 창조를 위하여 자신 안으로 움츠러들었다tzimtzum는 것이다. 하느님의 빛은 빈 공간 안을 비추었는데, 그릇들이 빛을 견디지 못하고 깨져 버렸다. 그래서 우주는 빛의 영역과 악의 영역으로 분열하였다. 그러나 악은 자체적으로 존재할 수 없기 때문에 그것을 유지하기 위한 자체적인 섬광이 있다. 우주와 인간의 역사는 악의 영역에서 신의 불꽃을 해방시켜서 빛의 영역으로 되돌리는 방향으로 진행한다. 인간은 그들의 악행으로 신의 빛을 악의 영역으로 보낼 수도 있고 선행으로 악의 영역에서 신의 불꽃을 해방시킬 수도 있다.[4] 샤바타이 제비Shabbatai Zevi (1626~1676)는 메시아주의의 정점에 있었다. 그는 1666년 6월 8일에 이스라엘을 구원하겠다고 호언하였다. 그의 추종자 나단은 1665년에 샤바타이를 메시아로 선포하였다. 그러나 그는 1666년 2월 6일 이스탄불로 가는 도중에 오스만 터키의 관헌에게 붙잡혀서 이슬람교로 개종하여 황실의 지원을 받아 자유롭게 살았다. 그러나 그는 이중적인 신앙생활을 하고 방탕한 성 생활을 한다는 죄목으로 1672년 8월 이스탄불에서 붙잡

모세스 멘델스존

혀 재판을 받고 유배생활을 하던 중에 갑작스럽게 죽었다.

18세기에 독일에 살던 유대인들 중에는 은행가와 공장주 등으로 성공한 사람들이 생겨났다. 18세기는 유럽 지역의 유대교가 계몽 Haskala을 맞이한 시기였다. 모세스 멘델스존 Moses Mendelssohn (1729~1786)은 이 시대의 중요한 인물이다. 그는 전통적인 유대교 신앙과 서구의 계몽사상을 융합하려고 시도하였다. 1840년대에 독일의 유대인 가운데 상당수가 미국으로 이주하였는데, 이들은 미국 내의 유대교 개혁자들과 합세하여 미국의 유대교를 개혁주의로 이끌었다. 그러나 서유럽의 유대인들은 유대교의 전통을 답습하면서 문화적으로 현대사회에 적응하기 위한 신보수주의를 지향하였다.

동유럽에서는 카발라 운동을 대중으로 확산하려는 하시디즘 운동이 나타났으며, 우크라이나에서 시작하여 폴란드로 번져나갔다. 이 운동의 창시자는 이스라엘 벤 엘리에셀 Israel ben Eleazer (1700~1760)로 알려졌다. 그는 헌신과 기도가 학문보다 하느님을 기쁘게 한다고 가르쳤다. 하느님께 매달리는 것 devekut이 삶을 풍요롭게 한다는 것이다. 하느님의 불꽃이 만물 안에 존재하므로 이러한 헌신은 누구든지 가능하다고 보았다. 그러나 시간이 흐르면서 자디크 zaddik라 불리는 카리스마를 가진 영적 엘리트가 권력을 장악하면서 세습화하고 말았다.

19세기 말엽에 시온주의 운동 Zionism이 일어났다. 러시아 오데사 대학에서 법률과 의학을 공부한 레온 핀스커 Leon Pinsker (1821~1891)는 유대문학을 유럽문화와 연결하려는 운동에 나섰다. 그는 1882년 『자가 해방』 *Autoemancipation*이라는 저서에서 반유대주의를 불합리한 민족 공포증으로 규정하고, 유럽인의 선의에만 기대하지 말고 유대인 스스로 조국을 회복해야 한다고 주장하였다.5)

오스트리아 태생의 유대인 작가 테오도어 헤르츨 Theodor Herzl (1860~1964)은 팔레스타인에 유대인의 국가를 세운다는 기치 아래 1897년 스위스 바젤에서 제1차 시온주의 세계대회를 개최하였다.

시온주의의 아버지로 불리는 그는 1896년에 발행한 저서 『유대국가』 *Jewish State*에서 팔레스틴을 유대인들이 차지해야 한다고 주장하였다. 헤르츨의 소원은 그의 생전에 이루어지지 않았다. 그러나 1917년 11월 2일에 영국의 외무장관 밸푸어Arthur James Balfour (1848~1930)는 유대인들이 팔레스타인에 자신들의 국가를 세우는 것에 찬동한다고 선언하였다. 이스라엘 건국의 기반이 마련된 셈이다. 1918년 영국군은 독일과 동맹을 맺은 터키군을 팔레스타인에서 몰아냈다. 1930년대와 1940년대 초에는 서유럽에 살던 유대인들이 히틀러의 박해를 피하여 팔레스타인으로 대거 이주함으로써 유대인들과 아랍 원주민들 간의 관계가 나빠졌다. 히틀러의 유대인 학살은 납득하기 어려운 현상이었다. 1933년 1월 30일 권력을 장악한 히틀러는 1938년 11월 '수정의 밤' Crystal Night에 유대인의 회당과 사업체를 공격하였으며, 1941년 6월 러시아 침공시 유대인을 말살하기 위한 특수부대 Einsatzgruppen를 운용하였다. 1941년 말부터 1942년 여름까지 폴란드에 6개의 수용소를 건설하였으며, 그 중 하나인 아우슈비츠 수용소는 유대인 대학살의 상징으로 잘 알려져 있다. 1943년 10월까지 학살된 유대인의 수는 500만 명 이상이었고, 전후까지 600만 명 이상이 희생된 것으로 알려지고 있다. 이와 같은 대학살 사건은 유대인 지하운동 조직이 처음으로 입수하여 1942년 5월 초 연합국측에 통보하였으며, 그 해 12월에 미국, 영국, 러시아가 독일의 만행을 비난하는 성명서를 발표하였다. 유대인 대학살 사건은 하느님의 부재 또는 하느님의 죽음 등과 같은 반기독교적 비판을 불러온 반면에, 이를 인간의 잔악성에 대한 하느님의 경고로 보는 시각도 나타났다. 죽음의 수용소를 네 군데나 거치면서 살아남았던 엘리 비젤Elie Wiesel은 하느님의 침묵에도 불구하고 숨어계신 하느님은 거기에 함께 계셨다고 증언하였다.6)

테오도어 헤르츨, 밸푸어 (위로부터)

영화 쉰들러 리스트 포스터

1947년 11월 29일에 국제연합이 이스라엘의 독립을 인정하자 유대인 기구 의장 다윗 벤 구리온David Ben-Gurion은 1948년 5월 14일 이스라엘의 독립을 선포하였으며, 미국은 즉각 이스라엘의 건국을 지지하였다. 그러나 이스라엘의 팔레스타인의 점유 사태는 곧 바로 주변의 아랍제국들과의 전쟁을 유발하였으며, 그로부터 이스라엘은 독립전쟁(1948~49), 시나이 전쟁(1956), 6일 전쟁(1967), 속죄일 전쟁(1973), 레바논 침공(1982), 아랍인 봉기(1987) 뿐만 아니라 폭동Intifada과 테러 등 수많은 분쟁에 휩싸이게 되었다.

야브네 시대(70~135) 이래 유대인들은 예수를 민족 배반자와 종교 배신자로 배척하였다. 그러나 19세기 중엽 독일에서 일어난 유대교 개혁 운동과 더불어 예수와 기독교에 대한 긍정적인 평가가 생겨나기 시작하였다. 히브리대학의 교수이며 시온주의자였던 J. 클라우스너(1874~1958)는 예수를 위대한 윤리적 스승이라고 하였으며, 영국에서 유대교 개혁운동을 일으키고 시온주의와 벨푸어 선언을 반대하였던 몬테피오레Claude Joseph Goldsmid Montefiore(1858~1938)는 예수를 새로운 모습의 예언자라고 평가하였다. 독일의 진보적인 랍비 레오 베크Leo Baeck(1873~1956)는 예수를 유대교의 순수하고 선한 요소를 체험한 인물로 간주하였으며, 미국의 보수적인 랍비 밀턴 스타인벡Milton Steinbeck(1903~1950)도 인간에 대한 사랑과 자비가 넘친 매우 아름답고 고귀한 정신이라고 평가하였다. 문화적 시온주의를 주창한 마틴 부버Martin Buber(1878~1965)는 예수를 큰 형이라고 불렀다. 한편 제2차 바티칸 공의회는 1965년 비기독교에 관한 선언 중 유대인에 관한 항목에서 유대인들과 기독교인들 사이의 친교를 권하고 성서와 신학의 공동 연구를 장려하였다. 이처럼 20세기에 이르면서 유대교와 기독교의 관계개선은 조금씩 진전을 보기 시작하였다.

랍비 레오 베크, 마틴 부버(위로부터)

유대인은 안식일을 중시한다. 안식일은 금요일 저녁부터 토요일 해질 때까지이다. 유대교의 한 해는 가을에 있는 10일 간의 속죄 기간으로부터 시작한다. 그 10일의 첫째 날 Rosh Hashanah이 바로 한 해의 시작이며, 11일의 마지막 날이 속죄일 Yom Kippur이다. 유대인들의 가장 큰 축제로는 출애굽 사건을 기념한 유월절 Pesach, 시나이산에 율법 받은 것을 기념한 오순절 Shavu't, 그리고 광야생활 동안 이스라엘을 돌보신 하느님의 보호하심을 찬양하는 장막절 Sukkot이 있다.7)

2. 기독교

1) 기독교의 형성

기독교는 예수 그리스도를 하느님으로 신앙하는 종교이다. 유대교적 전통을 계승하고 있으며, 예수를 하느님의 아들인 동시에 죄로부터 인간을 구원하신 메시아라고 믿는 신앙으로서, 처음에는 예수의 제자들을 중심으로 유대인들 사이에서 출발했지만, 사도 바울 Paulus (10~67)이 희랍과 로마에 전파하기 시작하면서 급속도로 발전하였으며, 오늘날에는 약 17억에 달하는 신자들을 보유하고 있다.

유대교처럼 유일신 신앙을 가지고 있으나 하느님과 예수님이 아버지와 아들의 관계에 있으면서도 동시에 동일한 존재라고 믿는 것이 근본적으로 다르다. 즉 유대교는 예수를 모세, 엘리야, 다니엘처럼 수많은 선지자들 중 한 사람에 불과하다고 생각하여 아직도 메시아를 기다리고 있지만, 기독교는 예수야말로 하느님의 아들인 동시에 죄인들을 구원하실 수 있는 메시아라고 생각한다.

로마 아우구스투스 황제가 통치하던 시기 (기원전 27~기원후 14)에 팔레스타인 지역에서 예수가 탄생하였다. (기원전 4년) 안토니우스를 처치한 옥타비아누스 (아우구스투스 황제)는 팍스 로마나 Pax Romana의 시대를 열었다. 하느님의 나라, 새 하늘과 새 땅의 도래를 설파하던 예수는 유대 총독 빌라도Pontius Pilatus(26~36 유대총독 재위)에 의하여 십자가형에 처하여졌다. 예수는 죽은 지 3일 만에 부활했다는 소문과 함께 그리스도교의 창시자로 숭배의 대상이 되었다.

예수의 복음은 그의 제자들뿐만 아니라 바울에 의하여 새롭게 다듬어졌다. 바울은 종교적 구원이 인간의 도덕적인 행위와 관계없이 하느님의 선택과 은총으로 이루어진다고 주장함으로써, 믿음을 일차적이고 최우선적인 종교행위로 간주하게 되었다. 이와

예수 그리스도의 탄생, 십자가의 수난, 부활, 승천, 지오토(Giotto) 作. (시계방향)

같은 사실은 하느님 앞에서 도덕적 순수성을 강조하는 유대사상과는 근본적으로 다른 것이며, 따라서 바울 역시 유대교적 전통에 충실하였던 야고보와 갈등을 야기하였던 적이 있다. 유대인들은 도덕적 순수성을 회복하지 않고서는 하느님 앞에 설 수 없다고 생각하였다. 그러나 바울 이후의 기독교인들은 하느님의 은총이란 인간의 도덕적 경향성과는 아무런 관계가 없으며, 하느님은 어떤 인간이라도 자신의 백성으로 선택하고 은총을 베풀 수 있다고 믿었던 것이다. 결국 이 문제는 하느님의 예정 및 선택과 인간의 자유의지 가운데서 어떤 것이 선행하느냐라는 철학적 신학적 논쟁의 발단이 되었으며, 중세의 기독교가 도덕적으로 타락할 수 있는 요인이 되었던 것도 사실이다.

2) 기독교의 역사적 전개

유대의 금욕주의자 세례 요한은 하느님 나라의 도래를 주장하면서 회개를 부르짖고 세례를 행하였다. 그는 예수의 구속 사업에 최초로 정당성을 부여하였다. 예수 사건은 유대인들의 종교 전통과 신앙 양식에 상당한 충격과 변화를 주었다. 예수 자신은 율법을 파기하러 온 것이 아니고 완성하려고 왔다고 했지만 전통적 유대주의자들은 도전으로 간주하였다. 동시에 하느님의 이름을 부르는 것조차도 불경스럽게 여겨오던 유대인들에게 스스로를 하느님과 동격으로 표현한 예수는 분명히 참람한 존재로 비쳐졌다. 종교 신앙의 내용에서도 구약시대에는 공의가 중심이었지만 예수는 사랑을 강조함으로써 차별화를 시도하였다. 그는 수많은 기적을 보여주고 병을 고쳐주었으며, 앞으로 닥쳐올 자신의 죽음과 그 의미에 대하여 세세하게 일러주었다. 결국 그는 자신이 예견한 것처럼 유다의 배신과 종교 및 국가 재판을 통하여 십자가형에 처해지게 되고, 죽은 지 사흘 후에 다시 부활하여 활동하다가 승천한 것으로 알려졌다. 예수의 복음은 네 명의 제자들에 의하여 전해지고 있다.

기독교의 역사는 이와 같은 예수 사건을 그의 제자들이 사방으로 흩어져 알리면서 시작하였다.

기독교의 세계화에 결정적으로 기여하였던 인물은 바울이다. 본시 바울은 바리사이파에 속하는 율법학자 가말리엘의 제자였으며, 헬라주의 기독교 신자들을 박해하는 데 앞장섰던 사람이다. 그러나 바울은 기독교로 개종한 후에 구원의 복음을 그 당시 세계 문명의 중심지였던 희랍과 로마에 전하기 위하여 온갖 노력을 기울였다. 이를 위해서 그는 특히 전통적인 구원의 의미를 '은총' 중심으로 새롭게 설명함으로써 유대의 관습법에 낯설었던 이방인들에게 문화적 충격 없이 기독교의 메시지를 받아들이게 하는 데 성공하였다. 그 과정에서 도덕적 행위를 중시하였던 사람들, 특히 예수의 동생 야고보와 예수의 직계 제자단이 지도하였던 예루살렘 교회와 신학적 갈등이 생기기도 하였다. 야고보는 행함이 없는 믿음은 그 자체가 죽은 것이라고 주장했으나 (야고보서 2,14-18), 결국 믿음과 행함은 불가분적인 관계에 있다는 것으로 절충하였다.

초대교회에서 교회의 권위는 예수의 친족이나 직계 제자들이 행사하였다. 그러나 이들이 죽고 난 후에는 장로 presbyteroi, 주교 episkopoi, 집사 diakonoi 등의 직분으로 분화하였다. 서기 165년 로마에 베드로와 바울을 기념하는 건물이 세워지면서 로마교회의 권위를 강화하기 시작하였으며, 256년에 로마의 스테파누스는 예수가 베드로에게 위임한 성서 내용 (마태복음 16,18-19)을 근거로 하여 교황 중심의 권위를 확립하였다.

교회의 권위를 확립하는 것과 함께 성서에 대한 인준 작업도 이루어졌다. 처음에 기독교인들은 유대교의 경전을 비판 없이 받아들이고, 대부분의 교회에서는 희랍어로 번역된 70인 역본 (Septuagint, 기원전 3세기 중반에 모세 오경을 번역하고, 기원전 2세기에 구약성서 전권을 희랍어로 번역하였다)을 정경으로 채택했으나, 오리게네스 Origenes (185~254) 등의 학사들이 이를 비판하면서 이른바 외경을 배제하게 되었다.

다른 한편 서기 90년경에 바울의 서한집을 회람하고, 150년경에는 로마의 순교자 유스티누스 Justinus (100~165)가 종합복음서를 사용하는 등 신약성서를 교회의 정경으로 채택하였으며, 현재와 같은 신약성서를 채택하기까지는 이백년 이상이 걸렸다.

기독교의 복음을 서구에 전파하면서 희랍철학 또는 이방 종교 사상과의 갈등, 교회 안에서 해석상의 문제 등이 야기됨으로써 장기간에 걸친 신학논쟁이 뒤따랐다. 서기 150년 이전의 기독교는 영지주의 gnosticism와 신학적으로 대립하게 되었다. 영지주의자들은 이 세상의 악과 하느님은 대립적인 관계에 있으며, 무력하고 악한 세력에서 나온 피조세계의 혼돈상태로부터 벗어나기 위해 이 악한 세상으로부터 탈출하는 것만이 구원이라고 주장하였다. 그리스도는 우리를 어두움에서 빛으로 인도하여 진리이며 아버지인 신을 섬기게 한다는 것이다. 이와 같은 영지주의자들의 주장은 이원론적인 세계관에 입각하고 있었으나 교회는 이를 수용하지 않았다. 또한 정통주의 기독교인들은 사도들의 전승에 기초한 교회의 권위를 인정했지만, 172년경에 몬타누스(Montanus, 172~173년경에 무아지경을 체험한 후 터키의 프리지아에서 신비주의 운동을 전개)는 열광적인 예언

사도 바울(안드레이 루브레프 作, 위)
베드로와 바울, 아우렐루스 소년의 무덤에서(로마 313년, 아래)

에서 찾아야 한다고 주장하였다. 그는 세계 종말과 성령에 대하여 새로운 주장을 하였다. 그는 먼저 이 세계의 역사를 성부의 시대(구약시대), 성자의 시대(신약시대), 몬타누스 자신이 예언한 성령시대로 구분하면서, 신약성서를 보완하여 성령운동을 전개할 것을 주장했으나, 교회는 이를 거부하였다. 나중에 카르타고의 신학자 터툴리아누스 Tertullianus (155~220)는 몬타누스주의를 지지하여 개종하였다.

기독교는 데시우스 황제(249~251 재위)와 디오클레티안 황제(284~305 재위) 시대에 가장 혹독한 탄압을 받았다. 313년에 콘스탄티누스 황제가 기독교를 공인함으로써 국가종교로서 기틀을 다지게 되었다. 콘스탄티누스 황제는 콘스탄티노플을 제2의 로마로 선포하여 동로마제국, 즉 비잔틴제국의 출범을 가능하게 하였다. 비잔틴제국의 전성기는 유스티니아누스 황제(527~565 재위) 시기일 것이다. 그는 지중해 유역을 장악하면서 비잔틴 제국의 대표적인 하기아 소피아 Hagia Sophia 성당을 건축하였다. 비잔틴제국은 1453년에 멸망하였다.

테오도시우스 황제
니케아 종교회의
(위로부터)

희랍에서는 알렉산드리아의 장로 아리우스 Arius (250~336)가 인간의 몸을 가지고 태어나 죽은 예수가 초월적인 창조의 제1원인일 수 없다고 주장하면서 예수의 신성을 부인하였다. 325년의 니케아 공의회는 하느님의 아들은 본질적으로 성부 하느님과 동일한 존재이며, 따라서 완전한 신성을 갖는다고 선포하여 아리우스를 정죄했으나, 그 후에도 논쟁은 계속 이어졌다. 테오도시우스 황제 Theodosius (347~395, 379년에 등극하였다)는 381년의 콘스탄티노플 공의회를 소집하여 아타나시우스 Athanasius (293~373)의 삼위일체 교리를 선택하도록 압력을 가함으로써 사실상 아리우스의 사상을 교회에서 완전하게 축출하게 만들었다.

그 후에 콘스탄티노플의 대주교 네스토리우스 Nestorius (4세기말~451)는 예수가 신과 다른 독립된 인격이며, 따라서 예수의 어머니

마리아를 '하느님을 잉태한 자' theotokos라고 부르는 것은 잘못이라고 주장하였다. (안디옥학파) 그러나 알렉산드리아의 대주교 키릴루스Cyrilus of Alexandria (375~444)가 대표하는 에페소 공의회 (431)는 이를 단죄하고, 예수와 그 안에서 육화한 말씀은 단일한 본성이라고 반박하였다. (알렉산드리아 학파) 교황 레오 1세 Leo I (?~461)가 이끈 칼케돈 공의회(451)는 이 단성론 monophysitism을 거부하였으며, 그리스도는 한 인격 안에 두 가지 본성 hypostasis을 가지고 있다고 선포하였다.

성부와 성자가 동일한 신의 존재방식이라는 사실은 성육신의 문제와 부활의 문제를 야기하였다. 어떻게 절대적인 신적 존재가 상대적이고 유한한 인간 존재로 나타날 수 있는가? 예수가 참으로 완전한 의미에서 인간이라면, 결국 그가 동시에 신이라는 것은 논리적 모순이 아닌가? 한 인간이 신과 같다면 그는 결국 인간이 아니고 신일 수밖에 없지 않은가? 예수가 신이라면 성모 마리아는 결국 하느님을 잉태한 것이 아닌가? 예수의 신성을 입증하기 위해

548년 제2차 콘스탄티노플 공의회가 열렸던 이스탄불의 성 소피아 대성당.
1453년부터 500년간 이슬람의 모스크로 사용하다가 1935년 박물관으로 개조하였다.

키릴루스(좌)와 431년 에페소 공의회가 열렸던 에페소 성모성당의 유적(우)

서는 마땅히 부활하는 것이 타당하지만, 그것은 동시에 예수가 상대적이고 유한한 인간 존재가 아니라는 것을 증명하는 것은 아닌가? 결국 삼위일체설은 역사적 예수의 존재를 신 그 자체와 동일시하는 과정에서 발생 가능한 모든 변신론적 문제들을 해소하기 위하여 고안한 것이지만, 바로 이 때문에 기독교는 지금까지 역설과 모순의 종교로 남게 되었다. 그러나 바로 이 사실이 기독교 신앙의 강점이기도 하다. 유대교나 이슬람교와의 차이는 바로 예수 그리스도의 신성과 인성을 동시에 인정한다는 사실에 있기 때문이다.

니케아 공의회 이후 콘스탄티누스 황제가 아리우스 사상에 기울어지게 되면서 교회와 국가 사이에 갈등이 생겨났다. 그 후 밀라노의 주교 암브로시우스Ambrosius (339~397)는 테오도시우스 1세를 교회 앞에 굴복하게 만들었다. 이로써 교회와 국가는 대등한 권력을 갖게 되었고, 5세기에 고트족과 반달족 등의 침입으로 인하여 교황의 권위가 국가권력보다 높은 경우도 있었다.

다른 한편 바울과 예루살렘 교회 사이에서 벌어졌던 논쟁이 그대로 재현되기도 하였다. 믿음이 하느님의 은총에서 비롯되는가, 인간의 자유에서 비롯되는가의 문제가 새로운 논쟁을 일으켰다. 영국의 수사 펠리기우스Pelagius (360~420)는 인간은 한 사람 아담의 죄로 인하여 일괄적으로 죄인이 된 것이 아니고(원죄의 부정), 스스로의 범죄를 통하여 죄인이 된 것이며, 죄로부터 해방은 자유의지를 통해서만 가능하다고 주장하였다. 아우구스티누스Augustinus (396~430)는 원죄의 영혼출생설과 예정에 의한 은총설을 주장함으로써 자유의지론의 입지를 약화시킴으로써 펠라기우스를 이단으로 내몰았다. 교회는 펠라기우스를 이단으로 정죄하고 아우구스티누스의 영혼출생설도 승인하지 않았다.

칼케돈 공의회(451)는 결국 로마교회와 동방교회의 분열을 초래하게 되었다. 예수의 인성과 신성을 동시에 인정할 것인가의 문제는 절대적인 신의 위상, 즉 유일신 사상과 직접 관련한 신학적으로 매우 민감한 문제였다. 그리하여 동방교회에서는 니케아 및 칼케돈 공의회의 결정을 거부하면서 지금까지도 단성론적 입장을 고수하고 있다. 그러나 틸리히가 지적한 것처럼 단성론을 주장하는 대부분의 동방교회는 보다 강력한 초월적 유일신을 선포한 이슬람교에 의하여 무너지고 말았다.

1054년의 동서교회 분열은 교회 안에서 교황의 지위와 역할에 대한 해석상의 차이로부터 빚어졌다. 당시의 정통주의자들은 대주교 연합체와 신도들이 교회라고 보았으나, 로마교회는 로마 대주교의 수위권을 주장하여 동서교회의 대립을 첨예화한 것이다. 한편 베네딕트Benedict (480~547)는 수도원의 규율을 세워 정규 성직자를 배출하였다. 수도원의 전통은 13세기에 도미니크 수도회와 프란치스코 수도회를 통하여 체계적인 발전을 이루게 되었다.

교회와 국가 사이의 갈등도 심각해졌다. 로마제국의 몰락 이후 800년에 로마에서 등극한 샤를마뉴(칼 대제)는 처음으로 유럽을 지배하였으며, 962년에는 오토 1세가 신성로마제국을 선포하였으며, 이 제국은 1806년 나폴레옹에 의하여

성 베네딕트,
샤를마뉴(칼 대제),
451년 칼케돈 공의회가 열렸던 성녀 에우페미나 성당
(위로부터)

몰락할 때까지 존속하였다. 교회와 국가의 갈등은 교황에게 왕이 수모를 당하거나 교황이 왕에게 굴욕을 당하는 형태로 나타났다. 1077년에 헨리 4세는 교황 그레고리우스 7세의 허락을 받지 못하여 3일 동안 추위에 떨면서 성전 밖에서 기다려야 했다. 이른바 '카노사의 굴욕'이다. 이 사태 이후 교황권의 강화가 이루어졌고, 1302년 보니파키우스 8세(1294~1304 재위)는 교서 '우남 상크툼' Unam Sanctum을 통하여 "교회 밖에는 구원이 없다"고 발표하였다. 그러나 1304년에 프랑스왕 필립은 교황을 아비뇽에 유폐하였으며, 이러한 사태는 1374년까지 이어졌다.

11세기부터 중세는 그 유명한 보편논쟁, 즉 안셀무스(1033~1109)의 실재론과 아베라르두스(1079~1142)의 유명론 사이의 논쟁에 휩쓸리게 된다. 이 시기에 요아킴 Joachim von Floris (1145~1202)은 몬타누스의 사상을 계승하여 성령의 제3시대론을 주창하였다. 토마스 아퀴나스(1224~1274)는 아리스토텔레스주의를 신학에 적용하여 다섯 가지 유형의 신 존재 논증을 소개하는 한편 철학과 신학의 조화 가능성을 모색하였다. 유명론의 아버지로 불리는 오캄 William of Ockam (1300~1350)은 신 존재에 대한 실재론적 주장을 비판하면서 경험론의 선구를 이루었다. 같은 시기에 독일에서는 에크하르트 Meister Eckhart (1250~1327)가 신비주의 신학을 체계화하고 있었다.

3) 종교개혁

13세기에 존 위클리프 John Wycliff (1330~1384)는 영국에서 종교개혁을 주도하였다. 그에 의하면 참된 교회는 계층구조의 체제가 아니라 선택받은 사람들의 공동체이며, 교회의 기본법은 교황의 법이 아닌 성서의 법이었다. 계속해서 그는 교황이 오류를 지닌 한 인간에 지나지 않는다고 지적하면서 기업으로 변한 교회의 현실을 비판하였다. 특히 1378년에 서술한 『교회론』 *De ecclesia*에서 그는 루터의 『95개 조항』보다 먼저 면죄부에 대해서 공격하고 있었다. 위클리프는 겸손과 사랑과 청빈으로 살지 않은 교황은 참된 교황이 아니며, 그가 만일 세계의 지배자로 등장할 경우에는 영원한 이단자나 적그리스도가 될 것이라고 단호하게 경고하였다.

1545년에 시작하여 63년 동안 지속하였던 트리엔트 종교회의는 구약의 외경 및 교회의 전통에 성서와 같은 권위를 부여하고, 성 제롬의 번역본만을 참된 성서로 인정하였으며, 성서 해석의 권한은 로마교회만이 갖는다는 내용들을 의결하였다. (같은 맥락에서 1870년의 바티칸 회의에서는 교황이 보편적인 사교 司敎이고 그리스도의 대리자이며 교회의 제일인자임을 강조하면서, 이른바 교황무오설을 확정하였다.) 이와 같은 조처들은 종교개혁에 대한 반대하는 분위기를 대변하고 있다.

위클리프,
마르틴 루터와 필립 멜랑히톤,
트리엔트 종교회의(1563년) (위로부터)

종교개혁은 루터 Martin Luther (1483~1546)가 주도하였다. 기존 교회에 대한 루터의 일차적인 공격목표는 회개의 성례전(고해성사)에 대한 것이었다. 이것은 교황의 속죄권에 대한 비판이며, 그 유명한 중세의 면죄부 판매와 직접 관련한 것이었다. 루터는 오직 하느님만이 죄를 사하실 수 있으며, 교황은 이를 선포할 권리만을 가질 뿐이라고 생각하였다. 또한 루터는 교회의 권위보다 성서의 권위가 우선한다고 주장하였다. 오직 성서만이 sola scriptura 교회의 권위이다. 기독교의 유일하고 절대적인 기준은 교황이 아니라 성서라는 것이다. 그리고 성서의 온전한 해석자는 교회가 아니라 성령임을 강조하였다. 그의 주장은 '오직 믿음으로' sola fide, '오직 은총으로' sola gratia라고 요약할 수 있다. 따라서 교회의 머리는 그리스도이어야 하며, 교황이 그 자리를 차지하고 있다면, 그는 분명한 반그리스도일 수밖에 없다는 것이다. 그는 특히 하느님의 말씀은 성서 안에 있다고 주장했지만, 성서가 신이 직접 구술한 문서라고는 생각하지 않았으며, 따라서 문자적으로 해석해야 한다고 보지도 않았다. 그리하여 루터주의에서는

최후의 만찬, 지오토 作

정경무오설을 주장하는 근본주의나 이슬람 율법주의자들과는 달리 성서 텍스트를 비평할 수 있는 자유로운 공간을 허용하고 있다.

그렇다면 루터는 신과 그리스도를 어떻게 이해하고 있는가? 그는 신을 모든 현실적인 것 가운데서 가장 현실적인 것이라고 규정한다. 우리에게 가장 현실적인 것은 신 앞에 감추어져 있고, 세계 앞에 감추어져 있는 것은 신 앞에 드러나 있다. 다시 말하면 신은 대립과 모순, 그리고 역설의 경험에 의해서만 알 수 있는 존재이다. 신보다 작은 것은 없고 신보다 큰 것도 없다. 신은 그를 믿는 자와 똑같은 모습으로 나타나시는 존재이다. 가장 약하고 고통스러운 것, 십자가의 고난과 죽음은 그에게 가장 큰 무기가 된다. 가장 위대한 신이 가장 작은 자, 즉 말구유에 누우신 예수의 모습으로 나타난다는 바로 그 역설과 모순의 논리가 기독교 진리의 핵심이라는 것이다. 그것은 바로 은총과 사랑이기 때문이다.

또한 계속해서 루터는 수도원제도와 로마 가톨릭 윤리에 대하여 비판한다. 기독교적 구원은 마술적 습성이 아니라 도덕적 선의지를 통한 믿음의 결단에 의하여 이르게 된다. 오직 신앙을 통하여 주어지는 은총에 의하여 구원을 얻게 되는 것이다. 그렇다면 신앙이란 무엇인가? 루터에 의하면 신앙은 신이 우리에게 자기 자신을 선물로 내줄 경우에 그것을 받아들이는 은총의 행위이다. 우리가 하느님의 자녀로 받아들여졌다는 사실을 그저 받아들이기만 하면 마음의 평안과 영적 활력과 존재에의 용기를 얻게 된다는 것이다.

성찬식에 대해서도 루터는 빵과 포도주가 제단에 바쳐지는 신적 물체로 변화한다는 가톨릭의 화체설化體說, Transsubstantiationslehre을 부정하였다. 루터는 일상적 상황에서 그 빵과 포도주는 단순한 사물에 지나지 않지만, 신앙 행위에 의하여 의미변화가 일어날 수 있다고 주장하였다. 이에 대하여 칼뱅, 츠빙글리의 의견은 각각 다르게 나타난다.

로마 가톨릭의 공식적인 입장은 1215년 제4차 라테란 공의회에서 밝힌 것으로서, 성체식(미사)에서 사용하는 떡과 포도주가 변화하여 예수님의 몸과 피(마리아에게서 나고 십자가에서 죽은 그 몸)로 변화(化體)한다는 것이다. 맛이나 형태같은 외부적인 "형상"은 변하지 않으며, 변화하는 것은 내적인 "본질"이다. 한 걸음 더 나아가, 미사는 예수님이 희생제물로 바쳐져서 성체를 믿음으로 먹는 자들을 속죄하는 피 없는 제사이다. 정교회도 화체설을 믿지만, 거기에서 강조하는 것은 성찬식의 희생제사적인 성격에 강조점을 두지 않고, 성찬식이 어떻게 그리스도와 성도 간의 연합을 이루는가 하는 것을 강조한다. 또한 떡과 포도주의 변화는 "이것은 나의 몸이니"라는 성찬 제정의 말의 서두에서 발생하지 않고, "주님의 성령을 보내주소서"라는 기도의 순간에 일어난다. 그러므로 정교회는 로마 가톨릭보다 한층 더 성령을 강조한다.

개신교는 가톨릭과 정교회의 입장에 동의하지 않는다. 루터는 화체설과 속죄의 제사로서 미사를 모두 부인하고 그것들을 성체 공존설로 대치했다. 예수님은 떡과 포도주 안에 함께 존재하며, 예수님의 몸은 믿음으로 떡과 포도주를 취하는 사람들에게 전해진다. 칼빈은 화체설과 성체 공존설 모두를 인정하지 않았다. 그는 주장하기를, 그리스도의 몸과 피는 성찬식에서 받게 되지만 그것은 영적인 형태로 받는 것이며, 그리스도의 참된 몸은 천국에 있다고 했다. 츠빙글리는 기념주의적인 입장을 취했다. 그는 그리스도의 "본질이나 실체"가 성체 속에 존재하는 것이 아니라 "믿음의 묵상"을 통해 그리스도를 보는 것이라고 주장했다.[8)]

이그나티우스 로욜라의 기적, 루벤스 作

1530년부터 구교와 신교의 분열이 심화되면서 정교회, 로마 가톨릭 교회, 개신교로 고착되었다. 로마 가톨릭 교회는 1540년대에서 1560년대까지 트리엔트 종교회의를 통해서 성경과 전통의 권위를 동일하게 인정한 것을 비롯하여 신과 인간의 협력에 의한 구원과 성화, 화체설, 연옥, 성인 기도, 성상 존숭 등의 교

스페너,
프란케,
폴 니터,
베네딕토 16세
(좌로부터)

리를 체계화하여 개신교와 차별화하였다. 1540년대에 이그나티우스 로욜라(1491~1556)는 예수회를 창설하였으며, 아빌라 테레사의 갈멜 수녀회 활동이 두드러졌다. 1960년대에는 제2차 바티칸 공의회를 통하여 타종교와의 화해 가능성을 열어 놓았다. 한편 개신교에서는 하인리히 불링거 Heinrich Bullinger의 청교도신학, 그리고 루터교의 스페너 Philip Spener(1635~1705)와 프란케 August Francke(1663~1727)는 경건주의 Pietismus를 주도하였으며, 1910년에는 에딘버러에서 150여개의 개신교 교단 대표자들이 세계교회협의회를 개최하여, 기독교 안에서 수많은 갈등과 분열을 극복하고 상호이해의 폭을 증진하려는 교회일치운동으로 전개하여 나아갔다.

가톨릭 종교철학자 폴 니터 Paul Knitter와 성공회 종교철학자 존 힉 John Hick은 배타주의를 지양하여 다른 종교를 이해할 수 있는 이해의 폭을 넓혀야 한다고 강조하고 있다. 가톨릭 교회는 1964년 제2차 바티칸 공의회를 통하여 정교회와 개신교를 '구별된 형제'라고 규정하고 타 종교권에도 익명의 그리스도인이 존재할 수 있다는 열린 태도를 표명하였으나, 베네딕토 16세 교황은 다시 과거의 보수주의로 회귀하려는 경향성을 보이고 있다.[9)]

3. 이슬람교

1) 이슬람교의 형성

무함마드

이슬람Islam은 7세기에 아랍의 예언자 무함마드Muhammad (570~632)가 창시하였던 종교로서, 유일신론을 강조하여 독자적으로 엄격한 종교 의례를 발전시켰다. 경전은 쿠란Quran이다. 마호메트Mahommet와 코란Koran은 영어식 표현이다. 전지전능全知全能의 신 알라Allah의 가르침이 대천사大天使 가브리엘을 통하여 무함마드에게 계시로 나타났다. 그리고 유대교와 기독교 등 유대계의 여러 종교들을 완성시킨 유일한 종교라고 주장하였다. 유럽에서는 마호메트교라 부르고, 중국에서는 위구르족回紇族을 통하여 전래된 까닭으로 회회교回回敎 또는 청진교淸眞敎라고 한다. 그러나 이슬람교로 부르는 것이 옳다.

아랍어로 '이슬람' islam은 '복종하다' surrender, 즉 "신 Allah의 뜻에 순종하라"는 뜻이다. 알라는 유일신, 창조주, 섭리자, 세계복구자로서 믿어졌다. 이슬람교는 유일신, 천사, 계시에 의한 말씀, 선지자들, 심판날 등을 믿는 점에서 유대교 및 기독교와 유사한 교의체계를 가지고 있다. 그러나 현재에 이르기까지 종교제도와 세속적 제도를 분리하지 않고 이슬람 공동체 건설을 위한 성전聖戰, jihad, holy war을 조장하고 있는 것이 특징이다. 이들의 신앙에서도 물론 많은 종파와 종교운동이 일어났지만, 문화적 종교적 편차에도 불구하고 모든 신도들은 하나의 공통된 신앙과 단일한 공동체에 대한 소속감을 갖고 있다. 이들은 하느님은 오직 한 분뿐이며 무함마드는 하느님의 선지자라는 내용의 신앙고백을 반복한다. 무릎을 꿇고 엎드려 기도하

메카순례

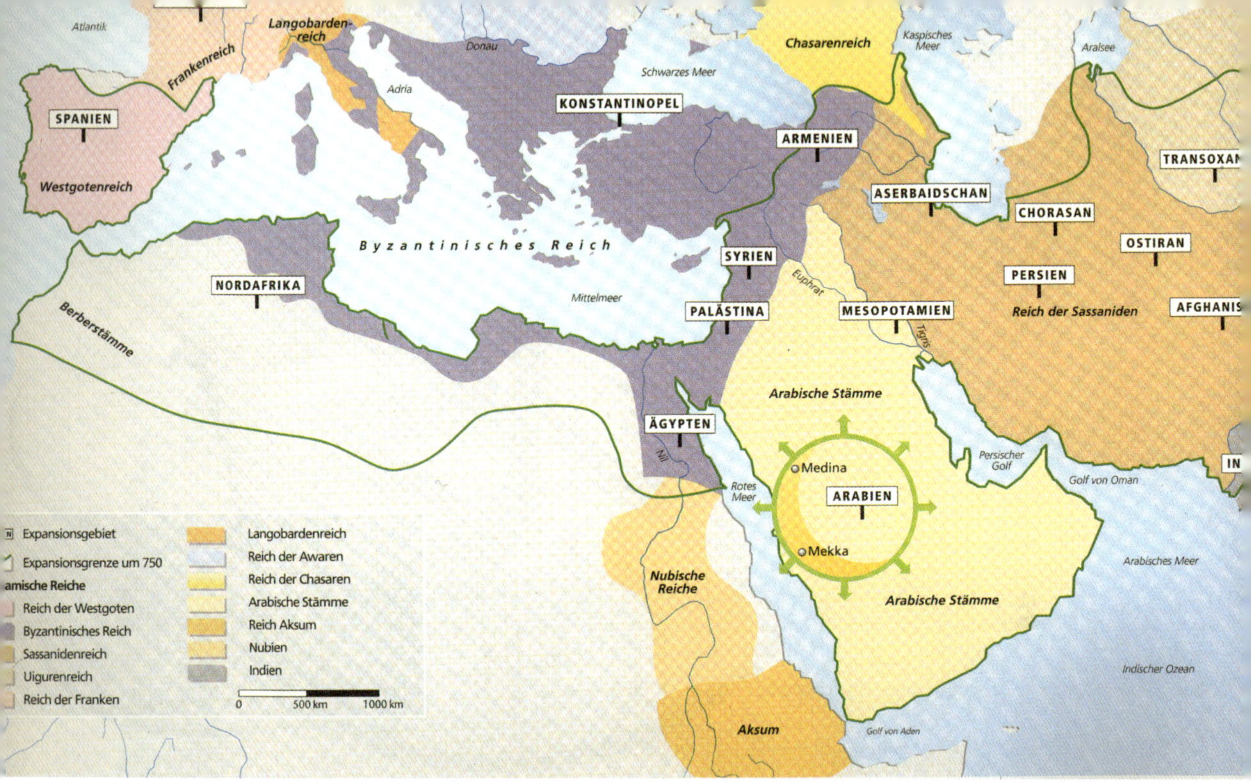

이슬람의 세력 확장

는 곳, 이슬람 성전을 모스크Mosque라고 한다. 남자들은 금요일 정오에 모스크에 모여 기도를 드려야 한다. 그러나 여성들에게는 의무사항이 아니다.

메카 공격을 앞둔 마호메트와 그의 추종자들

성지聖地 메카는 아라비아 반도 중부, 홍해紅海 연안에서 약 80km 지점의 골짜기에 위치하는 도시로서 인도양에서 지중해안에 이르는 대상로隊商路의 요지이다. 카바 신전과 북동쪽 구릉지대는 유대교와 기독교의 성지여서 해마다 많은 순례자巡禮者들이 방문하고 있다.

다신교가 지배하던 메카에서 무함마드는 "신은 유일하시다"라고 강경하게 주장하였다. 그는 메카 근교에 있는 힐라산의 한 동굴에서 최초로 하늘의 계시를 받았으나, 선교 후 10년이 지나도록 100여명의 신도밖에 얻지 못하였으며, 메카의 집권자인 코레이시족의 박해가 심해져서, 622년 9월에 메카의 북방 약 400km 지점에 있는 메디나로 피신하였다. 이슬람에서는 이를 '헤지라' 聖遷라고 부르는 동시에 이 해를 이슬람력曆의 기원으로 삼고 있다. 메카에서 이주한 교도들(무하지룬)과 메디나에서 새로운 추종자들은 '움마'라는 교단을 조직하였으며, 이것은 나중에 이슬람 국가로까지 발전하였다. 그 후에 무함마드는 메카군과의 전쟁을 승리로 이끌어서 630년 1월에 메카를 정복하였다. 거의 모든 아라비아 지역을 이슬람교를 받아들임으로써, 그 광대한 지역을 역사상 처음으로 한 조직으로 통합하기에 이르렀다. 무함마드는 632년 6월 메디나의 자택에서 병사하였다.

이슬람의 신 알라는 다신교 시대부터 메카에서 최고신으로 숭배를 받아왔다. 무함마드는 다른 모든 신을 부정하고 오직 알라만이 유일신이라고 주장하였다. 알라는 만물의 창조주이며 그와 비교할만한 어떤 존재도 있을 수 없다. 그는 모든 피조물과 거리가 있으면서도 사람들의 핏줄보다 더 가까이에 계신다.

> 말하라, 신은 한 분이시며 영원하시다. 자식을 낳지도 않으시며, 태어나지도 않으셨으며, 그와 같은 자는 아무도 없다.(『쿠란』 112,26)

알라는 이 세상 모든 것을 아무 대가없이 우리에게 주셨다. 알라는 진리이고 빛이며, 동쪽과 서쪽 모두 알라의 것이며, 어느 쪽을 향해도 알라의 얼굴은 거기에 계신다. 그는 어디에나 계시며 모든 것을 알고 계신다.(『쿠란』 2,11)

이슬람의 기본 가르침은 『쿠란』 *Qur'an, Koran*에 담겨 있다. 쿠란은 태초의 하느님이 주신 말씀으로서 가브리엘 천사가 알라의 명을 받아 예언자 무함마드에게 진술한 것이다. 쿠란은 아랍어 기록 문헌 중에서 가장 오래 되었을 뿐만 아니라 아랍 문화권에서 가장 큰 영향력을 가진 문헌이다. '쿠란'이라는 말은 아랍어 동사 '읽다' qaraa'a에서 나온 파생어로서 '읽는 것', 즉 '독경' 讀經을 뜻한다. 예언자가 받은 첫 번째 계시인 제96장 제1절은 "읽어라"로 시작한다.

> 선하시고 자비로우신 알라의 이름으로,
> 읽어라: 창조하신 네 주의 이름으로,
> 덩어리로부터 인간을 창조하셨도다.

회교도들은 이 절대적인 신의 말씀을 운율에 맞추어 낭송하기를 즐겼다. 또한 이들은 성전 건물 안벽에 우상이나 다른 그림을 새기는 것을 금기로 간주하였으며, 그 대신에 쿠란의 성구를 써넣었다. 오늘날의 쿠란은 예언자 무함마드의 죽음(632) 이후에 20년이 지난 제3대 칼리프 우스만Uthman(644~656 재위) 때에 완성을 보았다. 이 때 양피지, 가죽, 야자나무 껍질, 나무 조각, 낙타의 몸 등 여러 곳에 산만하게 흩어졌던 쿠란의 구절들을 모아 비단과 파피루스에 수록함으로써 기본 경전을 완성하였다. 쿠란의 서문 알 파티하는 "자비와 은총의 신의 이름으로 온 세상 인간들의 주인이신 신을 찬양하라"로 시작한다.

쿠란에 나오는 모든 말들은 신성하고 절대 진리이기 때문에 성법聖法으로 추앙하고 있다. 그리하여 예언자의 생존 시기에 이미 국가 권력을 장악한 회교도들은 성법을 통치 수단으로 삼았다. 따라서 성법에 대한 여러 가지 해석학적 성과도 가시적으로 나타나기 시작하였다. 쿠란은 114장(수라) 6,200여절(아야)로 이루어져 있다. 메카 초기의 계시는 주로 인간의 내면적인 것, 즉 절대신에 대한 관계 및 임박한 최후의 심판 등을 다루고 있으며, 산문체로 되어 있다. 그러나 이와 반대로 메디나에서 받은 계시는 주로 인간의 외면적인 것, 즉 이슬람 공동체인 움마ummah의 행정과 그 구성원들의 일상생활에 대하여 서술체로 기술하고 있다. 메디나의 계시는 구약성서나 신약성서에서 유래한 이야기도 담고 있으나 그 내용은 대체로 변형하였다.

무함마드의 말씀과 관행을 기록한 것으로서 쿠란에 버금가는 권위를 부여받고 있는 『하디스』가 있다. 하디스는 무함마드 개인에 관한 전승으로서 그의 교우들이 전한 이야기들을 정리한 것이다. 무함마드 사후에 그의 사상은 즉각적으로 체계화 작업이 이루어지지 않았다. 그의 사후 1세기 동안의 전승은 이슬람 공동체의 형성과 법의 발전에 중요한 역할을 하였으며, 공동체를 결속하게 하는 계기가 되었다. 예언자의 사후 2세기부터 하디스의 체계화가 이루어지면서 공동체와 견고한 관계를 갖게 된다. 무함마드의 사후 3세기에 이르러서 수니 이슬람교도들은 여섯 가지의 권위 있는 하디스를 편찬하였다.

하디스는 전승자의 신뢰성을 검증할 수 있는 연결 고리, 즉 '이스나드' isnad와 그 내용의 진위를 가리는 '마튼' (matn, 진수)으로 이루어져 있다. 다시 말하면 하디스에는 "나는 예언자의 말씀을 A로부터, A는 B로부터, B는 C로부터, C는 D로부터, D는 E(예언자의 교우)로부터 들었다"고 되어 있다. 이러한 연결 고리가 바로 '이스나드'이며 하디스의 출처를 밝혀 준다.

하디스 편찬자 가운데서 가장 유명한 부카리 al-Bukhari (810~870)는 16년 간의 노력 끝에 7,397개의 하디스를 수집하여 완벽하게 편찬하였다. 그 중에서 복본인 이스나드를 제외하고 남은 순수한 것은 총 2,762개에 달하였다. 전하는 바에 의하면 부카리는 60만개 이상의 하디스를 정리하여 3,450 종의 이야기로 이루어진 97권의 책을 완성하였다. 이에 버금가는 하디스 자료집으로 '무슬림' (817~875)이 있고, 이밖에도 이슬람 3세기에 하디스 전집을 편찬하기도 하였다. 이슬람 초기부터 수니파와 시아파의 하디스는 서로 달랐다. 이들은 예언자 무함마드의 완전 무결성을 모두 믿었지만, 사위이자 사촌인 알리와 그의 자손 가운데서 선출한 이맘들의 특별한 역할과 기능도 함께 믿었다.

부카리

2) 이슬람교의 역사적 전개

무함마드 사후에 『쿠란』에 대한 해석상의 문제가 제기되었으며, 코란만으로 교의상 판단이 곤란한 경우에는 무함마드의 언행을 담은 '수나'에 의하여 보완하였다. 이슬람교의 정통파로 군림하고 있는 수니파는 수나를 중시하는 교파이다.

무함마드의 사후에 이슬람 교단은 신도의 장로 중에서 교통教統의 후계자인 칼리프를 선출하였다. 그 후 아라비아반도 밖으로 진출하기 시작하여 633~664년 시리아, 이라크, 북부 메소포타미아, 아르메니아, 이란, 이집트 등을 정복하여 기지도시基地都市를 건설하였다. 692년에는 예루살렘에 '바위의 돔'을 건축하였다. 이곳은 무함마드가 여행 중에 하늘로 승천한 지점으로 알려지고 있다. 그 후 우마이야왕조(661~750) 시대에는 북아프리카의 대서양 연안까지 이르렀고, 711년부터는 이베리아(에스파니아) 반도에 침입하였으며, 중앙아시아와 인도 북서부까지 그 세력을 떨쳤다. 피레네산맥을 넘어 프랑스까지 진출한 이슬람 군대는 732년 푸아티에 북방의 싸움에서 패배하였으나, 동방에서는 751년의 탈라스강江 싸움에서 당군唐軍을 물리치고 중앙아시아의 지배권을 확보하였다. 압바스 왕조 초기 100년간은 칼리프 정권의 전성기였다. 그러나 이베리아가 우마이야가家에 의하여 독립한 후에 모로코, 중앙아시아, 이란, 이집트 등에서도 독립정권이 출범함으로써 칼리프의 직할지는 줄어들었다.

칼리파 압드 알말리크가 692년에 완성한 예루살렘의 "바위돔"

1071년에 아르메니아의 만지케르트 싸움에서 셀주크 투르크군이 비잔틴군을 격파한 후부터 서아시아의 이슬람화가 시작하였고, 그에 대한 반동으로 11세기 말에서 13세기 말에 이르기까지 거의 2세

기에 걸친 십자군 전쟁이 일어났다. 한편 이베리아 반도를 기독교 세력이 공략하여 1493년에는 무어인人의 최후 거점인 그라나다가 함락함으로써, 이슬람은 북아프리카로 후퇴하였다. 그러나 셀주크 왕조를 이은 오스만왕조가 발칸반도로 진출하여 1453년에 콘스탄티노플(이스탄불)을 공략하고 비잔틴 제국을 멸망시켰다. 또한 인도에 침투한 이슬람교도가 말레이시아, 인도네시아, 필리핀 선교를 수행하여 15~16세기에 동남아권은 이슬람 사상에 물들었다. 현재의 이슬람교도 수는 세계 인구의 약 25%인 12억 정도로 추산한다.

초기 이슬람 신학은 유대교, 기독교, 조로아스터교, 힌두교, 불교 등에 관한 신학 및 철학서의 번역이나 여러 종교의 많은 신학자들 간의 논쟁에서 영향을 받았다. 헬레니즘 문화를 비롯한 이란과 인도의 종교사상도 소개하였다. 9세기 전반부에 신학자들의 방대한 번역 작업으로 인하여 여러 사상의 전문용어가 아랍어에 들어옴으로써 철학과 종교 및 과학의 발전에 크게 기여하였다.

가장 중요한 이슬람사상은 이슬람 신비주의, 즉 수피주의Sufism라고 할 수 있다. 신비주의는 이슬람교도들이 신의 체험을 통해 신의 사랑을 직접 찾으려는 믿음의 한 유형이다. 수피는 아랍어로 '양털'을 뜻하며, 초기 이슬람 수도자들이 털옷을 입고 다닌 데서 유래한다. 이 수도자는 아랍어로 파키르faqir, 페르시아어로 데르비시dervish이며, '가난한 사람'을 뜻한다. 이슬람 신비주의는 금욕주의의 단계, 신의 사랑을 찬미하는 고전적 단계, 수피들의 형제적 우호관계를 다짐하는 종단의 단계로 이행한다. 수피는 신에게 보다 더 가깝게 접근하기 위하여 작은 이기심까지도 버리고 자신을 정화하여 절대적 순수성ikhlas을 유지하려고 노력한다. 수도의 길은 개인의 참회에서 시작하며, 초신자들은 지도훈련을 통하여 엄격한 금욕생활을 이겨내야 한다. 참회가 끝나면 인내와 감사, 빛과 밝음의 추구를 통하여 결국 영지靈智 gnosis, 즉 사랑에 의하여 신과 인간이 합일하는 경지에 이르게 된다.

이슬람의 철학은 비종교적 학문 이론과 함께 발전했으나, 이슬람 신학은 신앙 공동체 안에서 성립, 발전하였다. 이슬람교도들의 철학적 관심은 9세기경에 희랍어와 산스크리트어 등으로 된 철학 및 학술 서적의 아랍어 번역본을 보급하면서 크게 확산하였다.

9세기경 최초의 이슬람철학자는 바그다드 출신의 알 킨티 al-Kindi, Ya'qub ibn Ishaq as-Sabahh (?~870)인데, 그는 인도의 수학과 희랍철학에 대한 지식을 갖추었으나 플라톤과 아리스토텔레스에 대해서는 깊은 이해를 갖지 못하였다. 다른 한편, 알 라지 al-Razi (865-923)는 불완전성과 악의 책임을 절대신에게 돌리지 않고 합리적으로 설명할 수 있는 창조론을 발견하려고 고심하였다. 그럼에도 불구하고 알 킨티와 알 라지는 철학과 이슬람 신학의 간격을 좁히는 데는 실패하였다. 9~10세기에 등장하는 철학자 알 파라비는 철학과 이슬람 신학을 결합하여 논리학, 물리학, 수학, 형이상학 및 정치학 등의 모든 학문을 체계화하였다. 11세기초의 철학자 아비세나 Avicenna로 불리는 이븐 시나 Ibn Sina (980~1037)는 알 파라비 al-Farabi (878~950)에게서 영향 받았는데, 그는 창조, 이데아, 영혼불멸에 대한 플라톤의 이론이 아리스토텔레스의 것보다 계시종교의 교의체계에 더 가깝다고 생각하였다. 또한 그는 신플라톤주의가 아리스토텔레스의 이성철학과 계시종교를 조화롭게 연결할 수 있으며, 철학은 창조, 내세, 그리고 심판의 문제에 대해서는 종교에 따라야 한다고 주장하였다.

알 킨티

한편 12세기 전까지 스페인과 북서아프리카에서는 신학, 철학, 물리학, 형이상학에 대한 관심이 저조하고, 의학, 약학, 수학, 천문학, 논리학 등에 대한 관심은 매우 높았다. 그러나 알 파라비, 이븐 시나 (아비세나), 알 가잘리 al-Ghazali (1058~1111) 등 철학자들의 저술이 알려지면서 철학이 유행하기 시작하였고, 나중에는 아베로에즈 Averroes로 불리는 이븐 루슈드 Ibn Rushd (1126~1198)와 같은 철학자를 배출하게 되었다. 이븐 루슈드는 그리스 철학을 이슬람 사상과 통합하였으며 이슬람 공동체 전체의 행복추구가 이슬람 율법이 지향해야 할 목표라고 주장하였다. 이븐 루슈드가 저술한 『부조리의 부조리』 *The Incoherence of the Incoherence*는 가잘리의 『철학의 부조리』 *The Incoherence of the Philosophy*에 대한 비판으로 유명하며, 그의 사상은 중세와 르네상스 시대의 유럽 사상에 많은 영향을 끼쳤다.

서부 이슬람의 철학적 저술들을 히브리어 및 라틴어로 번역하여, 유럽지역에 소개하면서 중세철학의 발전과 현대철학의 출현에 크게 공헌하였다. 그러나 이것은 곧 이슬람 전통주의가 부활하면서, 이른바 '새로운 지혜'의 출현으로 인하여 관심밖으로 밀려나고 말았다. 가잘리에 의하여 큰 타격을 입었던 이성철학은 이제 또다시 이슬람 신학, 플라톤과 아리스토텔레스, 신플라톤주의, 신비주의, 고대 이란의 빛 개념 등을 아우른 '새로운 지혜'에 의해 영향력을 잃게 되었다. 새 지혜의 주창자 앗 수라와르디 as-Suhrawardi (1155~1191)는 자신의 사상을 '조명철학'이라고 불렀으며, 철학과 신비주의의 절충을 위하여 고심하였다. 그는 이슬람 학문의 중심도시 이스파한에서 공부하고 이란과 시리아 등지를 여행하면서 신비주의 사상에 심취하였다. 그러나 범신론적 신비주의에 기울게 되면서 정통 지식인들의 반발에 부딪히게 되었다. 그들은 말리크 앗 자히르를 부추겨 앗 수라와르디를 처형하게 만들었다. 그에게는 알 마크툴 al-Maqtūl (죽임을 당한 자)이라는 이름이 따라붙게 되었다. 그는 50여 편에 달하는 많은 저작을 남겼는데, 주로 플라톤과 아리스토텔레스의 저서에 대한 해석서나 조명학파에 관한 저서들이고, 그 이외에 그가 비밀스러운 영적 지식을 얻는 과정을 소개하는 단편들이었다. 그의 조명철학은 본질을 객관적인 실재나 존재를 갖고 있지 않은 이성적 지혜의 창조물로 이해하였다. 그에 의하면 존재는 단일한 연속체로서 신이라고 불리는 순수한 빛 속에서 최절정에 도달하게 되고, 이 연속체와 더불어 있는 빛과 어둠의 혼합은 존재의 다른 단계들이다. 그는 이슈라키야라는 신비주의

아비세나,
알 파라비,
알 가잘리,
아베로에즈 (위로부터)

▌이슬람권에 영향을 준 아리스토텔레스

교단을 창설하였으며 유랑하는 성자들(데르비시)의 교단인 누르바흐시야Nūrbakhshīyah도 그로부터 나온 것이다. 그는 1191년에 시리아에서 처형당하였다.

17세기 후반 이슬람 전통신학과 다른 학문, 즉 아랍어학, 쿠란 해설, 하디스 편찬, 법학 및 연대기의 발달 과정을 서로 분리해서 구별하는 것은 쉽지 않다. 이슬람 신학은 계시의 사실성을 확인하면서 교의체계의 정립과 이슬람 공동체의 방향설정에 관심을 갖기 시작하였다. 8세기 전반기에 신학은 신의 유일성, 정의 및 다른 속성을 비롯해 인간의 자유의지와 내세에 관한 물음들은 점차 전문적인 학문 분야로 발전하였으며, 신학의 명칭도 칼람(대학)으로 통하게 되었다.

18세기에 이르러 이슬람은 전 세계에 대규모 종단들을 설립하였다. 이 종단들은 선교 활동에 이바지하였고 정치적 영향력을 갖기도 하였다. 1781년 북아프리카의 티자니야 종단은 그 영향력을 세네갈과 나이지리아까지 확대시켰고, 19세기 초에 시작한 사누시야 종단은 이탈리아에 대항하여 리비아 왕국을 건설하였다. 다른 한편, 자아실현의 방법을 매개로 한 수피사상은 신플라톤주의, 헬레니즘, 영지주의Gnosticism와 결합하여 신지주의의 체계를 확립하였다.

3) 이슬람교의 관습

예언자의 사후 수십 년 동안 이슬람 공동체는 신자가 지켜야 할 준수 사항을 확정하였다. 이것을 이슬람의 '오주'五柱, 즉 이슬람 신자가 지켜야 할 다섯 가지 기둥Five Pillars of Islam이라고 하며, 이는 곧 샤하다(신앙고백), 살라트(기도), 자가트(구제세금), 사움(금식), 하지(메카순례)이다. 하와리즈파는 이 다섯 가지에 성전聖戰을 추가

해 여섯 가지 기둥을 요구하고 있다. 샤하다(신앙고백)는 '신의 유일성과 무함마드는 신이 보낸 선지자'라는 사실을 평생 동안 한 번 이상은 전파해야 한다는 것을 말한다. 살라트(기도)는 하루에 다섯 번, 즉 해뜰 무렵, 정오, 오후 4시경, 해질 무렵, 잠자기 전에 올려야 하며, 혼자서도 드릴 수 있으나 가능한 한 이슬람 성전에서 사람들과 함께 올리도록 권장하고 있다.

술탄 아흐메트 사원, 이스탄불

금요일 정오에는 각 지역의 중앙 이슬람 성전에서 집단적으로 예배를 드린다. 예배 전에는 손, 발, 얼굴을 씻어야 하고, 메카를 향하여 엎드려 절한다. 자가트(구제기금)는 쿠란에 그 규정을 명시하고 있다. 이슬람교도들의 정치적, 종교적 힘이 약화된 이후 대부분의 이슬람 국가에서 이 종교적 헌납은 강제성이 없어졌고 개인의 양심에 따라 이루어지고 있다. 사움(금식)은 이슬람력 아홉 번째 달인 라마단 한 달 동안 행하는데, 매일 해가 떠서 질 때까지 먹는 것, 마시는 것, 피우는 것과 성적 욕구를 자제해야 한다. 그러나 해가 지고난 후에는 정상 생활로 복귀한다. 하지(메카순례)는 모든 건강한 이슬람 신자들이 가능한 한 일생에 한 번 이상 메카를 순례해야 한다는 규정이다. 이슬람교도들에게 가장 성스러운 곳은 메카의 카바이다. 그들은 아브라함이 만든 이곳을 천국의 기쁨과 힘이 닿는 곳이라고 믿고 있다. 그 다음은 메디나의 예언자 성전이다. 세 번째로 성스러운 곳은 무함마드가 하늘로 승천한 예루살렘이다.

이슬람교도들은 이슬람 성전을 중심으로 삶을 영위한다. 예언자의 시대나 초기 칼리프 시대의 이슬람 성전은 공동체의 중심이었으며 그 관리는 국가의 책임이었다. 이슬람력은 예언자가 메카에서 메디나로 이주한 622년을 원년으로 삼고 있다. 축제일에는 라마단(9월) 달의 종말을 축하하는 단식 종료제Id al-Fitr와 순례의 종결을 기념하는 순례제Id al-Hajj가 있다. 또 예언자가 하늘로 승천한 날과 최후의 심판일을 축일로 한다. 시아파는 예언자의 외손자인 후세인의 순교일인 무하람(첫째 달)의 10일을 제삿날로 삼고 있다. 이슬람교도들은 성인의 죽음을 기리는 날이 많은데, 이는 성인이 죽음과 더불어 정신생활의 절정에 도달하였다고 믿기 때문이다.

알라신에게 무조건 복종하는 것은 이슬람의 교리의 근본이다. 그러므로 이슬람의 법률은 이슬람 공동체에 내린 알라의 계명이고, 이슬람교도들이 마땅히 지켜야 할 의무체계이다. 이것이 바로 즉 '물 마시는 곳으로 인도하는 길', '샤리아' Shariah인 것이다.

샤리아는 유럽의 법체계보다 더 포괄적인 것이 특징이다. 샤리아는 개인과 국가의 관계뿐만 아니라, 인간의 양심과 절대적인 신 사이의 관계까지도 규정하고 있다. 또한 샤리아는 인간에 의하여 만들어진 것이 아니고, 절대적인 알라신에 의하여 주어진 것이다. 무함마드가 죽은 후 사회상황의 급격한 변화가 있었음에도 불구하고 샤리아의 근본체계는 그대로이다.

전통적인 이슬람의 법률은 형법, 상법, 가족법, 상속법 등이 있다. 살인이나 폭력 등의 범죄자에 대해서는 피해자가 똑같이 보복하게 하지만, 피해자의 가족이 보상금을 요구하는 경우에 허용할 수 있다. 예를 들면, 배교 행위와 노상강도는 사형에 처하고, 절도는 손을 절단하며, 혼외정사의 당사자가 기혼일 경우에는 돌로 쳐 죽이고, 미혼일 경우에는 백 대의 곤장을 쳤다. 가정의 모델은 근본적으로 가부장제이고, 아버지는 딸의 결혼 시 계약의 권리를 갖는다. 남편은 최대한 네 명의 부인과 결혼할 수 있으며, 반드시 부양할 책임이 있다. 부인은 가정과 사회 문제에서 남편에게 복종해야 한다.

19세기의 이슬람 사회는 서구의 영향으로 많은 변화를 겪게 되었다. 대부분의 이슬람 국가들은 샤리아의 형법과 민법을 폐지하고 유럽식으로 개정하였다. 또한 20세기에 이르러서는 많은 국가에서 샤리아법을 적용할 경우에 법정 기소 및 증거 확보를 규정하였다. 그러나 도시의 급속한 인구증가와 여성해방 운동으로 1926년 터키에서는 샤리아법을 전면 폐지하고 스위스 가족법을 채택하였다. 이집트에서는 1920년과 1931년에 가족법을 개정하였고, 시리아와 튀니지도 일부다처제와 이혼에 관한 법을 각각 1953, 1957년에 개정하였다. 파키스탄은 1961년에 새로운 이슬람 가족법령을 공포하였다.[10)]

제 5 장

동양인들은 무엇을 믿는가?

1. 힌두교

1) 힌두교의 형성

힌두교는 창시자가 없다. 특정한 경전도 없다. 하나의 신이 수많은 신들로 변형되어 나타난다. 진리는 하나이지만 수없이 많은 이름들이 있다. 하나의 신으로부터 수많은 새로운 신들이 변신하면서 새롭게 출현한다.

'힌두'는 인더스강의 산스크리트인 '신두' Sindu, 大河에 대한 페르시아 발음으로써, 인디아나 힌두스탄과 같이 인도를 가리키는 말이다. 그러므로 힌두교Hinduism는 '인도의 종교'를 뜻하며, 따라서 문자적으로 인도에서 기원한 바라문교, 자이나교, 불교와 같은 모든 종교를 포괄할 수 있으나, 일반적으로는 베다의 권위를 인정하지 않는 불교와 자이나교를 배제한 종교들만을 의미하고 있다. 힌두교는 세계에서 가장 오래된 종교에 속하며 특정한 교조 및 교리가 없고, 오랜 기간 동안 다양한 신앙 형태가 어우러진 종교이기 때문에 간단하게 정의하기가 곤란하다. 여기서는 물신숭배, 정령숭배, 주술사상, 다신교, 일신교, 고행주의, 신비주의와 같은 거의 모든 형태의 종교적 요소들을 혼재하고 있으며, 심지어는 철학적인 사변체계까지 발견할 수 있다. 따라서 힌두교는 다른 종교에 대해서 배타적이지 않고 관대한 입장을 갖고 있으며, 인도인의 종합적인 사상과 문화체계로서 기능하고 있다. 힌두교의 종교적 특징은 다음과 같다.

첫째로 힌두교는 최고의 신 개념을 갖고 있다. 모든 세계의 근원은 영원불변한 궁극적 실재인 '브라만' Brahman이며, 이는 중성적, 비인격적인 신적 원리로서 인간의 참된 자아인 '아트만' Atman과 동일한 위치를 부여받고 있다. 이러한 최고 신 개념은 '비슈누' Visnu나 '시바' Siva와 같은 인격적 최고신으로 현현할 수 있다. 비슈누는 다양한 형태의 화신 Atavara으로 나타난다. 물고기 마츠야, 거북이 쿠르바, 수퇘지 바라하, 반인반수 나라시마, 난쟁이 바마나, 도끼를 든 라마파라슈라마, 흑인 크리슈나, 부처 등이다. 파괴와 자비의 신인 시바 역시 무서운 신 루드라, 남근 男根의 모습을 한 링가 linga, 춤의 왕 나타라자, 여섯 개의 머리를 가진 카르티케야 등으로 출현한다. 시바는 여성성의 힘인 샤크티 없이 남성적 힘을 발휘하지 못하므로 링가는 언제나 요니 yoni, 女根 위에 붙어 있다. 시바의 부인은 파르바티이다. 파르바티 역시 '위대한 어머니', 여신 devi, 라트리 Ratri, 갠지스강의 여신 프리티비 Prithivi, 우주의 어머니 암바 Amba, 우마 Uma, 파드마 Padma, 사티 Sati, 가우리 Gauri, 칼리, 두르가 등의 이름을 가지고 있다.

따라서 많은 신들이 존재하지만, 그것들은 본질적으로 단일한 존재이며, 우주의 근원이 되는 창조신 브라만과 세계 존재를 보존하는 비슈누 신과 존재자를 파괴하는 시바 신은 하나의 신으로부터 나온 세 가지 위계이다. (Trimurti, 三神一體說) 그리고 이러한 신적 존재로부터 비롯한 모든 생명 존재들은 동일한 존재론적 근거를 갖고 있기 때문에 살아있는 것을 해치지 않아야 不殺生 한다는 생각이 일반적이다. 힌두교의 경전 베다 Veda는 '지식'이라는 뜻이며,

비슈누, 시바 (위로부터)

이것은 가장 근본적이고 완전한 진리를 계시한 책으로 알려지고 있다. 종교적으로 최고의 지위를 부여받고 있는 브라만 계급은 신적 권위를 가지고 베다를 가르치고 있다.

둘째로 힌두교도의 믿음은 인도인의 세계관을 결정하는 윤회사상에 근거하고 있다. 모든 사건은 반드시 그것을 일어나게 만든 원인이 있으며, 그와 같은 선행적인 인과적 규정이 특정한 사건을 유발하고 있다. 또한 현재의 삶은 반드시 과거 행위, 즉 업(카르마)의 결과로서 발생한 것이며, 모든 생명 존재는 삶과 죽음을 반복적으로 순환하는 윤회의 사슬에 얽매어 있다. 따라서 이와 같은 윤회의 속박에서 벗어나는 것, 즉 해탈이야말로 힌두교의 구원론적 목표라고 할 수 있다. 그렇다면 인간은 어떻게 해탈에 도달할 수 있는가? 힌두교의 성전 『바가바드기타』 *Bhagavadgita*는 이에 대하여 세 가지 길을 제시하고 있다. 첫 번째의 길은 결과에 대하여 이기적인 집착을 갖지 않고서 도덕적 의무만을 수행하는 것이다. 카르마를 생겨나게 하는 것은 카르마 그 자체가 아니라 욕망이기 때문에, 새로운 욕망에 집착하지 않으면 과보를 낳지 않고서 윤회로부터 벗어나게 된다는 것이다. 두 번째의 길은 참된 지식에 이르는 길이다. 참된 자아는 육체나 감관, 또는 사유가 아니라 아트만이며, 이것이 바로 브라만과 동일하다는 직관적 통찰에 도달함으로써 해탈을 얻을 수 있다는 것이다. 세 번째의 길은 비슈누와 시바와 같은 인격신에 대한 헌신과 사랑을 매개로 하는 신애信愛의 길이다. 모든 사람과 생명에게 자비심을 베푸는 마음이야말로 종교적 구원에 이르게 되는 첩경이다. 그러나 이와 같은 해탈의 길은 주로 종교인들이 추구하였고, 일반 신도들은 대개 전통적인 종교의식이나 규율에 따름으로써 현세의 행복을 추구하는 동시에 내세에서 보다 나은 삶을 갈망하였다.

2) 힌두교의 역사적 전개

기원전 2천년 경부터 기원전 7세기까지를 흔히 '베다 시대'로 구분한다. 기원전 25~17세기에 드라비다족Dravidians을 중심으로 한 인더스 문명 또는 하라파 문화Harappa Culture가 있었다. 힌두교는 대개 기원전 15세기 경부터 정립하기 시작하였다. 이 시기에 러시아 남부와 중앙아시아 초원지대에 살던 유목민, 즉 오늘날 유럽 및 이란과 같은 혈통인 인도 아리아인의 선조들이 인도를 침략하면서 산스크리트어 및 철기 문화와 같이 들여왔던 경전 『리그베다』*Rigveda*의 이름을 따서 '베다교' Vedic Religion라고 불렀으며, 그 후 점차 브라만 계급이 중심이 된 제사주의적 종교가 성장하게 됨으로써 '브라만교'라고 불렀다. 베다교는 제사행위를 중시하였다. 그리하여 악신과 숙적으로부터 위협과 재앙을 극복하고, 보이지 않는 힘을 통제하여 인간의 생명을 보존하고, 성스러운 질서와 우호적 관계를 유지하기 위한, 여러 유형의 제사를 행하였다.

1,028개의 찬가가 10개의 장으로 이루어진 힌두교 최초의 경전 『리그베다』는 대개 기원전 1500년경에서 약 5백년 정도를 거치면서 서서히 확립해 나갔다. 인도 아리아인은 이란인의 조상들과 밀접한 관련을 가졌고, 인도 서북부에는 모헨조다로와 하라파를 중심으로 청동기 문화를 누리던 원주민이 살고 있었기 때문에, 『리그베다』는 인도 유럽적 요소와 인도 이란적 요소, 그리고 토착민적 요소를 혼합한 것이다. 힌두교는 브라만 계급으로 불리는 상류계층과 대중들 사이의 지속적인 상호작용을 통해 발전해 나갔다. 아리안의 침입 이후 토착민들은 브라만 문화의 규범에 순응함으로써 사회적 지위를 향상시키려는 이른바 산스크리트화Sanskritization 과정을 겪게 된다. 이와 함께 브라만교 역시 여러 토착신앙적 요소들, 즉 윤회설이나 시바교의 남근숭배 등과 습합현상을 거치게 된다.

『리그베다』는 자연현상의 배후에 있는 힘이나 제사의 요소를 신격화하고 있다. 여기서는 하늘과 대기와 연관이 있는 신들처럼 자연현상을 신격화하여 숭배하고 있으며, 신들의 통치자이면서 특히 번개와 전쟁의 신인 '인드라' Indra, 우주질서의 수호자인 '바루나' Varuna, 제화祭火의 신 '아그니' Agni, 태양신 '수르야' Surja 등을 중시하고 있다. 또한 샤먼의 일종인 무리의 집단은 산이나 폭풍과 관련이 있는 '루드라' Rudra신을 섬기고 있는데, '루드라'는 나중에 시바 신으로 발전해 나간다. 『리그베다』에서는 아직 중요하게 다루어지고 있지 않은 태양신 '비슈누'가 나중에 힌두교의 주요 신들 가운데 하나가 되는 것도 특기할만한 사실이다. 후기에 성립한 제10장 「푸루샤原因의 노래」는 신의 체형에서 네 가지 계급을 가진 인간사회가 발생하는 과정을 묘사하고 있으며, '푸루샤'의 머리, 팔, 허벅지, 발에서 브라만 계급, 무사 계급, 농상 계급, 하층 계급이 각각 발생하였다는 것이다.

『야주르베다』 *Yajurveda*와 『사마베다』 *Samaveda*는 제의를 위해 만들어졌다. 『야주르베다』는 산문 형식의 제사祭詞 모음이고 『사마베다』는 『리그베다』에서 간추려서 가락을 부친 운문체의 제사용 노래모음집이다. 이것들보다 후대에 만들어진 『아타르바베다』 *Atharvaveda*는 731개의 찬가가 20장으로 이루어진 문헌으로서 현세적인 이익과 행복을 목적으로 한 주술과 주문 등 토착신앙의 요소를 반영한 동시에 『리그베다』 말기에 나타난 철학적 우주론적 사변도 담고 있는 것이 특징이다.

『브라마나』 *Bramana*는 브라만인들 자신이 작성한 최초의 제의서祭儀書로서, 신화와 전설을 가미하여 제의 절차 및 방법, 베다 문구의 의미 등을 설명한 책이다. 여기에서 제사는 우주를 지속적으로 움직이게 하는 힘의 원천으로 간주하며, 제사적 요소와 우주적 요소 사이의 구체적인 대응에 대해서도 설명하고 있다. 브라만은 베다의 기도문이나 주문, 또는 그것에 담긴 신비한 힘을 지칭하는 말이었지만, 나중에는 제사의 힘과 그것을 통제할 수 있는 지식을 갖춘 사제를 뜻하게 되었다. 제사와 우주 및 인간 사이의 관계, 그리고 그 저변에 위치한 창조적 힘의 원천으로서 브라만에 대한 사변은 『아란냐카』에서 구체적으로 나타내고, 『우파니샤드』 *Upanishad* 에서는 브라만과 아트만(眞我)의 동일성을 직관하는 신비적 지식으로 해탈하게 된다는 사상으로 발전하였다. 또한 후기 힌두교에서 중요한 세계관적 개념으로 정착한 윤회와 카르마의 개념도 『우파니샤드』에서 비로소 나타나기 시작한다.

그러나 다른 한편 제의중심적인 브라만교에 대한 불만이 높아지면서 고행주의와 출가행을 통하여 근원적인 실재와 합일을 모색하여 윤회로부터 벗어나려는 움직임이 커졌다. 그리하여 기원전 7세기에서 기원전 2세기에 이르는 동안에 브라만교의 권위에 대한 도전은 계속 나타났으며, 특히 기원전 6백년 경에는 제의, 의식, 생활규범을 정리한 각종 「수트라」가 출현하기도 했다. 사회는 네 가지 계층의 철저한 구분과 각각의 의무(다르마)를 바탕으로 통제하고, 탄생에서 죽음에 이르는 수많은 통과의례로써 개인의 삶을 정화하려는 노력을 계속하였다. 그럼에도 불구하고, 사성제도와 브라만 계급의 권위를 인정하지 않는 불교와 자이나교가 출현하게 되었다. 마우리아 왕조의 아소카 시대에 불교가 인도에서 크게 번성한 이후, 브라만교는 불교가 점차로 몰락하는 틈을 타서 비슈누와 시바 신을 중심으로 한 유신론적 신앙체계를 확립하여 재건하자고 시도하였다.

기원전 2세기에서 기원후 4세기에 이르는 초기 힌두교 시대에는 총 18편, 10만 송의 시로 이루어진 전쟁 서사시 『마하바라타』 *Mahabharata*를 편찬하여 비슈누 교파의 발전이 두드러지게 나타났다. 서사시 주인공의 주요 관심은 도덕적, 사회적, 제의적 법인 다르마의 추구에 있었기에, 이 문헌은 나중에 『다르마-사스트라』 *dharma-sastra*, 律法論의 선구가 되었다. 베다의 신들은 이미 중요성을 상실하게 되었고, 『우파니샤드』에서 중성적 실재였던 브라만은 남성신의 인격을 갖추게 되었다. 또한 대중에게 친근한 존재인 크리슈나는 여기에서 신보다는 초인적인 영웅의 성격이 강하지만 후대의 크리슈나 신앙의 연원이 되었다. 이 시대에 이미 성지를 순례하고 성스러운 강물에 목욕하는 것이 종교 생활의 중요한 부분이 되었다. 『마하바라타』 제6권에 속하며 18장 700송의 시로 이루어진 「바가바드기타」는 가장 중요하고 영향력 있는 힌두교 성전이다. 판두족의 왕자 아르쥬나가 전투에 앞서 실의와 낙담으로 괴로워할 때 비슈누 신의 화신인 크리슈나가 그의 마부로 나타나서 죽음을 두려워하지 말고 크샤트리아로서 의무에 충실할 것을 권고한다. 「바가바드기타」는 해탈에 이르는 세 가지 길, 즉 다르마에 기초한 도덕적 수행을 강조하는 브라마니즘, 참된 각성을 추구하는 고행주의, 그리고 박애와 헌신에 근거한 유신론의 교설을 체계적으로 종합하고 있다.

세 걸음으로 전 우주를 왕래한다는 『리그베다』의 비슈누 신은 베다 시대에는 미약한 존재였다. 그러나 라마나 크리슈나 등 신화와 전설 속의 영웅 또는 민속적 신과 결합하면서 비슈누 신은 대중적 숭배의 대상이 되었으며, 오늘날 시바 신앙과 더불어 힌두교의 2대 교파가 되었다. 초기의 비슈누교도는 바수데바(비슈누)를 유일신으로 섬기는 판차라트라Pancaratra였으나, 그 후 점차 교도들이 불어났다. 비슈누교도들은 비슈누 또는 크리슈나를 바가바트, 즉 하느님으로 숭배하였다. '라마'는 비슈누의 화신의 하나로서 세간의 숭배대상이고, 비슈누의 배우자 '락슈미'는 학문과 예술, 그리고 특히 행운의 여신으로서 가정과 사무실, 학교 등에서 숭배의 대상이 되고 있다. 봄의 축제에서 사랑과 성애의 신으로서 섬겨지는 '카마'는 비슈누와 락슈미의 아들이다.

다른 한편 비슈누 교파와 더불어 시바 교파도 크게 성행하였다. 베다에는 시바 신은 없으나, 후에 시바 신과 같아진 폭풍의 신 '루드라'는 산에 거주하는 검은 색의 두려운 존재로서 시바 신과 유사하다. 「슈베타슈바타라 우파니샤드」에서 이 '루드라'가 비로소

'시바'(상서로움)로 불리면서 우주의 창조자, 유지자, 파괴자의 지위를 갖게 되었다. 후대에 시바는 '요가 수행자', '가축의 주'(파슈파티), '풍요의 신' 등으로 불린다. 『마하바라타』와 「푸라나」에서도 시바 신을 두려운 존재이면서 매혹적인 것으로 기술하고 있다. 시바는 모든 것을 파괴하는 죽음과 시간의 신, 우주에 율동을 부여하는 춤의 신, 엄격한 금욕과 고행의 신이다. 또한 그는 요니女根와 결합하는 링가男根의 표상이기도 하다. 남인도에서 시바(파티)는 최고신으로서 창조자, 유지자, 은폐자, 구원자, 파괴자인 동시에 우주의 내재자이면서 초월자로 받아들이고 있다. 이 시기에는 「바가바드기타」에 나타난 비슈누에 대한 헌신과 비슷한 형태로 시바에 대한 전적인 사랑과 헌신도 권장하고 있다.

한편 불교도나 자이나교도들의 종교적 조직과 모임은 비슈누교와 시바교의 성장에 촉매 역할을 하였다. 마우리아 왕조가 몰락한 기원전 184년에서 굽타 왕조가 일어난 기원후 320년 사이에 이민족의 침입과 그 영향으로 큰 변화가 있었다. 새로운 유신론으로서 비슈누 교파는 굽타 왕조의 비호 아래 수많은 사원을 건립하였고, 시바 교파 역시 그 세력을 확장해나갔다. 이 시기에 태양신 '수르야'를 위한 사원들이 본격적으로 세워졌고, 비슈누의 배우자인 '락슈미' 여신은 기원전부터 숭배의 대상이 되었고, 시바의 배우자 '두르가' 여신은 4세기부터 신앙의 대상이 되었다.

굽타 시대에 신화 및 전설에 나타난 신, 성자, 영웅들의 계보를 다룬 「푸라나」古傳說 문헌들이 출현하였다. 그 대부분의 내용들은 브라만적인 것이 아니었음에도 불구하고 종교적 가치 때문에 브라만들이 수용하여 서사시와 함께 힌두인들의 경전으로 전승한 것이다. 4세기에서 8세기까지 '푸라나 시대'라고 부른다. 18종의 「푸라나」 문헌들 가운데서도 『바가바타-푸라나』*Bhagavata-Purana*는 특히 대중적인 중요성을 갖고 있다. 총 12권, 1만 8천 편으로 이루어진 이 성전은 '크리슈나'의 생애와 행적을 아름다운 운율로

탄트라교의 만다라

기술하고 있다.

「푸라나」와 유사하지만 철학적인 측면보다 실천적인 측면을 더 강조하는 「탄트라」 문헌도 이 시기에 나타난다. 「탄트라」 문헌의 주제는 철학, 명상(요가), 조상造像, 사원 건축을 포함한 제의 및 사회적 실천 등이며, 교파에 따라서 시바파의 아가마 agama (전승), 비슈누파의 상히타, 샤크티파의 탄트라로 나눌 수 있다. 특히 「바이슈나바 상히타」는 「바이카나사 상히타」와 「판차라트라 상히타」로 구분할 수 있는데, 전자는 바가바타파의 사원을 중심으로 하는 경전이고, 후자는 주로 상키아와 요가 철학에 고취된 우주론을 다룬 경전이다. 이 문헌을 통하여 비로소 비슈누파에 '샤크티' shakti (性力), 즉 우주 창조의 시초에 현현한 '여성적 생산 능력'의 상징 개념이 나타난다. 「샤크티 탄트라」에서 샤크티교는 시바교와 민속적 어머니신 신앙을 혼합하여 시바 그 자체가 아니라 그의 샤크티가 숭배의 대상이 된다. 이 시기에 남녀의 교합을 제의로 승화한 좌도 탄트라 문헌도 등장하였다.

탄트라

탄트라교는 신성한 창조력(샤크티)에 대한 신비적 사변에 근거하여 도덕적으로 타락한 시대에 궁극적 목적을 달성하는 새로운 방법으로 제시한 것이다. 탄트라는 본질적으로 요가적 수단에 의해 초월적 힘을 획득하고, 최고원리와의 합일을 실현하는 방법이다. 탄트라교에 따르면 대우주 macrocosm는 복잡한 힘들의 체계이며, 요가의 심리적 기술을 통하여 수련자가 자신의 육체 속에 그 힘들을 활성화할 수 있다. 좌도 탄

트라교는 감각적 향수bhoga를 중시하며, 자연적 기능과 성향을 통해 영적 목적을 추구한다. 이 교파에서는 의식 상태를 에로틱한 용어로 기술하고 생리적 과정은 우주적인 용어로 서술한다. 우주 자체의 구조와 조화가 탄트라에 의존한다고 믿는 것이다. 탄트라는 일상적, 세속적 생존을 초탈하는 불가결한 수단이다. 우도 탄트라는 바크티의 영향으로 발전한 요가의 가치를 감안하여 정서적 역동적 수단으로 지고자와 결합을 추구한다. 주문을 통하여 수련하는 탄트라 요가와 육체적 통제를 통하여 영적 목적을 추구하는 하타 요가가 중요하다. 또한 일부 탄트라 교도는 똬리를 틀고 있는 뱀의 형태 속에 잠재된 여성적 자연력(샤크티)을 각성하여 신체의 중추를 따라 위치한 여섯 곳의 중심점(차크라)을 거쳐 정수리에 있는 1,000개의 연꽃sahasrara에 이르러서야 남성적 최고 존재인 푸루샤와 합일하는 라자 요가를 중시하였다. 샤크티와 푸루샤의 합일이 영구적으로 되면 수련자에게 경이로운 힘이 일어나서 해탈하게 된다는 것이다. 따라서 탄트라교는 샤크티교와 불가분의 관계에 있다. 샤크티교는 신(특히 시바신)이 가진 창조력을 중심 원리로 삼는 교의 및 신앙 체계이다. 신은 오직 샤크티를 통해서만 행동하기 때문에, 샤크티는 우주의 과정과 개인의 구원에서 결정적 요소이다. 이러한 샤크티는 그의 배우자인 여신의 인격화

인도 카주라호 사원과 그 외벽의 다양한 성 유희 장면

을 입는다. 따라서 여신(일반적으로 '두르가' 여신)은 브라만과 동일한 우주의 통치자로 인정받게 된다. 그녀는 세계를 생성, 유지, 흡입하기 때문에, 모든 것, 심지어는 시바 신조차도 그녀로 인해 존재하게 된다. 벵골의 칼리파에서는 그녀가 창조력을 소멸하지 않도록 피 흘리는 희생제를 지내기도 한다. 샤크티교는 성적 타락에 빠지기도 했지만, 그 근본 원리는 생명을 유지하고 재생산을 위한 자연적 충동을 요가적으로 승화하는 데 있다. 따라서 샤크티 수행자는 영원의 정복을 향하여 그들의 모든 에너지를 집중하도록 훈련을 한다. 제의를 통한 정욕의 충족, 술과 고기 섭취, 성교 등 모든 것은 육체와 영혼, 인간과 신의 단일성을 실현하는 비의적 가치를 지닐 수 있다.

8세기에서 11세기에 이르는 동안, 특히 이슬람교도들이 정복한 이후부터 '바크티' bhakti 신앙이 성황하는 가운데, 11세기에서 19세기에 이르는 '바크티 시대'로 이행하게 된다. 바크티 사상은 「바가바드기타」 등의 고대 문헌에서 절제적인 반면에 타밀의 찬가에서는 신에 대한 사랑과 기쁨 등의 정서를 강하게 노출하고 있다. 이 시기에 카스트 제도는 더욱 굳어졌으며, 조기결혼과 일부다처제, 그리고 과부의 분신자살 등이 유행하였다. 대규모의 베다식 제사 행위는 사라졌지만, 여신숭배와 관련하여 동물들이, 그리고 드물게는 인간이 제물로 바쳐지는 제의형태가 나타나기도 하였다. 바크티 사람들은 계급에 구애받지 않고 대중 언어로 노래했기 때문에 중세 인도의 전 지역에서 호응을 얻었다. 이 시기에 구루 나나크 Nanak (1469~1539)가 세운 시크교 Sikhism가 편잡지역에서 번창하기 시작하였다. '시크'는 '제자들' Guru이란 뜻이다. 암리차르에 있는 시크교의 성지 황금사원은 너무나 유명하다. 시크교도들은 기존 종교의 틀을 벗어나서 신만을 섬기는 신비주의적 태도를 중시한다. 시크교의 신은 현상계의 너머에 있는 지고의 존재이며 인간이 상상할 수 없는 존재로 숭배의 대상이 되었다.

시크교의 창시자 구루 나나크와 인도 암리차르의 황금사원

영국의 식민지 체제하에서 새로운 지식층이 만들어지면서 유럽의 자유사상과 기독교의 자극을 통하여 전통적인 사회제도와 힌두교에 대한 비판이 대두하면서 힌두교 개혁운동이 일어났다. 근대 인도의 아버지 람모한 로이 Rammohan Ray (1772~1823)는 동서양의 종교와 사상을 섭렵한 후에 모든 종교에서 신은 동일하다고 주장하였다. 그는 '브라마 협회'를 조직하여 계급 간의 화합, 과부의 분신자살 폐지, 재혼 허용 등 힌두교 및 사회제도 개혁에 앞장섰다.

라마크리슈나 Ramakrishna (1836~1886)는 서구적 교육에 접하지 못했으나 폭넓은 종교적 편력과 신비체험을 통하여 모든 종교는 동일한 목표를 향하고 있다는 결론에 도달하였다. 그의 제자 비베카난다 Vivekananda (1863~1902)는 '라마크리슈나 선교회'를 설립하여 국제적 무대를 통하여 사회 봉사활동을 전개하였다. 스리 오로빈도 고세 Aurobindo Ghose (1872~1950)는 동서사상의 결합을 시도한 철학적 신비주의자로서 인도의 독립운동에 주력하면서도 종합요가 수행방법을 창안하였다. 이들의 민족주의적 자각은 결국 자치권의 회복을 위한 독립운동으로 나타났다.

비베카난다

발 강가다르 틸라크 Bal Gangadhar Tilak (1852~1920)은 「바가바드기타」의 사상에서 불의에 항거하는 적극적 행동주의 철학을 이끌어내

었고, 오로빈도 고세 역시 종교적 신념과 민족주의 운동을 결합하고자 했다. 그 유명한 마하트마 간디 Mohandas Karamchand Gandhi (1869~1948)는 "종교가 정치와 무관하다는 주장은 종교의 본질을 모르는 소치이다"라고 선언함으로써 「바가바드기타」를 정치투쟁의 정신적 토대로 삼았다.

3) 힌두교의 관습

오늘날 우리가 볼 수 있는 대중적인 힌두교는 일차적으로 개인적인 이익을 증진하기 위한 온갖 제의 행사를 뜻한다. 하층 카스트들은 인간의 일상적 사건에서 악과 불행을 야기하고 있는 여러 정령들을 위무하는데 주된 관심을 갖는다. 이들은 우물, 나무, 돌, 물 등에 대한 정령숭배적 요소들, 온갖 저주와 마법, 재앙과 질병 등을 물리치기 위한 무속적 요소들, 비와 풍성한 수확을 기원하는 부락신앙적 요소들, 불길하거나 상서로운 징조를 미리 타진하려는 점복신앙적 요소들을 믿고 있다. 따라서 대중적인 힌두교와 순수한 힌두교를 엄격하게 구분하는 것이 갈수록 어려워진다. 오랜 기간 동안에 상호침투와 습합을 통하여 수많은 지역 신앙들을 힌두교 안에 수용하였고, 다른 지방의 신들과 힌두교의 신들이 동일한 것으로 되었기 때문이다. 일반적으로 상층 카스트에 속하는 힌두인들은 개인적으로 신성에 접근하려는 반면에 일반 대중들은 가족, 마을, 교파 간의 협동적 숭배를 도모하고 있다.

힌두교의 축제는 종교의식, 예배와 기도, 정화 의례, 행진, 음악, 춤, 먹고 마시기, 방탕 등이 어우러진 형태를 띠고 있다. 그러나 축제는 분명한 목적을 가지고 있다. 즉 모든 부정을 정화하고 해악을 퇴치하며 사회를 갱신하여 위기를 극복하고 자연의 활력을 살아나게 하기 위하여 축제가 행해진다. 예를 들면 음력 2, 3월에 열리는 '봄의 축제' holi는 춘분과 관련이 있고, 젊음과 사랑의 신 '카마'를 섬기는 일종의 농신제 農神祭로서, 보름날 10일 전에 시작하여 보름날에 끝난다. '봄의 축제'는 자연적 생산력이 최고조에 달하도록 기원하는 제의행사인 것이다.

축제와 마찬가지로 성스러운 강이나 성지를 순례하는 것은 인도인의 주요한 종교생활에 속한다. 순례자는 성지 방문을 통하여 특별한 은혜를 받을 수 있다고 믿으며, 죄악으로부터 벗어나 윤회에서 해탈하기를 희망한다. 특히 죽음에 임박하여 갠지스 강을 찾는 것은 해탈에 대한 기대 때문이다.

인도인들은 출생과 더불어 규정에 따른 통과의례를 치르면서 생활한다. 이것은 개인의 의지가 아니라 카스트와 가정, 촌락과 같은 사회적 관례에 의한 규제적 행위이다. 이처럼 사회적, 종교적으로 힌두인을 규제하는 것을 '다르마' dharma라고 한다. 이법 理法, 진리, 의무, 법, 정의 등을 뜻하는 다르마는 힌두사회와 그 구성원인 개인을 유기적으로 통합하고 조화를 부여하는 근거이다. 인도인은 출생과 동시에 고유한 의무, 즉 다르마를 지켜야 한다. 이 의무를 규정한 많은 법전들 가운데 대표적인 것은 마누 법전이다. 힌두교에서는 인생의 목적을 재물 artha, 쾌락 kama, 의무 dharma, 해탈 moska로 설정하고 있으며 삶의 네 단계(아슈라마)를 통하여 구체적으로 드러난다. '학생기' 學生期 brahmachari는 8세에서 11세에 이르기까지 베다를 학습하여 지적, 도덕적으로 훈련하는 시기이다. '가주기' 家住期 grihastha는 결혼하여 자식을 낳고 경제 활동을 하며, 조상과 신에게 제사드리고, 이웃에게 봉사하는 시기이다. '임주기' 林住期 vanaprastha는 세속적인 임무를 마친 후 부인과 더불어 삼림에 은거하여 명상 등의 수행을 통해 궁극적 가치를 추구하는 시기이다. 마지막 '유행기' 遊行期 sannyasin는 일체의 집착을 버리고 탁발수행하며 성지를 순례하고 죽음을 준비하는 시기이다. 이와 같은 생활 및 신앙 지침은 고행주의와 출가주의의 위협으로부터 힌두교를 보호하려는 의도에서 나온 것이다. 모든 힌두교도에게 가정은 생활의 기반일 뿐만 아니라 종교생활의 기본 단위이다. 오늘날의 힌두교, 특히 일반 가정에서 행해지는 힌두교적 제의 형태 속에는 일신론에 근거한 순수 종교적 제의에서 다신론, 부락신앙, 조상숭배, 가정의례, 무속신앙, 정령숭배, 자비행과 같은 모든 가능한 종교적 요소들이 혼재하여 있음을 쉽게 발견할 수 있다.[1)]

2. 도교

1) 도교의 형성

노자(위), 장자(아래)

도교는 황제黃帝 Huang Ti, 헌원황제(기원전 2704년경에 태어나 2697년 제왕이 되었다고 한다)와 노자老子 Laotzu(기원전 6세기)를 교조로 삼고 있는 중국의 가장 대표적인 민족종교이자 토착종교이다. 일반적으로 노자와 장자莊子 Chuangtzu(기원전 4세기)를 중심으로 한 도가사상道家思想과는 구별하고 있다. 신선사상의 기반 위에서 자연 발생한 도교는 나중에 노장사상, 유교, 불교, 그리고 통속적인 여러 신앙적 요소들을 수용하여 발전하게 된다.

서기전 3세기 무렵에 중국에서는 신선설이 생겨났다. 이 신선설은 기원적으로 중국 고대에 있었던 산악신앙과 깊은 관계가 있다. 또한 여기에 중국 종교의 원초적 요소인 무술과 자연숭배 등이 혼효하여 사람의 힘이 미치지 못하는 모든 문제를 해결하려는 방술이 생겨나게 되었다. 방술은 전국시대에 이미 성립하였고 민간에도 널리 행하여지고 있었다. 도교는 4세기 이후에 불교의 체제와 조직을 모방하여 교리 체계 및 종교 체제를 정비하였다. 그리하여 도교는 고대의 민간신앙과 신선설의 기초 위에 도가, 역리, 음양, 오행, 참위, 의술, 점성 등의 법술과 무술, 그리고 불교체제까지를 종합한 신앙체계로 전개하기에 이른다. 그 결과 도교는 유교와 불교 및 타종교의 특별한 갈등 없이 중국사회의 근본신앙으로 정착할 수 있었던 것이다.

중국에서 도교는 지배계층의 주변에서 특수한 역할을 수행하였다. 방술을 행사하는 사람을 방사라고 하는데, 진시황 때부터 방사는 제왕과 밀접한 관계를 유지하기 시작하였고, 한무제 때에는 제왕의 측근으로 군림하게 되었다. 그러다가 신선술과 방술은 일반 백성들의 마음을 사로잡게 되면서 종교적인 힘을 발휘하기 시작하였다. 전한 말 무렵부터 전설상의 임금인 황제와 도덕경의 저자로 전해지는 노자를 초인적인 존재, 즉 신선으로 신봉하는 황로신앙이 대두하였다. 그리고 방사들의 조작적인 선전과 참위설의 유행이 황로신앙을 가열시켰다. 이러한 황로신앙을 가미시킨 신선방술이 널리 퍼지고 신흥종교인 불교의 영향을 받게 되면서 종교로서의 체제를 갖추게 되었다.

도교에서 신 개념은 매우 혼잡스럽다. 가장 일반적으로 알려진 신으로서 원시천존元始天尊 또는 옥황상제玉皇上帝가 있으며, 이 신은 다시 무형천존無形天尊, 무시천존無始天尊, 범형천존梵形天尊으로 변신하기도 한다. 그리고 교조인 노자는 원시천존의 화신化身으로 신봉된다. 그밖에도 수많은 신들이 존재하며, 때로는 새로 생겨나기도 하고 없어지기도 한다. 도교의 경전을 총칭하여 도장道藏이라고 하며, 신부神符(부적), 옥결玉訣(秘試), 영도靈圖(鬼神像), 보록譜錄(敎法의 연혁), 계율戒律(修道의 율법), 위의威儀(齋戒 등의 의식), 방법方法(귀신을 쫓는 術策), 중술衆術(錬丹類), 기전紀傳(老子 등의 전기), 찬송讚頌(神典의 偈), 표주表奏(귀신에게 奏上하는 祈願文) 등의 내용을 포함하고 있다.

홍콩의 도교사원 만모사(위), 도교의 의례(아래)

도교에서는 장생불사長生不死를 구하기 위하여 여러 가지 형태의 방술을 사용하고 있다. 내단內丹은 태식법胎息法으로 충화기沖和氣를 받아들여 장생을 구하는 수련 방식이다. 황금이나 수은 및

약물 등을 복용하거나 몸에 주입하여 장생불사를 희구하는 수련 방식은 외단外丹이라고 부른다. 또한 음기陰氣를 취해서 양기養氣를 충만하게 하는 방중술房中術이 있다. 이와 같은 수련을 거친 결과 사람들은 상자上者는 우주를 소요하는 천선天仙이 되고, 중자中者는 36동천洞天과 72복지福地에서 사는 지선地仙이 되며, 하자下者는 혼백이 육체로부터 분리하여 시선尸仙, 人仙이 된다고 믿어 왔다. 그러나 다른 한편 도교에서는 이처럼 허황하게 보이는 연단술鍊丹術에만 의존하였던 것은 아니고, 덕을 쌓고 선을 행하며積德行善 계율을 잘 지켜야 진선眞仙이 된다고 함으로써 도덕종교로서 측면도 강조하였던 것이다.2)

2) 도교의 역사적 전개

도교는 후한後漢 시대에 패국沛國의 풍읍豊邑에서 태어난 장도릉張道陵 (85?~157?)에 의하여 세워졌다. 장도릉은 오경五經과 장생도長生道 및 금단법金丹法을 터득한 후에 곡명산鵠鳴山에 들어가서 24편의 도서道書를 저술하고 신자들을 불러 모았다. 신자들이 입교할 때 오두五斗의 쌀을 바쳤기 때문에 '오두미도'五斗米道 또는 '미적'米賊이라고도 불리기도 하였다. 초기에는 비적의 부류를 벗어나지 못하였던 도교는 3~4세기 무렵에 위백양魏伯陽과 갈홍葛洪이 이론체계를 제공하면서부터 확고한 종교적 위상을 갖추게 되었다. 불교에 의하여 자극을 받은 구겸지寇謙之 K'ou Ch'ien-chih (?~448)는 도교의 의례儀禮를 강화하여 천사도天師道라고 개칭하기도 하였다.

도교가 중국에서 한국으로 전래한 것은 삼국시대의 일이다.(624년, 고구려 영류왕 7년) 신라와 백제에도 같은 시기에 전래하였으나, 특히 고구려에서는 국가종교로서 권장한 결과 크게 성행하였다. 백제와 신라에서는 도교적인 종교적 신앙보다는 노장老莊의 도가사상, 특히 무위자연無爲自然 사상을 자연스럽게 수용하여 자체사상과 융합하면서 선도仙道 및 선풍仙風 의식의 심화가 이루어졌다. 그러다가 통일신라 이후에는 당唐의 유학생들이 귀국하면서 양생술養生術과 단학丹學에 몰두하는 현상도 생겨났다. 그러나 도교가 가장 성행하였던 시기는 역시 고려시대이다. 고려의 국가종교는 불교이지만, 귀신鬼神, 영성靈星, 산신山神, 무속巫俗, 도참圖讖 사상이 병존하여 기복적인 종교 현상을 드러내고 있었다. 그리하여 도교 역시 다른 민간신앙들과 뒤섞여 현세의 이익을 희구하는 기복신앙으로 자리잡게 되었다. 특히 예종睿宗(1105~1130)은 복원궁福源宮이라는 도교사원道觀을 건립하였고, 도교의 최고신인 원시천존상元始天尊像을 모시고 달마다 초제醮祭를 지냈으며, 노자의 도덕경을 강론하게 하였다. 그러나 조선시대의 중종中宗(1506~1544) 때에 이르러 조광조趙光祖(1482~1519) 등의 유학자들이 도교의 제사를 관장하던 소격서昭格署를 혁파革罷하라는 상소가 빗발치면서 점차 위축되어 갔으며, 임진왜란(1592) 이후에 초제를 행하는 도교는 완전히 사라졌다. 그러나 노자와 장자의 철학 및 도서道書 연구가 지속적으로 이루어지면서 도가사상에 대한 지적 기반은 튼실하게 되었다.

3. 유교

1) 유교의 형성

유교는 공자孔子 Konfuzius(기원전 551~479경)의 가르침을 따르는 사상체계이다. 춘추시대의 말기에 태어난 공자는 큰 성인大聖이었으니 고국인 노魯나라에서는 뜻을 이루지 못하고 15년간을 여러 나라로 배회하였다. 만년에 귀향하여 제자를 가르치면서, 『시경』詩經과 『서경』書經을 정리하고, 『주역』周易에 대한 해석서인 『십익』十翼, 그리고 『춘추』春秋를 저술하였다. 그러나 그의 전체적인 사상은 사후에 제자들이 편찬한 『논어』論語에 들어 있다. 공자 사상은 맹자孟子(기원전 372~289)에 의하여 학문적 틀을 갖추게 되었다.

공자 사상의 핵심은 바로 인仁에 있다. 인은 인간의 본질이며 본연의 삶 그 자체이다. 공자는 성性이나 이理와 같은 추상적 초월적 용어를 자주 사용하지는 않았다. 이보다는 오히려 도道, 직直, 덕德, 충忠, 신信, 의義와 같은 용어를 즐겨 사용하였다. 이 말들은 인간의 본질을 생동적이고 실질적인 것으로 표현하고 있다. 공자의 인은 모든 덕의 총체적 표현인 동시에 전인성全人性을 뜻한다. 인을 추구하는 사람을 군자君子라고 부르며, 인의 극치는 성인聖人에게서 찾을 수 있다. 그러므로 무엇보다도 중요한 것은 각자가 인을 실천하고 성취하여 인인仁人이 되는 것이다. 그러나 인은 사람에 따라서 상대적으로 다양하게 설명할 수도 있다. 그러므로 공자는 인에 대한 물음이 있었을 때, 안연에게는 '극기복례'克己復禮라 하였고, 자장에게는 '공恭, 관寬, 신信, 민敏, 혜惠'라 하였으며, 중궁仲弓에게는 "문밖에 나설 때에는 큰 손님 맞이하듯 하고, 백성을 부릴 때에는 큰 제사 받들 듯 할 것이며, 자기가 원하지 않는 것을 남에게 베풀지 말라"고 대답하였던 것이다.

공자(上左), 맹자(上右), 공자와 노자의 만남(下)

인간의 도리를 다하는 것이 인이라고 한다면, 그 기본적 형태는 친자親子 관계에서 발현한다. 어버이와 자식의 관계는 인간관계의 특수한 형태이다. 자기 자신의 몸에서 직접 발생한 친자의 관계는 무조건적 관계로서 사랑과 존경을 핵심으로 한다. 인간은 일반 사물과는 달리 인격적으로 관계하기 때문에, 인격적인 관계가 일탈된 상태에서는 그 것을 완전하게 정립한 것이라고 할 수 없다. 따라서 정상적인 부자관계는 부자자효父慈子孝에 근거해야 한다. 그러므로 조상에 대한 제사도 지극한 효성이 없으면 아무 의미가 없다. 조상에 대한 의례는 효성의 정감을 표현한 것이다. 사후의 세계 역시 그 실재적인 존재 유무보다는 현세에 살고 있는 사람들의 진실성이 문제인 것이다.

2) 유교의 역사적 전개

진秦의 분서갱유焚書坑儒 정책으로 인하여 말살의 위기를 간신히 넘긴 유교는 한漢의 무제武帝가 동중서董仲舒 Tung Chungshu (기원전 179~104)의 건의를 받아들여 국가철학으로 승인하면서부터 지배적 위상을 확보하게 되었다. 국가관료계급들은 주로 오경五經, 즉 역경, 서경, 시경, 예기, 춘추를 익혀서 왕조체제를 유지하기 위한 이념으로 삼았다. 후한後漢시대에 이르러 여러 경서를 종합적으로 검토하여 주석註釋하는 훈고학訓詁學이 성행하게 되었다. 당唐의 한유韓愈는 도학道學을 일으켜 세웠고, 북송北宋의 주돈이周敦頤 Chou Tuni (1017~1073), 정호程顥 Cheng Hao (1032~1085), 정이程頤 Ch'eng I (1033~1107)를 거쳐 남송의 주자朱子, 朱熹 Chu Hsi (1130~1200)에 이르게 되면서 주자학朱子學이 성립하게 된다. 특히 주자는 5경 대신에 4서四書: 論語, 孟子, 大學, 中庸를 중시하여 『사서집주』四書集註를 저술하기도 하였다. 그는 이기이원론理氣二元論을 주장하여 이理를 만물의 근본이 되는 형이상학적인 도道로 보았으며, 기氣는 이법이 드러나는 도구적인 것으로 보았다. 그러나 육상산陸象山 Lu Chiuyuan, 陸九淵 (1139~1193)은 주자의 견해에 반대하여 '심즉리'心卽理의 일원론一元論을 주장함으로써 심학心學을 창시하였으며, 이를 바탕으로 명나라의 왕양명王陽明 Wang Yangming (1472~1529)은 지행합일知行合一의 양명학을 정립한다. 청대淸代에 이르러서 유교는 실사구시實事求是를 표방하는 고증학考證學에 의하여 도전을 받게 되고, 19세기 이후에는 서구세력과 함께 들어온 근대과학에 의하여 몰락하게 된다. 공산주의를 구현한 현대 중국에서도 유교적 이념

주돈이, 주희, 왕양명 (위로부터)

은 비판의 대상이 되어 왔다.

유교가 언제 한국에 들어왔는지에 대한 정확한 기록은 찾을 수 없다. 일반적으로 당唐의 학제를 본받아 국학國學을 건립하기 시작한 삼국시대라고 추측하고 있을 뿐이다. 고구려는 372년(소수림왕 2년)에 태학太學을 세웠으며, 백제에서는 285년(고이왕 52년)에 이미 왕인王仁(4세기 후반) 박사가 『논어』와 『천자문』을 일본에 전한 것으로 보아 그 이전에 유학이 들어왔을 것으로 추정할 수 있다. 신라에서는 국학을 건립(682년, 신문왕 2년)한 이후 당에 유학생을 파견하였으며, 특히 설총薛聰(654에서 660사이~?)과 최치원崔致遠(857~?)의 활약이 유명하다. 고려시대에는 숭불정책崇佛政策으로 유학이 쇠퇴하였으나, 충렬왕 때 안향安珦(1243~1306)이 연경燕京에서 『주자전서』朱子全書를 입수하고 국학과 대성전大成殿을 건립하면서부터 다시 활기를 찾기 시작하였다. 안향을 시조로 한 주자학의 학통은 이제현李齊賢(1287~1367), 이색李穡(1328~1396), 이숭인李崇仁(1349~1392), 정몽주鄭夢周(1337~1392)에게 이어졌으며, 특히 정몽주는 '동방이학東方理學의 조祖'라고 불리웠다. 조선의 개국과 더불어 유학의 전성기가 도래한다. 특히 정도전鄭道傳(1342~1398)은 『불씨잡변』佛氏雜辨 등을 통하여 불교를 배척하였으며, 권근權近(1352~1409) 등의 유학자들이 정치실세로 부상하게 된다. 그러나 길재吉再(1353~1419)의 학통을 이은 김종직金宗直(1431~1492)과 김굉필金宏弼(1454~1504), 정여창鄭汝昌(1450~1504)이 무오사화戊午士禍로 죽임을 당하고, 조광조趙光祖가 기묘사화로 화를 입고, 또한 을사사화에서 이언적李彦迪(1491~1553), 노수신盧守愼(1515~1590) 등의 거유巨儒가 화를 당하게 되면서 유학자들은 산림山林에 숨어들어 학문과 후진 양성에만 몰두하게 되었다. 그 가운데서도 서경덕徐敬德(1489~1546)은 가장 대표적인 유학자로서, 그는 주자의 이기이원론에 반대하고 장횡거張橫渠, 張載 Chang Tsai (1020~1077)의 태허설太虛說을 계승하여 기일원론氣一元論을 주장함으로써 한국 주기론主氣論의 선구자

최치원, 조광조, 이황, 이이 (위로부터)

가 되었다.

서경덕 이후의 대표적인 유학자로서는 이황 退溪 李滉 (1501~ 1570)과 이이 栗谷 李珥 (1536~1584)를 들 수 있다. 이황은 '동방의 주부자' 朱夫子, 그리고 이이는 '동방의 성인' 聖人으로 각각 이름을 떨쳤다. 이황은 이동설 理動說, 이기호발설 理氣互發說을 주장하여 주리론적 사상을 발전시켜서 조선 후기 영남학파의 이론적 토대를 마련하였다. 그는 4단7정 四端七情의 이기이원론을 주장하여 그 학설이 일본의 야마자키 안사이 山崎闇 Yamazaki Ansai (1619~1682) 등 여러 주자학자에게 영향을 끼쳤으며, 그의 문하에서 조목 趙穆 (1524~1606), 유성룡 柳成龍 (1542~1607) 등의 학자들이 나왔다.

율곡 이이는 주기론적 입장을 취하여 조선의 기호학파를 형성하였다. 그에 의하면 이 理는 무형무위 無形無爲한 존재이고 기 氣는 유형유위 有形有爲한 존재이다. 이는 이념적 존재로서 기의 주재자 主宰者이다. 따라서 그것은 만물에 공통적이고 시공을 초월한 형이상적 形而上的 원리이다. 이와 반대로 기는 질료적 質料的, 작위적 作爲的 존재로서 시공에 의해 규정하는 형이하적 形而下的 원리이다. 그리하여 이기의 원리는 무형과 유형의 차이에서 이통 理通과 기국 氣局이고 유위와 무위의 차이에서 기발 氣發과 이승 理乘이다 理通氣局論. 율곡의 이기설은 사단칠정 四端七情이나 인심도심 人心道心과 같은 인간관에도 그대로 작동한다. 먼저 그는 칠정은 사단을 포괄하며, 따라서 본연지성 本然之性과 기질지성 氣質之性을 본래 하나의 성 性으로 보고, 이 理만을 지칭할 경우에는 본연지성, 기와 관련하여 파악할 경우에는 기질지성이라고 하였다. 근본적으로 기질지성과 본연지성은 차이가 없는 것이다.

유학강의가 이루어졌던 명륜당(상), 유교의례(하)

또한 인간의 모든 감정을 총체적으로 보면 칠정七情이지만, 그 가운데서 특히 선善만을 강조하면 사단四端이 된다. 따라서 칠정은 이미 사단을 포함하고 있는 것이다. 본연지성과 기질지성이 근본적으로 같은 것처럼 사단과 칠정 역시 서로 다른 것이 아니다. 율곡은 이러한 관계를 인심人心과 도심道心의 관계에도 그대로 적용하고 있다. 인심과 도심은 근원적으로 둘이 아니다. 다만 인심에는 천리天理와 인욕人欲이 있어서 그것이 도의道義로 인하여 발하였는가 아니면 욕망에 의한 것인 가에 따라서 달라질 뿐이다. 율곡의 문하에서는 김장생金長生(1548~1631), 김집金集(1574~1656), 송시열宋時烈(1607~1689) 등의 학자가 나왔다.

3) 유교의 종교적 요소

종교적 측면에서 유교는 경전에서 찾아볼 수 있다. 은주시대의 상제와 천 사상은 『시경』과 『서경』을 비롯한 경전에 많이 나타나고 있다. 우주와 인간을 주재하는 초인간적이고 초자연적인 절대신에 대한 숭배의 흔적이 있다. 인간을 감찰하고 길흉화복을 내리는 상제는 절대적이고 무한한 권위를 가진 존재로 인식하였다. 그러나 상제와 천 사상은 주대에 이르게 되면서 상당한 변화를 겪게 된다. 천이라는 글자 속에 대大라는 사람의 뜻이 들어있는 사실에서 착안할 수 있듯이 초월적 존재자와 인간의 관계 문제가 드러나기 시작하였다. 초월적 존재자의 권위보다는 인간의 책무와 도리를 중시하는 덕의 개념이 출현한 것이다.

사계절과 하늘의 조화를 상징 (기원전 4세기, 주왕조)

따라서 공자의 사상에 결정적으로 영향을 끼친 두 사회는 은대와 주대라고 할 수 있다. 중국 은대에는 은부족의 상고신앙을 비롯하여 조상신과 귀신숭배사상이 성행하였다. 상제上帝는 초월적, 절대적 존재자로서 인간과 만물을 주재하고 천지자연과 길흉화복을 점지하는 궁극적 근원으로 인식하였다. 인간은 상제에게 절대적으로 복종하였으며, 모든 주요 행사는 점복으로 결정하였다. 그러나 주대에는 상제신앙이 천 사상天思想으로 변하고, 인간중심적인 현실을 중시하는 경향이 나타나기 시작하였다. 사회가 복잡해지면서 상제와 천 사상이 뒤섞이게 되면서 관념적, 무형적 존재의 실체와 그 권위에 대한 회의를 제기하였다. 그럼에도 불구하고 초인간적 초월적 주재자에 대한 신앙은 사회의 기본적 통념으로 자리잡고 있었다.

상제와 천 사상에 대한 근본적인 인식의 전환은 공자로부터 비롯하였다. 공자는 천의 권위는 조금도 손상하지 않으면서 천명사상을 통하여 신성성과 궁극성을 인간 속에 내재화하는 노력을 기울였다. 이로써 천의 초월성과 인간의 성숙과 주체적 각성에 의한 그 내재성을 동시에 포용할 수 있었다. 물론 공자는 초월자에 대한 직접적 설명을 거부하였고 특정한 예배 형식을 요구하지 않았다. 그러나 상제에 대한 관념은 천 사상에 수렴되고, 그것은 다시 성숙한 인격체에 내재하게 됨으로써, 초월성과 내재성이 통일된 인간적인 삶 자체를 중시하는 방향으로 나아갔다. 그는 인간의 문제를 하늘의 세계로 보내려고 하지 않고 하늘의 문제를 인간의 삶 속에서 해결하고자 하였다. 천명의 지상적 응답이 바로 인간의 삶 그 자체인 것이다. 공자에게서 일체의 종교의식과 제의는 도덕적인 의지구현인 동시에 경천적인 행위라고 할 수 있다.

공자는 인간적 가치를 존중했으나, 수재사에 대한 교설이나 의식을 적극적으로 제시하지는 않았다. 그러나 그는 천天 또는 천명天命에 대한 움직일 수 없는 신념과 외경심을 표하였다. 인간은 하늘의 뜻에 따라야 한다는 것이 바로 천명사상이다. 여기에서 그는 도덕성과 역사의식의 근거를 찾았다. 은대殷代(기원전 1600년에서 1046년까지 지속된 중국 고대의 왕조, 은허殷墟를 발굴하면서 역사시대로 들어섰다)의 상고신앙을 중심으로 한 종교문화, 주대의 합리주의적, 인문주의적 예제문화禮制文化를 배경으로 성립한 공자의 사상은 초인간적, 형이상학적 요소와 현실의 사회역사를 기반으로 하여 그 자신의 특유한 인간적 각성과 자기성숙이 어우러진 산물이다.

유교에서 제사는 매우 중요한 요소이다. 그러나 유교의 제사행위는 일반 종교에서 기복적 성격을 배제하고 있다. 유교의 제사는 기본적으로 윤리적이며 도덕성을 기반으로 한다. 제의는 대가나 보상을 요구하지 않고 어떤 구복행위도 하지 않는다. 죽은 사람을 섬기는 것이 살아 있는 사람에게 하는 것처럼 하고, 마음속으로부터 자신이 직접 제사를 드리는 정성이야말로 유교의 참된 종교성을 드러내는 것이다. 또한 유교에서 축복은 주술적 요구를 배제한 것이며, 세속적 욕망의 충족을 기대하지도 않는다. 세속적인 세계를 도덕적인 세계로 변화시키려는 의지가 깃들어 있다.

유교는 현세에서 인간적 삶을 중시하고 내세에 대해서는 판단중지적 태도를 취한다. 공자는 초인간적 존재나 내세의 삶에 대하여 직접적으로 언표하지 않았다. 인간은 자신의 도리를 다하기 위해서 수행하는 것이지 내세에서 영원한 삶을 기대하기 때문이 아니다. 죽음의 문제는 오히려 삶의 문제와 긴밀한 연결 속에 있다. 인간적 삶의 실존적 의미를 깨닫고 자신이 마땅히 가야 할 길을 따르는 것이 바로 공자가 말한 도였다. 그리하여 공자는 "아침에 도를 깨달으면 저녁에 죽어도 좋다"朝聞道 夕死可矣고 하였던 것이다. 그는 인간의 인간다움, 즉 도와의 일치를 궁극적 목적으로 설정하였다. 또한 공자는 인간의 생명을 존중하였다. 그러나 인간 생명은 최고의 인격적 가치를 성취해야만 그 의미를 다할 수 있다. 그러므로 공자는 "믿음을 돈독히 하고 배우기를 좋아하며"篤信好學, "죽음을 당하더라도 도를 참되게 하며"守死善道, "몸을 죽여 인을 이루라"殺身成仁고 강조하였던 것이다. 그는 생사를 초월하면서도 어떤 세속적인 가치의 연장도 기대하지 않는 순수성에 바탕을 둔 이성신앙(칸트)의 요체를 확립하였던 것이다.[3]

4. 불교

1) 불교의 형성

불교는 기원전 6세기말 고타마 싯다르타 Gautama Siddhartha (기원전 463~383 또는 563~483)가 고대 인도의 초월적 형이상학과 유물론, 숙명론과 회의주의, 그리고 도덕부정론에 이르는 사상적 대안으로 제시한 종교이론 및 수행체계이다. 고타마 싯다르타는 그의 부족의 이름을 따서 석가 釋迦, Sakya 또는 석존이라고 부르기도 한다. 불 佛 또는 불타 佛陀는 '깨달은 사람', 즉 '각자' 覺者라는 산스크리트·팔리어 語의 보통명사로서 고대 인도에서 널리 사용하였으나, 나중에는 석가를 특징적으로 지칭하는 말이 되었다. 그는 기원전 560년경에 정반왕 淨飯王, Suddho-dana과 마야부인 摩耶夫人, Mahamaya 사이에 태어났으며, 왕궁에서 호화로운 생활을 하고 결혼하여 라훌라라는 아들까지 얻었으나 29세에 출가하였다. 그는 각종 고행의 체험을 시도했으나 아무것도 얻지 못하고 포기하던 참에 수자타라는 처녀가 공양하는 음식으로 기력을 찾고 나이란자나 강에서 목욕한 후에 보리수 나무 아래서 35세의 나이로 깨달음 bodhi을 얻게 된다. 그는 먼저 자신과 함께 수행하던 다섯 비구를 찾아 고행과 쾌락의 극단을 피하고 중도를 구하여 수행할 것을 강조하였다. 그 후 입적하기까지 45년 동안 불법을 가르쳤으며, 그가 죽은 후에는 화장하고 남은 유골로 여러 부족들이 사리탑을 세웠다.

원시불교란 석가의 가르침을 수집·정리한 경전을 바탕으로 세워진 초기불교로서, 석가 입적 후 약 100년 동안은 종단이 완전한 통일 상태를 유지하고 있었다. 종단은 석가가 45년

동안 가르친 자료들을 제1차 결집을 통해 수집하여, 법法 Dhamma은 경장經藏 Sutta-pitaka 또는 『아함경』 Agama으로, 율律, Vinaya은 율장律藏 Vinaya-pitaka으로 통합 정리하였다. 이 시기에 불佛·법法·승僧이라는 3보寶를 불교를 구성하는 기본요소로 확립하였다. 불교의 근본사상은 연기법緣起法이다. 연기란 어떤 것으로 인하여 잇달아[緣] 모든 것들이 일어난다[起]는 뜻이다.

> 이것이 있기 때문에 저것이 있고 此有故彼有
> 이것이 생기기 때문에 저것이 생긴다 此起故彼起.
> 이것이 없기 때문에 저것이 없고 此無故彼無
> 이것이 사라지기 때문에 저것이 사라진다 此滅故彼滅.
> (『잡아함경』, 335)

또한 원시불교의 사상 가운데서 가장 근본적인 것으로 사성제四聖諦와 삼법인三法印이 있다.

먼저 사성제는 고제苦諦, 집제集諦, 멸제滅諦, 도제道諦를 지칭한다. 고제苦諦는 모든 생명 현상이 고통 그 자체라는 사실을 뜻한다. 살아있는 모든 것은 반드시 늙고 병들어 죽게 되는 고통을 가지고 있다.(生老病死) 이 외에도 수많은 고통들이 있다. 사랑하는 사람들이 서로 떨어져야 하는 고통을 안고 살기도 하며(愛別離苦), 마주치고 싶지 않은 원수를 만나야 하는 고통 속에 살아가기도 한다.(怨憎會苦) 간절히 얻기를 원하지만 얻을 수 없는 고통도 있으며(求不得苦), 서로 다른 것들이 한데 어울려서 집착하고 탐하는 데서 생겨나는 고통도 있다.(五取蘊苦, 五取盛苦, 五陰盛苦)

집제集諦는 고통의 원인과 근원을 살피는 것을 말한다. 바로 그것으로부터 고통이 비롯되는 한데 모여 있는 조건과 관계들을 헤아려 보는 것이다. 그리고 이에 대한 설명은 연기설로 이어진다. 일반적으로 무명無明, 행行, 식識, 명색名色, 육처六處, 六入, 촉觸, 수受, 애愛, 취取, 유有, 생生, 노사老死라는 열두 가지 인연이 있다.

무명, 즉 어리석음과 진리에 대한 무지, 그리고 갈애渴愛는 무엇인가를 하게 만든다. 무명은 모든 고통의 근본 원인이다. 무명은 행을 낳는다. 몸身行, 身業과 말口行, 口業과 마음意行, 意業으로 업을 짓게 되는 것이다. 무엇인가를 행하려는 의지활동은 그것에 상응하는 정신활동을 남기게 된다. 그리고 식은 다시 마음名과 몸色을 만들어 낸다. 명색은 눈眼, 귀耳, 코鼻, 혀舌, 몸身, 뜻意을 가능하게 한다. 육처는 외부 사물에 대한 접촉을 가능하게 한다. 촉으로부터 고통과 즐거움과 중립적인 것에 대한 세 가지 느낌들이 생겨나며, 이러한 느낌들은 마음의 갈망과 탐욕을 일으킨다. 애의 결과는 집착이다. 취는 미래의 과를 낳는 선악의 업을 일으키며, 그와 같은 업의 존재有는 내세적인 삶의 조건을 이루게 된다. 그리고 이 생은 다시 늙고 죽는 것의 원인이 되는 것이다.

멸제滅諦는 인생의 괴로움으로부터 벗어나서 해탈하는 것을 말한다. 모든 가능한 탐욕과 고통을 물리침으로써 더 이상 증감과 변화와 소멸이 없는 경지에 들어서는 것이다. 이것은 바로 열반涅槃을 뜻한다.

도제道諦는 고통을 소멸시켜 열반에 이르는 길과 방법을 말한다. 석가는 중도의 길을 제시했는데, 그 구체적인 내용은 팔정도八正道에서 찾아볼 수 있다. 성불을 위하여 제시한 여덟 가지의 올바른 길은 다음과 같다. 유신론과 유아론, 그리고 유물론과 같이 잘못된 견해를 버리고 정확한 이해를 가져야 한다.(正見) 세속적인 망념과 미혹에서 벗어나 순수하고 참되며 지혜롭게 사색해야 한다.(正思惟) 순수하고 바르고 깨끗한 말을 해야 한다.(正語) 일체의 악행을 멀리하고 진리에 합치하고 정당한 행위를 해야 한다.(正業) 바른 생활과 온당한 직업을 가져야 한다.(正命) 악을 버리고 선을 닦아 해탈을 향하여 정진해야 한다.(正精進) 바른 법을 정확하게 기억해야 한다.(正念) 바른 자세로 앉아서 몸과 마음을 고요하게 하여 선정에 임해야 한다.(正定)

3법인三法印은 원시불교의 근본적인 세계관을 일견할 수 있는 세 가지 명제, 즉 제행무상諸行無常, 제법무아諸法無我, 일체개고一切皆苦를 말한다. 열반적정涅槃寂靜을 더하여 4법인이라고 부르기도 한다. 나중에는 일체개고 대신에 열반적정이 3법인에 들어오게 되었다.

제행무상은 모든 것은 변화하는 현상으로써 고요하게 머물러 있거나 영원히 불변하는 것은 없다는 뜻이다. 어떤 것도 그 모습 그대로 존재하는 것은 없으며, 변화 소멸하는 한갓 물거품과 같은 것이다. 제법무아는 모든 사물들과 존재들은 나我라고 할 수 있는 어떤 실체도 가지고 있지 않다는 뜻이다. 머물러 존재하는 것이 없기 때문에 나라고 부를 수 있는 것도 없는 것이다. 이로써 석가는 모든 가능한 형이상학적 실체 개념들을 부정한 것이다. 일체개고는 나라고 부를 수 있는 것이 존재하지 않음에도 불구하고 그것에 집착함으로써 고통에 처하게 된다는 것을 뜻한다. 열반적정은 이 세상에서 고통을 일으키는 순환적 고리에서 벗어나 영원히 자유롭게 되는 것을 뜻하며, 불교적 최고선의 이상이라고 할 수 있다.

2) 불교의 역사적 전개

(1) 부파불교와 대승불교

불멸佛滅 후 100년까지 교단의 세력이 커졌으며, 기원전 3세기에는 마우리아왕조의 아소카왕[阿育王, 阿輸伽]이 귀의함으로써 인도 전체에 교세를 떨치게 되었다. 그러나 교단의 확장과 더불어 내부적인 의견 대립이 치열해짐으로써 불멸 후 100년이 지나면서 교단은 보수적인 상좌부上座部와 혁신적인 대중부大衆部로 분열하였다. 불멸 후 200년경에는 대중부에서 다시 분열이 생겼으며, 불멸 후 300년경에는 상좌부에서도 다시 분열이 일어나 소승 20부小乘二十部가 생겨났다. 이처럼 분열한 모든 종파들을 총칭하여 부파불교部派佛敎라고 부른다. 대중부에 속하는 혁신적인 부파 중에

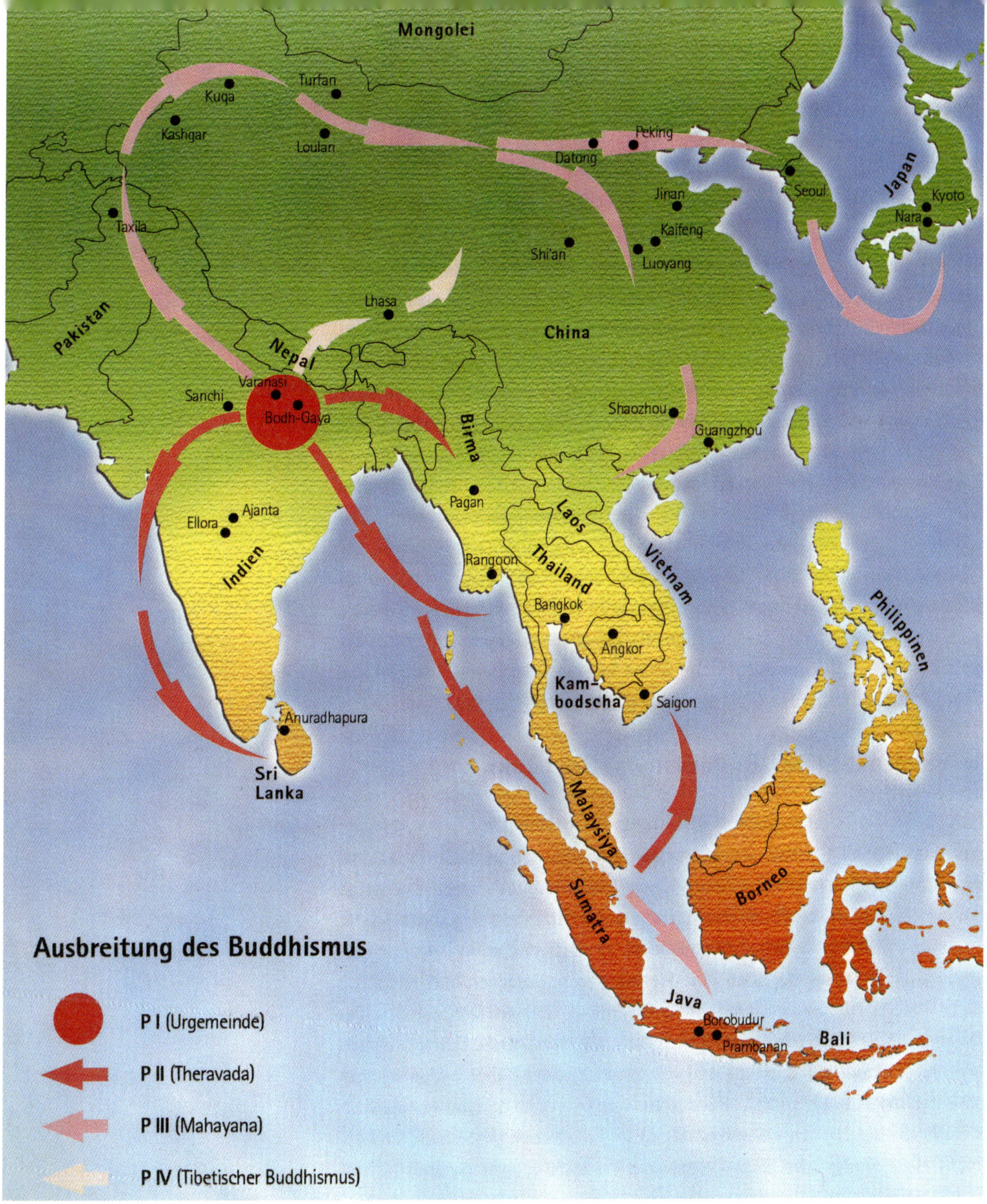

▌불교의 전래

는 후일 대승불교大乘佛敎로 발전할 수 있는 가능성이 엿보이고 있으며, 상좌부 불교는 남방불교로서 오늘에 이르기까지 독특한 형태의 전승을 이어가고 있다.

중관학파의 창시자 용수

출가자(승려)를 중심으로 한 전통적인 불교에 대항하여 재가신자를 주축으로 하는 신흥 불교운동이 인도 각지에서 일어나기 시작하고, 불탑 예배를 중시하는 재가신자의 집단 菩薩團이 세력을 확대하면서 초기 대승불교가 성립하게 된다. 대승불교는 기원전 1세기부터 기원후 2세기에 걸쳐서 『반야경』般若經, 『법화경』法華經, 『유마경』維摩經, 『화엄경』華嚴經, 『무량수경』無量壽經 등의 대승경전을 확립하고, 3세기를 전후하여 나가르주나 Nagarjuna 龍樹가 그 이론적 근거를 마련하면서 확고한 체제를 유지하게 된다. 용수는 그의 『중론』中論에서 모든 존재가 연기에 의하여 생기고 단독으로 존재하지 않는다는, 이른바 반야공관 般若空觀을 강조하고 중관학파 中觀派를 창시하였다. 중관학파의 근본주장은 실체 實體 또는 자아 我가 존재하지 않는다는 '공' 空 사상에 있다.

다른 한편 미륵 彌勒 Maitreyanātha Maitreya (270~350 또는 350~430), 무착 無着 Asanga (4세기 후반에서 5세기 전반), 세친 世親 Vasubandhu (4세기)을 거치면서 유가파 瑜伽派 또는 유식파 唯識派가 성립하였다. 이 학파는 용수의 반야공관에 기초하면서도 외계 外界의 실재를 심식 心識의 투영이라고 주장함으로써 심식의 존재를 인정하였으며, 일체의 중생은 본래부터 불성 佛性을 가지고 있어서 여래 如來가 될 수 있다는 여래장연기설 如來藏緣起說을 강조하였다.

유식학파의 창시자 세친(좌)과 그의 형 무착(우)

중관학파와 유식학파는 중기의 대승불교를 주도하였으며, 특히 세친의 학맥을 이은 진나 陳那 Dignāga (480?~540?)는 불교 논리학(因明)의 체계를 확립하였다. 후기의 대승불교는 인도교 등의 영향을 받아 다라니 陀羅尼나 진언 眞言을 중심으로 하는 밀교 密敎가 주류를 이루게 되면서 점차 타락하게 되고, 13세기에 이슬람교의 인도 침입으로 세력을 잃게 되었다.

대승불교는 보살의 실천적인 덕목으로서 육바라밀六波羅蜜, 즉 보시布施, 지계持戒, 인욕忍辱, 정진精進, 선정禪定, 지혜智慧를 강조하였으며, 그 중에서도 보시를 으뜸으로 여김으로써 이타행위利他行爲를 강하게 요구하였다. 대승불교는 주로 북쪽으로 퍼져나가 중국, 한국, 일본에서 성행하였다.

(2) 남방불교와 북방불교

불교는 스리랑카와 타이 등의 남방불교와 티베트 및 몽고지역 등의 북방불교로 분화하였다.

남방불교의 전파 기지는 스리랑카이며, 기원전 3세기 중엽 아소카왕의 왕자 마힌다Mahinda, Mahendra (기원전 270~204)가 상좌부 불교를 전한 것이 효시가 된다. 남방불교는 팔리어 경전을 사용하기 때문에 팔리불교라고도 한다. 5세기에 인도에서 온 불음佛音이 팔리어 경전의 주석注釋을 집대성하여 상좌부 불교의 기초를 다졌으며, 미얀마와 타이에도 전파하였다. 미얀마에서 상좌부 불교는 밀교(大乘)로 바뀌게 되었으나, 11세기 파간조朝의 국토통일과 더불어 다시 부흥하였으며, 나중에 스리랑카 불교가 쇠퇴하면서 상좌부 불교를 스리랑카로 역수출하였다.

8세기경 타이에서는 밀교가 성행하였으나 미얀마로부터 상좌부 불교가 들어오고, 13세기 말에는 스리랑카의 상좌부 불교가 들어와서, 왕조의 보호 아래 발전하여 지금은 이 지역 제1의 불교국이 되었다. 자바에는 8세기경 인도로부터 밀교가 들어와 번창하였으나 후에 이슬람권으로 바뀌었다. 캄보디아·라오스는 13세기 말부터 디이족의 침입으로 상좌부 불교가 들어와 오늘에 이른다. 인도차이나반도의 또 하나의 지역인 베트남은 옛날부터 중국과의 교섭으로 6~7세기경 대승불교가 들어왔으며, 선종禪宗을 중심으로 번창하였다.

티베트와 몽고 지역의 불교는 라마교이다. 티베트에는 6~7세기경에 공식적으로 불교가 들어왔고, 8세기경에는 밀교와 대승불교

(중관사상)가 들어왔다. 775년 파드마삼바바Padmasambhava, 구루 림포체(8세기에 활약한 불교신비주의자)는 라싸의 60km 인근 지역에 최초의 불교사원 사미에를 세웠다. 마르파Marpa (1012~1096)는 티베트어로 불경을 번역하였으며, 그의 제자 밀라레파Milarespha (1040~1123)는 은거 수행하면서 시를 썼다. 15세기 이후에 교세가 크게 신장하였고, 그 법계法系는 달라이 라마Dalai Lama (1391년부터 티베트 불교 겔룩파에 속하는 환생하는 큰스님)가 계승하였다. 한편 13세기에 파스파八思巴가 티베트 불교를 원元나라 조정에 전하면서 몽고 각지로 퍼지게 되었고, 청淸나라 때에 전성기를 맞게 되었다.

파드마삼바바, 마르파, 밀라레파, 달라이 라마 (위로부터)

불교의 중국 유입은 대체로 1세기 중엽 한漢나라 때에 서역西域(티베트)을 경유하여 이루어졌다. 서역지방은 옛날부터 인도와 중국을 연결하는 문화의 접촉장소로서 서역에 전해진 인도의 불교가 다시 중국으로 들어왔다. 서역지방에서는 둔황敦煌을 비롯한 여러 곳의 유적에서 볼 수 있듯이 독특한 불교문화를 형성하고 있었다. 1세기부터 4세기까지는 서역에서 온 안세고安世高 (?~170?), 축법호竺法護 Darmaraksa (231~308?), 불도징佛圖澄 (232~348) 등이 경전을 중국어로 번역, 소개하였다. 이 시기에 도안道安 (312~385), 혜원慧遠 (334~416) 등의 중국인 출신 승려가 활약하였다. 401년에 구마라습鳩摩羅什 Kumārajīva (344~413)이 장안長安에 들어와 대승경전의 번역을 시작하면서 중국불교는 새로운 국면을 맞게 된다. 그는 여러 경전을 한역漢譯하여 중국인의 불교신앙에 대한 이해의 폭을 넓히는데 결정적으로 기여하였다.

수隋와 당唐시대에는 전대의 교학 연구를 기초로 하여 소의所依의 경론經論에 의한 종파를 확립하는 등 중국불교의 황금시대를 이루었다. 이 시기에 지의智顗 (538~597)는 『법화경』을 기반으로 천태종天台宗을 개종開宗하였으며, 길장吉藏 (549~623)은 용수의 삼론三論에 의한 삼론종三論宗을 확립하였다. 그 후 당대唐代에는 화엄종華嚴宗, 선종禪宗, 정토종淨土宗, 법상종法相宗, 율종律宗 등의 종파가 성립하였다. 특히 달마達磨 Bodhidharma (?~528?)가 전한 선종은 5조祖 홍인弘忍(601~674)에 이르러 크게 부흥하였고, 그 제자인 혜능慧能(638~713)과 신수神秀(606?~706)에 의하여 남종과 북종으로 분열하였고, 남종계통에서는 임제臨濟 義玄(?~866?), 조동曹洞, 曹山本寂(840~901), 동산洞山良价(807~869), 운문雲門文偃(864~949), 법안法眼文益(885~958) 등의 종파로 발전하였다. 현장법사玄奘法師(602~664)는 629년에서 645년까지 인도를 순례한 후 불경을 직접 도입하였다.

현장법사

일본에서 불교는 백제 성왕聖王 때 도장道藏(641?~731?)이 불상과 경전을 일본에 전하고 성실종成實宗의 개조가 된 시점부터 시작한다.(538년) 백제의 관륵觀勒(7세기초)은 역법, 천문, 지리 등을 일본에 전하였고, 혜총惠聰(588년과 595년에 도일), 도림道琳(5세기말), 담혜曇慧(554년에 도일), 혜미慧彌 등의 고승들이 일본으로 건너가서 불교발전에 크게 공헌하였다. 일본 불교는 쇼토쿠 태자聖德太子가 정책적으로 지원하면서부터 공식적인 위치를 확보하였다. 나라奈良 시대의 고쿠분사國分寺의 제도는 불교에 대한 국가적 지원을 상징적으로 보여준다. 또한 이 시대는 중국불교의 황금시대로서 삼론, 법상, 성실, 구사, 화엄 등, 이른바 남부 6종六宗이 성립하였고, 헤이안平安 시대에 이르러서는 천태天台와 진언眞言의 2종이 중심을 이루게 된다. 가마쿠라鎌倉 시대에 이르러 말법사상末法思想을 중심으로 한 정토종이 아미타불의 이름을 외워서 정토왕생淨土往生 할 수 있다고 주장함으로써 일본 불교는 민중 속에 뿌리를 내리기 시작하였다. 일본의 정토종은 겐쿠源空 Honen 法然, 세이시마루 勢至丸(1133~1212)가 확립하고, 그의 제자 가운데서 신란親鸞 Shinran (1173~1262)은 정토진종淨土眞宗으로 발전시켰다. 또한 일본의 선종은 에이사이Eisai

榮西(1141~1215), 도겐 Dogen 道元(1200~1253) 등으로 이어졌다. 그리고 이 시기에 진언밀교眞言密敎와 천태종天台宗의 영향을 받은 니치렌종日蓮宗이 출현하여, 초기에는 다른 종파를 부정하는 도전적인 태도로 인하여 자주 법난法難을 받았으나 차츰 교세를 확장시켜서 지금은 진종眞宗과 더불어 대종파를 이루게 되었다.

3) 한국불교

한국 불교의 효시는 372년(고구려 소수림왕 2년) 6월에 전진前秦 혹은 위魏나라 왕 부견符堅이 순도順道와 아도阿道를 통하여 불경과 불상을 전하고, 초문사肖門寺와 이불란사伊弗蘭寺 등을 창건하여 설법한 데서 찾을 수 있다. 또한 백제에서는 384년(침류왕 1년)에 인도의 승려 마라난타摩羅難陀가 동진東晉을 경유하여 입국하였으며, 왕의 우대를 받으면서 남한산南漢山에서 포교를 시작하였다. 백제 불교는 일본 성실종의 개조가 된 도장道藏을 비롯하여 혜총惠聰, 도림道琳, 혜미惠彌 등의 승려들을 파송함으로써 일본 불교에 결정적인 영향을 주었다. 겸익謙益(6세기)은 인도에 유학하고 귀국한 후에『율부』律部 72권을 번역하기도 하였다. 신라에서 불교는 527년(법흥왕 14년) 이차돈異次頓(506~527)의 순교 후에 공인을 받았고, 그 후 급속히 발전하여 국가 종교가 되었다. 많은 승려들이 인도와 당나라에 유학하였으며, 당唐의 13종十三宗: 成實宗, 三論宗, 俱舍宗, 地論宗, 攝論宗, 天台宗, 法相宗, 涅槃宗, 念佛宗, 密宗, 禪宗, 華嚴宗, 律宗을 도입하였다. 특히 선종은 독자적으로 발전하여 9산선문九山禪門의 분파를 이루었다. 신라의 불교는 호국불교적 성향이 강하였으며, 황룡사皇龍寺, 법주사法住寺, 통도사通度寺, 불국사佛國寺, 해인사海印寺, 쌍계사雙磎寺 등 명찰을 창건하였다. 신라는 세속5계世俗五戒를 확립한 원광圓光(541~630?), 문물제도를 수립한 자장慈藏(590~658, 통도사 창건), 실천적인 수행修行을 강조한 의상義湘(625~702), 그리고 불교의 대중화를 이룩한 원효元曉(617~686) 등과 같은 훌륭한 승려들을 배출하였다. 특히 유식설唯識說에 통달하여 독자적인 이론을 주장한 원측圓測(613~696)의 저서 『해심밀경소』解深密經疏는 티베트어로 번역이 이루어졌다. 혜초慧超(700?~?)는 인도를 순례한 후에 중앙아시아를 거쳐 귀국한 후에 『왕오천축국전』往五天竺國傳을 저술하였으며, 그밖에도 도증道證(692년 당에서 귀국), 경흥憬興(7세기) 등의 학승들이 속속 활약하였다.

신라불교의 거성은 원효이다. 그의 속성은 설씨薛氏이며, 압량押梁; 지금의 慶山市 불지촌佛地村에서 태어났다. 그는 34세 때 구법求法을 위하여 의상義湘과 더불어 당唐나라로 떠나고자 하였으나 중도에 돌아왔으며, 10년 뒤에 다시 시도하였다. 도중에 해골바가지의 물을 마신 일로 "모든 사물과 법은 마음에서 난다"一體唯心造는 깨달음을 얻었다. 무열왕의 딸 요석공주瑤石公主에게서 설총薛聰을 낳았다. 『대승기신론소』大乘起信論疏, 『금강삼매경론』金剛三昧經論 등 기념비적 저작을 남겼으며, 중관사상과 유식사상으로 분파된 불교이론을 하나의 진리로 종합하여 화쟁사상和諍思想, 일심사상一心思想, 무애사상無碍思想의 체계를 이루었다.

의상대사(상), 원효대사(하)

고려시대에 불교는 국가종교로서 독자적인 발달을 이루어냈다. 태조 왕건王建(877~943)은 승과僧科를 제정하여 승려를 우대하였고, 연등회燃燈會와 팔관회八關會를 개최함으로써 불교사상을 국정전반에 걸쳐 사상적 근간으로 삼았다. 특히 문종文宗(1019~1083) 시대에는 세계문화유산으로 등재한 팔만대장경八萬大藏經을 간행하였다. 문종의 아들인 대각국사大覺國師 의천義天(1055~1101)은 11세에 승려가 되어 송나라에 유학한 후에 귀국하여 교장도감敎藏都監을 설치하고 속장경續藏經 4,740여 권을 간행하였다. 그밖에 지눌知訥(1158~1210), 나옹懶翁惠勤(1320~1376), 보우太古國師 普愚(1301~1382), 보조普照 牧牛子 知訥(158~1210) 등의 고승들이 이 시대에 활약하였다.

고려불교의 거성은 지눌이다. 그의 속성은 정씨鄭氏이고 자호는 목우자牧牛子이다. 그는 한국 선종禪宗의 중흥조中興祖로서 선교일치를 추구하였다. 8세 때 승려가 되었으며, 1182년(명종 12) 승과에

지눌선사(상), 서산대사(하)

급제하였다. 나주羅州 청량사清凉寺, 예천醴泉 보문사普門寺 등지에서 수행하면서 선禪과 교敎가 결국 하나라는 사실을 깨달았다. 1190년에 정혜결사定慧結社 운동을 전개하여 정定과 혜慧를 함께 닦아야 온전한 공부를 이룰 수 있다고 주장하였다. 『권수정혜결사문』勸修定慧結社文, 『원돈성불론』圓頓成佛論, 『화엄론절요』華嚴論節要, 『법집별행록절요병입사기』法集別行錄節要竝入私記 등의 저술을 남겼으며, 선 수행방식으로 돈오점수론을 제시하였으나 최근 성철스님이 비판하기도 했다.

조선시대의 불교는 숭유억불崇儒抑佛 정책으로 인하여 수난기受難期를 맞게 된다. 그러나 태조太祖 李成桂(1335~1408), 세종世宗(1397~1450), 세조世祖(1417~1468) 등은 개인적으로 불교를 지원하였으며, 간경도감刊經都監을 설치하여 불경을 간행하였다. 특히 세종조에는 불교종파를 정비하여 선종禪宗과 교종敎宗으로 통합하였다. 조선시대는 특히 무학無學自超(1327~1405), 보우普雨(1301~1382), 서산西山休靜(1520~1604), 사명四溟惟政(1544~1610) 등의 승려를 배출하였다.

조선의 거성은 서산이다. 그의 속성은 최씨崔氏이고 이름은 여신汝信이며, 자는 현응玄應, 호는 청허淸虛, 별호는 백화도인白華道人, 서산대사西山大師, 풍악산인楓岳山人이다. 어려서 부모를 여의었으며, 과거에 낙방하자 지리산에 입산하여 출가하였다. 1549년(명종 4) 승과에 급제하여 선교양종판사禪敎兩宗判事가 되었다가 1589년(선조 22) 정여립鄭汝立의 모반에 관여했다는 무고로 투옥 당하였다. 임진왜란 때 팔도십육종도총섭八道十六宗都摠攝이 되어 승병 운동을 전개하였으며, 평양성전투에 참가하여 공을 세웠다. 서산은 교敎를 선禪의 과정으로 보고 선종이 교종을 포섭하는 방식으로 교선일치를 추구하는 한편, 유불도儒佛道가 궁극적으로 일치한다는 삼교통합론을 주창하였다. 그의 제자는 1000여 명이 넘었으며, 『청허당집』淸虛堂集, 『선교결』禪敎訣, 『선교석』禪敎釋, 『삼가귀감』三家龜鑑 등의 저작을 남겼다.4)

제 6 장

한국인들은 무엇을 믿는가?

1. 고유신앙

1) 무속신앙

한국인에게 가장 원형적인 종교는 무속신앙이다. 불교는 물론이고 무속을 비판하는 현대 기독교마저도 무속적 사유원형으로부터 자유롭지 못하다. 『주자어류』朱子語類에 의하면 무巫란 '신명을 다해 춤추는 사람'을 가리킨다. 여자 무당을 '만신'萬神이라 하고, 남자 무당은 '박수', '박사'博士 또는 '화랭이'라고 부르기도 한다. 이들은 사람들의 재앙을 물리치기 위하여 하늘과 땅을 연결하는 춤을 추면서 복을 불러 주는 제의적 역할을 수행한다. 처음 무당이 되는 형태, 즉 입무入巫 과정에 따라서 신내림을 통한 강신무와 교육에 의한 세습무로 구분한다. 제정일치의 고대사회에서는 군주 자신이 무당의 기능을 동시에 수행하였으나 외래 종교가 들어오면서 지배계층의 관심 밖으로 밀려나고 민간신앙으로 전락하게 되었다. 한국어판 『브리태니커』는 무속신앙의 종교적 특성을 다음과 같이 기술하고 있다.

첫째, 자연신앙으로서 한국 민간신앙의 전형을 이룬다. 따라서 교조敎祖·교리敎理·의례·교단敎檀과 같은 체계적인 종교형식을 갖추고 있지 않다. 현세구복적現世求福的인 신앙으로 인간의 원초적이고 본능적인 욕구, 즉 생존과 후사에 대한 현실적인 이해관계에서 비롯되기 때문에 구복적 동기만 맞으면 사회윤리나 합리적 사고에 관계없이 어떠한 신앙형식도 수용·변화시킨다. 둘째, 현세구복적인 동기를 성취하기 위해 주술적 방법을 사용한다. 그래서 일반적으로 무속을 주술종교라고 한다. 무속을 믿는 사람들은 복잡한 사고과정을 치르거나 모호한 상징성을 많이 사용하기보다는 의례효과를 직접적으로 느낄 수 있는 가장 손쉬운 주술을 행함으로써 그 효과가 당장 나타나기를 기대한다. 셋째, 다양한 신앙형식이 융합되어 중층적인 신앙현상군을 이루고 있다. 즉 무속은 외래종교가 들어오기 전부터 한민족의 생활 속에서 자리잡아 왔으며 외래종교들이 유입되자 무속과 융합을 이루기 시작하였다. [...] 넷째, 무속은 의례 중심의 종교이다. 집안신앙이나 마을신앙 등은 모두 굿이라는 의례를 통하여 구체화된다. 다섯째, 무속의 전승 주체는 지역사회이다. 민간신앙은 세계 어느 곳에서나 보편적으로 존재하지만 각 지역사회의 지역적 특수성을 반영하고 있다. 무가의 본풀이가 역사적인 것을 표현해 공동체 성원의 삶의 내력들을 신화로서 전승하고 있음은 바로 지역성을 잘 보여주는 예이다.[1)]

이상과 같은 『브리태니커』의 기술은 사실상 무속신앙에 대한 일반적인 경향을 대변하고 있다. 그러나 이러한 입장은 한국의 종교문화에 대한 잘못된 식견에 근거하고 있다. 첫째로 한국의 무속은 '굿'이라는 의례 중심의 종교이다. 따라서 무속신앙이 교의나 의례 등에서 체계적이지 못하다는 첫 번째 주장은 무속이 의례 중심의 종교라는 네 번째의 주장과 자체모순을 범하고 있다. 사실상 무속에서 굿은 종교적인 기능을 충분하게 수행하고 있으며, 해석하기에 따라서는 교의적 또는 구원론적 체계 구성을 가능하게 하는 요소라고 할 수 있다. 실제로 무속적 사유지평에 있는 증산교의 교의체계는 굿의 기능을 체계화한 것이다. 나중에 자세히 살펴보겠지만 굿의 종교적 구원론적 기능은 한恨의 해체에 있다. 따라서 무속신앙이 현세구복적 동기를 성취하기 위한 주술종교라는 브리태니커의 주장은 무속신앙의 본질을 훼손하고 있으며, 무속신앙이 어떤 근거에서 한국인의 근본적 종교심성으로 자리잡게 되었는가를 간과하는 잘못을 범하고 있다. 또한 동시에 무속신앙에서는 개인적, 지역주의적 구원의 측면이 강하게 나타나는 것은 사실이지만 그 종교적 기능이 세계 및 우주적 차원으로 확장할 수 있는 가능성을 갖고 있다.

2) 미륵신앙

미륵Maitreya, Metteta, 慈氏, 慈尊, 彌勒은 불교적인 희망의 이름이다. 윤회, 전생의 세계관을 가지고 있기 때문에 서구 종교와 같은 종말론은 찾을 수 없다. 그럼에도 불구하고 미륵신앙은 특정한 세계고世界苦를 극복하기 위한 정치적 수단으로 기능하였는데, 이 경우에 우리는 특정한 사건의 종말 구조를 발견할 수 있다. 기존의 나쁜 질서를 구축하고 새로운 도덕적 질서를 구현한다는 점에서는 기독교의 종말론과 같은 교훈적 요소를 찾을 수 있다.

미륵은 인도의 브라만 집안에서 태어나 석가의 가르침을 받다가 미래에 성불한다는 수기受記를 받고 도솔천에 올라갔다. 현재 도솔천에서 이들을 교화하다가 석가가 입멸한 지 56억 7천만 년 후가 되면 성불하여 세 차례의 설법龍華三會을 통하

금동미륵보살반가사유상(국보 83호, 삼국시대 7세기)(좌),
일본 교토시 교류지(Koryu-ji Temple 廣隆寺)의 미륵반가사유상(우)

양산 통도사 용화전

여 모든 중생들을 구제한다는 신앙내용이다. 미륵보살이 현재 머물고 있는 도솔천에 태어나기를 바라는 상생신앙과 미래에 인간세계에 태어나 중생을 교화할 미륵불의 구원을 갈망하는 하생신앙이 있다.

미륵에 대한 신앙은 그가 원시불교 집단에서 석가의 탁월한 제자였다는 현실적 관계와, 그의 사후에 주어질 구속적 의미와 함께 전통불교(아미타신앙)가 충족시키지 못하였던 민중적 희망을 적극적으로 수용하면서부터 종교신앙의 위치를 확립할 수 있었다. 불교적 시간관에 의하면 미륵은 현재불現在佛인 석가 다음에 출현하게 될 미래불未來佛로서 미래지향적인 동시에 희망불교적인 의미구조를 가지고 있다. 불교에서는 역사적 종말 이전의 현겁賢劫 동안에 일 천불一千佛이 출현하다고 보는데, 그 첫째는 '가라구손타' 迦羅鳩飡陀 또는 '구류손불' 俱留孫佛이고, 두 번째는 '가나함모니' 迦那含牟尼 또는 '구나함모니불' 拘那含牟尼佛이며, 세 번째는 '카아샤파불' 迦葉佛이고, 네 번째가 '석가모니불' 釋迦佛이며, 그 다음에 올 다섯 번째의 미래불이 곧 '미륵불' 彌勒佛이다. 따라서 "석가가 이미 이룬 부처로서 완성자라면, 미륵은 아직 이루어지지 않은 미완성자인 점에서 실존적으로 미래지향적"이라고 할 수 있을 것이다.2) 석가가 존재적 완성태라고 본다면 미륵은 존재가능성을 지니고 있는 과정적 존재이다. 그러므로 미륵신앙에서는 아직-아님Noch-Nicht이라는 미래지향적 희망구조를 가지고 있다.

또한 미륵은 석가가 이루지 못하였던 나머지를 처리할 수 있도록 예정하는 사실에서 요청적 구조의 실현이라는 의미도 가지고 있다. 석가의 세계는 중생의 제도작업을 완성하지 않은 탓으로 중생과 부처라는 이원론적인 위상의 차별 등 종교적 갈등관계가 남아 있지만, 미륵의 세계에 이르러서는 이런 문제들을 완전하게 해소할 수 있으리라고 본다. 현실적인 모순구조와 억압관계를 미륵세계에서는 완전히 해체할 수 있다고 희망하는 것이다. 미륵불은 아직 오지 않은 그리고 아직 이루어지지 않은 부처님이지만, 그러나 그것은 지금 확실하게 우리 앞으로 오고 있는 미래불이다. 이와 같은 미륵불의 시간규정은 기독교적 종말론의 지평과 매우 유사하기 때문에 기독교 신앙에 나타나는 희망구조와 함께 이해해 볼 수도 있다.

그렇다면 이와 같은 미륵신앙의 종말론적 구조는 어떻게 출현하였으며, 특히 한국에서 미륵신앙은 어떤 유형으로 나타났을까? 일반적으로 미륵신앙은 축법호竺法護 Dharmarakse (238?~316?, 中國 西晉 승려)가 『미륵성불경』을 한역한 300년을 기점으로 대승불교와 더불어 발생한 것으로 보고 있다.[3] 중국에서는 도안道安 Tao-an (312~385)이 도솔천에 왕생하기를 발원하였다는 기록이 있고, 399년에 법현法顯 Fa-hsien (399~414에 활약)은 15년간의 인도여행 중 미륵신앙을 접하였다고 한다.

우리나라에서는 고구려 원평왕 13년(571)에 북위 불교의 영향을 받은 미륵신앙의 형태가 전하여졌고, 죽은 어머니가 미륵불의 용화3회에 참석할 수 있도록 발원해 미륵상을 조성하였다는 기록이 있다. 특히 신라에서는 미륵이 화랑으로 태어났다는 하생신앙이 성행하였다. 진지왕 때 흥륜사의 승려 진자眞慈는 미륵상 앞에서 부처님께서 화랑으로 화생할 것을 소원하였는데, 웅천(지금의 공주) 수원사로 가면 미륵선화彌勒仙花를 보게 될 것이라는 꿈을 꾸었다. 그는 절 앞에서 미소년을 만났는데 알고 보니 그 소년이 바로 미륵의 화신이었다.[4] 이처럼 신라의 화랑도와 미륵사상은 불가분적인 관련이 있고, 경덕왕 19년(760)에 화랑인 월명사月明師(8세기)가 미

륵에게 바쳤던 「도솔가」 역시 이 사실을 뒷받침해 주고 있다.5)

백제에서는 미륵삼존이 연못 속에서 출현한 것으로 믿어졌다. 백제의 미륵신앙은 국토의 미륵세계화라는 국가적인 이상 속에서 번창하였다. 신라의 미륵신앙이 화랑이라는 구체적 인격을 통하여 구현한 것과는 달리 백제의 미륵신앙은 미륵국토인 용화세계가 백제의 국토 안에서 구현하는 것이라고 믿었으며 그 실천적 방법론으로 십선도수행 十善道修行이라는 자력적인 신앙행위를 강조하였다. 현존하는 익산의 미륵사 史蹟(150호)는 백제 무왕 武王 璋, 武康, 獻丙, 署童(?~641)이 창건했으며, 국토적 미륵사상과 계율주의적 성향을 잘 나타내고 있다.6)

금동관세음보살입상
(국보 293호, 삼국시대)

이처럼 삼국시대에 미륵하생신앙이 성행한 원인은 삼국통일을 위한 전쟁으로 인하여 고통을 당하였던 백성들이 현실적으로 구원을 갈망하였고, 전륜성왕이 다스리는 시기에 미륵불이 출현한다는 경전에 근거하여 자신을 이상적인 왕으로 자처하는 경향이 두드러졌기 때문일 것이다.

통일신라시대에는 원효 元曉, 원측 圓測, 대현 大賢, 의적 義寂, 경흥 憬興 등의 학승들에 의하여 미륵신앙에 대한 학문적 검토가 활발하게 이루어졌다. 문무왕 때 원효의 『유심안락도』 遊心安樂道, 『미륵상생경종요』 彌勒上生經宗要, 『미륵상생경소』 彌勒上生經琉는 이 시대의 미륵신앙의 번영을 잘 보여주고 있다.

신라 성덕왕 대에 노힐부득과 달달박박이 관세음보살의 도움을 받아 각각 미륵불과 아미타불로 현신성불했다는 『삼국유사』의 기록에서 짐작할 수 있듯이, 신라 시대에 미륵신앙은 아미타신앙과 더불어 민간 층에 광범위하게 영향을 미치고 있었다.7)

진표 眞表(8세기)는 미륵이념의 인격적 구현(신라)과 국토적 구현(백제)을 계승하여 민족적 차원에서 용화불국토를 실현하기 위하여 금산사를 제1도장, 금강산 발연사 鉢淵寺를 제2도장, 속리산 법

주사를 제3도장으로 창건하여 용화3회 설법도장을 상징적으로 구현하는 등, 교화운동을 전개하였다.8)

그러나 후삼국시대에는 미륵신앙을 정치적으로 이용함으로써 당시의 혼란한 사회상을 그대로 반영해주고 있다. 특히 후백제의 견훤은 금산사의 미륵불을 자칭하고 후백제를 미륵의 용화세계라고 주장하였으며, 태봉의 궁예弓裔(?~918) 역시 미륵불을 자칭하였으며 두 아들을 보살이라고 부르고 20여 권의 위경을 만들어 대중을 현혹하였다.

화순 운주사 입석미륵

미륵신앙이 민간신앙으로 자리 잡은 것은 고려시대부터라고 볼 수 있다. 고려는 구백제 지역의 미륵신앙을 계승하여 국민화합이라는 상징적 차원에서 호국불교 이념을 국시로 하였다. 미륵신앙과 함께 화엄종과 선종이 유행하였다. 특히 민간 층에서는 향도香徒와 결계結契가 활발히 이루어졌으며, 태조 때부터 미륵사에서 매년 법회를 개최하였고, 문종 때는 흥왕사 내에 자씨전을 창건하기도 하였다. 또한 이 시기에 미륵불에게 향을 공양할 수 있기를 발원하면서 바닷가에 향목을 묻어두는 풍습이 유행하였다. 그러나 원칙적으로 미륵신앙은 이 때부터 지배계층의 불교이념으로 자리잡지 못하고 밀려나기 시작하였으며, 따라서 민간 층에서 그 명맥을 유지할 수밖에 없었다. 특히 고려 중기의 사회혼란과 함께 미륵하생적 말법사상末法思想이 민중을 사로잡았다. 이 당시에는 특히 미륵의 하생이 땅 가운데地中나 연못 가운데池中로 상징하는 이른바 현실적인 역사 속에서 이루어진다는 생각으로 하체매몰불의 형태가 유행하였다. 지금까지 발견한 하체매몰불 총 24개 가운데 80%인 18개가 고려시대에 속하고, 다시 전체의 ⅔가 구백제 지역에서 발견된 사실은 이 당시 민중의 현실지향적 희망의식을 적나라하게 반영하고 있다.[9)]

이러한 미륵신앙이 조선시대에 이르러 배불정책에 의하여 결정적으로 타격을 받고 완전히 민간신앙적 차원으로 잠적해 버리게 된다. 이 시기의 미륵신앙은 주로 민중 계층의 혁명사상과 결합하여 나타나고, 무속신앙과 결합하는 경향이 강하게 나타난다. 조선시대에 이루어진 미륵신앙에 대한 억압은 불상의 머리 부분이 부서지고 몸체만이 현존하는 두부단절불頭部斷切佛, 그리고 미륵불을 만들기가 힘들어서 바위에 모형만을 새긴 판석조조불板石造彫佛, 또한 이것도 힘들 경우에는 입석을 미륵처럼 신봉하는 입석미륵立石彌勒의 형태, 그리고 이것들과 같은 시기에 조성되었을 것으로 추정하는 4개의 하체매몰불이 상징적으로 드러내 준다.[10)] 그럼에도 불구하고 이러한 미륵불의 형태는 민간 층에서 여전히 미륵신앙을 전승하고 있음을 역설적으로 시사한다. 이렇게 볼 경우에 미륵신앙은 이미 한국 민중의 의식 속에 자리잡고 있으며 미륵적 가치관에 의하여 민중의식을 규정하고 심지어는 정치사회적인 변동과정 속에서도 미륵신앙에 나타난 종말론적 구조를 통하여 민중의 희망을 왜곡하려는 시도가 나타난다. 특히 숙종조의 역모사건 등은 미륵불이 미래 세계를 다스릴 것이라고 믿은 하층민들이 이상사회를 갈구하면서 일으킨 경우였다. 미륵신앙은 한국근대사에서 후천개벽사상과 결합되면서 증산교와 원불교 등 신종교 운동의 토대 이념이 되었다.

3) 풍수도참사상

현존하는 최고最古의 풍수지리서는 『청오경』靑烏經과 『금낭경』錦囊經이다. 풍수사상은 땅 속에 흐르는 생기와 접함으로써 복을 얻고자 하는 민간신앙이다. '풍수'라는 용어는 중국 동진의 곽박

郭璞(276~324)이 쓴 『금낭경』[11]에 "죽은 사람은 생기에 의지하여야 하는데 [...] 그 기는 바람을 타면 흩어져버리고 물에 닿으면 머문다. 그래서 바람과 물을 이용하여 기를 얻는 법술을 풍수라 일컫게 되었다"라는 기록에서 시작했다는 것이 정설이다.

풍수의 기본 논리는 일정한 경로를 따라 땅속에 돌아다니는 생기生氣를 사람이 접함으로써 복을 얻고 화를 피하자는 것이다. 풍수의 기본원리는 용龍, 즉 산맥의 흐름, 혈穴, 즉 기가 모인 곳, 사砂, 즉 혈의 사방에 있는 산, 수水, 즉 혈의 앞을 흐르는 물의 모양에 있다. 사람의 몸에 혈관이 있고 이 길을 따라 영양분과 산소를 운반하는 것처럼, 땅에도 기의 흐름이 있다는 것이다. 몸의 기氣가 전신을 순행하는 통로인 경락과 같이 지기地氣가 순행하는 통로인 용맥龍脈이 있다. 그리하여 살아있는 사람은 땅의 생기 위에서 삶을 영위하고 그 기운을 얻지만, 죽은 자는 땅속에서 직접 생기를 받아들이며, 따라서 살아있는 사람보다는 죽은 자가 얻는 생기가 보다 확실하다. 그리고 이렇게 죽은 자가 얻은 생기는 후손이 그대로 받게 되는 것이다同氣感應 또는 親子感應. 『청오경』에서도, "뼈는 뿌리로 돌아가는데, [그 뼈가] 길한 기운에 감응하면 많은 복이 사람에게 미친다"고 하였다.[12]

이처럼 풍수의 대상은 현대 지리학의 관심분야와 일치한다. 도읍이나 마을의 위치를 정하고 집터를 잡고 물자리를 찾으며, 정원수를 배치하고 길을 내는 데서부터 땅을 보는 기본적 시각은 오늘날의 인문지리학과 같은 기능을 하고 있다. 이런 사실에서 풍수는 땅에 대한 인간의 태도를 체계화한 것이라고 볼 수 있다. 다만 인문지리학과 차이가 있다면 살아있는 사람과 땅의 관계뿐만 아니라 죽은 사람의 경우까지를 중시하는 사실일 것이다.

풍수개념도

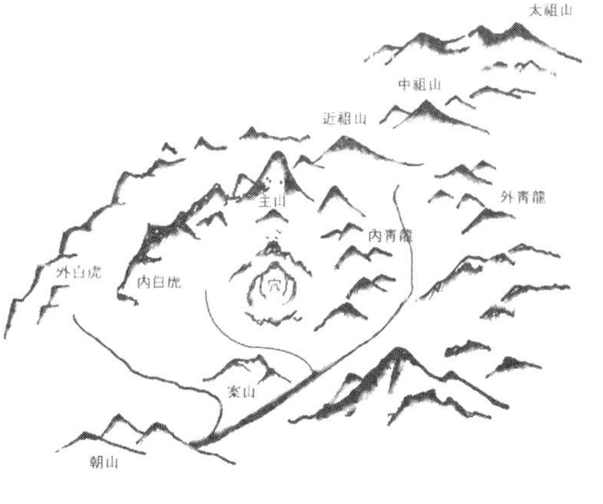

풍수란 본래 지극히 일상적이고 평범한 생활환경을 나타내는 개념으로써, 풍風은 기후와 풍토를 지칭하고 수水는 물과 관계하는 모든 것을 가리킨다. 풍수지리설은 음양론陰陽論과 오행설五行說을 기반으로 땅에 관한 이치, 즉 지리를 체계화한 전통적 논리구조로서 『주역』에 근거하여 길한 것을 추구하고 흉한 것을 피하는 追吉避凶 이른바 상지기술학相地技術學으로서 산山, 수水, 방위方位, 사람人의 네 가지 요소를 중심으로 간룡법看龍法, 장풍법藏風法, 득수법得水法, 정혈법定穴法, 좌향론坐向論, 형국론形局論, 소주길흉론所主吉凶論 등의 논리를 펼쳐나간다. 풍수는 도읍, 군현, 마을 등 취락지와 주택지를 정하는 양택풍수, 그리고 묘터를 정하는 음택풍수가 있으나 그 술법의 본질에서는 동일하다.

첫째로 간룡법看龍法은 산山의 모습을 살피는 방법이다. 용龍은 바로 산을 지칭한다. 이러한 용맥의 좋고 나쁨을 조산祖山으로부터 혈장穴場에 이르기까지 살피는 방법을 간룡법이라 한다. 용 속에는 감추어진 산의 정기가 흐르고 있으며, 자기 자신 속에 흐르는 맥으로 간룡할 경우에는 용을 체體로, 맥을 용用으로 하여 찾는다. 인체의 혈맥처럼 용의 생기 역시 지표 근처에서 흐르고 있으며, 이를 통하여 그 길흉을 판단하는 것이다.

둘째로 장풍법藏風法은 명당 주위의 지세에 관한 풍수론이다. 결국 장풍법을 통하여 도읍이나 음택陰宅 또는 주택의 위치를 결정하게 된다. 장풍은 '좌청룡左青龍, 우백호右白虎, 전주작前朱雀, 후현무後玄武'라 하여, 혈이 남향인 경우에 동쪽의 청룡, 서쪽의 백호, 남쪽의 주작, 북쪽의 현무, 이 네 개의 산이 대종을 이룬다. 이 경우에 현무는 혈장 뒤에 어느 정도 떨어져 솟아 있는 높고 큰 주산主山으로서 기준을 잡게 된다. 주작은 안산과 조산으로 나누어지며, 조산은 혈 앞에 있는 크고 높은 산이고, 안산은 주산과 조산 사이에 있는 나지막한 산으로서 주인과 나그네가 마주하고 있는 책상과 같다는 뜻이다. 현무와 주작의 관계는 주인과 나그네,

남편과 아내, 임금과 신하 사이를 나타낸다. 청룡과 백호는 각각 동과 서에서 주산과 조산을 호위하는 자세를 취하고 있는 산이다.

셋째로 득수법得水法은 물의 위치를 살피는 것이다. 중국의 풍수지리서에서는 산보다는 물길을 중시하여 득수법을 중점적으로 다루고 있다. 이는 풍수지리설이 성행하였던 중국 북부지방의 강수량이 적었기 때문이며, 따라서 우리나라에서는 큰 영향을 미치지 못하였다. 그러나 산과 수를 음과 양에 비기는 전통적 사고방식은 그대로 유지하였다. 대체로 물은 길한 쪽으로부터 흘러와서 흉한 쪽으로 흘러가야 한다. 또한 물에서 탁취가 나거나 흐리면 좋지 않고 혈전穴前에 공손히 절을 올리듯이 지나쳐야 한다. 물이 흐름이 급하여 혈을 향하여 쏘듯이 내지르는 것은 좋지 않다. 이 경우에 산과 물이 각각 따로 있는 것처럼 보이면 불길한 것이고, 산수가 남자와 여자가 서로 절하고男女相配, 음과 양이 서로 보완하는 陰陽相補 모습일 경우에는 좋은 것이다.

넷째로 정혈법定穴法은 생기가 흐르는 혈을 보는 것이다. 혈穴은 사람의 경혈經穴과 서로 대응할 수 있다. 주자朱子는 『산릉의장』山陵議狀에서 "이른바 정혈의 법이란 침구에서 비유할 수 있는 것으로 스스로 일정한 혈의 위치를 가지는 것이기 때문에 추호의 차이도 있어서는 안 된다"고 지적한 바 있다. 경혈은 사람의 경락에 존재하는 공혈孔穴을 뜻하며 생리적, 병리적 반응이 현저하게 나타나는 곳이다. 침구는 이 경혈의 부위에 실시하게 되므로 그 위치를 잘 알아야 장부臟腑의 병을 치료할 수 있다. 풍수지리에서도 이와 마찬가지로 혈을 제대로 잡아야 생기의 조응을 받게 되며, 신혈眞穴을 잡지 못했을 경우에 생룡生龍은 사룡死龍이 되고, 길국은 흉국이 되는 사태를 초래할 수 있다.

다섯째로 좌향론坐向論은 방위를 살피는 것이다. 좌향이란 혈의 위치에서 본 방위, 즉 혈의 뒤쪽 방위를 좌坐로, 혈의 정면을 향向으로 한다는 의미이다. 좌향은 방향의 개념과는 다르며, 한 지점이나 장소는 무수한 방향을 가질 수 있으나, 선호성으로 결정하는 좌향은 단 하나뿐이다. 하나의 건축환경이 특정한 좌향을 갖게 되기까지 검토하는 향向은 절대향과 상대향으로 구분할 수 있으며, 절대향은 인간생활에 직접 영향을 주는 천체, 특히 태양의 운행으로 결정하고 시간성을 내포하지만, 상대향은 지세地勢와 시계視界, 실존과 사회성 등에 의하여 결정한다.

여섯째로 형국론形局論은 풍수의 전체적인 모습을 일별하는 것이다. 실제로 산에 올라 길지를 파악하는 과정에서 눈으로 직접 길흉을 판별하는데, 이 경우에 산천의 형세를 인물금수人物禽獸의 형상과 유추하여 판단함으로써 지세와 그 길흉을 알아낼 수 있다. 우주만물은 이기理氣에 의하여 형상形像을 갖기 때문에, 각각의 물체에는 그 형상에 상응하는 기상과 기운을 내재하고 있다. 따라서 풍수지리설에서는 산혈형체山穴形體와 보국형세保局形勢에 따라 대응하는 정기가 땅에 모이는 것으로 생각한다. 기의 차이에서 생기는 형상을 통하여 사물의 원기를 알아낼 수 있다는 입장이 형국론으로 발전한 것이다.

일곱째로 소주길흉론所主吉凶論은 땅과 사람의 관계를 살피는 것이다. 이는 땅을 사용하려는 사람의 성품과 관련된 논리체계이다. 적선積善과 적덕積德을 행한 사람에게 길지가 돌아간다는 믿음이 바로 그것이다. 땅에는 주인이 따로 있으며地各有主, 땅을 사용하는 사람의 사주팔자四柱八字가 땅의 오행과 상생적이어야 한다는 생각은 이를 반영한다. 풍수사상에 길지를 얻는 일은 하늘에 달려 있으며, 인자仁子와 효자孝子만이 그와 같은 길지를 얻을 수 있다는 도덕주의적 요소는 풍수지리설을 희망철학적으로 접근할 수 있는 중요한 계기가 될 수 있다.13)

우리나라에서는 삼국시대부터 이미 자생적인 지리사상을 갖추고 있었던 것으로 추정한다. 그러나 확립한 이론체계로서 풍수지리설은 중국으로부터 유입했다는 사실이 일반적인 견해다. 중국에서는 고대의 천부지모사상天父地母思想에 음양론과 사신도四神圖의 천문사상을 결합함으로써 전국시대 말기부터 이론적인 틀을 마련하기 시작하였다. 기원전 5-4세기 경에는 도참비술적 사상이 영향력을 가지고 있었으나, 한漢대에 이르러 음양론을 본격적으로 도입함으로써 풍수지리설을 정착하게 하였다. 남북조 시대에는 더욱 발전하여 수많은 풍수대가들이 출현하였으며, 이 시기에 집터를 보는 양택陽宅 위주의 풍수에 묘터를 찾는 음택을 추가하기에 이른다. 그 이후에 당·송·원·명·청대에도 수많은 풍수서와 유명한 풍수가들이 나타났다.

삼국시대에 중국의 풍수지리설을 도입했다는 확실한 증거는 없으나, 사신도 신앙, 음양오행설, 점상술占相術, 참위비기류讖緯祕記類 등을 유입했던 흔적은 있다. 고구려를 침공하였던 관구검毌丘儉의 묘를 보고 당시의 유명한 음양가는 그 묘의 형태가 고독한 모습을 띠고 있어서 장차 멸족의 화를 입을 것이라고 예언하였다. 신라 제4대 탈해왕은 토함산 위에 올라 초사흗날 달처럼 생긴 지세를 보고 자기가 살 터라고 생각하여 그곳을 사술로 빼앗았다. 그리고 고구려와 백제의 고분벽화에 사신도가 그려져 있는 사실 등은 이 시기에 풍수사상이 유입된 반증이라고 할 수 있다. 특히 신라 원성왕 때에는 『청오경』을 들여왔다는 확실한 기록이 있으며, 도선道詵(827~898) 이전에 이미 풍수지리설이 성행하였음을 알 수 있다.

신라 제27대 선덕여왕善德女王(632~647 재위)은 세 가지 일을 미리 알고 있었는데, 그 중 하나는 당태종이 보낸 모란꽃 그림과 씨앗을 받고서, 그 꽃이 향기가 없을 것이라고 예언하였더니, 씨를 뿌린 얼후에 핀 꽃은 향기가 나지 않았다. 두 번째는 영묘사靈廟寺 옥문지玉門池에서 한 겨울에 수많은 개구리가 우는 것을 보고, 정예군사 2,000명을 서쪽 근교에 있는 여근곡女根谷으로 보내서 그곳에 매복한 백제의 군사를 전멸시키도록 하였다. 신하들이 이 일을 어떻게 알았느냐고 묻자 여왕은 당태종이 보낸 꽃 그림에 나비가

경주시 건천읍 부산(富山) 자락에 있는 여근곡

없는 것을 보고 향기가 없는 꽃인 것을 알았으며, 이는 중국 황제가 배필이 없는 자신을 조롱하기 위한 것이라고 말하였다고 한다. 또한 개구리가 성나서 우는 모습이 마치 군사를 방불하였고, 옥문玉門이란 여인의 음부이기 때문에 여근곡에 적군이 매복한 것이라고 짐작하였으며, 남근男根이 여근女根에 들어가면 반드시 죽게 되므로 적군을 물리칠 것을 알았다는 것이다.14)

또한 여왕은 자신의 죽을 날을 미리 예측하여 낭산狼山의 남쪽에 있는 도리천忉利天에 장사지낼 것을 명하였다. 그곳에 장사한지 30여년 후에 문무왕이 선덕여왕릉의 아래에 사천왕사를 건립하였다.(679년) 불교에서는 사천왕천의 위에 도리천이 있다고 여기기에 과연 여왕은 자신의 쉴 곳을 도리천에 마련했던 것이다.

당나라로부터 본격적으로 풍수사상을 받아들인 사람은 도선이다. 도선은 최치원崔致遠(857~?)과 같은 시대의 사람으로 선문구산파禪門九山派 중 하나인 동리산파桐裏山派의 개조 혜철惠哲(785~861)로부터 인가를 받아 전라남도 광양의 옥룡사玉龍寺에서 독자적인 선문을 개설한 승려였다. 그가 중국인 일행一行선사로부터 직접 풍수지리를 전수받았다는 것은 사실이 아니나, 대체로 그의 이론을 습득한 것만은 분명한 것으로 보인다. 일행은 위도緯度를 측량하고 역법을 정리하기도 한 매우 합리적이고 실증적인 사람이었는데, 그의 영향을 크게 받은 도선의 풍수지리설은 극히 경험주의적이었다. 도선과 그의 제자들은 국토를 오늘의 인문지리학적 시각에 가깝게 재해석하여 한반도 지체구조의 특징을 경동지괴傾東地塊로 파악하였고, 수도의 위치가 동남방에 편재된 경주보다는 중부지방이 더 낫다는 의견을 제시함으로써 고려 개국의 이념적 바탕을 마련하기도 하였다.

고려 태조 왕건王建은 선종과 도선류의 풍수지리설에 입각하여 개국할 수 있었다. 태조의 「훈요십조」訓要十條는 풍수지리설을 중시한 대표적 사례라고 할 수 있다. 사원의 개창開創에 관한 제1조와 모든 사찰은 도선이 정한 곳에만 건립할 수 있다는 제2조, 서경西京을 중시하는 제5조와 국토에 대한 제8조의 내용은 철저하게 풍수지리적인 요소를 담고 있다. 고려시대의 국가 종교는 불교였지만, 그 실제적인 지도이념은 풍수지리설이었던 것이다. 그 이후에도 성종과 현종은 동경東京, 즉 경주에 대한 지속적 관심을 표명하였고, 문종 이후부터 고려말까지 남경, 즉 서울에 대한 관심이 커졌으며, 묘청은 서경천도론을 제안하기도 하였다. 고려시대에는 도읍과 사찰을 풍수설에 입각하여 결정하는 이른바 국토풍수와 비보사탑裨補寺塔이 크게 유행하였다. 또한 고려시대의 주요한 역사적 사건에는 반드시 풍수지리설이 근저에 놓여 있었다.

고창 선운사 마애석불. 동학교도들이 배꼽에서 비기를 꺼내었다고 전한다.

조선 태조 이성계李成桂 역시 도참과 결합한 풍수지리설에 크게 영향 받았다. 그는 풍수도참설을 자신의 정치기반을 확립하는데 적절하게 활용하였다. 새로 수립할 국가의 이름을 정하기도 전에 새로운 도읍지를 찾아 나설 정도였다. 한양漢陽, 모악母岳, 계룡산鷄龍山 등의 후보지 가운데서, 결국 하륜 등의 요청에 의하여 한양으로 결정하였다.

조선시대에 유교를 국가이념으로 확립하면서 풍수사상은 양기 위주의 도읍풍수로부터 음택 위주의 묘지풍수로 전환하기에 이르렀다. 조상숭배와 효행사상, 그리고 가문 중심의 출세지향주의가 음택풍수를 부추겼던 주된 요인들이다. 후기에는 묘지 혹은 개인의 주택을 대상으로 하는 이기적 성격의 풍수가 주종을 이루게 되면서 실사구시實事求是와 경세치용經世致用을 주창한 실학자들에게 격렬한 비판의 표적이 되었다. 그러나 조선시대의 풍수도참사상은 민중계층에 들어가서 그들의 희망과 이상을 표출하는 기제로 기능하였다. 예를 들면 홍경래洪景來(1771~1812)나 전봉준全琫準(1855~1895) 등이 주도하였던 민란에서는 풍수도참사상의 메시아적 측면들, 즉 진인사상과 남조선사상 등이 구체적으로 드러나기 시작하였으며, 이를 바탕으로 유·불·선 3교를 통합한 새로운 민족적 민중종교적 지도이념들이 출현할 수 있는 분위기를 조성하였다. 동학, 증산, 원불교, 대종교의 종교이념들은 풍수도참적 진인사상을 한 축으로 발전한 후천개벽사상을 역사적 지평으로 삼고 있다.

2. 천도교(동학)

천도교를 이끄는 역사철학은 후천개벽사상이다. 이는 한국의 근대 민간신앙에 공통적으로 나타난 종말론적 지평이다. 후천개벽사상은 민간종교의 성립순서에 따라서 최제우水雲 崔濟愚(1824~1864)의 동학사상, 강일순甑山 姜一淳(1871~1909)의 증산 사상, 박중빈少太山 朴重彬(1891~1943)의 원불교 사상 속에서 발전하고 체계화를 이루었다. 후천개벽사상은 습합적 원시반본적 성격과 함께 발전적 미래지향적 성격을 띠고 있다. 후천개벽사상은 한국인의 고유신앙으로 자리잡은 무속신앙, 미륵신앙, 풍수도참사상, 정감록 신앙과 남조선사상 등에 작동하고 있으며, 심지어는 서학(천주교)의 종말론적 구조에까지 영향을 미치고 있다. 후천개벽사상은 한국 근대사의 급변하는 와중에서 체계화된 한국적 종말론이며, 삼정의 문란과 정치경제적 착취, 무서운 전염병과 끊임없는 재해 및 외세의 침입으로 안팎에서 삶을 위협받았던 한국 민중의 희망의식을 폭발적으로 표출하여, 1860년(철종 11년)의 동학(천도교) 창시로 이어졌다.

동학은 1860년 4월 5일 수운水雲이 창시한 한국 근대의 신종교로서 서학(천주교)을 앞세운 서구세력의 침투를 저지하는 동시에 조선 사회의 내적 위기를 극복할 수 있는 이념적 대안을 표방하였다. 몰락 양반의 후예이면서 서자 출신인 최제우는 40세가 될 때까지 자신의 삶을 한탄하다가 1860년 4월 5일 무속의 신병체험과 비슷한 강신체험을 통하여 한울님의 존재를 인식하면서부터 한울님을 성심으로 자기 안에 모시는 것이 바로 도를 깨닫는 것이라고 생각하게 되었다.

수운은 1880년에 한문으로 된 『동경대전』東經大全[15]과 1881년에 한글가사체로 된 『용담유사』龍潭遺詞[16]를 집필하고 교도들을 관리할 수 있는 행정체제를 정비하였다. 그러나 정부는 최제우를 혹세무민의 죄로 다스려 처형하였다.

수운은 시천주侍天主 사상을 강조했는데, 이것은 『동경대전』의 21자 주문에서 처음으로 등장한다. 이것은 그가 강신체험을 하면서 한울님으로부터 직접 받았다고 주장한 주문으로서, 강령주문 '지기금지원위대강'至氣今至願爲大降 여덟자와 본 주문 '시천주조화정영세불망망사지'侍天主造化定永世不忘萬事知 열세 글자로 이루어져 있다. 수운은 이 주문의 뜻을 다음과 같이 해설하고 있다.

> 지至는 최상을 뜻한다. 기氣는 영묘靈妙하고 창창蒼蒼하여, 온갖 사물에 관여하고 온갖 사물을 지배하나, 형용할 수 있을 듯하면서 말로 나타내기 어렵고, 들릴 듯하면서 보이지 않는다. 그것은 바로 만물을 출생하는 근본질료根本質料다. 금지今至는 지금 입교入敎하여 지기至氣에 연접하여 있음을 알고 있다는 뜻이다. 원위願爲는 바란다는 뜻이고, 대강大降은 지기에 화합하기를 바란다는 뜻이다. 시侍는 마음으로는 신묘神妙한 영감을 느끼고 몸으로는 지기에 화합하여, 온 세상 사람이 스스로 깨달아 마음에 오래 간직한다는 뜻이다. 주主는 그 높은 덕을 찬양하여 부모와 마찬가지로 받들어 모시는 것을 뜻한다. 조화造化는 자연적으로 만물을 다스리는 놀라운 힘을 뜻한다. 정

定은 하느님의 덕에 참여하고 그 뜻을 굳게 지킨다는 뜻이다. 영세永世는 사람의 한평생을 뜻하고, 불망不忘은 마음속에 깊이 간직한다는 뜻이다. 만사는 사물의 수가 많다는 뜻이고, 지知는 하느님의 가르침을 깨달아 그 지혜를 얻게 된다는 뜻이다.[17)]

따라서 '시천주'란 초월적이면서도 내재적(인격적)인 하느님을 자기 자신의 마음속에 정성껏 모시라는 뜻이다. 수운은 사람의 마음이 곧 하느님의 마음이라는 사실을 알고 있었지만, 초월적 존재로서 하느님에 대한 개념이 주도적인 까닭에 전통적인 제사형식인 향벽설위向壁設位의 방식을 취하였다. 이는 초월적인 신을 향하여 제사드리는 것을 뜻하며, 신과 인간의 분리를 전제한 것이다.

수운은 자신이 도道를 얻기 전(下元甲)까지를 선천先天, 그 이후(上元甲)를 후천後天이라고 하여 자기중심적 위치에서 후천개벽설을 설정하고 있다. 이러한 개벽설은 물론 그의 독자적인 산물이라기보다는 천지개벽의 시조인 천황씨天皇氏로까지 소급하지만, 수운의 후천개벽설은 역易의 운도설運度說에 기초한 한국 특유의 순환사관에다가 사건적 종말론을 가미해서, 즉 천지의 순환과 변화를 전제하면서도 역사적 종말론을 설정해 보는 독특한 구성상의 특징을 가지고 있다.[18)] 수운의 개벽설은 역사적 종말자체를 의미하지 않고 구역사의 종말先天에 이은 새 역사의 시작後天을 강조한다. 즉 만고에 없었던 무극대도無極大道가 이 세상에 출현함으로써 선천이 후천으로 개벽하게 된다는 것이다. 이것은 현실세계에 선경세계仙境世界를 이룩하겠다는 종교적 의미 이외에도 인간의 자아발견, 인간의 한울화, '인간의 사회적 성화'(김지하) 등과 같은 인간학적, 사회학적 의미와 문화·경제적 창조운동 및 생명의 본성 회복운동에 이어서, 억압과 수탈, 그리고 선천적인 제반 폭력과 살해의 악마적 구조를 깨부수는 살아있는 삶의 적극적 실천적인 현실부정 운동을 의미할 수도 있다. 수운의 후천개벽 운동은 실세로 문화의 혁신과 창조를 가능하게 하고 삶의 새로운 활로를 개척할 수 있는 새로운 사회건설의 이념이었고 역사 속에서 그 실현을 위하여 구체적으로 몸으로 투쟁하였던 이른바 체현體現의 사상思想이었다.

3. 증산교

증산교甑山敎는 한말 개항기였던 1902년 강일순姜一淳(1871~1909)이 개창한 신종교이며, 훔치교라고도 한다. 동학이나 대종교와 마찬가지로 이 땅 위에 이상세계를 세운다는 후천개벽사상을 근간으로 하고 있다.

강일순은 몰락한 양반 가문 출신으로서 부유한 집안의 여자와 결혼하였고, 갑오농민전쟁 때는 일시적으로 동학군에 참여하기도 하였다. 1901년 전주 모악산에서 수행하여 같은 해 7월 5일 득도하였으며, 그는 하늘, 땅, 인간의 삼계대권을 가지고 이 땅의 민중을 구원하기 위하여 금산사 미륵불로 태어났다고 주장하였다. 그는 세상의 모든 혼란을 괴질로 비유하고 이를 모두 대속하였으나 한 가지 괴병만은 남겨두고 의통醫統을 가진 자가 이를 고칠 수 있다고 하였다. 그의 추종자들은 천지개벽을 통한 지상선경의 도래를 갈망하였으나, 1909년 그가 죽자 장례식도 제대로 참석하지 않고 해산해 버렸다.

그러나 1911년에 증산의 아내였던 고부인高夫人이 신비 체험을 한 후에 최초의 교단인 선도교仙道敎 또는 태을교太乙敎를 세우고 포교 활동을 함으로써 다시 활기를 찾기 시작하였다. 그러나 고부인의 이종사촌 동생 차경석車京石(1880~1936)이 신도들을 장악하여 보천교普天敎로 이름을 바꾸자, 증산의 다른 추

수운 최제우 선생과 수운묘(경주)

증산 강일순, 소태산 박중빈 (위로부터)

종자들은 차경석의 법통성을 부정하게 되었고 이를 계기로 교단의 분열이 시작되었다. 특히 보천교는 1919년에 60여개의 교구와 수백만의 신도를 거느릴 정도로 교세를 확장하였으나 조선총독부의 탄압을 받게 되면서 차경석은 친일행각을 하기 시작하였고, 이를 반대한 일부 세력들이 서울대법사, 삼성교三聖敎 등의 교단을 새로 만들었다. 보천교 이외에도 김형렬金亨烈의 미륵불교, 안내성安乃成의 증산대도교와 같은 큰 교단이 세워졌고, 이로부터 순천교, 태극도 등의 교파가 생기는 등, 증산교 계통의 교파는 전체적으로 100여 개에 달하였으나, 1938년 조선총독부의 유사종교 해체령으로 대부분의 교단은 소멸 또는 잠적하게 되었다. 1950년 말에 태극도가 주도한 말세론적 경향으로 사회적 비난을 받았으나, 1960년대에는 이상호李祥昊와 이정립 형제가 경전 간행사업을 진행하였다. 1970년대에 한국학 연구가 활기를 띠게 되면서 증산 사상이 주목을 받기 시작하였으며, 1974년부터 대학가의 학생 서클 운동과 1975년부터 학술 논문집 『증산사상연구』를 발간하면서 역사적인 재조명을 받기 시작하였다. 이상호는 증산교의 교의체계를 수립하는데 공헌하였으며, 단군, 수운, 증산의 사상을 종합하여 이른바 삼단신앙체계三段信仰體系를 확립하였다.

주요 경전으로는 보천교를 탈퇴한 이상호가 1926년에 강일순의 추종자들에게서 들은 행적을 모아서 엮은 『증산천사공사기』甑山天師公事記와 1929년에 그 자신이 직접 저술한 『대순전경』大巡典經이 있다.[19] 최근에는 증산도의 『도전』道典이 간행되었다. 특히 『이것이 개벽이다』의 저자로 세간에 잘 알려져 있는 안경전安耕田 종정은 증산사상을 한국학의 중심주제로 세계에 알리는 연구사업에 박차를 가하면서 증산도 운동을 주도하고 있다. 최근에는 『환단고기』를 종교적으로 활용하여 우리 민족의 신앙적 수월성과 자긍심을 고취하고 있다.

증산에 의하면 이 세계는 음양조화의 법칙에 따라 필연적으로 예정하고 있는 '운도'運道에 의하여 선천先天에서 후천後天으로 개벽을 이룩하게 된다. 그런데 여기에서 증산이 선천세계를 원한과 상극의 시대, 후천세계를 조화와 상생의 시대라고 규정하고 있는 점은 동학과 다를 바가 없겠으나, 이 후천개벽을 한국의 운명을 뜯어고치면서 증산 자신이 직접 주재하겠다는 점이 전혀 다르다. 그는 삼계대권三界大權을 주재하여 천지를 개벽하고 무궁한 선경의 운수를 정하며 조화정부造和政府를 열어 신명神明과 민중民衆을 구원하겠다고 하였다.[20] 상극지리相剋之理에 의하여 원한과 살기가 맺히고 터지면서 잔혹한 재앙이 악순환을 이루는 선천의 도수度數를 뜯어 고쳐서, 상생지리相生之理로서 해원解冤하고 선경仙境과 조화정부를 열기 위한 천지공사天地公事[21]를 수행하겠다는 것이다.

4. 원불교

원불교는 1916년 4월에 약관 26세의 전남 영광 출신 청년 소태산小太山 박중빈朴重彬(1891~1943)이 창시한 신종교이다. 그는 득도한 후 수개월이 지나자 40여명의 제자를 얻었으며, 그 중에서 9명의 표준 제자를 정하고 이들과 함께 근검저축, 미신타파, 허례허식의 폐지, 금주 등 생활 개혁과 농토 간척사업, 기도 운동 등을 통하여 교단을 구축하기 시작하였다. 1919년 소태산은 전북 부안에서 원불교의 교리와 제도를 구상하고, 1924년에는 '불법연구회'를 교명으로 삼았으나, 1948년에는 이를 '원불교'로 고쳤다.

원불교의 경전으로는 기본 교리를 밝힌 『정전』正典, 소태산의 언행록 『대종경』大宗經, 정산 송규의 법문집 『정산종사 법어』, 그리고 원불교 사상과 관련이 있는 불경을 발췌한 『불조요경』 등이 있다. 1960년부터 종교연합운동을 제창하고 있으며 미국, 캐나다, 독일, 프랑스, 오스트레일리아, 일본, 카자흐스탄 등 해외에도 20여 개의 교당이 있다.

법신불 일원상

익산 원불교 본부 정신개벽 탑

소태산은 득도한 후 불교, 유교, 도교, 기독교 등의 여러 경전을 연구하였으며, 그 중에서도 특히 금강경金剛經에 심취하여 석가를 성현 중의 성현이라고 평하였다. 또한 그는 석가의 발심發心, 구도求道, 대각大覺의 경로가 자신과 비슷하다고 주장하면서, 그의 사상적 연원을 석가로 정하고 불법을 중심으로 한 새로운 종교를 창설하겠다고 결심한다. 그리하여 소태산은 불교적 교리에 기초하여 종교 개혁, 인간 개혁, 사회 개혁을 도모하는 새로운 종교를 창안하였다.

원불교의 기본 교리는 우주와 인생의 근본질서를 일원상一圓相의 진리로 보고 4은4요四恩四要[22]의 신앙과 3학8조三學八條[23]의 수행으로 원만한 인격과 이상적인 낙원의 건설을 추구하고 있다. 소태산은 깨달은 진리를 일원一圓으로 드러내고자 하였다. 그는 1916년 4월 28일 이른 아침에 만유가 한 체성體性이며 만법이 한 근원이고, 이 가운데 생멸 없는 도와 인과보응하는 이치가 서로 어우러져 하나의 뚜렷한 기틀을 이루었다는 사실을 깨달았다. 그는 일원의 진리를 다음과 같이 설파하고 있다.

> 일원一圓은 우주 만유의 본원이며, 제불 제성의 심인이며, 일체 중생의 본성이며, 대소 유무大小有無에 분별이 없는 자리며, 생멸 거래에 변함이 없는 자리며, 선악 업보가 끊어진 자리며, 언어 명상言語名相이 돈공頓空한 자리로서 공적 영지空寂靈知의 광명을 따라 대소 유무에 분별이 나타나서 선악 업보에 차별이 생겨나며, 언어 명상이 완연하여 시방 삼계十方三界가 장중掌中에 한 구슬같이 드러나고, 진공 묘유의 조화는 우주 만유를 통하여 무시광겁無始曠劫에 은현 자재隱顯自在하는 것이 곧 일원상의 진리니라.[24]

일원상의 진리는 4은4요와 3학8조에 정진함으로써 도달하게 되고 낙원세계를 건설하는 것 또한 가능하게 된다. 또한 이러한 근본 교리를 네 가지로 종합한 4대강령四大綱領, 즉 정각정행正覺正行,

지은보은知恩報恩, 불법활용佛法活用, 무아봉공無我奉公을 통하여 원불교가 최고선으로 추구하는 최고의 이상과 정의를 실현한 낙원을 이룩할 수 있다고 본다.

원불교 역시 동학이나 증산사상과 마찬가지로 종교습합적인 특징을 강하게 드러내고 있다. 소태산은 불교를 기본으로 원불교를 창시하였으나, 세계의 모든 종교가 동일한 원리를 바탕으로 하고 있다는 취지를 밝히고 있다.[25] 그가 밝히는 종지는 증산교가 주장하는 지방신과 통일신단 이론과 일맥상통하는 측면이 있다.

소태산의 원불교사상은 수운과 증산의 후천개벽사상을 계승하고 있다. 소태산에 이르면 후천개벽은 천지운도天地運度에 의해서 자연적으로 교역交易하는데, 이때의 개벽은 외적인 일월개벽과 내적인 정신개벽이 조화를 이룬 상태에서 발전하는 이상세계를 지칭한다. 선천과 후천이 교역하는 시기에는 천지에 대변동이 일어나고 그 뒤에 원만한 세계를 건설한다. 물론 그가 말하는 원만한 세계, 즉 후천세계는 '이상적인 불국토佛國土'와 같이 불교적으로 표현하고 있는 점이 동학이나 증산사상과 조금 다르다.

> 서로 서로 생불生佛이 되어 서로 제도하며, 서로서로 부처의 권능 가진 줄을 알고 집집마다 부처가 살게 되며, [...] 돌아오는 세상이야말로 참으로 크게 문명한 도덕 세계일 것이니, 그러므로 지금은 묵은 세상의 끝이요, 새 세상의 처음이 되어, 시대의 앞길을 추측하기가 퍽 어려우나 오는 세상의 문명을 추측하는 사람이야 어찌 든든하지 아니하며 즐겁지 아니하리요. [...] 또 지금은 물질 문명이 세계를 지배하고 있지마는, 오는 세상에는 위 없는 도덕이 굉장히 발전되어 인류의 정신을 문명시키고 물질 문명을 지배할 것이며 물질 문명은 도덕 발전의 도움이 될 것이니, 멀지 않은 장래에, 산에는 도둑이 없고 길에서는 흘린 것을 줍지 않는 참 문명세계를 보게 되리라. [...] 지금 세상의 정도는 어두운 밤이 지나가고, 바야흐로 동방에 밝은 해가 솟으려 하는 때이니, 서양이 먼저 문명함은 동방에 해가 오를 때에 그 광명이 서쪽 하늘에 먼저 비침과 같은 것이며, 태양이 중천에 이르면 그 광명이 시방 세계에 고루 비치게 되나니 그 때야말로 큰 도덕 세계요 참 문명 세계니라.[26]

후천세계는 대명세계大明世界 또는 대문명세계大文明世界라는 규정에서 유추할 수 있듯이 밝고 원만하며 자유자재로 활동할 수 있는 열린 세계이며, 인간이 인간으로서 대접받게 되고 참다운 자유와 평등을 구가할 수 있는 사회이다. 따라서 후천세계는 원 하나로 통일을 이룬 세계이고, 의암이나 이돈화처럼 마음의 혁명에서 사회의 변혁으로 이행하는 정신개벽을 강조하고 있다. 본래적인 자기의 진실성을 회복하는 정신개벽은 물질개벽과 함께 후천세계를 문명화한다는 것이다. 이 후천세계는 '인간人間의 생불화生佛化', '민중의 부처화'라고 표현할 수 있다. 후천세계에서는 상극이 없어지고 승속僧俗의 이원적인 분리가 사라지며 불법佛法이 천하에 편만하여 집집마다 부처가 살고 생불生佛이 되어 서로가 서로를 제도한다는 것이다. 후천개벽사상은 원불교에 이르러서 '인간의 한울화', '인간의 생불화生佛化'의 기치를 올리고 인간이 하느님으로 되는 자력적인 종교의 이상을 이념화하고 있다.

5. 대종교

홍암 나철

대종교大倧敎는 단군檀君을 숭배하는 민족종교로서, 1909년 나철羅喆(1863~1916)[27]이 중광重光한 종교이다. 대종교의 종倧이란 상고신인上古神人 또는 '한배님'을 뜻하며, 그것은 '한임'과 '한웅' 그리고 '한검이 하나가 된 존재이다. 중광重光이라는 것은 새로 창시한 것이 아니라 기존에 있는 교단을 중흥했다는 의미이다.

1910년 6월에 서울 2천명, 지방 1만 8천명의 교인을 확보하였으며, 그 해 8월에 단군교를 대종교로 개칭하였다. 그러나 일제의 종교탄압이 심해지면서 국외 포교활동에 치중하게 되었고, 그 결과 한주 북간도 삼도구三道溝에 지사를 설치하였다. 1911년에 『신리대전』神理大全을 간행하였으며, 1914년 5월에는 백두산 북쪽 산

대종교 성지 마니산 참성단

기슭에 위치한 청파호靑坡湖 근방으로 총본사를 이전하였다. 만주를 무대로 교세를 확장하면서 교인의 수가 30만명에 이르렀다. 그러나 1915년 10월에 조선총독부가 종교통제안宗教統制案을 공표하면서 대대적인 탄압을 받게 되었고, 1916년 8월 15일에 구월산의 삼성사三聖師에서 일행 6명과 함께 분통한 마음으로 자결하였다. 나철의 저서로는 『삼일신고』三一神誥, 『신단실기』神檀實記 등이 있으며, 1962년에 정부는 그에게 건국훈장 독립장을 추서하였다.

제2대 교주 김교헌金教獻(1868~1923)은 동만주 화룡현으로 총본사를 이주하여 제2회 교의회教議會를 소집하여 홍범규칙弘範規則을 공표하고 군관학교를 설립, 항일투사를 양성하였다. 1918년에 신도 및 독립운동지도자 39인이 서명한 무오독립선언서戊午獨立宣言書를 공표하였고, 비밀결사단체인 중광단重光團을 조직하여 북로군정서北路軍政署로 발전시켜 무장독립운동을 주도하였다. 1920년 10월에 대승한 청산리전투는 대종교인으로 조직한 군대가 주도하였으며, 백포종사白圃宗師 서일徐一(1881~1921)이 지휘하고, 그 휘하에 김좌진金佐鎭(1889~1930), 나중소羅仲昭(1866~1925), 이범석李範奭(1900~1972) 장군이 포진하였다. 1921년 일제는 초도화 작전에서 교도들을 무차별 학살하였고, 그때 서일 장군도 순교하였다. 이어서 1923년에 김교헌이 분사하였다. 김교헌은 대종교의 제도를 정립하고 대종교의 역사를 정리하였으며, 『신단민사』神檀民史,

『단조사고』檀祖事攷, 『홍암신형조천기』弘巖神兄朝天記 등의 저서를 남겼다.

제3대 교주 윤세복尹世復(1884~1960)은 1935년 발해의 옛 도읍터인 영안현 동경성東京城으로 총본사를 이전하였으며, 대종학원을 건립하고 대종교서적간행회를 발족하여, 『종경』, 『삼일신고』, 『종지강연』 등의 책자를 간행하였다. 그러나 1942년 11월 19일, 윤세복 외 20명의 대종교 간부들이 조선독립을 목적으로 단체를 구성하였다는 죄목으로 검거당한 임오교변이 일어났다.

1945년 8월에 총본사가 부활하였으며, 1946년 2월에 서울로 이전하였다. 1950년 5월에 윤세복은 도통전수제를 폐지하고, 선거에 의한 총전교제總典敎制를 채택하여 제1대 총전교에 취임하였다. 이어서 1955년 9월에는 정관鄭寬 도형道兄이 제2대 총전교에 취임하였다. 1958년 4월에 대종교의 재단법인 설립 인가를 받았으며, 1984년부터 개천절 봉축대제전을 전국적으로 실시하게 되었다.

나철은 일제식민지 통치하에서 민족사상을 중흥시키려고 하였던 애국적 종교운동을 전개하는 가운데, 한국 종교사상의 원핵을 추출하여 이른바 대종교를 중건하였다. 대종교는 단군신화에 깃들어 있는 한울님을 숭배한다. 대종교는 최치원의 '풍류' 사상의 전승임을 주장한다. 그리고 심지어는 선천시대의 종교에 속하는 유대교와 기독교 및 무함마드에서 섬기는 하느님이 한얼님 또는 한배하느님이라고 주장한다. 그러나 한배하느님은 선천시대적 한계를 지니고 있는 서구적인 문명신보다 더 무제약적이다. 그리하여 틸리히가 말하는 존재의 근거로서 하느님은 바로 대종교의 한얼님과 완전하게 일치한다. 그러므로 나철은 자신이 주창한 대종교는 새로 창시한 것이 아니고 다만 중광重光한 것일 뿐이라고 말한다. 이와 같은 존재의 빛, 존재의 진리는 불교나 기독교의 삼위일체론과 비슷한 삼신일체론에 의하여 드러나게 된다.

> 한배검의 이치는 셋과 하나일 뿐이니, 하나만 있고 셋이 없으면, 이는 그 쓰임이 없음이요, 셋만 있고 하나가 없으면 이는, 그 몸이 없음이라. 그러므로 하나는 셋의 몸이 되고, 셋은 하나의 쓰임이 되느니라. 한 뜻으로 되어감은 셋에 나아가는 것이요, 세 참 함을 돌이킴은 하나에 나아가는 것이니, 셋에 나아가고 하나에 나아감으로써 한얼님께 합하느니라.[28)]

이처럼 대종교의 신관은 삼일신사상三一神思想을 특징으로 한다. 한얼神은 한임桓因, 한웅桓雄, 한검桓儉, 이 삼위의 신이 하나로 통합한 것이다. 한배검 天祖神 역시 세검한몸三神一體의 권위와 우위성을 뜻하며, 조화신造化神, 교화신敎化神, 치화신治化神의 권능과 작용을 행하는 절대적인 존재이다. 다시 말하면 한임은 우주와 세상만물을 창조한 조화주이고, 한웅은 인간 세상에 내려와 만백성을 가르쳐 깨우친 교화주이며, 한검은 만물과 백성을 기르고 다스리는 치화주인 것이다. 이 세 가지의 신은 서로 다른 기능과 작용을 하지만 근본적으로는 하나이다. 따라서 대종교의 신관은 삼일원리 또는 '즉삼즉일'卽三卽一을 본령으로 한다. 삼일원리에 의하면 하나는 곧 무한대이고, 천상과 지상이 같고 신과 인간이 같으므로, 결국 한울, 땅, 사람, 이 셋은 같은 하나이다. 3三이라는 숫자는 무궁무진한 신성수神聖數로 숭배의 대상이 되고 있다. 또한 대종교는 유·불·선의 3교가 합일한 것이며, ○·□·△ 세 가지를 만상의 근원으로 보는 수리적 상징론, 즉 삼회론三會論 역시 삼진귀일 사상에 근거한 것이다. 이것이 바로 81자의 한자로 이루어진 『천부경』의 중심 사상이다.[29)]

대종교는 한국적 인류기원론에 기반을 두고 있다. 『신사기』에 의하면 태초에 나반那般과 아만阿曼이라는 이름의 한 남자와 한 여자가 있어서 한울가람松花江의 동쪽과 서쪽에서 떨어져 살다가 만나게 되어 짝을 지으니, 그 자손들이 황색, 백색, 흑색, 홍색, 남색의 다섯 가지 인종으로 나누어졌다. 그 중에서 황색 인종이 가장 번창하여 4개 지파를 이루었다. 이 설화에 나타난 인류창조의 중심지는 송화강 상류이며, 이 지역에서 살고 있는 한민족은 선택받은 민족이라는 사상을 내포하고 있다. 그러므로 세계구원론의 중심에는 한국인이 있으며, 유대의 시온사상과 궤를 같이 한다. 동학 이후의 민족종교사상은 거의 대부분 한국중심주의를 채택하고 있다.

『삼일신고』의 「진리훈」眞理訓과 『신사기』의 「교화기」敎化紀에 의하면 사람과 만물은 세 가지 요소, 즉 삼진三眞을 받고 태어났으니, 그것은 바로 성품(性)과 목숨(命)과 정기(精)를 말한다. 그러나 육신적인 삶을 사는 동안에 인간은 자신도 모르게 삼망三妄에 사로잡히게 되는데, 그것은 바로 마음(心)과 기(氣)와 신체(身)이다. 삼진은 삼망에 의하여 흐려져서 욕심, 질병, 죄악 등에 의하여 고통 받게 되며, 이는 자력적인 방식이나 또는 초월적 힘에 의지하는 타력적인 방식으로 극복할 수 있다. 이와 같은 구원관을 바탕으로 대종교의 내세관이 펼쳐진다.

대종교의 종교철학은 다음과 사실들을 특징으로 가지고 있다. 그것은 먼저 한국의 창건신화 또는 한국적 신 개념에 근거한 유일한 종교 체계로서, 한국적 특수성을 가진 '한'이라는 존재 개념을 부각하고 있다. 대종교는 단군신화에 깃들어 있는 한울님을 숭배하고 있으며, 이와 같은 신 개념은 고대 그리스의 존재 개념과도 일치한다.

> 한배검께서 이르시기를 [...] 저 푸른 것이 하늘이 아니며, 저 까마득한 것도 하늘이 아니니라. 하늘은 허울도 바탕도 없고, 첫끝도 맨 끝도 없으며, 위 아래 사방도 없고, 겉도 속도 다 비어서 어디나 있지 않은 데가 없으며, 무엇이나 싸지 않은 것이 없느니라.30)

> 하늘에서는 그보다 더 위에 계신 이가 없으시며, 만물에서는 그보다 더 비롯된 것이 없으시며, 사람에게서는 그보다 더 먼저 된 이가 없으시니라.31)

이와 같이 대종교는 최치원의 풍류사상을 전승하여 유교, 불교, 선교를 하나의 종교로 통합한 우주원리이다. 따라서 그것은 모든 종교의 으뜸이 된다. 『신리대전』에서는 이 사실에 대하여 다음과 같이 언급하고 있다. "높으시기로는 일만 나라의 위가 되시며, 어버이로서는 억조창생의 시조가 되시며, 길[道]로서는 온갖 종교의 먼저가 되시니라."[32] 대종교는 선천시대의 종교에 속하는 유교와 불교와 선교뿐만 아니라 유대교와 기독교와 이슬람교에서 섬기는 하느님이 한얼님 또는 한배하느님이라고 주장하는 것이다.

6. 한국적 신 개념 연구에 대하여

육당 六堂 최남선 崔南善 (1890~1957)은 1910년대의 단군 담론들을 바탕으로 1927년에 한국의 고대문화 시원과 분포상황을 밝히는 '불함문화론' 不咸 Părkăn 文化論을 발표한다. 육당이 말하는 '불함'이란 '붉', '광명', '하늘', '하늘신' (天神)을 뜻하는 고어이다. 특히 육당이 "신농 神農씨는 염제 炎帝, 즉 태양신으로서 농업신을 겸한 그 뜻으로 볼 때 분명히 붉의 증적"이라고 단정하는 사실에서 볼 때, 그는 어김없이 태양숭배를 모든 종교신앙의 원형이라고 보는 것이 분명하다. (불함문화론, 15장)

고대 한국인의 태양숭배 사상에 근거한 육당의 불함문화론은 근원 近園 김양동의 『한국 고대문화 원형의 상징과 해석』 (2015)에 결정적인 영향을 끼친다. 근원은 육당의 불함사상이 자신의 '빛살사상'과 같은 것이라고 보았다. 근원은 '神'이 '인간의 탄생'을 상징한 문자라는 새로운 해석을 제시하고자 문자의 변천 과정을 다음과 같이 추론하였다.

흔히 갑골문의 '신' 申자는 번갯불을 상형한 것이라고 알려져 왔

다. 거기에 '볼 시示'가 붙어서 '신神'이 된 것이다. 근원은 고대적 원형인 남성형 '빛살로서 신'('ㅣ'), '불의 알'인 '일정日精'과 그것을 둘러싼 여음女陰[曰]자의 생명신학적 결합이 문자진화 과정에 나타난다고 보면서, 'ㅣ'자가 '태양의 광망光芒', 즉 '빛살'을 상형한 것이라고 추정하였다.

1990년 봄에 근원은 시인이자 금문金文연구가인 소남자召南子 김재섭金載燮(1932~) 으로부터 중국 금문학자 낙빈기駱賓基(1917~1994)의 『금문신고金文新考』33) (山西人民出版社 1985)를 공부하라는 권고를 받는다. 낙빈기는 동방고대학에 대한 당대 기록인 금석문을 연구하여 사마천의 『사기史記』「오제본기五帝本紀」가 고조선 및 고한본기古韓本紀에 해당하는 동이족의 실제 역사였다고 확인해준다. 낙빈기는 1993년 11월 4일, 김재섭에게 보낸 편지에서 오제시대가 신화가 아니라 "조선朝鮮 및 한韓의 시대"라고 밝혔다. 이들은 최초의 신('ㅣ')이 염제炎帝 신농씨神農氏의 이름이라고 믿고 있다. 이로부터 근원 김양동의 '빛살'로서 신 개념이 탄생한다. "'살'(숣)은 생명의 근원인 태양의 빛살, 길고 가늘고 뾰족하고 빠르며 자유자재한 힘 그 자체"라는 것이 '햇살' 신神 개념의 요체이다. '살'(숣)은 우선 '살다', '삶', '사람'과 같은 생명의 근원 현상과 연관이 있다. '살'의 생명성은 해, 불, 빛(살), 날(日) 등과 같은 태양의 고유한 본질로부터 나온 것이다.

'빛살무늬토기', '고인돌', '비파형동검'은 우리민족의 문화적 독자성을 잘 드러내준다. 그런데 '빛살무늬토기'는 핀란드 고고학자 아일리오J. Ailio가 '캄케라믹' Kamm keramik이라고 잘못 부른 것을 후지다 료사쿠藤田亮策가 '즐문토기櫛文土器'로, 김원룡이 '빗살무늬토기'로 번역하여 광복 70년이 되도록 잘못 표기해왔다. '빗'은 모상에 불과하고, 그 원형은 '햇빛 살'이 분명하기에 민족적 차원에서 바로 잡아야 할 사안이다.

제3부
종교와 구원

공자와 노자가 어린 석가를 안고 있다.

제 7 장

정통과 이단의 기준은 무엇인가?

1. 교부시대의 그리스도 논쟁

예수 그리스도에 대한 성서의 기록들이 역사적인 것인가, 아니면 초기 기독교도들의 신학적 요구를 바탕으로 수집·편집한 것인가의 문제는 기독교 신학 내부의 문제만이 아니고 서구지성사의 가장 근원적인 문제였다. 로마 통치 하에 있었던 변두리 유대 땅에서 생겨난 신화가 급기야 로마 제국의 정신사를 주도하는 국교가 되고, 그것이 다시 유럽 지성사의 주류가 되는 과정에서 예수 전승의 신학화는 언제나 가장 중요한 논쟁점으로 떠올랐다. 특정한 방식의 예수 이해가 유럽 사회의 주도적인 지배 이데올로기로 등장하게 된 것이다.

기독교의 주요 교의체계는 교부시대(100~700)에 확정을 보았다. 325년 니케아 신조는 예수를 "하느님의 독생자", "만세 전에 아버지로부터 나신 분이고 참 하느님으로부터 오신 참 하느님", "아버지와 동일한 본질을 가지신 분", "우리의 구원을 위하여 내려 오셔서 성육신하여 인간이 되신 분"으로 규정하였으며, 콘스탄티노플 신조에서도 "그는 만세 전에 아버지로부터 나신 분이고 빛으로부

세 사람의 교부, 그레고리우스, 바실리우스, 크리소스토무스, 팔라티나 성당 1131-43

터의 빛이시고 참 하느님에게서 나신 참 하느님"이시며, "아버지와 동일한 본질"을 가지신 분으로 규정하고 있다.[1] 칼케돈 종교회의(451)는 니케아 신조와 콘스탄티노플 신조가 신앙 해설에 우선적 권위를 갖는다는 사실을 공포하였는데, 그 핵심은 삼위일체설이었으며, 여기에서 예수를 완전한 인간성과 완전한 신성을 가진 제2위의 하느님으로 확정하였다. 이와 같은 교의체계는 18세기에 이르기까지 전혀 흔들리지 않았으며, 심지어는 현대의 가톨릭 교회와 일부 근본주의 신학에서 여전히 영향력을 가지고 있다.

역사적으로 예수의 정체성에 대한 문제는 예수의 출현과 더불어 사람들의 다양한 반응(랍비, 선지자, 해방자, 그리스도 등)이 생겨나면서, 그리고 또한 예수가 자신에 대하여 제자들이 어떻게 생각하는가를 직접 물으면서 떠올랐다.(마태복음 22,42) 예수의 인성과 신성,

십자가 죽음과 부활, 그리스도의 자의식 등에 대한 신학적 주장들은 초대교회 공동체가 부여한 것이라는 사실이 오늘날 신학자들의 일반적인 생각이다. 그러나 초대교회의 신앙인들이 진리라고 믿었던 많은 사실들은 교부시대를 거치게 되면서 이단으로 정죄와 심판의 대상이 되었으며, 그 당시에는 낯선 생각들이 그리스도교의 새로운 중심교리로 자리잡게 되었다. 물론 이런 사실들은 근대의 역사적 예수 논쟁을 거쳐서 도달한 것이었다.

1) 켈시우스와 그리스변증론자들: 신학적 예수 논쟁의 발단

이 시기의 중요한 예수 논쟁은 켈시우스Celsius 대 그리스 변증론자들의 대결, 마르치온의 영지주의 대 반영지주의 신학논쟁, 그리고 아리우스와 아타나시우스의 대립 등을 들 수 있다.

철학자 켈시우스는 성서가 날조와 불일치로 가득 찬 신화이며, 기독교인들은 예수가 신의 화육이고 부활한 신이라고 믿고 있다고 비난하였다. 이에 대하여 아테나고라스Athenagoras, 테오필리우스Theophilius von Antiochien와 같은 그리스의 변증론자들griechische Apologeten, 그리고 특히 순교자 유스티누스Justinus (165년 사망)는 플라톤 철학과 스토아사상을 토대로 하여 로고스 그리스도론Logoschristologie으로 대응하였다. 예수 그리스도를 하느님의 로고스, 즉 이성으로 간주한 것이다.(요한복음 1,1-14) 로고스는 신 그 자체가 아니고, 그로부터 발출한 파생적 존재이다. 따라서 로고스가 인간으로 변한 그리스도는 하느님보다 열등한 존재라고 보았다. 그러나 이같은 유스티누스의 신-예수 위계론은 하느님은 어떤 근거와 이유에서 피조물의 세계나 육체에 직접 관계하지 않고 그리스도를 통하여 작용하는가라는 물음을 제기하게 하였다.[2]

2) 그노시스 논쟁

마르치온 Marcion (85~160?)으로부터 영향을 받은 영지주의 신학자들은 세계현상을 정신과 물질의 이원적 대립구도에서 설명하려고 하였으며, 따라서 신적인 구속자가 인간적인 육체를 가졌다는 것은 생각할 수조차 없게 되었다. 물질적인 것은 악에 속한 것이므로 하느님의 로고스가 성육신했다는 것을 인정하려고 하지 않았다. 이 학설은 「사도행전」 8장에 나오는 마술사 시몬이 처음 주장하였고, 2세기의 사토르닐로스 Satornilos, 바실리데스 Basilides, 3세기의 발렌티누스 Valentinus 등이 가세하였다. 이들은 구약성서에 나오는 창조주(데미우르고스)와 예수가 말한 아버지 하느님을 구분하였는데, 데미우르고스와 그가 창조한 세계는 하느님 그 자신보다 열등한 것으로 이해하였다. 또한 예수가 취한 육체 역시 참된 것이 아니라고 하여 그리스도 가현설 假現說: Doketismus, doceticism을 주장하였다. 이들의 주장은 이단으로 몰려서 3세기경에 쇠퇴하였으나 예수의 양성 논쟁과 더불어 영향력을 행사하였다.

영지주의자들에 대항한 초기 교부신학자들 가운데 안디옥의 이그나시우스 Ignatius von Antiochien, 리옹의 주교 이레네우스 Irenaeus (140?~200?), 로마의 힙폴리투스 Hippolytus (170~235), 그리고 카르타고의 터툴리아누스 Tertullianus (160~220)가 있다. 이들은 이원론적 세계관을 부정하면서 예수가 신적 존재인 동시에 인간의 육체를 가질 수 있다고 변증한다. 이그나시우스는 예수 그리스도가 "침묵으로부터 나오는 하느님의 말씀"이라고 주장함으로써 (Magnestians 8.2), 육이신 동시에 영이시며 인간 가운데 하느님이라는 사실을 분명히 하였다.

이레네우스는 『이단 반박문』 *Against Heresies*에서 창조의 하느님과 구원의 하느님을 분리하려는 이신론 二神論적 주장, 그리고 참 하느님은 물질적 시간적 세계와 무관하다는 영지주의적 주장을 반박한다. 또한 이스라엘의 역사와 기독교 시대의 연속성을 인정하고 하늘의 그리스도와 땅의 그리스도를 상정하면서, 하늘의 그리스도는 육체적 물질적 몸을 가지고 있는 것처럼 보일 뿐이라는 주장(假現論)도 반박하였다. 그는 유스티누스의 입장을 비판적으로 계승하면서도 중계적 그리스도론(로고스)을 부정하는 한편 신의 직접적인 현전과 그리스도의 완전한 신성을 강조하였다. 또한 그는 성육신 현상 자체가 중계적 로고스를 설명하는 것이며, 그것은 인간 존재의 처음과 마지막이 하나의 인간적 삶, 즉 하느님의 로고스가 인간의 삶과 일치하는 것을 뜻한다고 보았다. 따라서 영지주의의 이원론적인 그리스도 대신에 신과 피조물의 연합을 의미하는 하나의 그리스도를 채택하였다.3) 이로써 그는 창조와 구원을 하느님의 구속사로 통일시켰으며, 창조에서 아담을 통하여 실현하지 못한 부분들이 그리스도를 통하여 완성을 이룬다는 신학적 틀을 마련하였다. 이 경우에 그리스도는 하느님과 하나인 진정한 인간으로 파악함으로써 그리스의 로고스론과 성서의 유일신론을 일치시켰다. 그의 신학은 "우리가 신처럼 되기 위하여 신이 인간이 되었다"라는 명제를 정립하여 동방교회의 이론적 지주가 되었다.

터툴리아누스 Tertullianus (160~220)는 『그리스도의 육신에 대하여』 *On the Flesh of Christ*에서 유스티누스와 마르치온이 제기한 문제점들을 해결하고자 하였다. 그는 카르타고에서 태어나서 전형적인 로마 교육을 받았으며, 이레네우스의 신학체계를 발전시키면서 그노시스학파를 비판하였다. 그는 신성의 절대적 단일성만을 강조하는 입장, 즉 단성론 Monarchianism을 반대하였다. 그리하여 그리스도 안에 성육신하신 분이 하느님 자신이었다는 주장은 창조자를 고난과 죽음의 지배하에 떨어뜨렸다고 비판하였다. 신은 절대적으로 본성이 하나이므로 영이지만, 그것은 세 가지 특성, 즉 성부 성자 성령의 위계를 가진다. 그는 신적인 본질, 신적인 로고스는 그리스도와 성령 안에서 구체적으로 드러난다고 보았다. 이러한 생각 때문에 그는 삼위일체론의 최초 입안자라는 평가를 받게 되었다. 그는 반대론자들이 '아들'은 예수의 인성(육체), 아버지는 그의 신성이라고 주장한데(두 개의 인격) 대하여, 예수 그리스도는 따로 떨어진 두 인격이 아니라 하나의 인격이면서, 인간의 존재방식인 육체와 신적 존재방식인 영혼의 두 '본질'로 이루어져 있다고 보았다.4)

터툴리아누스는 인간의 영혼이 그리스도와 닮았지만 아담의 원죄를 물려받은 상태로 태어났으며, 이것은 세례를 통하여 대속을 받은 동시에 그리스도의 계시를 실천할 수 있는 성품을 받게 된다고 보았다. 그의 구원론은 서구 기독교 신학의 표준이 되었다. 그노시스학파에 대항하였던 이레네우스, 터툴리아누스 등은 나중에 초기 교부신학자들로 불리게 된다.

오리게네스

3세기 초반의 기독교 신학의 무대는 알렉산드리아였다. 알렉산드리아학파는 로고스-그리스도론을 주장하였다. 알렉산드리아의 유대교 철학자 필로와 신플라톤주의적인 클레멘스Clemens von Alexandrien, Titus Flavius Clemens (150~215)의 영향을 받았던 오리게네스Origenes (185~254)가 그 대표적인 인물이다. 클레멘스와 오리게네스는 그노시스주의와 그리스 철학에 적대적이지 않았으며, 오히려 그리스도교를 헬레니즘과 통합하고자 하였다. 그노시스주의가 이제 그리스도교 교회 안에 받아들여진 것이다. 또한 그는 플라톤 철학을 그리스도교의 해석에 적극 활용하였다. 그는 하느님의 존재를 플라톤 철학에서 영원불변적 존재인 '선의 이데아'와 같은 것으로 생각하면서, 로고스 개념을 활용하여 창조의 신과 철학의 신을 연결하였다.

오리게네스는 『제일 원리』*On First Principles*라는 저서에서 하느님이 로고스를 영원히 낳으며, 따라서 로고스가 존재하지 않았던 때가 없다고 생각하였다.(*De Prin.* 1.2.9) 로고스는 하느님의 존재를 완전하게 표현한 것이지만, 하느님 그 자체는 아니고 하느님의 형상이며, 따라서 그것은 아버지 하느님에게 종속한다고 보았다. 로고스, 즉 아들의 본질은 아버지 하느님과 동일하지만 아버지의 아래에 위치한다고 보았던 것이다. 로고스는 하느님과 창조세계 사이의 중간적 존재이고, 그로부터 다시 성령이 발출하며 아들의 아래에 위치한다. 이와 같은 삼위의 하느님은 의지의 자유를 가진 영적 존재를 창조하였다. 그러나 그는 곧 자유의지를 잘못 사용함으로써 신으로부터 이탈하였으며, 그 결과 영적 세계의 타락은 물질세계의 창조로 이어졌다. 이것이 바로 세계 창조이며, 이를 바탕으로 나중에 플로티노스 Plotinos (205~269)의 유출론적 사유가 기독교 사상체계 안에서 급진전을 보게 된 것이다. 타락한 영적 존재들은 천사, 인간, 마귀 등의 형태로 육화하였으며, 이들을 구원하기 위한 로고스의 활동이 시작한다. 신-로고스는 인간을 구원하기 위하여 동정 마리아의 몸을 통하여 세상에 태어났으며, 그 자신의 죽음으로써 마귀의 권세를 물리쳐서 모든 영적 존재들이 하느님과 일치할 수 있는 근거를 마련하였다.

오리게네스의 신학적 사유체계는 유스티누스의 것과 유사하다. 오리게네스는 그노시스 사상과 플라톤 철학, 그리고 기독교 사상을 종합함으로써 그리스도교가 헬레니즘 세계에서 정착할 수 있는 사상적 토대를 마련하였다. 유출설을 바탕으로 신과 로고스의 차등화, 위계구조적인 우주론이 바로 그것이다. 이로써 그는 영혼이 몸 안에서 산다는 의미에서 예수는 한 인간이지만, 동시에 그는 원래의 신적인 지성, 지혜에 완전히 연합한 지성이라는 독특한 그리스도론을 주장하였다.5)

그러나 플로티노스의 제자였던 포르피리우스 Porphyrius가 성경이 가르치는 창조, 타락, 성육신 구속, 심판 등의 진리를 송두리째 배격하는 기독교 비판서를 무려 15권이나 저술하면서, 하느님이 어떻게 해와 달보다 빛을 먼저 창조할 수 있었는지, 그리스도가 제자들에게 더 이상 자기를 보지 못할 것이라고 하면서 동시에 그들과 항상 함께 있겠다고 할 수 있었는지를 비판하였다. 또한 그는 오리게네스의 사상이 성서적이 아니고 그리스 사상으로 가득 차 있다고 비판함으로써, 결국 543년에 교회는 오리게네스를 기독교의 기본사상을 왜곡했다는 이유에서 이단자로 규정하였다. 기독교 역사상 최초로 교회학과 신학체계를 정립하여 오늘날의 세계 종교로 급성장할 수 있는 기틀을 마련하였던 오리게네스가 교회로부터 축출 당한 것이다.

2. 삼위일체 논쟁

1) 아리우스와 아타나시우스

2~3세기 경부터 그리스도교는 로마제국을 통하여 번성하기 시작하였다. 사도직을 계승하는 주교제도를 확립한 것도 바로 이 시기이다. 주교회의(시노드)에서 그리스도교의 기본 교리를 결정하였다. 2세기 말에 카르타고의 주교 키프리아누스Thascius Caecilius Cyprianus (200?~258)는 "교회 밖에는 구원이 없다"는 배타주의를 선포하였다. 그 전에 이미 이그나티우스는 "주교가 있는 곳에 교회가 있다"고 확정하였다. 그리하여 주교만이 미사를 집전할 수 있고, 주교가 하느님으로부터 전권을 물려받은 대행자라고 가르치기 시작하였다. 로마의 주교들은 베드로와 바울이 설립한 사실을 들어서 교회의 수위권을 주장하였다. 이와 같은 주교의 권한을 오늘날 가톨릭 교회는 그대로 존중하고 있다.

콘스탄티누스 황제

로마의 콘스탄티누스 황제Constantinus (306~337 재위)는 313년에 칙령을 발표하여 그리스도교를 다른 종교들과 동등한 지위를 가질 수 있도록 공인하였다. 조금 후에 황제는 그리스도교의 수위권을 인정하였다. 그 후 동로마 제국의 테오도시우스 황제와 서로마 제국의 라티아누스 황제는 380년에 그리스도교를 유일한 종교로 공인하고 이를 선포하였다. 기독교가 로마의 국가종교가 된 것이다.

그러나 교회 안에서는 예수 그리스도의 지위에 대한 논쟁이 새로운 위험 요소로 떠오르기 시작하였다. 3세기 초에 그리스도에 대한 세 가지 견해가 대립하고 있었다. 그 중 하나는 그리스도는 인간이지만 하느님의 아들로 받아들여져서 신처럼 되었다는 설이다. (양자설) 두 번째는 그리스도 안에서 하느님의 양태가 보인다는 설이다. (양태론) 세 번째는 그리스도는 로고스이며, 그것은 하느님의 본질이지만 하느님에게 종속한다는 설이다. (성자 종속설) 이로부터 그리스도의 인성과 신성에 대한 교리논쟁이 잠복하고 있었으며, 그 출발점은 오리게네스 Origenes (185~254)의 로고스 사상에 대한 해석이었으며, 이 논쟁은 알렉산드리아를 중심으로 활발하게 이루어졌다.

오리게네스의 로고스론에 대하여 아리우스 Arius (250?~336?)와 아타나시우스 Athanasius (297~373)가 극단적인 대결 양상을 보였다. 두 사람은 성부와 성자의 본질에 관한 이해에서 대립적인 태도를 유지하였다. 아리우스가 신과 그 아들이 유사본질이기는 하지만 동일한 존재가 아닌 두 실체로 본 것과는 달리, 아타나시우스는 신과 아들을 동일본질을 가진 하나의 실체라고 보았던 것이다.

알렉산드리아의 장로 아리우스는 오리게네스를 좌파적으로 해석하였다. 318년 이후의 설교에서 그는 4세기의 삼위일체론과 그리스도론 논쟁을 불러 일으켰다. 그는 하느님만이 홀로 유일하시며 영원하신 창조자라고 보았다. 하느님의 단일성을 강조한 것이다. 로고스, 즉 그리스도는 하느님의 피조물로서 신보다 하위의 것으로 간주하였다. 아들은 아버지와 한 본질이 아니다. 그리스도는 하느님의 최초의 피조물이자 최상의 피조물이지만 하느님처럼 영원하지 않으며 하느님이 될 수 없다. 로고스를 통하여 로고스와 함께 이 세계를 창조하였으나, 그리스도는 본질적으로 하느님 그 자신과 전적으로 구분이 되는 존재라는 것이다. 그리스도는 하느님이 세상과 관계를 가질 때 중계 역할을 할 수 있다. 그러나 로고스는 피조세계에 속한다. 그는 하느님이 자신의 창조 행위의 대리인으로 활동하도록 만세 전에 창조하셨다는 점에서 모든 피조물을 능가하는 높은 위치에 있다. 그러나 그는 신이 아니다. 다만 하느님의 양자로 받아들여진 반신半神적 존재일 뿐이다.

콘스탄티누스 황제가 325년에 소집한 니케아 종교회의에서 아리우스의 학설은 이단으로 내몰렸다. 니케아 신조는 로고스가 피조물이 아니고 하느님 자신으로부터 영원히 출생하였으며, 그 때문에 성부가 신적인 것만큼 신적인 동일본질 homoousios toi theoi이라고 공포했던 것이다. 하느님과 그리스도는 완전한 동일본질 homoousios이시다. 이 말은 '본질적으로 비슷하다'와 '본질적으로 동일하다'라는 두 가지 의미로 해석할 수 있었으며, 당시에는 이 두 가지 의미가 모두 받아들여졌다. 결국 하느님과 그리스도의 지위가 같다는 사실을 확인함으로써 아리우스는 이단이 된 것이다. 그러나 니케아 신조의 결정은 곧 바로 영향력을 갖지 못하였다. '호모 오우시오스'라는 말이 '본질적으로 동일하다'를 뜻한다고 확정한 362년의 알렉산드리아 주교회의(시노드)를 거친 후에 또 다시 381년의 콘스탄티노플 종교회의에서 그리스도교 교회는 삼위일체설을 실질적으로 수용하였던 것이다.

니케아-콘스탄티노플 신경

한 분이신 하느님을
저는 믿나이다.
전능하신 아버지,
하늘과 땅과 유형무형한 만물의 창조주를 믿나이다.
또한 한 분이신 주 예수 그리스도, 하느님의 외아들
영원으로부터 성부에게서 나신 분을 믿나이다.
하느님에게서 나신 하느님, 빛에서 나신 빛
참하느님에게서 나신 참하느님으로서
창조되지 않고 나시어
성부와 한 본체로서 만물을 창조하셨음을 믿나이다.

성자께서는 저희 인간을 위하여, 저희 구원을 위하여
하늘에서 내려오셨음을 믿나이다.
또한 성령으로 인하여 동정 마리아에게서
육신을 취하시어 사람이 되셨음을 믿나이다.
본시오 빌라도 통치 아래서 저희를 위하여
십자가에 못 박혀 수난하고 묻히셨으며
성서 말씀대로 사흗날에 부활하시어
하늘에 올라 성부 오른편에 앉아 계심을 믿나이다.
그분께서는 산 이와 죽은 이를 심판하러
영광 속에 다시 오시리니
그분의 나라는 끝이 없으리이다.
또한 주님이시며 생명을 주시는 성령을 믿나이다.
성령께서는 성부와 성자에게서 발하시고
성부와 성자와 더불어 영광과 흠숭을 받으시며
예언자들을 통하여 말씀하셨나이다.
하나이고 거룩하고 보편되며
사도로부터 이어 오는 교회를 믿나이다.
죄를 씻는 유일한 세례를 믿으며
죽은 이들의 부활과 내세의 삶을 기다리나이다.
아멘.

아리우스의 적대자는 알렉산드리아의 감독 아타나시우스(295~373)이었다. 그는 오리게네스를 우파적으로 해석하여 아버지 신과 아들인 인간 예수가 본성적으로 동일한 존재라고 주장하였다. 그는『하느님의 로고스의 성육신에 대하여』*On the Incarnation of the Logos of God*에서 로고스는 하느님이 인류에게서 의도하셨던 본래 상태대로 인류를 구제하기 위하여 인간의 몸을 취하였으며, 그 가운데서 신적인 삶을 공유하게 하였다고 주장한다. 만물은 주 예수 그리스도, 하느님의 아들에 의하여 이루어졌으며, 그분의 능력 있는 말씀으로 지속되고 있다. 예수는 삼위일체의 '제2위격'이며 로고스인 동시에 우주적 그리스도이다. 아타나시우스는 로고스가 만일 아리우스가 주장하는 것처럼 신과 세계의 중간적 존재라면 결코 인간을 구원할 수 없다고 지적한다. 진정한 구원은 로고스가 세계 속에서 인격적으로 활동하시는 하느님의 존재방식일 경우에만 가능한 것이다. 그는 이레네우스와 같이 그리스도 안에 하느님과 인류의 실제적이고 직접적인 연합이 있어야 한다고 생각하였다. 아리우스주의자들은 복음서가 기술한 예수의 인간적인 행태들이 하느님의 것으로 보기에는 부적합하다고 반박하였다. 이런 주장에는 예수라는 인격에서 로고스가 유일한 실제 주체라는 것, 따라서 예수는 단지 신적인 로고스와 몸으로 이루어져 있고, 그에게는 인간의 혼이 없다는 사실, 그리고 하느님과 인간의 존재방식은 근본적으로 다르다는 인식을 전제하고 있다. 따라서 인간적인 감정과 욕구는 결코 신적인 것이 될 수 없다는 것이다.

이에 대하여 아타나시우스는 로고스 자체와 육체 또는 몸을 가진 로고스를 구분함으로써 비판을 비켜선다. 눈물, 배고픔, 무지와 같은 것들은 로고스 자체에 속하지 않고 그의 성육신의 상태에 속하므로, 단지 간접적으로만 로고스에 속한다고 한 것이다. 그러나 그는 로고스가 취한 육신의 실재를 전혀 의심하지 않았다.[6]

라오디게아의 아폴리나리스Apollinaris는 『그리스도 안에서 몸과 신성의 연합에 대하여』*On the union in Christ of the body with the Godhead*에서 성육신하신 신적인 로고스의 한 본성만을 강조하여 예수의 인성을 배제하였으나, 그 역시 이단으로 몰리고 말았다. 그의 사상은 아타나시우스를 추종한 것이다. 그는 바울의 영육 구분으로부터 착안하여 신적인 로고스는 자신이 육체를 입고 한 인간의 구조를 공유한다는 의미에서 성육신이 가능하다고 보았다. 따라서 그는 신적 로고스 그 자체인 예수에게는 인간적 지성이나 이성적 혼이 없다고 함으로써 예수의 신성만을 강조하였다. 예수는 신적인 지성과 육이 생명을 공유하는 '하나의 복합적인 본성'이다. 그에 의하면 몸은 실제로 몸이지만 사실상은 신적인 몸이고, 로고스는 실제로 하느님이지만 사실상은 인간인 것이다. 결국 예수의 인성은 신적인 로고스에 의존할 수밖에 없게 된다.[7]

이에 반하여 안디옥학파에 속하는 일단의 학자들은 오리게네스에서 아타나시우스와 아폴리나리스로 연결되는 로고스-그리스도론에 반대하여 예수를 신의 영이 파견한 하나의 인간으로 간주하는 이원론적 기독론 dualistische Christologie을 주장하였다. 이들은 사모사타의 파울루스 Paulus von Samosata, 몹수에스티아의 테오도르 Theodor von Mopsuestia, 로마의 테오도투스 Theodotus von Rom, 사벨리우스 Sabellius 등으로 역사적 예수의 인간성을 강조함으로써 현대의 역사비평과 자유주의 신학의 선구를 이루었다. 현대 학자들은 이들의 주장체계를 '로고스-인간' Logos-Anthropos 모형이라고 부른다. 파울루스는 예수를 하느님이 그 안에 머무른 인간이라고 주장한 사실 때문에 정죄되었다. 그는 아폴리나리스가 예수를 '하나의 본체' one hypostasis와 '하나의 본성'을 가진 것으로 본 것과는 반대로 그리스도 안에 두 주체가 있다고 주장하였다. 테오도르는 하느님이 예수 안에서 머물러 있다고 보았다. 로고스는 예수가 잉태의 순간부터 그와 인격적 연합을 이룸으로써 그의 의지를 실현해 나간다고 보았다. 안디옥학파에서는 예수 안에 두 개의 실체와 두 개의 본성이 있으며, 신적인 본성은 로고스이고 인간의 본성은 로고스가 취한 사람이라고 생각하였다.

3. 그리스도교의 분열

1) 네스토리우스와 칼케돈 신조의 의미

아타나시우스-아폴리나리스의 전통(알렉산드리아학파 Word-flesh christology)과 아리우스-테오도르의 전통(안디옥학파 Word-man christology) 사이의 불화는 5세기 전반기에 표출하였다. 428년에 테오도르의 제자 네스토리우스 Nestorius (450년 사망)가 콘스탄티노플의 감독이 되면서 알렉산드리아의 감독 시릴리우스와 논쟁하면서 불화가 일어났다. 그는 성모 마리아를 '하느님의 어머니' 대신에 '하느님의 수용자'로 불러야 한다고 설교하였다. 그는 그리스도의 신인양성론을 주장하면서 예수의 인간성은 신격화가 되지 않는다고 보았다. 여기에는 인간 어머니가 신적인 로고스를 낳았다고 하는 것이 온당하며, 로고스가 예수의 인간적 속성들의 궁극적 주체라고 보는 것이 타당한가라는 기독론적 문제를 함축하고 있었다. 그는 마리아와 예수는 인간이며, 그 속에서 신이 머물렀던 인간으로 보는 것이 타당하다고 생각하였다. 그러나 사람들은 알렉산드리아학파의 로고스 변형이론, 즉 성육신의 이론을 선호함으로써 결국 안디옥학파의 몰락으로 이어졌다.

알렉산드리아의 시릴리우스Cyrillius von Alexandrien (444년 사망)는 이 사실을 셀레스틴 교황에게 제소하면서, 예수는 "신적인 로고스가 육화한 본성" one incarnate nature of the divine Logos이라고 규정하였다. 네스토리우스의 기독론이 이원론적이라면 시릴리우스의 기독론은 일원론적이었다. 431년 에베소 종교회의에서 양측은 각각 다른 장소에서 상대방의 주장을 이단으로 규정하였다. 그러나 황실은 시릴리우스가 주도한 회의결과를 받아들였고, 네스토리우스는 이단으로 몰려서 유배를 당하였다. 433년에 시릴리우스는 재결합조약Formula of Reunion을 체결하여 평화와 화해를 이루었으며, 그 결과 안디옥 교회에서 성모 마리아를 '하느님의 어머니'라고 부르는 대신에 시릴리우스는 자신의 입장을 완화하여 그리스도 안에 '두 개의 본성'을 인정하였다.

448년에 콘스탄티노플에서 유티케스Eutyches (375?~454?)가 그리스도를 '연합한 이후의 하나의 본성' one nature after the union이라고 한 사실로 정죄를 받게되자, 시릴리우스의 조카로서 알렉산드리아의 감독이 된 디오스코루스Dioscorus는 그 이듬해에 에베소에서 회의를 열고 콘스탄티노플의 감독 플라비안Flavian (449년 사망)을 해임하고 유티케스를 복귀시켰다. 당시 로마교회의 주교이자 교황인 레오 1세(440~461년 재위)는 플라비안의 보고를 받고 유티케스의 이론을 단죄한 콘스탄티노플 회의를 추인하였다. 그러나 디오스코루스는 교황의 이 추인을 수용하지 않았으므로, 레오 1세는 에베소 회의를 강도회의라고 규정하고 새로운 회의를 요구하였다. 동로마의 테오도시우스 2세가 죽은 후 마르시안Marcian 황제는 교황의 요구대로 칼케돈 회의를 소집하였으며, 그 회의에서 디오스코루스를 단죄 하였다. 그러나 황제는 431년의 기독론 분쟁을 해결할 수 있는 명시적인 조처를 요구함으로써 니케아 회의 신조의 정신을 이은 새로운 문서를 작성하였는데, 그것이 바로 451년의 칼케돈 신조이다. 여기에서 예수 그리스도는 완전한 신성과 완전한 인성을 동시에 가진 하나님의 아들이라고 선언하였다. 로마 주교 레오 1세는 "그리스도는 참 인간이다. 그러나 그리스도는 두 본성을 가진다.(두 개의 본성으로 이루어진 것이 아니다) 그리스도는 완전한 신이자 완전한 인간이며 이 두 본성은 그리스도 안에서 혼합하지도 않고 분리하지도 않는다. 그 경우에만 그리스도를 통한 구원을 생각할 수 있다"고 공표하였다. 예수 그리스도는 하나의 본체이지만 두 본성으로 존재한다. 즉 그는 하나의 실체이고 신적 로고스이면서, 동시에 그는 완전한 인간으로 존재한다. 예수 그리스도의 신성과 인성은 혼합, 변질, 구분, 분리하지 않는다는 원칙을 천명한 것이다. 이것은 안디옥학파와 알렉산드리아학파의 의견을 수렴한 결과이지만, 동시에 두 학파의 극단적인 주장들, 즉 아폴리나리스주의, 네스토리우스주의, 유티케스주의를 명시적으로 단죄한 것이다. 이로써 예수 그리스도는 하나의 주체이면서, 신적 로고스로서 하느님인 동시에 하나의 완전한 인간이라는 사실을 승인하는 것, 바로 그것을 서구 기독교의 정통신앙으로 확성한 것이다.[8)]

2) 동서교회의 분열

395년 테오도시우스 황제가 죽은 후에 동로마제국과 서로마제국으로 분열하였다. 초기교회에서는 로마, 알렉산드리아, 안티오크 주교의 역할이 두드러졌다. 황제가 새 수도를 콘스탄티노플로 옮기면서부터 동방교회는 격렬한 교리논쟁에 빠져서 분열의 위기에 직면하였으나 서방교회는 교황의 수위권을 주장할 정도로 안정적이었다. 451년 칼케돈 공의회 회칙 28항에서는 동서교회, 즉 로마 주교와 콘스탄티노플 주교의 권위를 대등하다고 선언하였다. 그러나 동서교회의 분열 조짐은 더욱 가속화 되었다. 동서교회의 분열은 로마제국의 분열에 따른 정치적인 이유뿐만 아니라 문화, 언어, 사상의 차이도 결정적으로 작용하였다.

새로운 로마, 콘스탄티노플을 중심으로 하는 동방교회는 그리스어를 사용하였다. 그리고 콘스탄티노플, 안티오크, 알렉산드리아를 중심으로 하느님과 그리스도의 본성에 대한 교리논쟁이 집중적으로 이루어졌다. 그리고 여기에 성상논쟁이 덧붙여진다. 황제 레오 3세 Leo III (675, 680?~741)가 730년에 성상숭배 금지령을 내린 후 약 150년 동안 성상논쟁이 이어졌으며, 결국 843년에 성상을 숭배의 대상이 아닌 공경의 대상으로 인정하는 선에서 정리하였다.

카르타고의 종교회의를 주재하는 아우구스티누스

이와 반대로 옛로마를 중심으로 하는 서방교회에서는 라틴어를 사용하였으며, 사변적인 토론보다는 실용적인 윤리 문제를 더 우선적으로 생각하였다. 서구의 첫 신학자이자 동방교회의 지도자였던 터툴리아누스(220년 사망)는 로마교회만이 베드로의 권한을 가질 수 있다는 생각에 반대하였으며, 키프리아누스 주교(258년 사망) 역시 로미주교의 수위권 Papalismus에 반대하고 주교 전체가 교회를

대표한다는 이른바 주교단 중심주의 Episkopalismus를 주장하였으나, 서방교회는 이들의 사상을 배척하였다. 서방교회의 실력자는 아우구스티누스였다. 그는 세계 역사를 하느님의 나라(교회)와 사탄의 나라(세속 권력) 사이의 투쟁으로 해석하였으며, 따라서 교회 밖에는 구원이 없다는 사상을 체계화하였다. 그러나 동방교회는 교황의 수위권이나 이와 관련한 로마 교회의 이념을 인정하려 들지 않았다. 동방교회는 로마교황의 수위권 요구에 부정적인 태도를 취하였으며, 서방교회가 수위권 주장을 강화할수록 동서교회의 분열 위험은 그만큼 높아져 갔다.

스테파누스 1세 Stephanus I (?~257)는 3세기 중반에 사도 베드로의 이름 위에 교회를 세우겠다(마태복음 16,18)는 말씀에 의지하여 처음으로 로마주교의 우위성을 주장하였다. 인노켄티우스 1세 Innocentius I (?~417)는 베드로가 세운 로마교회만이 전체 교회를 대표할 수 있다고 주장하였으며, 로마의 주교 레오 1세(440~461 재위)는 실질적인 최초의 로마 교황으로서 교회 전체에 대한 교황 수위권을 요구하였다. 그러나 451년의 칼케돈 공의회는 레오 1세의 교황 수위권 승인 요구를 거부하고 로마와 콘스탄티노플 주교가 동등하다고 선포했던 것이다. 그러나 서방교회는 이 결정을 무시하고 교황 수위권을 강화하였으며, 교황 겔라시우스 1세 Gelasius I (?~496)는 공의회의 결정보다 교황의 권한이 더 크다고 보았다.

교황 수위권의 요구에 대하여 메로빙거와 카롤링거 왕조가 반

초대 교황 베드로

로마황제 유스티니아누스가 그리스도에게 바칠 예물을 들고 있다.(위로부터)

발하였다. 독일에서는 왕이 교회의 합법적인 지도자라고 보았으며, 주교 임명권을 행사하고 교회의 영지 분배까지도 관장하고자 하였다. 독일 왕들의 신정정치는 교황과의 분란을 초래하였다. 동로마제국은 유스티니아누스 황제 Flavius Justinianus (527~565 재위)가 정교를 통합하여 황제교황권을 수립함으로써 20세기에 이르기까지 국가종교로 존속할 수 있었다. 동방교회는 9세기에 슬라브족을 복음화하였으며, 서방교회는 게르만 문화권으로 진출하였다. 서로 다른 길로 치달았던 로마 교회와 콘스탄티노플 교회는 결국 867년에 분열 Schisma하고 말았다. 그리고 콘스탄티노플 총대주교 미카일 케룰라리우스 Michael Cerularius (1043~1058 재위)와 로마의 교황 레오 9세 Leo IX (1049~1054 재위)가 서로를 파문했던 1054년에 동방교회와 서방교회는 돌이킬 수 없는 길을 가게 되었다.

한편 서방교회에서는 독일의 수도승 힐데브란트가 교황 그레고리우스 7세 Gregorius VII (1073~85 재위)가 되었던 1075년에 베드로와 교황의 지위를 동등하게 설정하면서 교황이 있는 곳에 교회가 있다고 선포하였다. 이로부터 교황의 말은 결코 무시할 수 없으며, 교황이 도덕과 신앙에 대하여 내린 결정은 오류가 없다는 교황무오설을 추인하였다. 또한 로마 교회는 결코 오류를 범하지 않으며 오류에 빠지지도 않는다고 보았다. 교황만이 주교를 임면할 수 있으며, 가톨릭교회에 동조하는 자만이 가톨릭교도가 될 수 있다고 선언하였다. 더 나아가서 그레고리우스 7세는 영적 권력과 세속권력 모두가 교황으로부터 나온다고 보았다. 로마의 주교는 황제를 폐위할 수 있는 권한이 있으며, 모든 제후들은 교황의 발에만 입맞춤을 해야 한다. 이를 바탕으로 교황 인노켄티우스 3세 (1198~1216 재위)는 전 세계가 교황의 주권 영역에 속하며, 교황을 '천국을 지키는 자'로 규정하여, 전 세계에서 우위권을 천명하였다. 1302년, 교황 보니파키우스 8세 Bonifacius VIII (1294~1303 재위)는 인간의 구원을 위하여 교황에게 복종하는 것이 필요하다고 설파하였다. '로마'는 이제 '가톨릭'과 같은 것이 되었다.

그러나 현실은 전혀 달랐다. 1122년의 보름스 협약에 의하여 독일 왕은 교황 선출 등 교회 정치에 간여할 수 없게 되었으나, 1356년 신성로마제국의 법령 공표를 통하여 독일 국왕은 더 이상 교황의 승인을 필요로 하지 않게 되었다. 14세기의 교황들은 프랑스 왕들에게 복종해야 했고, 교황청은 프로방스의 아비뇽으로 이전하여 유폐의 위기에 몰렸다. 1378년에는 서로를 배척하는 두 명의 교황을 배타적으로 선출하였다. 1409년 피사 공의회는 이 두 교황을 사퇴시키고 새로운 교황을 선출하였으나, 두 교황은 그 결정을 받아들이지 않았다. 교황이 세 사람이 된 것이다. 윌리엄 오캄은 선출한 주교들이 교회를 대표하고, 교황은 전체 교회가 선출한 대표자에 불과하므로, 교황권의 인정은 불필요하다는 입장을 밝혔다. 그의 정신은 1414년부터 1418년까지 열린 콘스탄츠 공의회에서 주교회의가 교황보다 높은 위치에 있다는 이른바 공의회 수위설을 승인하는 것으로 나타났으며, 이같은 조치를 바젤 공의회(1431~1449)가 재확인하였다. 그러나 1460년 피우스 2세 Pius II (1458~1464 재위)는 이같은 조치를 이단으로 규정하였으며, 1517년 제5차 라테란 공의회는 주교단 중심주의와 공의회 수위설을 잘못된 것으로 판결하였으며, 트리엔트 공의회(1545~1563)는 공의회의 결정사항은 교황의 승인을 받아야 한다고 결의하였다. 그리고 1870년 제1차 바티칸 공의회는 교황 수위설을 가톨릭 교회의 계시된 도그마로 인정하였다. 사실상 교황권이 승리한 것이다.[9] 그러나 마르틴 루터는 교황을 적그리스도라고 매도하였으며, 요한 바오로 2세는 제2차 세계대전 중 나치의 유대인 학살에 대한 교황청의 태도가 적절하지 않았다는 사실을 시인하였다.

4. 다빈치 코드

1) 다빈치 코드 충격

영화 다빈치 코드

영화 "다빈치 코드"를 개봉하면서 전 세계의 기독교계가 비상을 걸었다. 2006년 5월에 댄 브라운이 저술한 베스트셀러 『다빈치 코드』[10]를 영화로 제작하여 전 세계 동시 개봉을 앞둔 시점에 기독교계가 충격에 휩싸였던 것이다. 영화 "다빈치 코드"는 예수가 막달라 마리아와 결혼하여 자식들까지 낳았지만, 이 비밀을 수호하기 위한 교회조직이 살인까지 저지른다는 음모론적 스릴러물이다. 신앙이 약한 신자들에게는 엄청난 충격일 수 있으며, 심각할 경우 기독교 신앙이 뿌리채 흔들릴 수도 있는 긴급한 사안이었다. 그러나 영화의 개봉에 따른 충격은 예상보다 심각하지 않은 것으로 드러났다.

한편 내셔널 지오그래픽사는 2006년 4월 9일 『유다복음서』의 원본 내용을 공개함으로써 기독교계가 교의체계의 수호에 신경을 쓰지 않을 수 없게 되었다. 『유다복음서』는 알려진 것과는 반대로 유다가 예수를 배반한 것이 아니라 예수의 사전 지시를 받고서 그의 구속사를 완성할 수 있도록 도와주는 역할을 맡았다는 충격적인 내용을 담고 있다. 이번에 발굴한 『유다복음서』는 1970년대에 이집트 사막에서 나온 것이며, 방사성 탄소연대 측정 결과 서기 300년경 파피루스에 이집트의 콥트어로 작성한 진본으로 확인한 것이다. 이 『유다복음서』는 1~2세기에 그리스어로 작성한 것을 콥트어로 다시 번역한 것으로 보인다. 이 유다복음서가 속하는 영지주의적 전통은 당시 상당한 세력을 떨치고 있었으나 180년경에 이레네우스 주교가 이단으로 규정하면서 점차 사라져 갔다.

한국기독교총연합회(대표 박종순 목사)는 영화 "다빈치 코드"에 대한 상영금지 가처분신청서를 법원에 제출하였으나 상영을 막지는 못하였다. 개신교의 나라 미국에서도 "다빈치 코드"를 극복할 수 있는 대안 모색과 함께 이 위기를 극복하고자 하였으나 뾰족한 묘안을 찾지 못하여 고심하면서 수많은 연구서를 발간하였다. 이는 코페르니쿠스의 지동설과 다윈의 진화론에 이어 기독교를 뒤흔드는 대사건처럼 비쳐졌다. 그러나 실제로 영화를 상영하자 그 충격은 생각보다 크지 않았다. 미리 걱정을 했기 때문이기도 하겠지만 영화가 충분한 설명없이 가파르게 전개함으로써 내용을 따라잡기가 어려웠기 때문이다.

예수는 자신을 넘기기 위하여 입을 맞추는 유다에게 "네가 무엇을 하려고 왔는지 행하라"(마태복음 26,50)고 말한다. 예수가 유다에게 할 일을 미리 지시해놓고, 그 일을 피하지 말고 이행하도록 명한 것이다. 그렇게 되면 유다는 예수의 배반자가 아니라 협력자이자 수제자가 되는 것이다. 유다의 시복청원은 2005년 4월 24일, 제265대 교황으로 취임한 베네딕토 16세 Benedict XVI (2005~)가 해결해야 할 과제 중의 하나로 부각되었다. 이 문제는 1975년 독일작가 발터 옌스가 「가롯 유다의 시복재판에 관한 보고서」라는 부제를 단 『유다의 재판』을 출판하면서부터 대중들에게 알려지기 시작하였다.[11] 이 소설에서 프란체스코회 소속 베르톨트 신부는 유다를 순교자로 인정해 달라고 바티칸에 청원하게 되고, 이 때 시작한 종교재판은 아직도 끝나지 않고 있다.

유다의 행위를 정당화할 경우에 기독교 신앙은 죄악의 책임 문제를 근본적으로 재검토하지 않으면 안 될 처지에 빠지게 된다. 사실 초기기독교 신자들은 일정한 교의체계 없이 매우 다양하고 자유로운 신앙의식을 가지고 있었다. 모든 사람이 구원받을 수 있다는 만인구원설과 신의 육체적 화현을 부정하는 영지주의(그노시스) 학파 등이 바로 그것이다. 유다 없이는 예수의 십자가 사건도 생각할 수 없으며, 기독교의 출현 역시 불가능하기 때문에, 유다는 예수를 배반한 것이 아니라 예수의 지시를 따라서 하느님의 사역에 동참했다는 논리 역시 가능하다. 문제는 이것이 지금까지의 주류 신앙과는 모순적이기 때문에 허용하기가 쉽지 않다는 점이다.

이런 문화적 충격을 차단하려는 것은 불가능하고 무모하다. 그보다는 기독교적 가치의 우위성을 생활 속에서 드러내기 위하여 노력하는 것이 필요하다고 본다.

2) 막달라 마리아와 잃어버린 성배

댄 브라운의 소설 『다빈치 코드』에 대한 논쟁서들은 무수히 많이 출판되었다.12) 댄 브라운의 소설은 실화처럼 씌어졌기 때문에 독자들에게 큰 충격과 혼란을 불러 일으켰다. 그것은 어디까지나 소설이고 문학작품이다. 이러한 사실을 바탕으로 우리는 실제 사실과 추정, 그리고 허구를 분명하게 가려내야 할 필요가 있다. 댄 브라운은 이 소설의 첫 장에서 '사실'이라는 제목 아래 다음과 같이 써 내려갔다. "1099년에 설립된 유럽의 비밀단체, 시온 수도회는 실제로 존재하는 조직이다. 파리 국립 도서관은 1975년에 기밀문서로 알려진 양피지들을 발견했는데, 거기에는 아이작 뉴턴, 보티첼리, 빅토르 위고, 레오나르도 다 빈치를 포함한 수많은 시온 수도회의 이름이 있었다. '오푸스 데이'라는 바티칸의

막달라 마리아, 레오나르도 다빈치, 오푸스 데이 창설자 호세신부,

오푸스 데이 본부 건물

Jean de Gisors	1188–1220
Marie de Saint-Clair	1220–66
Guillaume de Gisors	1266–1307
Edouard de Bar	1307–36
Jeanne de Bar	1336–51
Jean de Saint-Clair	1351–66
Blanche d'Evreux	1366–98
Nicolas Flamel	1398–1418
René d'Anjou	1418–80
Iolande de Bar	1480–83
Sandro Filipepi	1483–1510
Léonard de Vinci	1510–19
Connétable de Bourbon	1519–27
Ferdinand de Gonzague	1527–75
Louis de Nevers	1575–95
Robert Fludd	1595–1637
J. Valentin Andrea	1637–54
Robert Boyle	1654–91
Isaac Newton	1691–1727
Charles Radclyffe	1727–46
Charles de Lorraine	1746–80
Maximilian de Lorraine	1780–1801
Charles Nodier	1801–44
Victor Hugo	1844–85
Claude Debussy	1885–1918
Jean Cocteau	1918–

소니에르 신부가 1891년 렌트샤토 성당에 세운 막달라 탑,
1891년 소니에르 신부가 비밀문서를 찾았다는 렌트샤토 성당 안의 서고트족 시대 돌기둥,
시온 수도회의 그랜드 마스터 명단(좌로부터)

성직 자치단은 아주 독실한 가톨릭 분파다. 세뇌와 강압, '육체의 고행'으로 알려진 위험한 종교의식들이 보도되면서, 이 교파는 최근 논란거리가 되기도 했다. 오푸스 데이는 미국 뉴욕시 렉싱턴가 243번지에 4천 7백만달러짜리 미국 본사 건물을 얼마 전에 완공했다. 이 소설에 나오는 예술작품과 건물, 자료, 비밀 종교의식들에 대한 모든 묘사는 정확한 것이다."(한글판 9쪽)

그런 후에 그의 소설은 파리 루브르 박물관장 자크 소니에르가 오푸스 데이의 광신도에 의하여 살해 당하는 사건으로부터 시작한다. 그는 시온 수도회의 그랜드 마스터로서 예수와 막달라 마리아의 혼인에 대한 비밀을 지켜온 최후의 인물이었다. 그의 손녀 소피 느뵈는 예수와 막달라 마리아의 혼인으로 탄생한 메로빙거 왕조의 후손으로서, 그 조상들은 신변을 보호하기 위하여 '프랑타르 드 생클레르'라는 성을 숨겨 왔다는 것이다. 이것이 사실인가?

소설에서 경찰들이 빌레트 성에 사고 있는 영국 역사학자 리 티빙의 집을 급습하여 책상 위에서 발견한 양피지 문서 맨 위의

피에르 플랑타르 드 생클레어(우)와 『성혈과 성배』의 저자들

소니에르 신부

표제에는 '기밀문서 제4호 lm 249'라고 적혀 있었다. 거기에는 26명의 시온 수도회의 그랜드 마스터 명단이 나온다. 이 문서는 사실상 프랑스 국립 도서관이 보존하고 있다. 그러나 그것은 양피지 문서가 아니고 일반 종이에 타이핑된 문서였다.[13] 이 문서는 1960년대에 익명을 요구한 시온 수도회의 회원이 여러 차례에 걸쳐서 기증한 것이라고 한다. 익명의 기증자는 제라르 드 세드, 피에르 플랑타르, 필립 드 쉐리제 세 사람으로 밝혀졌다. 이들 가운데 제라르 드 세드는 1967년에 『렌의 황금 혹은 베랑제 소니에르의 기구한 운명』이라는 책을 써서 주목을 끌었던 인물이다. 그는 플랑타르 드 생클레르를 메로빙거 왕조의 후예라고 공언하였다. 필립 드 쉐리제는 1979년에 소니에르 신부가 발견했다는 양피지 문서 등을 자신이 작성했다고 고백하였다.[14] 2000년 2월 3일에 사망한 실존인물 피에르 프랑타드 드 생클레르는 자신을 메로빙거 왕족의 후손으로서 시온 수도회의 그랜드 마스터라고 주장하였지만, 그 역시 이 조작 사건의 주역이었던 것이다.

댄 브라운의 소설은 예수 그리스도가 막달라 마리아와 결혼해서 사라 Sarah를 비롯한 자녀들을 낳았으나 신변보호를 목적으로 드러내지 못했다고 묘사한다. 그리고 예수는 막달라 마리아가 교회의 지도자가 되기를 원하였으나, 베드로가 그녀를 창녀로 단죄하여 지도자의 자격을 박탈했다고 한다. 그녀는 딸과 함께 고대 켈트족의 땅인 갈리아(이탈리아 북부, 프랑스, 벨기에를 포함하는 지역)로 가서 메로빙거 왕조(486~751, 프랑크 최초 왕국)를 세웠으며, 예수의 후손을 이어왔다는 것이다. 비록 메로빙거 왕조는 몰락했지만 시온 수도회[15]라는 비밀조직을 통하여 진리를 전승해 왔다는 것이다. 시온 수도회는 성전 기사단[16]이라는 군대 조직을 가지고 있으며,

최후의 만찬, 레오나르도 다빈치 作

그들의 임무는 막달라 마리아의 사체를 보존하는 것이었다. 예수의 혈통을 자신의 몸에 간직하였던 막달라 마리아의 사체는 '성배'로 일컬어졌다.

베드로를 비롯한 그리스도교 교회는 이 같은 사실을 은폐하여 왔으나, 레오나르도 다빈치의 그림 '최후의 만찬' 등을 비롯한 여러 가지 형태의 비전적秘傳的 상징들을 통하여 그런 사실을 전승하고 있다는 것이다. 다빈치의 '최후의 만찬'에서 예수의 오른편에 나오는 인물은 흔히 요한이라고 생각해왔지만, 실제로는 예수의 부인이었던 막달라 마리아라는 것이다. 이 그림에서 성배聖杯가 나오지 않는 것은 막달라 마리아가 진정한 성배이기 때문일 것이라고 단정한다. 댄 브라운은 교회가 오푸스 데이Opus Dei라는 막강한 단체를 내세워 이러한 비밀을 은폐하려고 시도해 왔다고 묘사하였다.

1119년에 결성한 템플기사단

그러나 시온 수도회와 성전 기사단은 전혀 무관하다는 것이 밝혀졌다. 템플 기사단은 1118년에 시온 수도회는 1956년에 각각 출범했기 때문이다. 그러나 오푸스 데이Opus Dei에 대한 댄 브라운의 묘사는 내체적으로 사실과 일치하는 것으로 알려졌다. 오푸스 데이 회원들은 육체적 고행과 함께 정결과 청빈을 서약하고 재산을 모두 헌납하는 것으로 알려졌다. 뉴욕의 오푸스 데이 17층 본부 건물 비용은 4,700만 달러에 달하였고, 조직 내에서 여성들은 차별대우를 받으며, 공격적인 방법으로 회원을 모집하였으며, 1982년 바티칸 은행을 재정적으로 도와준 것으로 알려졌다.

오푸스 데이는 '하느님의 사업'을 뜻하며, '성스러운 마피아', '바티칸의 다섯 번째 기둥', '비밀군대', '교황의 백색 근위대', '가톨릭의 프리메이슨' 등으로 불린다. 이 단체는 1928년 10월 2일 마드리드에서 호세 마리아 에스크리바 데 발라게르 신부가 자신의 일터에서 열심히 일하면 성인이 될 수 있다는 메시지를 받으면서 생겨났다. 에스크리바 신부에게 고백성사를 하던 한 신자의 질문으로부터 '하느님의 사업'이라는 이름이 탄생했으며, 1933년에 첫 오푸스 데이 센터인 디아DYA 학원이 문을 열었다. 에스크리바 신부가 죽은 1975년에 회원 수가 약 6만명으로 불어났다. 그의 제자 알바로 델 뽀르띠요 신부가 후임이 되었으며, 1982년에 요한 바오로 2세는 성직자치단으로 인정하였다. 오푸스 데이 회원은 90개국 8만 4천명에 이르고 있으며, 2002년 10월 6일 호세 마리아 신부는 성자로 추대를 받았다. 역사상 가장 빠른 시성식이었다고 한다.[17] 댄 브라운의 묘사가 모두 옳다 하더라도, 예수와 막달라 마리아의 관계에 대한 바티칸의 음모설을 뒷받침할 증거를 제시하지는 않았다.[18]

댄 브라운은 구약시대에 남성신 여호와와 여성신 세키나Shekinah가 있었으며, 남성과 여성의 육체적 결합을 통하여 영적으로 완전해지고 신에 대한 지식, 즉 그노시스를 얻을 수 있다는 사상을 기독교가 변조했다고 주장한다. 예수는 본래 하느님이 아니었으나 그의 추종자들이 여신 숭배자들을 억압하고 남성중심적 지배구조를 고착화하기 위하여 예수를 신으로 만들었다는 것이다. 결정적으로 콘스탄티누스 황제는 니케아 종교회의에서 예수의 신성을 옹호하고 반대자를 이단으로 단죄했으며, 남성중심적으로 기술된 마태, 마가, 누가, 요한복음서만을 인정하고, 예수가 막달라 마리

아에게 교회 지도자가 되기를 원했다고 가르치는 80여 개의 복음서들은 모두 부정했다는 것이다.[19]

이러한 주장은 마이클 베전트Michael Baigent의 『성혈과 성배』*Holy Blood, Holy Grail*(1983)[20]이나 마가렛 스타버드Margaret Starbird의 『성배와 잃어버린 장미』*The Woman with the Alabaster Jar*(1993)에서도 찾아볼 수 있다. 미국의 ABC 방송사는 댄 브라운의 주장에 신빙성을 부여하여 다빈치 코드 특집 다큐멘터리를 방영하였으나, 그런 주장들을 뒷받침할만한 아무런 증거도 없다는 사실을 확인해 주었다. 그렇다고 해서 댄 브라운의 주장을 전면 반박한 것도 아니다. 그의 주장은 그리스도교가 형성되는 전체적인 과정 속에서 실제로 있었던 사실에 입각하여 추론하였기 때문이다. 사정이 그렇기 때문

라 프리마베라(봄), 1480년 보티첼리 作. 그는 15세기 프로렌스에 살았던 플라톤주의 철학자 피치노의 제자이며, 신의 기운이 천상 에서 지상으로 순환하는 내용을 그리면서 특히 여성성을 강조하고 있다.

에 단정적인 증거가 없다고 해서 사실이 아니라고 말하기도 어려운 측면이 있다.

물론 댄 브라운의 소설 속의 대화 내용들 가운데 그리스도교의 역사적 진실을 왜곡하는 부분들이 없지 않다. 그가 아무리 역사적 사실을 근거하여 썼다 하더라도 소설인 한에서 역사적 자료와 소설적 표현 사이의 간극은 얼마든지 존재할 수 있으며, 그 때문에 댄 브라운의 문학세계가 허구와 날조로 가득 차 있다고 비판하는 것만으로 그의 주장의 의미 가치를 부정할 수는 없을 것이다. 이와 같은 도발적 주장들을 통하여 오히려 그리스도교가 그 역사를 반성적으로 살펴볼 수 있는 계기로 삼는 자세가 훨씬 더 건강하고 유익할 수 있다. 그리스도교의 초기에 영지주의 사상이 생생하게 살아있었던 것은 부정할 수 없는 사실이다. 그렇더라도 그리스도교 변증론자들은 현행 교리체계를 옹호할 수 있는 논거들만을 제시하려고 할 것이다. 그와 반대로 다빈치 코드 지지자들은 현행 그리스도교의 교의체계에 반하는 논거들을 제시하고자 할 것이 분명하다. 그리고 그 두 가지 입장들은 결국 서로 받아들일 수 없는 극단적인 배타주의로까지 전개하여 파국상태를 맞을 것이다. 그러므로 우리는 특정한 종교를 비판하거나 지지하는 논의 과정에서 배타주의보다는 상호주의적 입장에서 상대방의 주장에 귀를 기울일 필요가 있다. 포용주의적 입장을 취한다고 해서 반대자들의 의견을 무조건 수용하라는 것이 아니다. 반대자들이 서 있는 문화적, 해석학적 의미지평을 인정하고 이해하는 자세를 가지라는 것이다.

제 8 장

마녀는 누구인가?

1. 주홍글씨와 마녀사냥의 문제

1) 나다니엘 호손

니다니엘 호손

나다니엘 호손Nathaniel Hawthorne (1804~1864)의 작품 『주홍글씨』는 마녀사냥을 주제로 한다. 작품을 정확하게 이해하기 위해서는 저자와 그의 의도, 그리고 그가 살았던 시대적인 환경을 알아야 한다. 그렇게 함으로써 우리는 저자보다 더 텍스트를 정확하게 읽을 수 있다. 나다니엘 호손이 주홍글씨를 쓴 것은 단순한 우연인가? 그렇지 않다. 그는 세일렘 마녀재판에 관여한 자기 조상의 원죄로부터 벗어나기 위하여 이 작품을 썼던 것이다.

나다니엘 호손은 뉴잉글랜드의 전통적인 청교도 가정 출신이며, 1804년 7월 4일, 매사추세츠 주의 보스턴 바로 북쪽에 위치한 항구도시 세일렘에서 태어났다. 아버지는 근엄한 청교도의 선장이었고, 호손이 네 살 때 남아메리카에서 죽었다. 그의 고향도시 세일렘은 그에게 정신적으로 감당하기 어려운 충격적인 사건의 현장이었다. 호손의 조상들이 미국의 초기에 일어났던 마녀사냥과 퀘이커 교도의 박해에 주도적으로 개입하였기 때문이다.

아버지가 죽고난 후 호손은 어머니를 따라 메인 주의 시골 외가 집에서 자랐는데, 9살 때 다리를 다쳐 3년 동안 외출을 하지 못하게 되었고, 이 시기에 그는 스펜서 Edmund Spenser의 『선녀왕』, 번연 John Bunyan의 『천로역정』, 밀턴 John Milton의 『실낙원』, 그리고 세익스피어 William Shakespeare의 작품들을 읽게 되었다.

1821년에 메인 주의 보딘 Bowdoin 칼리지에 입학하여 시인 롱펠로우 Henry Wadsworth Longfellow와 나중에 미국의 대통령이 된 피어스 Franklin Pierce와 가까이 사귀었다. 졸업한 후 그는 다시 세일렘으로 돌아가서 고독하게 지내면서 문학에만 정진하였다.

주홍글씨 책표지와 영화 포스터(위로부터)

그는 1828년부터 작품을 발표하기 시작하였으나 주목을 끌지 못하였으며, 1839년부터 1842년까지 보스턴 세관의 검사관으로 종사하였다. 1841년에 그는 초월주의자들과 어울려서 Brook Farm 이라는 이상적인 농장 건설에 참여하기도 하였으나, 몇 달 만에 돈만 날리고 탈퇴하고 말았다. 그는 38세였던 1842년에 소피아 피버디 Sophia Peabody와 결혼하여 철학가 에머슨이 살았던 콘코드의 목사관에서 신혼살림을 시작하면서 작품들을 발표하였고, 이 때부터 필명이 알려지기 시작하였다. 그러나 생활이 어려운 그는 1846년에 다시 세일렘의 세관 감정관이 되어 3년간 근무하였으나, 창작생활을 할 수 없어서 고민하였다. 1849년 세관직에서 밀려난 후 아내의 격려로 창작에 몰두하여 이듬해 2월에 『주홍글씨』를 완성하였다.

『주홍글씨』의 저술 이후에 그의 생애에서 가장 정력적인 창작활동이 이루어졌으며, 1851년에는 청교도 선조를 가진 고가古家에서 살던 자손에게 악의 저주가 내려졌다는 『일곱 박공의 집』 *The House of the seven Gables*을 발표하였고, 이듬해에는 자신이 직접 참여하였던 실험적 공동농장을 무대로 한 『블라이스데일 로맨스』에서 지상낙원에 모인 사람들의 심리적 갈등을 그려 내었다. 1853년에는 친구였던 피어스가 대통령에 취임함으로써 영국의 리버풀 영사로 임명을 받아 4년 동안 유럽 각국을 여행하게 되었다.

그의 작품들은 전반적으로 죄악에 빠진 사람들이나 자기중심주의 또는 고독에 사로잡혀 있는 사람들의 내면세계를 도덕적, 종교적, 심리적 측면에서 치밀하게 묘사하고 있다. 이것은 그 스스로가 물려받은 가문의 업보를 떨쳐버리기 위하여 의도적으로 설정한 주제일 것이며, 이런 맥락에서 청교도주의를 비판하고 있다.

2) 주홍글씨

나다니엘 호손의 원작을 토대로 하여 롤랑 조페 감독이 만든 영화 "주홍글씨"는 마녀사냥을 소재로 하고 있다. 원작과 영화의 내용이나 전개 순서는 조금 차이가 있다. 영화는 헤스터 프린의 딸 펄의 회상을 좇아서 미국의 보스톤 지역으로 이주해 온 어머니의 행적을 순서대로 그려내고 있으나, 원작에서는 헤스터 프린이 주홍글씨를 달고 교수대에서 형벌을 받게 되는 장면으로부터 시작한다. 영화에서는 원작이 갖는 주제의식에는 충실하지만, 극적 흥미와 긴장감을 더하기 위하여 헤스터의 목욕장면, 마녀재판, 헤스터의 남편인 로저 칠링워스가 죽는 장면, 청교도와 인디언들의 대규모의 전투 장면 등을 첨가하기도 하였다. 또한 영화에서는 헤스터 프린과 불륜의 관계에 빠졌던 딤즈데일 목사가 극적으로 구조되어 함께 마을을 떠나는 해피엔드로 처리하고 있으나, 원작에서는 딤즈데일 목사가 양심의 가책으로 괴로워하던 중 마지막 설교 후에 자신의 죄를 고백하고 죽는다.

"주홍글씨"는 17세기 메사추세츠Massachussets주 보스턴 지역의 세일렘Salem을 배경으로 하고 있으며, 17세기 후반 미국의 이민사회에서 벌어졌던 중세 판 마녀사냥의 마지막 이야기를 그리고 있다. 작가 호손은 1849년 9월 27일에 집필을 시작하여 1850년 2월 3일에 탈고하고 3월 16일에 책을 출판하였다. 이 책은 노의사 로저

세일렘 마녀 재판

칠링워드와 사랑이 없는 결혼을 하게 된 헤스터 프린이 청교도 목사인 아서 딤즈데일과 불의의 사랑을 맺는 삼각관계를 다루고 있다. 퓨리터니즘의 인습이 강하게 작동하고 있던 시기에 남편을 가진 한 여인과 성직자의 간통 사건이 문제가 되고 있다. 작가는 범죄가 드러난 여인이 엄격한 청교도 사회의 규율 속에서 현실적으로 겪는 고통과, 자신의 죄를 알리지 못하고 번민하는 목사의 내면적인 고통을 대비시키면서, 결국에는 그 모든 고통을 스스로 감당함으로써 죄악으로부터 벗어나 초월하는 인간적인 모습을 그려내고 있다.

불륜의 상징

호손은 이 책을 쓰기 몇 해 전에 그의 창작노트에 "도덕적 또는 정신적 병폐를 육체의 병폐로 상징하는 것, 그리하여 사람이 어떤 죄를 저지르면 그것은 육체의 상처로써 나타난다. 이 사실을 연구하는 것이 바로 문학이다."라고 적고 있다. 인간의 마음을 외부의 사물로 상징적으로 드러내고자 하였다. 작중 인물의 심적 상태가 '목사의 검은 베일', '가슴속의 뱀' 등의 상징으로 그려졌으며, 간통Adultery을 뜻하는 주홍글씨 'A'는 이 책의 가장 대표적인 상징이었다. 호손은 창작노트에서 "불의를 저지른 표지로서 가슴에 A라는 글자를 언제나 붙이고 있지 않으면 안 되는 여인의 생애"를 그리려고 의도하였다. 불륜의 상징 'A'는 헤스터 프린의 가슴 위에 그치지 않고 딤즈데일 목사의 가책을 재촉하는 역할을 한다. 그리고 헤스터와 딤즈데일이 처형대에 섰을 때에도 불길의 상징인 하늘의 유성이 주홍글씨 A를 나타내고 있다. 작가는 딤즈데일 목사가 겪는 육신의 병이 간통의 죄악에 시달리면서도 목사로서의 위선적인 삶을 떨쳐내지 못하는 마음의 병으로부터 오는 것임을 강조하고 있다.

이 작품은 여러 가지 관점에서 해석할 수 있다. 가장 먼저 생각할 수 있는 것은 간통이라는 죄를 저지른 사람들의 심적 고통에 대한 문제이다. 그것은 인간 실존의 내면에서 겪는 심리적인 죄책감에서 비롯되는 고통과 불안이다. 그러나 이보다 더 중요한 문제는 종교적 진리, 즉 어떤 종교나 사회관습이 규정하는 죄악의 규정이 절대적인 것인가에 대한 비판적 성찰을 요구하고 있다. 이것은 전체와 본질에 대결하는 개체와 실존의 갈등 문제인 것이다.

2. 세일렘의 마녀사냥 사건

『주홍글씨』에 나타난 시대적 배경은 17세기의 아메리카 식민지 시기였다. 호손이 『주홍글씨』를 비교적 짧은 동안에 완성할 수 있었던 것은 그가 잘 숙지하고 있는 뉴잉글랜드의 세일렘 마녀사냥 사건을 바탕으로 작품을 구상하였기 때문이다.

영국의 소지주 계급이었던 윌리엄 호손William Hathorne은 미국으로 이주하고 보스톤의 세일렘에 정착하여 주 의회 하원의 대변인을 지냈고 세일렘 시민군의 대장직을 수행하였던 인물이다. 이 때문에 호손의 조상들은 미국의 초기에 자행하였던 마녀사냥과 퀘이커 교도의 박해에 주도적으로 개입하게 되었고, 특히 작가의 고조부였던 존 호손John Hathorne은 1692년에 있었던 세일렘 마녀사냥 재판에서 가장 엄격하고 잔인하기로 소문났던 판사들 가운데 한 사람이었다. 이와 같은 기문의 역사적 사실들은 호손의 정신세계를 압박하는 결정적인 요소가 되었다. 하느님을 경배하고 악마를 물리친다는 기치 아래 인간의 양심과 존엄성을 저버리고 무고한 사람을 박해하였던 조상들의 반이성적 행위에 대하여 작가는 깊

갈릴레이가 재판에 회부된 광경(1633년, 상단),
기상변화를 일으키는 마녀들(1490, 하단 좌), 오스트-하르츠에서 마녀 화형 기사(1555년, 하단 우)

은 마음의 상처를 얻게 되었고, 그것을 작품 속에서 그대로 반영하고자 했던 것이다. 그와 같은 죄의식에 반발하여 작가는 그의 이름을 Hawthorne으로 고치기까지 하였다.

세일렘 마녀재판

그렇다면 세일렘 마녀사냥 사건의 실체는 무엇이었을까? 마녀사냥은 유럽에서 13세기에 시작하여 종교분쟁이 한창이었던 16세기에 절정에 올랐으나, 17세기에 들어서면서 수그러들기 시작하였다. 처음에는 페스트나 콜레라와 같은 전염병, 그리고 가뭄과 기근 등에 대하여 속죄양의 차원에서 시작한 마녀재판은 그 정도가 지나쳐서 마을 전체나 도시의 일부 사람들을 닥치는 대로 죽이는 사태로까지 치닫게 되었다. 어떤 이를 이단자 또는 마귀나 마녀로 종교재판에 회부하면 화형을 면할 길은 거의 없다. 이처럼 예수 그리스도의 복음으로 통치하고 있었던 유럽 전역을 마녀사냥이 휩쓸었다는 것은 참으로 이해할 수 없는 일이다.

영화 시련의 포스터

유럽의 마녀사냥이 점차 가라앉게 되면서 그 여파는 전혀 의외의 곳에서 생겨나기 시작하였다. 청교도 이주를 시작한 17세기의 뉴잉글랜드(미국)와 스칸디나비아 지역에서 마녀사냥이 절정에 이르게 된 것이다. 보스톤 지역의 세일렘에서 발생한 마녀사냥 재판은 가장 대표적인 것이 있다. 이 이야기는 아더 밀러에 의하여 『시련』 *The Crucible* 이라는 작품으로 꾸며졌으며, 니콜라스 하이트너 감독에 의하여 영화로 만들어졌다.

1692년에 발생한 세일렘의 마녀사건은 동서편의 마을 주민들 사이의 갈등이 주 원인이었다. 이 마을에서는 모든 것을 아직 확실하게 정리하지 못했기 때문에 주민들 사이의 주도권 다툼이 빈번하였다. 그런 와중에서 이 마을에 제임스 베일리 목사가 최초로 부임해 왔다.(1679) 그는 논쟁을 즐기는 사람이었고, 따라서 교회관리와 운영, 목사의 임용 및 해고 등과 관련한 권리를 행사할 수 있는 주체가 누구인가를 놓고서 치열하게 다투게 되었다. 이러한 논쟁은 1688~1689년의 헌법논쟁과 그 결과로서 제임스 2세의 폐위 및 식민지에 대한 본국 정부의 권위 약화 등과 관련한 의견대립을 부추기는 형태로 나타났으며, 세일렘 마을이 읍town에 대하여 주장할 수 있는 행정적 권한의 문제와도 맞물려 있었다.

1689년 런던에서 입헌군주제가 최대의 위기를 맞게 되었을 무렵에 새뮤얼 파리스 목사가 새로 부임해 왔다. 마을은 순식간에 파리스 목사의 지지파와 반대파로 양분되었다. 그리고 청교도 사회의 윤리적인 규칙들과 얽히면서 이 분쟁은 공동체의 성질 자체를 결정하는 투쟁의 양상을 띠게 되었다. 이러한 분열증세와 복수심이 이웃이나 가족 간의 문제와 맞물리면서 비극을 불러 일으켰다.

푸트남가의 문제는 비극의 발단이었다. 부인을 사별하고 아버지가 재혼하자 전처의 자식들은 계모와 그녀의 아들에 대하여 원한을 품게 된다. 그리고 이러한 적개심을 계모와 같은 세대의 소외 여성들에게 돌리고자 한다. 이들은 파리스 목사를 지지하고 있었기 때문에, 계모의 편에선 여성들은 파리스의 반대파들과 같은 편으로 여겨졌다. 파리스 목사 역시 설교를 이용하여 그리스도와 사탄, 천국과 지옥의 이분법적 구도를 강조하고, 마을 사람들끼리의 적개심을 부추겨 나갔다. 1690년부터 1692년 사이에 터진 몇 가지 일들이 마녀사냥의 빌미가 되었다. 파리스 목사 밑에는 주술을 열심히 배우는 서인도 출신의 노예가 있었다. 파리스 목사 자신이나 그를 지지하던 젊은 여성들 역시 신비주의에 기울어져 있었다. 마을의 사춘기 소녀들이 노예의 이야기를 듣고 난 후부터 이상스러운 발작 증세를 보이기 시작하였다. 그 이유를 묻자 그들은 몇 사

마녀 화형

람의 여자들을 마녀로 지목하였다.

이 때 푸트남가의 갈등이 극단적인 모습을 띠게 되었고, 파리스 목사의 지지자들은 신경쇠약에 걸린 소녀들의 고발을 바탕으로 자신들의 반대파를 모조리 마녀라고 단죄하여 처형하였다. 이들은 자신들의 반대파를 마녀로 단죄하여 제거하였던 것이다. 그러나 정치적으로 장악력이 약한 메사추세츠주 정부는 세일렘 마을의 상황에 신속하게 개입하지 못하였다.

세일렘 마녀 박물관의 처형장면 재현, 브리지트 비숍의 기념비 (위로부터)

읍의 관원들은 이 주술사건을 재판에 회부하여 피고인들에게 유죄판결을 내리고, 술집주인 브리지트 비숍을 처형하였다. 한 달 후에 5명의 여인들이 교수형에 처해졌다. 그런데 재판에서 증인한 소녀들이 유령을 보았다고 주장하면서 광란의 사태가 커지는 가운데, 1692년 가을에 20여명을 처형하고, 100여명을 투옥하는 사태로 번져갔으며, 그 속에는 이 읍에 사는 가장 저명한 인사까지도 끼어 있었다. 이 광적인 흥분상태는 세일렘 밖으로까지 번질 기세였다. 그래서 매사추세츠주의 명망 있는 목사들은 이 재판을 중단할 것을 요구하였고, 매사추세츠 주지사도 이에 동의하여 이 사건을 기각하도록 명령함으로써, 모든 수감자의 형 집행이 유예되었다.

세일렘 마을은 식민지 시대의 뉴잉글랜드 사회와 마찬가지로 농업위주의 청교도가 지배하는 사회에서 상업적이고 세속적인 방향으로 변화하는 과정에 있었다. 고발자의 대부분은 농업과 교회의 전통적 생활양식에 따르던 사람들이었고, 마녀로 고발당하였던 대다수의 사람들은 소매상, 장인 등 신흥 상인계급에 속하였다. 농민을 중심으로 한 전통세력과 상인을 중심으로 한 신흥세력 간의 사회적 정치적 권력다툼이었고, 이와 같은 세일렘 마을의 사태는 현대 미국사의 도처에서 반복적으로 일어났다. 이처럼 보수주의자들은 마녀사냥witch hunt을 기존의 전통질서를 패권적으로 정당화하려는 방책으로 악용했던 것이다.

호손의 고조부는 이 마녀사냥 재판정에서 가장 악명 높은 판사 중의 한사람이었다. 그래서 작가는 청교도 사회가 추구해야 할 이상적 가치는 사라지고 형식적 폐해만이 난무하였던 잔혹한 시대정신을 그리고자 했던 것이다.

3. 주홍글씨의 철학적 문제들

1) 죄와 구원의 참된 의미

이 작품을 통하여 우리는 무엇보다도 먼저 교회와 국가의 권력구조 아래서 죄와 구원의 참된 의미가 무엇인가를 묻지 않을 수 없다. 이 작품에서 구체적으로 제시하고 있는 죄악의 내용은 간음죄이다. 성서는 간음죄를 철저하게 금기시하고 있으나, 의외로 묵인하는 경우도 많았다. 예수의 시대에 이르게 되면 어떤 간음들은 용서받을 수 있을 정도로 상황이 크게 달라졌던 것이다.

이러한 사정과는 다르게 교회와 국가는 일반적으로 간음죄를 범하는 여인들에게 죽음의 형벌을 강화하였다. 그리고 심지어는 죄가 없는 경우에도 마녀로 간주하여 죽이는 사태까지 발생하였.

다. 중세사회에서는 교회나 국가가 흑사병과 같은 급성 돌림병이나 기근과 기아와 같은 자연재해 등 사회적인 문제를 해결하기 위하여 희생양을 요구하는 경우가 많았는데, 이 경우에 대대적인 마녀사냥을 통하여 집단적 불안과 공포를 물리치고자 하였다. 이 경우에 교회와 국가 권력이 규정하는 죄와 구원, 그리고 정의 등은 기존의 질서와 제도를 유지하기 위한 정당화 논리에 그칠 뿐이다. 그리고 정당화 주장이 극단적으로 치우칠 경우에는 상식적인 도덕의식이나 정의감에 배치하는 경우가 많다.

성서의 전거를 살펴보도록 하자. 인류의 역사상 간음죄는 상대적으로 적용할 수밖에 없다는 사실을 확인하게 된다. 인류의 구약시대에 이미 특정 민족들은 근친상간의 방식으로 성립하였으며, 아브라함에서 예수에 이르는 구속사에서도 순결하지 못한 여인들의 이야기를 발견할 수 있다. 롯의 두 딸은 아비와 동침하여 모압족과 암몬족의 조상을 낳았으며(창세기 19,31-39), 나중에 구속사에 출현하게 되는 현숙한 여인 룻은 모압 사람의 피를 이어받은 사람이었다. 아브라함에서 다윗을 거쳐 예수에 이르는 42대 계보(마태복음 1,1-16) 중에서 나타나는 세 명의 여인, 즉 다말, 라합, 밧세바는 도덕적으로 납득할만한 여성들이 아니다. 한 명의 여인은 도덕적으로 본받을만했지만 혈통적으로 이방인의 경우에 해당한다.

아브라함으로부터 예수에 이르는 계보사 중에서 우리는 다섯 명의 여성 이름을 발견하게 된다. 아브라함 – 이삭 – 야곱 – 유다(다말) – 베레스 – 헤스론 – 람 – 아미나답 – 나손 – 살몬(라합) – 보아스(룻) – 오벳 – 이새 – 다윗(밧세바) – 솔로몬, [...] 야곱 – 요셉(마리아) – 예수에 이르기까지 다말, 라합, 룻, 밧세바, 마리아의 이름을 확인하게 된다. 유대인들은 전통적으로 장자 상속주의를 채택하고 있었기 때문에 이것은 극히 이례적인 일이다.

그렇다면 다말은 누구인가? 성서는 "유다는 다말에게서 베레스를 낳았다"고 적고 있다. 다말은 원래 유다의 아들인 엘의 부인이다. 그러므로 유다에게는 며느리가 된다. 그런데 시아버지와 며느리 사이에서 예수의 혈통이 이어진 것이다. 왜 그랬을까? 유다는 아들 엘이 죽자 둘째 아들 오난에게 그의 형수 다말과 교합하여 자식을 낳게 하였으나, 오난이 이를 거역함으로써 하느님의 진노를 사서 죽게 되었다. 유다는 셋째 아들 셀라가 장성한 후에 다말과 맺어줄 것을 약속하였으나, 유다는 막내 아들마저 죽게 될 것을 걱정하여 약속을 지키지 않았다. 이에 다말은 창녀로 분장하여 시아버지 유다와 결합함으로써 자식을 낳았다. (창세기 38,1-24) 그녀가 이렇게까지 하지 않았더라면 구속사의 계보는 이어지지 못하였을까?

성서는 "살몬은 라합에게서 보아스를 낳았다"고 적고 있다. 그렇다면 라합은 누구인가? 그녀는 여호수아가 여리고성을 함락하기 위하여 파견한 정탐군을 숨겨준 기생 출신의 여자였다. (여호수아 2,1-24) 성서는 정숙한 처녀가 아닌 기생 출신을 이스라엘의 정복전에 공을 세운 핵심인물로 기술하고 예수의 계보에 올린 것이다.

성서는 "보아스는 룻에게서 오벳을 낳았다"고 적고 있다. 그렇다면 룻은 누구인가? 룻은 아브라함의 조카 롯이 그의 큰 딸과 동침하여 이룩한 모압족에 속하는 여인이었지만, 남편이 죽고 난 후에도 시어머니인 나오미를 끝까지 잘 공경한 효부로서, 나중에 보아스와 재혼하게 된다. (룻기 4) 우리가 살펴본 구약시대의 여성들 중에서 가장 정숙한 여인이지만, 유대인들은 이방인과 피를 섞는 것을 죄악으로 여기고 있었기 때문에 이런 사실들을 정당화하기는 쉬운 일이 아니다.

성서는 "다윗은 밧세바에게서 솔로몬을 낳았다"고 적고 있다. 다윗은 사울의 뒤를 이은 이스라엘의 두 번째 왕이다. 그는 자신의 부하장수였던 우리아의 아내 밧세바를 가로채서 취하였던 것이다. (사무엘하 11,1-5) 다윗왕은 우리아를 전선에 보내어 죽게 하였다.

예수의 어머니 마리아는 요셉과 정혼하였으나 그로부터 아이를 얻은 것이 아니고, 성령으로부터 잉태하였다고 한다. 이것은 적어도 두 가지의 신학적 문제를 야기한다. 마리아가 그의 정혼자 요셉과 관계하지 않은 상태에서 아이를 얻었다면, 도대체 지금까지 기술한 예수의 혈통사는 무엇 때문에 성경에 넣었는가라는 문제가 생긴다. 둘째로 예수가 성령에 의해 잉태한 것이라면 그가 진정한 의미에서 인간이라고 할 수 있는가라는 문제가 제기된다. 정혼한 사람이 아닌 다른 매체를 통하여 아이를 가진 행위는 상식적으로 간음에 해당될 수밖에 없다. 이러한 설명 방식들은 기독교의 교의체계와 쉽게 이어지지 않는 어려움이 있다. 동정 마리아에 의한 예수 탄생은 기독교 신앙의 신비이다. 그래서 대니켄과 같은 종교의 외계기원설을 주장하는 사람들은 예수가 외계인의 복제실험에 의하여 태어났다고 말하기도 한다.

이러한 사실들을 바탕으로 우리는 성서가 간음에 대하여 구체적으로 어떻게 규정하고 있는지를 살펴볼 필요가 있다. 첫째로 간음은 성서에서 일반적으로 금지하고 있는 사안이다. 유대인의 율법체계를 완성하였던 모세는 십계명에서 "간음하지 말지니라"(출애굽기 20,12)고 규정하였다. 예수는 간음죄를 주로 여성들에게만 적용하던 상황에서 남성들에게 더 엄격하게 적용하고자 하였다: "또 간음치 말라 하였다는 것을 너희가 들었으나, 나는 너희에게 이르노니 여자를 보고 음욕을 품는 자마다 마음에 이미 간음하였느니라."(마태복음 5,27-8) 바울은 모세와 예수를 절충하기 위하여 고심하였다: "그러므로 만일 그 남편 생전에 다른 남자에게 가면 음부라 이르되 남편이 죽으면 그 법에서 자유케 되나니 다른 남자에게 갈지라도 음부가 되지 아니 하느니라."(로마서 7,3)

둘째로 간유은 하느님의 심판을 받아 죽음에 이르게 되는 죄악이다. 간음한 자는 천국에 가지 못하거나 지옥에 빠지게 된다는 표현이 자주 나타나고 있다. 「레위기」 20장과 「신명기」 22장은 유대인의 성도덕을 상세하게 규정하고 있다.

누구든지 남의 아내와 간음하는 자는 그 간부와 음부를 반드시 죽일지니라. (레위기 20,10)

남자가 유부녀와 통간함을 보거든 그 통간한 남자와 여자를 둘 다 죽여 이스라엘 중에 악을 제할지니라. 처녀인 여자가 남자와 약혼 한 후에 어떤 남자가 그를 성읍 중에서 만나 통간하면 너희는 그들을 둘 다 성읍문으로 끌어내고 그들을 돌로 쳐 죽일 것이니 그 처녀는 성읍 중에서도 소리 지르지 아니하였음이요 그 남자는 이웃의 아내를 욕보였음이라 [...] 만일 남자가 어떤 약혼한 처녀를 들에서 만나서 강간하였거든 그 강간한 남자만 죽일 것이요 [...] 만일 남자가 어떤 약혼하지 아니한 처녀를 만나 그를 붙들고 통간하는 중 그 두 사람이 발견되거든 그 통간한 남자는 그 처녀의 아비에게 은 오십 세겔을 주고 그 처녀를 아내로 삼을 것이라. 그가 그 처녀를 욕보였은즉 평생에 그를 버리지 못하리라. (신명기 22,22-29)

지혜가 또 너를 음녀에게서 말로 호리는 이방 계집에게서 구원하리니 그는 소시의 짝을 버리며 그 하나님의 언약을 잊어버린 자라. 그 집은 사망으로, 그 길은 음부로 기울어졌나니 누구든지 그에게로 가는 자는 돌아오지 못하며 또 생명 길을 얻지 못하느니라. (잠언 2,16-19)

모든 사람은 혼인을 귀히 여기고 침소를 더럽히지 않게 하라. 음행하는 자들과 간음하는 자들을 하나님이 심판하시리라. (히브리서 13,4)

간음한 자들의 정황에 따라서 성서가 처벌 규정을 다르게 정하고 있는 것은 특기할 만하다.

셋째로 그러나 간음 역시 하느님의 은총으로 용서받을 수 있다. 하느님 앞에서 용서받지 못할 죄는 없다. 아무리 지독한 범죄인이라 할지라도 하느님의 자녀일 수 있다. 예수는 간음한 여인을 처벌할 수 있는 정당성을 가진 사람은 하나도 없다는 것을 우리에게 분명하게 보여주었다: “서기관과 바리새인들이 간음 중에 잡힌 여자를 끌고 와서 가운데 세우고 [...] 선생은 어떻게 말히겠나이까 [...] 기라사대 너희 중에 죄 없는 자가 먼저 돌로 치라 하시고 [...]

여자여 너를 고소하던 그들이 어디 있느냐 너를 정죄한 자가 없느냐 [...] 나도 너를 정죄하지 아니하노니 가서 다시는 죄를 범치 말라 하시니라." (요한복음 8,3-11)

이렇게 되면 우리는 여기에서 인간의 기본권이나 존엄성과 관련하여 교회와 국가의 권위를 일방적 또는 절대적으로 인정해야 하는가의 문제에 이르게 된다. 교회나 국가는 성서의 전거를 부분적 또는 일의적으로 채택하여 해석함으로써 성서의 정신을 근본적으로 훼손하였다.

가장 순수하고 신성한 이상적 가치를 추구하는 청교도적 신세계에서도 간통죄는 영원히 추방하여 고립시키지 않으면 안 되는 중죄에 해당하였다. 그것은 전통이었다. 그러나 실제로 간통의 당사자인 헤스터 프린은 자신의 행위를 용기 있게 인정하는 동시에 자신에게 주어진 모든 심판을 꿋꿋하게 받아들이는 자세를 취함으로써 전통적 규범이 모든 행위의 완전한 척도가 아니라는 사실을 분명히 하였다. 그녀는 지상적인 삶에 충실한 초인의 의지를 보여주고 있는 것이다.

2) 간통과 결혼제도

『주홍글씨』에서 우리는 한 개인의 행위가 사회 전체의 제도나 가치관을 위협할 수 있는가를 문제 삼지 않을 수 없다. 여주인공 헤스터 프린의 행위가 기존의 결혼 및 가족제도를 위협한다고 볼 수 있는가? 그것은 가치 통념상 간통이겠지만, 다른 방식의 규정은 전혀 불가능한 것이었는가? 결혼제도는 한 개인의 성적 기호나 성적 행위를 절대적으로 규제할 수 있으며, 그렇게 해도 좋은 것인가? 결혼 당사자가 다른 사람과 부정한 방식으로 관계를 맺었을 때 우리는 어떤 태도를 취해야 하는가? 일반적으로 우리는 지금까지 자신이 직접적으로 관련한 경우에는 로맨스, 상대방의 경우에는 불륜으로 매도하여 왔다. 사랑과 불륜의 차이 근거는 바로 그

행위주체가 누구인가에 있다. 그런데 이 간통사건을 바라보는 작가의 시선은 지극히 동정적이며, 심지어 정죄를 받고있는 헤스터 프린을 성모 마리아의 모습과 비유할 정도로 편파적이다. 그렇다면 이 편파성을 어떻게 정당화 할 수 있는가?

작품 속에서 헤스터 프린과 칠링워드는 법률이나 관습적으로 결혼제도에 의하여 그 결합을 보호받고 있다. 그러나 그것은 사실적으로 한 당사자에게는 죽음과도 같은 억압이다. 그리고 헤스터 프린과 딤즈데일 목사의 결합은 법률이나 관습으로는 범죄이지만, 실제로 그들의 관계는 사랑에 다름 아니다. 이 두 가지 가능성 가운데서 우리는 어떤 것을 지지해야 하는가? 아마 작품을 직접 읽게 되는 대부분의 독자들은 후자에 손을 들어줄 것이다.

그러나 우리가 현실 속에서 이와 비슷한 사태를 접하게 된다면 자신도 모르게 전자를 두둔하는 입장에 빠지게 된다. 딤즈데일의 행위뿐만 아니라 그의 위선적인 삶의 태도까지 비난하는 것은 물론 칠링워드의 복수심을 당연한 것으로 인정하게 될 것이다. 그러나 우리가 너무도 쉽게 칠링워드를 비난하고 딤즈데일을 동정하는 것은 작품이 설정한 구도 때문이다. 일상적인 경우에 우리는 기존의 제도나 규범체계 속에서 정당성의 우위를 주장하고 인정하게 된다. 그러므로 헤스터 프린의 남편으로서 칠링워드가 자신의 가정을 깨뜨린 범죄자를 끝까지 규명하려는 것이 비난받아야 할 이유는 없다. 이렇게 본다면 칠링워드와 딤즈데일의 행위는 선악이라는 이분법적 잣대로 재단할 수 있는 것이 아니다. 전통적 규범을 무시하고서라도 추구해야 할 가치 있는 일이 있다면 그것은 선악을 떠난 가치선택의 문제일 것이다. 그러므로 헤스터 프린의 행위는 스스로의 자율적인 가치 선택행위로 이해해야 한다. 그리고 그녀의 두 파트너들이 겪는 심리적인 갈등구조는 이해당사자들 사이의 치열한 공방에서 필연적으로 주어질 수밖에 없는 것이다.

따라서 이 이야기는 결혼과 가족제도 자체를 부정한다기보다는 사랑하고 결혼하는 당사자들의 의견을 우선적으로 존중해야 한다는 보다 성숙한 형태의 새로운 제도입안을 겨냥하고 있다. 즉 성서의 내용까지도 충분하게 반영하지 못하고 편파적으로 적용하고 있는, 당시의 기독교적인 결혼 및 가족제도의 한계성을 고발하였던 것이다. 마녀사냥은 그것이 참으로 악마적인 것이라고 사실적으로 적시하지 않았음에도 불구하고 주관적인 심증이나 사회적인 분위기에 편승하여 죄 없는 자들을 단죄하는 것을 말한다. 마녀사냥을 정당화 하기 위해서는 그들의 재판행위에 대한 도덕적, 법적 근거를 제시하지 않으면 안 될 것이다. 그러나 그와 같은 진리주장을 정당화해 줄 수 있는 어떤 근거도 이 세상에서는 찾을 수 없다. 진리가 바로 진리 그 자체를 부정하고 있기 때문이다.

제 9 장

종교 밖에도 구원이 있는가?

1. 만인구원설(오리게네스, 그레고리우스)

오리게네스

알렉산드리아의 교리문답학파에 속하는 오리게네스 Origenes (185?~254?)는 플라톤 철학과 기독교를 조화시키려고 시도하였다. 그는 플라톤적인 세계관을 바탕으로 하느님은 이 세계를 영원으로부터 그 자신의 필연성에 의하여 창조하였다고 주장한다. 하느님은 선善이며 언제나 자신을 전달하고 전파하는 경향을 가지고 있다. 창조의 범형 또는 이데아들의 이데아인 로고스(말씀)는 하느님과 피조물의 매개자가 된다. 하느님 안에서 가장 나중에 발출하는 것은 성령이며, 이는 피조물인 영혼들을 그리스도와 결합시킴으로써 하느님의 생명 안에 참여하게 하는 일을 한다. 영혼은 본래 하느님에 의하여 각각 상이하게 창조되었다. 그러나 전생의 죄 때문에 육체를 입게 되었다. 그리고 영혼들 사이의 질적 차이는 이 세상에 오기 전의 행위결과에 의한 것이다.(플라톤의 재생설 또는 아남네시스)

그러나 여기에서 오리게네스는 선 그 자체인 하느님의 존재로부터 어떻게 죄악의 결과가 가능하게 되었는지를 구체적으로 설명하지 않고, 다만 악의 존재를 적극적인 선의 결핍 또는 하느님의 결핍이라고 하면서, 하느님이 악의 창시자가 아님을 주장하고 있다. 그러나 여기에는 많은 문제가 있을 수 있다. 다시 말하면 그는 하느님의 창조행위 이외에도 존재하는 것들을 인정하게 된다. 만일 하느님의 존재에 의존하지 않고 독립적으로 존재할 수 있는 것이 있다면 하느님의 존재는 절대적이고 완전한 것이 되지 못할 것이다. 그리고 절대적인 하느님으로서 책임질 수 없고 통치할 수 없는 것을 상대적인 인간에게 요구한다는 것은 불합리하다.

그리하여 오리게네스는 플로티노스의 유출설을 기독교의 창조론과 결합하려고 시도하는 가운데서 어쩔 수 없이 죄악의 기원을 합리적으로 설명할 수 없게 된다. 이와 같은 어려움은 인간의 자유의지와 하느님의 은총에 대한 이율배반의 사실에서도 여전히 드러나고 있다. 그에 의하면 영혼들은 지상에서 자유를 누리고 있기는 하지만, 그들의 행동은 자신들의 자유로운 선택에 의한 것일 뿐만 아니라 또한 동시에 하느님의 은총에 의한 것이다. 이 은총은 영혼이 신체와 결합하기 이전의 상태에서 행한 행위에 따라서 각자에게 주어진 것이다. 그래서 오리게네스는 모든 영혼, 심지어 악마까지도 정화의 고통을 통해서 마침내 하느님과의 일치에 이른다는 만물복귀설을 주장하게 되었다. 다시 말하면 만물은 모두 그 궁극적인 근원으로 되돌아가며, 또한 하느님은 모든 것 가운데 모든 것이 되며, 이 모든 것은 다시 하느님에게 되돌아간다.

이로써 그는 지옥에 대한 교의를 부정하게 된다. 결국 기독교적인 창조론을 신플라톤 학파의 유출론 사상으로 해석하려는 오리게네스의 시도에서는 죄악의 기원에 대한 충분한 해명도 성공하지 못한 채로, 정통 기독교의 핵심적인 교리체계 가운데서 무로부터 시작하는 창조론과 원죄론, 그리고 지옥에 대한 견해를 약화시키는 결과를 초래하였다.

이에 반하여 그레고리우스 Gregorius (335?~395?)는 개별적인 피조물은 하느님의 로고스 안에 있는 이념으로부터 유출한 것이 아니라

그레고리우스

창조에 의한 것이라고 주장한다. 하느님은 피조물이 하느님의 선에 참여할 수 있도록 사랑으로 창조하였다는 것이다. 그리고 하느님의 선에 참여하는 것은 인간의 자유에 속한다. 그리하여 하느님은 인간의 자유를 존중한 나머지 인간이 원한다면 악을 선택하는 것도 허락하신다는 것이다. 하느님이 악을 예견하고 이를 허락하신 것이 사실이며, 그럼에도 불구하고 그는 인간을 창조하셨다. 왜냐하면 그는 모든 인간을 결국 자기 자신에게 데려올 것까지를 알았기 때문이다. 그러나 만일 하느님이 인간의 자유의지 사용에 대한 결과를 모두 알고 있었다면, 어떤 이유에서든지 하느님은 인간의 죄악에 대한 방조적인 책임을 면할 수 없을 것이다. 그리고 그와 같은 사실을 알면서도 막지 못했을 경우에 그의 전능한 힘과 권위를 실추하는 것은 당연한 일일 것이다.

결국 우리는 오리게네스와 그레고리우스를 통하여 죄악의 기원과 책임, 그리고 구원의 문제를 새롭게 접근할 수 있게 되었다. 오리게네스는 죄악의 기원을 불분명하게 설정함으로써 하느님을 면책하려 하였고, 그레고리우스는 죄악의 기원을 분명하게 인간의 자유근거에 두려고 하였다. 그러나 죄악의 기원을 어떻게 설명하는가에 관계없이 하느님의 창조를 인정하게 된다면 죄악에 대한 하느님의 궁극적 책임은 회피할 수 없게 된다. 인간의 모든 죄에도 불구하고 그 책임은 결국 하느님에게로 돌아가는 것이다.

그리하여 오리게네스와 그레고리우스는 모든 사람들은 결국 구원에 이른다는 만물복귀설을 주장하게 된 것이다. 아담의 모든 후예들, 그리고 심지어는 예수를 배반했다는 유다까지도 구원에 이르게 되며, 인류를 죄악에 빠뜨렸던 악령까지도 하느님에게 복귀하게 된다는 것이다.

2. 익명의 그리스도인(칼 라너)

칼 라너

기독교인들만이 구원을 받을 수 있는가? 이 물음은 타 종교에 대한 기독교 신앙의 배타적 특징을 여실히 드러내고 있다. 전통적인 기독교 신앙은 오직 기독교 안에서만 구원이 있다고 가르쳤다. 이는 예수 그리스도를 통해서만 구속이 가능하다는 원시교회의 신앙을 바탕으로 한다. 그러나 인간은 누구나 하느님의 자녀이고 신과의 고유한 관계를 가진 존재라고 볼 경우에 기독교를 알지 못하면서도 얼마든지 하느님과 접촉할 수 있다고 생각할 수 있다. 바로 이런 사실에서 칼 라너 Karl Rahner (1904~1984)는 모든 사람이 구원을 받고 진리를 깨닫기 원하시는 하느님의 보편적인 구원 의지를 중시하여 '익명의 그리스도인' anonyme Christen이라는 개념에 착안하게 된다.1)

라너는 하느님의 일반적이고 보편적인 구원 의지가 제약을 받아서는 안 된다고 생각하였다. 명시적으로 기독교인이 아니라는 이유에서 그가 하느님의 자녀가 아니라거나 하느님의 은총으로부터 배제했다고 단정하는 것은 잘못이라는 것이다. 하느님은 어떤 사람이 세례를 받았는가의 여부에 의해서만 구원을 결정하지는 않는다.

모든 인간은 존재론적으로 하느님과 원천적인 관계를 맺고 있으며, 하느님의 은총과 성화에 참여할 수 있는 가능적인 존재들이다. 그리스도인이나 비그리스도인 모두가 하느님으로부터 지음을 받았으며, 하느님의 은총 가운데 있고, 그리스도교적인 요소들을 가지고 있다. 명시적으로 그리스도인이 아닌 사람들 역시 언제든지 그리스도인이 될 수 있다. 실제로 대부분의 그리스도인들은 그들이 신을 알지 못한 상태에서 전교 받았던 경험을 가진 존재들이다. 그러므로 어떤 사람이 현재 그리스도인이 아니라는 이유에서 그에게 구원이 없다고 말하는 것은 잘못이다. 이러한 사실들은 어떤 사람이 비록 교회에서 세례를 받지 않았고 신앙고백을 하지 않았더라도 익명적으로 그리스도인이라는 적극적인 해석을 가능하게 한다.

물론 라너는 모든 인간이 익명의 그리스도인이라고 주장하는 것은 아니다. 기독교 밖의 다른 문화권에 살면서도 그리스도적 가치에 준하는 삶을 살아가는 사람들을 생각할 수 있다. 그리스도적인 율법은 모르더라도 도덕적인 양심에 부합하는 삶을 살기 위하여 노력하고 진리를 사랑하는 사람이 바로 익명의 그리스도인들이다. 이런 사람들은 기독교적인 기준에서 보면 분명히 그리스도인이 아니지만 하느님의 시각에서 보면 하느님의 존재를 믿고 따르는 사람들로서 영생에 이를 수 있는 하느님의 자녀들일 수도 있다.

칼 라너의 익명의 그리스도인은 전통적인 가톨릭 교회로 하여금 다른 종교 신앙을 가진 사람들에게 포용할 수 있는 이론적 근거를 제시하였다. 그럼에도 불구하고 그의 이론은 그리스도를 기준으로 하고 있다는 점에서 여전히 기독교 중심적이라고 할 수 있다. 라너는 그리스도야말로 하느님의 은총이 명시적으로 드러나는 동시에 하느님을 향하는 인간의 초월적 지향이 드러나는 곳이라고 생각하였다. 인간에게 받아들여진 하느님의 은총은 곧 그리스도의 은총이며, 이를 통하여 모든 인간은 구원에 이르게 된다. 그리하여 라너는 그리스도를 하느님과 인간이 만나는 공통 지점으로 상정하였다. 그리스도의 은총은 기독교의 역사뿐만 아니라 기독교 밖의 종교사에도 역사하시는 것이다.

그렇다면 라너는 '익명의 그리스도인' 개념을 어디에서 가져왔을까? 그것은 초월인간학적 신학에 기반을 두고 있다. 이는 신학의 인간학적 전환을 또 다시 신학의 틀 안으로 끌어들이려는 시도라고 할 수 있다. 포이에르바흐가 인간학적 무신론 사상을 정립한 이후부터 '인간'은 신학의 핵심 개념으로 등장하였다. 그러나 라너는 하이데거의 실존분석을 통하여 세련된 '인간' 개념을 수용하여, 하느님을 향하는 절대 초월의 현상과 하느님의 자기전달로서 은총이 서로 만나는 특별한 공간으로서 인간상을 수립하였다. 인간은 이제 '말씀을 듣는 자' Hörer des Wortes로서 초월적 계시가 드러나는 장소인 동시에 초월적 존재를 지향하는 신앙행위의 주체인 것이다. 바로 여기에서 라너는 신학의 인간학적 전환을 요구한다. 이러한 '익명의 그리스도인' 사상은 칸트의 선험철학을 형이상학적으로 이해하고자 했던 마르샬 Maréchal (1878~1944)의 초월신학에 기초하고 있다.

마르샬은 칸트의 선험철학적 방법을 가지고 토마스 아퀴나스를 이해하려고 시도했던 벨기에 출신의 종교철학자이다. 그는 칸트가 선험철학에서 인식 과정의 가능성을 위한 모든 조건들을 규명하지 않았다고 지적하면서, 형식 대상에서 선험적인 것을 개별적 대상행위의 가능성의 초월적 조건이라고 규정한다.[2] 마르샬에게서 착안한 라너의 초월신학은 자기 자신을 계시하는 하느님과 그 계시를 수용하는 인간 사이의 내적 연관성을 규명함으로써 개별적인 신앙의 진술들이 믿음의 주체들로부터 보다 더 적절하게 파악할 수 있도록 하였다. 초월신학은 초월적 존재 이해에 바탕을 두고 있다. 본시 초월철학은 인식의 선험적 조건에 대한 비판적 사유를 통하여 인식 주체와 대상 간의 관계를 규명한다. 라너는 초월적 방법에 의하여 '세계 안의 정신' Geist in der Welt과 '말씀을 듣는 자' Hörer des Wortes라는 두 개념을 도출하였다. 전자가 토마스 아퀴나스를 향하는 반면에 후자는 하이데거를 향하고 있다. 그리고 이 두 사상에서 다루어지고 있는 내용은 바로 인간이다. 라너는 인간에 의하여 물어지는 것을 통하여 비로소 존재론이 성립한다는 사실을 중시하였던 것이다.[3]

존재 물음은 필연적으로 인간의 현존재에 속한다. 존재 물음은 인간이 생각하고 말하는 모든 명제에 포함되어 있다. 인간은 생각하고 말함으로써 인간으로 존재한다. 모든 명제는 특정한 존재자에 관한 진술이고, 이것은 존재 일반에 관한 선험적 요건들에 의하여 가능하게 된다. 그러므로 존재 물음은 인간 자신에 관한 물음이라고 할 수 있으며, 형이상학은 필연적으로 인간 자신에 대한 분석이 된다. 존재에 대한 물음과 존재하는 인간에 대한 물음은 근원적으로 그리고 전적으로 하나의 동일한 물음이다.(HW, 53)

존재의 본질은 우리가 존재의 곁에 있음Beisichsein 또는 '밝혀짐' Gelichtetheit이라는 형태로서 인식하는 것과 인식의 대상이 하나를 이루는 데 있다. 존재와 인식 대상은 동일한 것이며, 존재자의 존재는 바로 그 존재자의 인식 가능성이다.(HW, 56) 존재와 인식 대상의 관계는 인간 실존과 그가 초월적으로 지향하는 신 존재에 그대로 부합한다. 기독교적 상황에서 인간의 실존은 원죄의 상태에서 하느님의 은총을 바라는 사실에서 특징적이다. 초자연적 실존은 모든 인간이 실재-존재론적으로 은총을 입고 있다는 사실에서 결정적이며, 이것은 구원에 필요한 초월적 신에 대한 신앙의 존재론적 전제가 된다. 그러나 하느님의 은총을 입고 있으나 그리스도교의 전통으로부터 멀리 떨어져 있는 사람들의 경우는 어떻게 이해해야 하는가? 여기에서 익명의 그리스도교에 대한 근거 정립의 문제가 떠오른다.

라너는 「무신론과 함축적 그리스도교」*Atheismus und impliziertes Christentum*라는 논문에서 익명의 그리스도교는 "한편으로는 의화와 은총의 상태 속에서 생활하지만 다른 한편으로는 아직 복음의 명시적 설교와 접촉하지 않아 스스로 그리스도인이라고 부를 수 있는 상태에 있지 않은 사람의 처지"를 반영하고 있다고 강조하였다.[4)]

세례 받지 않은 사람의 칭의稱義는 본시 하느님에 대한 자기 자신의 실존적인 입장표명을 통하여 이루어진다. 이를 위한 전제는 하느님의 '일반적 구원의지', '객관적 구속', '초자연적 실존', '은총의 지속적인 제공' 등이다. 라너는 인간이 실존적으로 입장을 표명하기 전에 하느님으로부터 부여된 상황을 '실존적인 그리스

도교적 상황'이라고 불렀다. (VIII, 188)

결국 라너에게 그리스도나 그리스도교적 상황은 기독교 신자와 비신자를 구분하기 위한 장치라기보다는 그 두 가지 부류의 인간 모두에게 적용할 수 있는 공통적인 기준을 마련하기 위한 장치에 지나지 않는다. 다시 말하면 그리스도와 그리스도교적 상황은 비기독교인에게도 그대로 적용할 수 있는 방법론적 틀에 지나지 않는다. 그러므로 하느님의 은총은 기독교적 전통의 밖에서 도덕적으로 살아가는 사람들에게도 동일하게 나타난다고 볼 수 있는 정당성을 확보하게 된다. 그리고 이러한 사실의 확인을 통하여 교회는 다른 종교적 신앙을 가진 사람들을 익명의 그리스도인으로 대할 수 있는 것이다.

하느님의 은총은 교회 안에서나 밖에서 동일하게 나타나고 있으며, 가시적인 교회의 밖에서도 세계를 구원하시려는 하느님의 의지가 작용하고 있다고 보아야 한다. 그러므로 우리는 라너가 새롭게 제안한 '익명의 그리스도교'와 '익명의 그리스도인' 개념을 통하여 그리스도의 은총을 전 세계로 확산시킬 수 있는 것이다.

3. 하느님은 많은 이름을 가지고 있다(존 힉)

존 힉 John Hick (1922~)은 캔드웰 스미스와 매우 유사한 입장을 가지고 있다. 힉은 칸트주의로부터 그의 논의를 시작하고 있다. 칸트가 이론적 지식의 영역에서 인식할 수 없다고 못박았던 초월적 이념(영혼, 세계, 신)을 도덕적 실천의 가능성 조건을 위한 명제로 요청한 사실을 중시하였던 힉은 신의 개념은 다양한 인간의 문화적 상황에 의하여 특별한 하느님의 형상으로 드러나게 되며, 그 때문에 이스라엘의 하느님이나 알라신, 주 예수 그리스도의 아버지나 비슈누에 대한 체험이 가능하게 된다고 보았다.[5] 어떤 사람이 어

존 힉

떤 특정한 신앙을 갖게 되는 것은 그 사람의 출생지에 따르는 경향성이 있으며, 따라서 하느님의 보편적인 사랑과 구원은 어느 특정한 시간과 공간과 민족에만 한정하지 않는다고 주장하였다.[6)]

힉의 종교철학적 관심은 우선 "교회 외부에는 구원이 없다" Extra ecclesiam nulla salus[7)]라는 전통적인 기독교의 구원관을 극복하는 데 있었다. 힉의 관심은 유대교의 아도나이 the Adonai of Judaism, 예수 그리스도의 아버지 the Father of Jesus Christ, 이슬람의 알라 the Allah of Islam, 유신론적 힌두이즘의 크리슈나와 시바 the Krishna and the Shiva of theistic Hinduism, 아드바이타 힌두이즘의 브라흐만 the Brahman of advaitic Hinduism, 대승불교의 법신 혹은 공 the Dharmakaya or the Sunyata of Mahayana Buddhism, 그리고 소승불교의 열반 the Nirvana of Theravada Buddhism을 한꺼번에 지칭할 수 있는 새로운 용어를 찾는 데 있었다.[8)] 그리고 그는 유신론적 종교형태에 속하는 하느님 God 또는 인격적 존재로서 영원한 일자 the Eternal One as personal와, 무신론적 종교형태에 속하는 절대자 the Absolute 또는 비인격적 존재로서 영원한 일자 the Eternal One as nonpersonal의 개념을 동시에 함축할 수 있는 '영원한 일자' the Eternal One라는 새로운 절대자 개념을 제안하였다.[9)] 이 개념은 플로티노스의 '일자' the One, 우파니샤드의 '불이일자' 不二一者, the One without a second나 신비주의 전통에서 '표현할 수 없는 일자' ineffable One뿐만 아니라 이스라엘이나 고대 인도에서 '거룩한 일자' the Holy One를 모두 담아낼 수 있다.

존 힉에 의하면 전통적인 기독교는 역사적으로 다른 종교에 대한 태도표명을 달리 해 왔다. 따라서 그는 기독교의 타종교에 대한 관점의 변화를 단계적으로 소개하면서 종교대화의 가능 근거를 모색하고자 하였다. 힉은 다른 세계종교들에 대한 기독교인의 태도표명을 세 단계로 구분하고 있으며, 이것들은 다른 종교에 대하여 점점 관용적인 태도를 보이기는 하지만 근본적으로 기독교 중심주의[10)]에서 탈피하지 못하였다고 지적한다.

힉이 말하는 첫 단계는 타종교의 구원 가능성을 "전적으로 부정하는 단계" the phase of total rejection이다.[11] 이러한 태도에 의하면 다른 종교를 믿는 사람들에게는 어떤 형태의 구원도 불가능하며, 죽은 후에 그들은 지옥에 들어가게 된다. 한스 큉이 말한 배타주의가 이에 속하며, 제2차 바티칸 공의회 이전의 가톨릭 교회와 근본주의적인 개신교가 이러한 입장을 지지하였다. 그들은 이에 대한 성서적 근거로서 "나를 통하지 않고서는 아무도 아버지께로 갈 수 없다"(요한복음 14,6) 또는 "다른 누구에게도 구원은 없다. 천하 인간에 주어진 이름 가운데 우리를 구원할 수 있는 다른 이름은 없다"(사도행전 4,12) 등을 들고 있다. 로마의 가톨릭교회는 오래 전부터 "교회 밖에는 구원이 없다"는 신조를 공표하였다. 1302년 교황 보니파키우스 8세 Boniface VIII는 "우리에게는 거룩하고 보편적인 사도의 교회가 하나뿐이라는 사실을 인정하고 믿는 신앙이 필요하다. 우리는 그것을 굳게 믿고 숨김없이 고백한다. 교회 밖에는 구원도 죄사함도 없다. [...] 더 나아가서 모든 인류에게 로마 교황에 복종하는 것은 구원을 위해 필수불가결한 것"이라고 선언하였다.[12] 그 후 플로렌스 공의회 Council of Florence (1438~45년)에서도 "이교도는 물론 유대인, 이단자, 종파분리론자를 막론하고 가톨릭교회 밖에 있는 자는 그 누구도 영생에 이를 수 없다. 그러므로 살아있는 동안에 교회에 들어오지 않으면 '악마와 그 사자를 위하여 예비한 영원한 불못'에 빠지게 될 것이다"[13]라고 선언하였다. 19세기의 개신교 역시 기독교 밖에는 구원이 없다는 입장을 고수하였다.(*GhmN*, 27) 1960년 시카고에서 열린 세계선교대회 Congress on World Mission에서는 "전후 이래 십억 이상의 영혼이 영면했는데, 이들 중 절반 이상이 예수 그리스도가 누구신지, 그가 왜 갈보리의 십자가에서 돌아가셨는지에 대해 듣지도 못한 채 고통스런 지옥불로 들어갔다"[14]고 선언하였다. 근본주의자들은 오늘날에도 여전히 이러한 신앙을 고수하고 있다.

힉은 이와 같은 근본적인 거부태도는 잘못된 신론에 기인하고 있다고 지적한다. 기독교의 하느님이 사랑과 자비와 은총의 하느님이라고 한다면 예수를 알지 못하고 죽은 절대 다수의 인류에게 구원을 거부하는 것은 적절하지 않기 때문이다. 죽기 전에 예수 그리스도를 구세주로 영접해야만 영원한 행복을 얻을 수 있다면, 대부분의 인류는 좌절과 고통 속에 방치될 것이다. 그리스도 이전에 살았거나 그분의 영향력이 미치지 않는 지역에서 살고 있는 사람들 역시 그의 부름에 응답할 수 없다. 따라서 단지 기독교인이 아니라는 이유에서 구원을 받을 수 없는 것으로 주장한다면 그것은 자비롭고 거룩한 사랑의 하느님이 성육신하신 그리스도에 대한 온당한 이해가 아니라는 것이다."(*GhmN*, 31) 타종교인의 구원을 전적으로 거부하는 신은 더 이상 사랑과 자비의 하느님일 수 없으며, 그러한 그리스도 역시 더 이상 그리스도일 수 없기 때문이다. 그러므로 힉은 배타주의 또는 절대주의는 잘못된 신관에서 도출한 것이라고 비판하였다.

힉이 설명하는 두 번째 단계는 "초기 주전원周轉圓의 단계" the phase of the early epicycles이다. 힉이 여기에서 말하는 '주전원' epicycle은 첫 번째 단계의 배타주의적 태도를 지지하면서 그 한계를 보완하기 위하여 제시한 비유이다. 본래 주전원이란 프톨레마이오스가 천동설 체계에서 기존의 가설만으로 설명할 수 없는 사실들을 보완하기 위하여 지구를 중심으로 하는 우주도宇宙圖에 첨가하였던 부수적인 궤도를 말한다. 그는 지구를 중심으로 하는 원 궤도에 작은 궤도를 덧붙임으로써 지구가 우주의 중심이라는 기존의 천문학적 가설을 유지할 수 있었던 것이다.(*GhmN*, 33) 1854년 교황 비오 9세 Pius IX (1792~1878)는 "사도의 로마 교회 밖에서는 아무도 구원받을 수 없다는 사실과 교회는 구원의 유일한 방주이니 그 안으로 들어가지 않는 자는 누구나 홍수에 떠내려간다는 사실을 신앙의 문제로 받아들여야 한다. 그러나 다른 한편, 진정한 종교를 알지 못하고 어쩔 수 없는 무지 속에 사는 사람들이라면, 주의 눈 앞에서 이 문제로 인하여 유죄판결을 받지는 않을 것이 분명하다"고 밝혔다.[15] 그는 오직 가톨릭 신자만이 구원받을 수 있다는 전제 하에서, 그 밖의 여러 사람들은 경험적으로 가톨릭 교인일 수는 없으나, 형이상학적으로는 가톨릭 신자일 수 있다고 선언하였던 것이다. 이는 화체 transubstantiation의 교리와 매우 비슷하다. 성찬식 때 사용하는 빵과 포도주는 경험적으로는 빵과 포도주 그대로이지만, 형이상학적으로는 그리스도의 몸과 피로 변화한다. 이와 마찬가지로 유대인과 무슬림 등 타종교인은 경험적으로는 비기독교인이지만 형이상학적으로는 비가시적인 교회의 구성원으로 포용할 수 있는 것이다. (*GhmN*, 31f) 그러나 힉은 이러한 태도가 여전히 가톨릭교회 중심주의로서 첫 번째의 태도와 다를 바가 없다고 본다.

힉이 제시하는 세 번째 단계는 "후기 주전원의 단계" the phase of later epicycles이다. 이것은 제2차 바티칸 공의회 이후 가톨릭 교회의 입장을 반영한다. 그러나 힉은 이 역시 "기독교 밖에는 구원이 없다"와 "기독교 밖에도 구원이 있다"는 모순이 되는 두 개의 주장을 동시에 정당화하려는 시도라고 이해하였다. 가장 대표적인 사람은 바로 칼 라너이다. 그는 기독교 안에 있는 사람들만이 구원받을 수 있다고 주장하는 대신에, 기독교 안이나 밖에서 구원받을 수 있는 모든 사람을 그리스도인이라고 보아야 한다는 새로운 주장을 제시하였다. 따라서 교회 밖에서 구원받을 수 있는 사람들을 그는 '익명의 그리스도인' anonyme Christen이라고 부를 것을 제안하였다. 그러나 힉은 세계적인 차원에서 종교일치적인 발언으로 보이는 라너의 주장 역시 초기 주전원의 단계에서 한 걸음도 나가지 못하였다고 비판한다. (*GhmN*, 34; SC, 80) 칼 라너가 주장한 '익명의 그리스도인'은 신앙의 가능성은 인정하지만 구원의 가능성은 인정하지 않는다. 또한 라너의 의도와는 반대로 다른 종교를 주축으로 하는 주전원도 생각할 수 있으며, 익명의 힌두인이나 익명의 무슬림도 정당하게 언급할 수 있다. 한스 큉은 라너보다 진일보한 태도를 보여주고 있다. 그는 세계종교를 일반적인 구원의 길과 특별한 구원의 길로 분류하면서, 기독교 교회는 아주 특별하고 이례적인 구원의 길이고, 다른 세계종교들은 보편적인 구원사 안에 있는 대중적이고 공통적인, 즉 일반적인 구원의 길이라고 보았다. 그러나 힉에 의하면 큉 역시 대중적인 다수의 길을 그리스도를 향한 전前 그리스도적인 것이라고 해석함으로써,[16] 기독교 중심주의를 넘어서지 못하였다. 큉은 그리스도를 향하여 가는 세계 종교인들, 즉 전前 그리스도인들이 비록 스스로를 그리스도인이라고 고백하지는 않지만 하느님의 은혜를 통하여 그리스도인으로 부름받고 선택받았다고 주장한다. 이러한 해석에 의하면 타종교인이 자신의 종교 안에서 안주할 수 있는 것은 예수 그리스도의 계시를 실존적으로 체험하기 전까지만 해당하는 것이다. 이러한 태도는 아직도 여전히 기독교 중심주의에 서 있음을 확인할 수 있다.

"인간이 어떤 길을 택하든 그것은 나에게로 이르는 길이다."(바가바드 기타) 이 말은 힉의 종교적 입장을 가장 잘 대변해주고 있다. 그에 의하면 신앙의 우주는 신을 중심으로 있는 것이지, 기독교나 다른 어떤 종교를 중심으로 있는 것이 아니다. 신은 상이한 문명들 속에서 성찰의 대상이 되므로, 상이한 계시와 종교를 통하여 현현하는 것이다. 상이한 문화와 역사 속에서 서로 다른 계시들이 나타날지라도 어디까지나 하나의 신이 인간의 정신 속에 자신의 존재를 각인시키면서 역사하고 있는 것이다.[17] 이렇게 보면 신은 많은 이름을 가지고 있지만 결국 하나의 존재에 지나지 않는다. 바로 이 점에서 힉의 종교철학은 폴 틸리히의 존재신학을 발전시킨 것이라고 볼 수 있다. 물론 그는 틸리히의 기독교 중심주의적 입장에서는 크게 벗어나고 있다. 존 힉은 신의 개념을 어떤 특정한 인격적 신성의 규정이 아니라 다양한 형태의 종교적 경험을 통하여 다양하게 인식할 수 있는 무한한 실재로 파악하고 있는 것이다.

4. 기독교 안의 무신론(블로흐)

에른스트 블로흐

에른스트 블로흐Ernst Bloch(1885~1977)의 『기독교 안의 무신론』 *Atheismus im Christentum*에 나타난 가장 중요한 신학적 방법론은 '초월 없이 초월하는 것' Transzendieren ohne Transzendenz이다. 그의 종교이해는 철저히 유대 신비주의적인 메시아론의 전통에 입각해 있으면서도 기존 종교의 세계이해와 신관을 철저하게 부정해 버리는, 이른바 종교의 전승적인 '상속'과 '단절'을 동시에 추구한다. 따라서 기독교의 핵심부분인 하느님의 존재는 부정하면서도, 그 하느님이 계획한 인간을 위한 '왕국' Reich의 개념은 인정한다. 블로흐의 신학은 포이에르바흐와 마찬가지로 하느님으로부터 인간으로 끌어내려지게 되고, 성서를 '위로부터' 해석하는 것이 아니라 '아래로부터' 해석하고자 한다. 물론 이와 같은 신학적 방법론은 전통적으로 헤겔, 포이에르바흐, 마르크스의 종교철학적 이해 속에서 설정한 것이지만, 블로흐의 독창성은 그의 '메타종교' 이론 속에서 돋보인다. 그의 메타종교이론에 의하여 '초월 없이 초월하는' 신학적인 내용들을 구체적으로 살펴보면, 그의 성서해석에 무신론적인 체제가 어떻게 가능한지를 쉽게 파악할 수 있다. 여기에서는 주로 '하계적인 성서해석', '구약에서 하느님에 대항한 인간상', '신약에서 인간 예수가 신이 되는 것', 그리고 '하느님 없는 하느님의 왕국'이 다루어진다.

블로흐의 신학은 하느님으로부터 탈출의 신학이다. 따라서 그의 성서해석은 기존의 것과 방법론적으로 대립하고 있다. 교회사적으로 인정하고 있으며 성직자들이 해석하고 있는 전통교의적인 성서해석학을 블로흐는 '공식적인 성서' offizielle Bibel의 해석방법론이라고 본다. 이 방법론은 편찬사적으로 볼 때 성직자들이 '왜곡날조'한 것이고 '반동의 방식에 의한 교정작업'이었다고 블로흐는 주장한다.[18] 유대교적인 신앙은 원래 낡은 세계와 낡은 창조의 근원인 하느님을 내던져 버리고 새것에 대한 희망, 메시아에 대한 갈망으로 가득 차 있다는 것이다. 전형적인 예로서 블로흐는 '새 하늘과 새 땅'에 관한 이사야의 예언(이사야서 65,17)과 요한의 계시 내용(요한계시록 21,1)을 들고 있다. 이와 같은 새로운 '고향' Heimat 속에서 이전 것들은 잊혀진다는 것이다. 그러나 공식적인 편찬사적인 성서해석에 의하면 잘못된 세계의 시작과 새로운 창조 세계의 끝을 하느님이 매개하고 화해하는 것처럼 설명한다는 것이다. 여기에서 블로흐는 성서에서 전혀 다른 이원론적인 모순원리를 지적한다. 그것은 바로 창조 Schöpfung와 묵시 Apokalypse, 창조론과 종말론의 대립적인 원리이다.[19]

태초에 세계를 만들었던 하느님은 이 세상을 보고 참으로 "보기에 아름답다"(창세기 1,31)고 말하였다. 그런데 그가 만든 이 세상은 악으로 편만하고 완전하지 않은 결핍의 세계였다. 살인과 간음, 음모와 위선, 비리와 날조, 죽임과 전쟁으로 얼룩진 미완성의 세계였다. 따라서 이런 악한 세상을 만들어 놓고 보시기에 좋았다고 하였던 그 하느님은 분명히 '악한 하느님'이라는 것이다. 유대교적인 전통은 이 악한 세상과 악한 하느님으로부터 탈출하려는 몸부림의 역사 속에서 그 참된 전복적 혁명적 의미를 보존할 수 있었는데, 공식적인 편찬사적인 방법론은 본래적인 종교의미를 왜곡날조하면서 악한 신에 대한 '미신적인' 숭배사상으로 변조했다는 것이다. 따라서 블로흐는 새로운 세계에 대한 창조적인 원리는 결코 악한 세계를 만들었던 악한 하느님으로부터 나올 수 없다고 주장한다.[20] 따라서 미래적인 희망은 과거적인 창조신과의 모든 관련성을 거부해 버린다.

이러한 과거 부정적인 사고는 '출애굽 사건'에 대한 그의 '하계적인 성서' unterirdische Bibel 해석에서 전면적으로 드러나게 된다. 공식적인 성서해석은 출애굽 사건을 통하여 억압받는 하느님의 백성이 애굽에서 벗어나 새로운 땅, 곧 '젖과 꿀이 흐르는 땅'으로 옮기게 된다는 억압으로부터 해방을 말한다. 그들은 억압적인 정치, 경제, 종교, 문화적 상황으로부터 탈출, 곧 '애굽으로부터 탈출' 만을 강조한다. 그러나 블로흐는 새것에 대한 희망은 '이집트로부터 탈출'에 만족하지 않고 '지금까지 하느님 표상으로부터 탈출'을 주장한다.21)

그리하여 블로흐는 기독교 신학에서 '하느님' 개념을 지양하고 메시아적 전통 속에서 '왕국'의 개념으로 대체시켜 버린다. 이제 블로흐는 "하느님의 이상적인 진리는 유일하게 왕국의 유토피아이고, 여기에서 이미 하느님은 높은 곳에 계시지 않을 뿐만 아니라, 원래 그런 것이란 전혀 없거나 한 번도 있지 않았던 것"22)이라고 말하면서, '위에서' 군림하는 하느님에 대한 표상을 말살하고, 인간들 속에 그리고 인간 역사의 전방에서 유토피아적인 전체상을 찾으려고 하였다. 따라서 그는 철저하게 과거적 전통을 부정하고, '전복적인' subversive 의미에서만 수용한다. '애굽으로부터 탈출'은 이제 '하느님 자신으로부터 탈출'로 진화하고, '하느님' 개념은 '하느님 없는 하느님의 왕국'으로 대체되면서 '왕국' Reich은 종교적인 핵심 개념으로 남게 된다. 바로 여기에서 무신론과 메시아론이 만나게 되며, 따라서 블로흐의 메타종교이론의 중요한 테제는 "무신론이 없는 메시아론은 있을 수 없다"23)라고 집약할 수 있다. 여기에서 괄목할 만한 사실은 서구 역사의 원축을 이루고 있는 유대-기독교적 메시아사상과 포이에르바흐-마르크스적인 무신론적 종교이론과 혁명 및 유토피아 사상을 블로흐는 원숙한 사상적 경지 속에서 매개하고 통일하고 있다는 것이다.

이 사상의 핵심은 기독교 없이도 기독교가 대망하는 유토피아가 가능하다는데 있다. 하느님이 존재하지 않더라도 하느님의 나라는 도래할 수 있다. 참된 그리스도인은 무신론자라는 블로흐의 테제는 종교의 밖에도 구원이 가능하다는 사실을 대변하고 있다.

제 10 장

종교간의 대화는 가능한가?

1. 종교의 일치 (쿠자누스)

서구의 종교들은 성서에 그 기원을 두고 있으며, 유대교와 기독교, 이슬람교로 분열, 발전하였다. 이 종교들은 유일신 사상에 기초하고 있으며, 문명사적으로도 공통된 요소를 갖고 있다. 그러나 이와 같은 유일신 관념의 출현(아브라함의 선택) 역시 역사적으로 고대 근동지역에서 다양한 신앙체계의 통합주의적 산물에 지나지 않는다. 그 후 알렉산드리아의 철학자 필로 유데우스(기원전 20~기원 후 50)는 그리스 철학의 로고스 개념과 유대교의 신 개념을 결합하는데 성공하였다. 고대 그리스의 철학은 대부분의 서구 종교들, 즉 유대교와 기독교, 그리고 이슬람교에 이르기까지 사상적 통합에 성공함으로써 타종교와의 일치적 근거를 마련하고 있다. 그럼에도 불구하고 서구적 종교 전통은 단편적으로나마 칸트와 틸리히가 거론하기 전까지는 불교와 같이 초월적 신 존재를 믿지 않는 종교에 대해서 여전히 이질적인 것으로 남아 있었다.

쿠자누스

기독교 사상사에서 교회 또는 종교일치 운동을 가장 분명하게 주장하였던 사람은 니콜라우스 쿠자누스Nicolaus Cusanus, Nikolaus von

Kues (1401~1464)였다.1) 에큐메니즘 운동의 선구자로서 그는 가깝게는 토마스 아퀴나스와 보나벤투라와 마이스터 에크하르트Meister Eckhart (1260?~1327), 그리고 더 멀리는 라이프니츠와 칸트와 헤겔, 그리고 20세기의 유명한 존재 신학자 폴 틸리히Paul Tillich (1886~1965)에게까지 강한 영향을 주었다.

1453년에 저술하였던 『신앙의 평화』2)에서 쿠자누스는 여러 민족들이 동시에 인정할 수 있는 공통된 하나의 종교를 채택하기 위하여 서로 다른 위대한 여러 종교지도자들이 하늘에서 어떻게 대화하고 있는가를 그려내고 있다. 여기에서 그는 기독교와 이슬람교, 그리고 다른 여러 민족이 다르게 생각하고 있는 신앙들 가운데서 공통적인 근거를 찾으려고 노력함으로써 종교일치 운동가로서 선구자적인 위상을 확보하게 되었다. 물론 그는 다른 종교들이 어떻게 기독교의 본질적인 교의적 진리와 자신을 구별할 수 있는가에 천착하였기 때문에 순수한 의미에서 종교일치를 모색하였다고 보기는 어렵지만, 유한한 것들의 배척과 대립이 결국 무한자 속에서 하나로 일치한다는 이른바 '대립의 일치' coincidentia oppositorum, 그리고 모든 피조물의 속성은 우리에게 확연하게 알려져 있지 않으며, 신에 대한 모든 담론 역시 비유적일 뿐이라는 독특한 부정신학적 구상을 통하여 정립한 '기지既知의 무지無知' docta ignorantia라는 개념 쌍을 바탕으로 피조물 가운데 서로 다른 모습으로 현현할 수 있는 신적 표상을 성공적으로 제시하게 된 것이다.3) 쿠자누스에 의하면 신은 모든 유한자와 대립하면서도 동시에 그것들과 상호관계를 지니고 있는 무한성이다. 무한자로서 신은 대립하고 있는 유한자들의 통일인 동시에 일치이다. 따라서 신은 만물을 통하여 만물 속에 존재하고, 만물은 만물을 통하여 신 속에 존재한다. 그러나 쿠자누스는 스피노자의 '신 즉 자연'의 경지에는 아직 도달하지 못하였다.

쿠자누스는 여러 민족과 신자들이 그들의 종교에 상관없이 받아들여야 할 전 세계적인 포괄성을 함축하고 있는 평화사상을 모색하였다. 신의 진리는 여러 종교를 통하여 동시에, 그리고 지역과 문화적 차이에 따라서 서로 다르게 드러나기 때문에, 어떤 종교도 그 자신만이 참된 신앙이라고 고집해서는 안 된다.[4] 따라서 그는 그 자신만이 유일하고 확실한 신앙이라고 주장하면서 대립하고 있는 종교들로 하여금 '참된 종교란 무엇인가?'를 반성할 수 있는 전기를 마련해 준 것이다. "서로 다른 종교들에서 발견한 경험적 지식의 차이를 잘 알고 있는 오직 소수의 현명한 사람들만이 곧바로 적용할 수 있는 하나의 조화를 발견할 수 있으며, 이를 통해서만 종교 영역에서 이른바 안정되고 참된 의미에서 영구적인 평화를 정착시킬 수 있다."[5] 쿠자누스는 위대한 종교들의 통일에 대하여 다음과 같이 말하고 있다: "이성(로고스-이성)의 원리에 의하여 사는 모든 사람에게는 다만 하나의 종교, 하나의 예배만이 있을 뿐이다. 그 이성은 서로 다른 모든 종교의식의 기초가 되고 있는 것이다. [...] 신들에 대한 예배의식은 어디에서든지 신성神性에 대한 증거이다. [...] 그렇기 때문에 이성(로고스)의 천국에서는 모든 종교의 일치가 이루어졌던 것이다."[6]

2. 신적 이성의 진화(에른스트 트뢸취)

에른스트 트뢸치

앞에서 언급한 것처럼 1793년에 저술한 칸트의 『이성의 오롯한 한계 안에서 종교』는 '다양한 유형들의 신앙'에도 불구하고 단지 '하나의 (참된) 종교'만이 존재한다는 사실을 강조하고 있다. 이와 같은 칸트의 생각은 분명히 니콜라우스 쿠자누스가 서로 다른 신앙을 가진 사람들이 평화공존할 수 있는 가능성 조건으로 구상하였던 것과 동일한 것이다. 칸트는 '하나의 종교'가 유대교, 마호메트교, 기독교, 가톨릭, 루터교의 신앙에 공통적으로 해당한다고 말하였으나, 그것을 불교와 같은 아시아적 신앙에도 적용할 수 있는가는 분명하게 언급하지 않았다.[7] 그러나 분명한 것은 칸트는 종교의 개념을 절대화함으로써 신앙의 개념을 상대화하였다는 사실이다.[8]

칸트의 종교철학, 특히 이성신앙은 알프레히트 리츨 Albrecht Ritschl (1822~1889)과 그의 마지막 제자들 중의 하나였던 에른스트 트뢸치 Ernst Troeltsch (1865~1923)에게 절대적인 영향을 끼쳤다. 트뢸치는 폴 틸리히의 스승이었다. 트뢸치는 『기독교의 절대성과 종교사』[9]에서 허버트 스펜서 Herbert Spencer (1820~1903)의 진화론적 진보 개념이나 헤겔 Georg Wilhelm Friedrich Hegel (1770~1831)과 랑케 Leopold von Ranke (1795~1886)와 같은 독일 낭만주의의 영향을 수용하여 종교상대주의를 주장하였다. 그는 종교사를 완전성을 지향하는 인류의 보편적 운동으로 이해하면서, 기독교를 포함한 역사상의 모든 종교들은 총체적인 계시역사의 한 단계에 지나지 않으며, 각기 진화론적인 발전의 동일한 목표로서 잠정적인 절대자를 지향하는 상대적인 종교문화적 현상이라고 파악하였다. 따라서 각각의 종교들은 그 시대와 그 문화에 조건적인 기능만을 수행하게 된다. 그는 기독교의 진리 역시 이와 같은 맥락에서 보았으며, 예수 그리스도는 하느님 그 자신이 아니라 다른 종교의 창시자와 같은 지위를 가진 자에 불과한 것으로 평가하였다.

그러나 트뢸취 역시 기독교가 종교 개념 속에 있는 잠재력을 가장 적절하게 실현하였다고 보는 점에서 당시 대부분의 기독교 신학자들과 일치한다. 그는 모든 종교가 추구해 가는 어떤 미지의 최상의 존재, 즉 유일한 궁극적 합일과 최종적인 객관적 타당성을 담보하고 있는 '신성한 이성' Divine Reason 또는 '신성한 생명' Divine Life의 존재를 설정하는 점에서 헤겔과 같은 생각을 하였다. 그러나 종교 자체의 완성된 표현을 기독교라고 보았던 헤겔과는 달리 그는 '신성한 생명'은 하나만 존재하는 것이 아니라 여러 개가 있다고 보았다. 그리고 이 여럿 가운데서 하나를 보는 것이야말로 사랑의 특성을 이루고 있다는 것이다.10) 여러 민족들이 가지고 있는 종교들 가운데서 기독교가 가장 종교적 이념을 적절하게 구현하고 있다는 트뢸취의 입장은 기독교주의를 완전하게 극복하지 못한 사실을 단적으로 드러내고 있다. 한편 틸리히는 트뢸취의 기독교 중심주의를 유럽주의 Europeanism 또는 서구주의 The West라고 규정하였다.11)

그러나 종교의 진화론적 전개 과정 속에서 가장 완전한 형태의 신적 정신이 출현한다는 트뢸치 신학은 기존의 모든 세계종교들을 선천시대의 지역문화적 종교로 단정하면서 이러한 신단들을 통합할 수 있는 근거를 제시하고 있는 점에서 개화기 민족종교사상의 메타이론과 놀라운 유사성을 드러내고 있다.

3. 축적적 전통과 신앙(캔트웰 스미스)

캔트웰 스미스

캐나다 출신의 종교학자 캔트웰 스미스 Wilfred Cantwell Smith는 유대인이나 기독교인이나 불교인 모두가 수용할 수 있는 종교이론을 구축하기 위하여 고심하면서 기존의 종교 개념에 대한 비판적인 접근을 시도하였다. 그는 유대교, 기독교, 이슬람교, 힌두교, 불교, 조로아스터교 등과 같이 자신들의 신앙을 통하여 다른 공동체들과 구별하는 배타적인 구원을 선포하려는 종교 개념은 원초적인 것이 아니라 근대 이후에야 비로소 생겨난 것이라는 사실을 중시하였다. 왜냐하면 이와 같은 종교 관념은 필연적으로 어떤 종교가 가장 참된 종교인가라는 잘못된 물음으로 귀착하기 때문이다.12) 따라서 그는 전통적인 '종교' 개념 대신에 '축적적 전통' cumulative traditions과 '신앙' faith이라는 개념을 제안하였다.13) 축적적 전통이란 사원, 경전, 신학체계, 무용 양식, 법률 또는 그 이외의 사회제도, 관습, 도덕적 규범, 신화 등과 같은 문화적 틀이며, 이는 종교적 공동체의 과거 역사적 삶의 축적물로서 역사적인 접근이 가능한 영역이다. 그러나 신앙은 구체적인 실존의 삶과 관계하는 것으로서, 종교적 체험, 누멘적인 것에 대한 느낌, 사랑, 경외, 희망, 숭배, 헌신과 봉사 등에 대한 생동적이고 내면적인 특성으로 인해 객관적인 접근이 사실상 불가능한 영역이다.

축적적 전통으로 보면 특정한 종교적 공동체의 공통적인 요소를 파악할 수 있으나, 신앙의 차원에서 보면 심지어 같은 종교적 전통에서조차 동일한 신앙은 찾을 수 없게 된다. 예를 들면 서로 다른 종교를 가진 사도 바울과 나가르주나의 신앙만이 다른 것이 아니라, 동일한 그리스도를 섬기는 터툴리아누스, 아베라르두스 Petrus Abelardus (1079~1142), 토마스 아퀴나스의 신앙 역시 각각 다르며, 또한 그것들은 폴 틸리히의 신앙과도 다르다. 기독교인으로서 스미스는 그리스도가 계시한 신의 존재를 신앙하고 있다. 그러나 그는 오직 그리스도만이 구원할 수 있다는 배타주의적 기독론은 기독교의 자비와 모순관계에 있다고 보았다. 물론 기독교인들에게 기독교만이 참된 종교라는 사실은 자명하다. 대부분의 기독교인들은 교회 안에만 구원이 있다고 믿고 있다. 그러나 아직 이해할 수 없는 사실이 있다. 하느님이 온 인류의 하느님이라면 그 분은 왜 이러한 진리를 처음부터 모든 민족에게 제시하지 않고 오직 특정한 민족을 통해서만 드러내었는가라는 의문이 바로 그것이다. 이것은 보편적인 구원의 개념을 무의미하게 만드는 결과를 초래한다.

그와 반대로 스미스는 만일 우리에게 드러난 그리스도가 온 인류를 구원하기 위한 하느님이라는 사실을 정당화하기 위해서는 이슬람이나 불교와 다른 종교들도 생동하며 변화하는 신과 인간의 만남을 추구한다는 것을 받아들여야 한다고 주장하였다. 이를 위해서 기독교 선교는 다른 종교를 가진 사람을 개종시키려고 하기보다는 다른 종교의 신과 인간의 만남에 참여하는 방식으로 변화해야 할 것이다.[14] "전통들은 진화하고, 신앙은 다르게 나타나지만, 하느님은 지속적으로 존재한다" The traditions evolve. Man's faith varies. God endures.[15]

4. 미지의 그리스도(라이문도 파니카)

인도출신의 가톨릭 종교신학자인 파니카 Raimundo Panikkar (1918~)는 하나 이상의 종교에 신성한 종교적 진리가 존재한다는 사실을 보여주고자 하였다. 힌두교인이 기독교에서 진리를 발견하였을 때 그것은 힌두교적으로 색칠한 힌두교의 진리이며, 그 반대로 기독교인이 힌두교에서 진리를 발견하였을 때 그것은 기독교적으로 채색한 진리라는 것이다. 그는 이 두 종교간의 대화를 통하여 동화 assimilation나 대체 substitution가 아닌 상호교접 mutual fecundation의 관계를 형성할 수 있다고 보았다. 모든 종교가 추구하는 신성한 신비는 기독교의 그리스도, 힌두교의 베다, 불교의 다르마 등으로 현현하지만, 사람들은 서로 다른 문화 역사적 스펙트럼을 가지고 그들만의 신비체를 바라보게 된다는 것이다.

라이문도 파니카

파니카는 "그리스도가 세계의 구속주이며 그리스도를 통하지 않고는 구원이 없다"는 절대성에 대한 배타적 주장과 "하느님은 구원에 대한 보편적 의지를 갖고 계시다"는 포괄적인 구원 가능성에 대한 주장이 모순이 아니라고 보았다. 예를 들면 힌두교는 그리스도를 통하여 하느님의 구원 계획을 일반화하는 계기, 즉 '가능적인 기독교'로 기능하는 것이다.[16] 따라서 기독교인들만이 그리스도에 대한 신앙을 독점할 수 없다. 다른 종교들 가운데서도 그리스도가 현현하기 때문이다. 그리스도는 단순히 기독교의 세계에서 나타나는 특수한 사건이 아니라 진정한 의미에서 종교적 경험의 상징이고 인격적 범주인 동시에 보편적인 구속을 가능하게 하는 우주신인론적 원리의 주체인 것이다. 이로써 모든 종교 안에 나타나는 그리스도는 실재의 신적, 인간적, 우주적 지평을 합일하는 신비의 상징으로 된다. 이것이 바로 '그리스도 현현론'의 골자이다.[17)]

힌두교 안에서도 역시 '미지의 그리스도' unbekannte Christus가 살아 움직이고 있다. 세계는 그리스도로부터 비롯하여 다시 그에게로 되돌아가고, 그것을 통하여 세계를 유지하는 것이다. 그것은 일차적으로 침묵하는 신성, 일종의 접근할 수 없는 브라만, 아버지이신 하느님 또는 모든 신성의 원천이 아니라, 참된 이쉬바라, 아들 하느님, 로고스, 곧 그리스도인 것이다. 우주신인론 Kosmotheandrismus은 신적인 것 das Göttliche, 인간적인 것 das Menschliche, 우주적인 것 das Kosmische이라는 세 가지 지평의 역동적인 관계성을 파악하고자 한다. 그리하여 그리스도는 한 종교를 세우기 위하여 오신 것도 아니고, 새로운 종교를 세우기 위하여 오신 것도 아니며, 모든 의를 완성하고(마태복음 3,15) 세상의 모든 종교를 완성하시기 위하여 오신 것이다.[18)]

쿠자누스에서 파니카에 이르는 동안에 서로 다른 종교들 사이의 대화는 '존재의 근거' the ground of being가 되는 신, 즉 '하느님 위의 하느님' 또는 '깊이의 하느님'이나, 모든 존재신학의 원초적 토대가 되는 우주적 신인인 그리스도에 의하여 존재론적 차이를 극복하는 방향으로 진행하고 있다.

5. 종교일치의 조건과 기준(한스 큉)

우리는 종교일치의 전제 조건을 어디에서 구할 수 있는가? 한스 큉 Hans Küng에 의하면 그것은 종교의 자체비판에서 찾을 수 있다. 각각의 종교가 자신의 과오와 실수를 비판적인 시각으로 성찰할 경우에 비로소 진리의 빛에 다가서게 되는 것이다. 이 경우 가장 설득력 있는 명제가 바로 "모든 것은 동시에 선하고 참일 수 없다" Nicht alles ist gleich gut und wahr는 것이다.[19] 모든 것은 언제나 선하고 참이지 못하고, 어떤 경우와 어떤 것에 대해서는 참이지만, 다른 것들에 대해서는 악일 수도 있다. 기독교인들의 절대적 신앙관 역시 다른 어떤 것에 대해서는 여지없이 악으로 보여질 수도 있다. 중세의 종교재판과 이단자 숙청(마녀사냥)은 악이요 비진리임에 틀림이 없다. 이와 같은 사실에서 우리는 종교의 이름으로 모든 것을 허용하지는 않는다는 것을 확인할 수 있다. 역사적 기독교는 사랑과 평화의 윤리를 내세우면서도 배타적이고 편협한 차별정책을 구사하였고, 구원과 은총의 필요성을 강조하기 위하여 인간의 죄의식을 병적으로 과장하였으며, 예수 그리스도의 모습을 지나치게 배타적으로 왜곡시켜 왔다.(*PW*, 110) 그러나 종교적 신앙이나 하느님의 이름으로 다른 사람을 다치게 하고, 다른 사람의 재물과 아내를 빼앗고, 다른 민족의 땅을 차지하고, 약물중독과 환경공해를 유발해도 되는 것일까?

한스 큉

이러한 문제를 피하기 위해서 우리는 이제 참된 일치를 위한 진리기준을 찾아 나서지 않으면 안 된다. 모든 종교는 표준적인 경전이나 성인의 고유한 가르침에 얼마나 충실하게 따르고 있는지를 비추어 보아야 한다.(*PW*, 112) 다시 말하면 종교의 정체성과 진리의 내적 기준을 마련해야 한다. '비판'에 해당하는 희랍어 krisis는 교회가 세속과 비진리로부터 격리Scheidung, 구분Unterscheidung, 결단Entscheidung이어야 한다는 사실을 환기하고 있다. 그리고 이로부터 한 걸음 더 나아가서 각각의 종교는 독특한 진리기준을 가질 수 있으나, 그것을 다른 종교에 대해서도 동일하게 요구할 경우에는 대화가 불가능하게 된다는 사실을 염두에 두어야 할 것이다.(*PW*, 113)

종교 간의 일치운동을 가능하게 하는 보편적인 도덕적 기준은 무엇인가? 종교가 그 자체의 독특한 진리기준 이외에 다른 신앙인에게도 보편적으로 적용할 수 있는 전 지구적 차원의 진리기준을 요구하지 않는다면 종교 간의 대화는 불가능하게 될 것이다. 한스 큉은 그와 같은 보편적인 도덕성의 기준은 바로 진리와 비진리, 참된 종교와 거짓된 종교를 가늠하는 척도라고 생각하였으며, 그것은 바로 도덕적 가치로서 '인간적인 것' das Humanum이라는 것이다. 인간적인 것은 근대의 자율성과 교회적 해방을 성취한 후에 기독교를 새롭게 단장한 범주라고 할 수 있다. 앞에서 살핀 것처럼 기독교는 사랑과 평화의 윤리에도 불구하고 배타적이며 용서가 없고 공격적이라는 비판을 받아 왔다. 역사적으로 사랑과 평화의 윤리보다는 미움과 전쟁의 철학을 지지해 왔던 것이다. 이것은 기독교가 인간적인 것을 무시하였던 시대의 일반적인 현상이었다. 한스 큉은 종교의 이름으로 어떤 비도덕적 또는 비인간적인 일도 허용할 수 없다고[20] 강조하면서, 도덕성과 인간성이야말로 세계종교가 추구해야 할 보편적 규범이나 자기비판의 기준, 또는 '일치적 근거기준'이 될 수 있다고 말한다. (*PW*, 111, 118, 119)

한스 큉은 이제 종교 사이의 대화 가능성을 저해하는 세 가지 유형에 대한 새로운 대안으로서 '에큐메니칼 전략' ökumenische Strategie (*PW*, 114)을 제시하고자 하였다. 그는 세계종교가 공통적으로 함축하고 있는 일반적-도덕적 기준을 '인간적인 것'이라고 규정하였다.[21] 참된 종교는 '신적인 것' 속에 반드시 '인간적인 것'을 무조건적, 보편적으로 정초하고 있어야 한다. 참된 종교는 보다 구체적으로 인간의 권리 보호, 여성해방, 사회정의 실현, 전쟁의 비도덕성 (*PW*, 117)과 같은 문제에 적극적으로 간섭해야 한다. 이로써 모든 인간에게 공통된 인간성, 또는 인간적인 것을 모든 참된 종교의 가장 보편적인 기준으로 정초할 수 있으며, 이를 바탕으로 종교들 사이의 대화를 시작할 수 있는 것이다. 그리하여 한스 큉은 에큐메니칼 전략의 기초근거로서 인간적인 것을 다음과 같이 규정하였다. (*PW*, 121)

– 참된 인간성은 참된 종교의 전제이다! 즉: 인간적인 것(인간의 존엄성과 기본가치의 존중)은 모든 종교에서 최소한의 요구이다. 적어도 인간성(최소기준)은 참된 종교성이 실현하기를 원하는 곳에서는 주어져야 한다. 왜 하필이면 종교인가?[22]

– 참된 종교는 참된 인간성의 완성이다! 즉: 종교(포괄적 의미, 최고가치 및 무제약적 의무라는 의미로서)는 인간적인 것의 실현을 위한 최적 조건이다. 그러므로 진실로 무제약적이고 보편적 의무로서의 인간적인 것을 실현하고 구체화하기를 원하는 곳에서는 이미 종교(최대기준)가 주어져 있어야 한다.[23]

그리하여 한스 큉은 인간적인 것이 세계종교의 공통적 규범이 될 수 있다고 생각한다. 그러나 여기에는 또 다른 문제가 생길 가능성이 있다. 다시 말하면 절대적인 의미에서 인간적인 것은 어디로부터 오는 것인가? 각각의 종교들은 자기비판의 기준을 전제하면서 동시에 종교 간의 대화를 위한 보편적인 주장을 모순 없이 요구할 수 있는가? 그리고 세계 종교들은 인간적인 것 또는 인간성을 각각의 고유한 전통 속에서 정초할 수 있는 가능성을 인정할 준비가 되어 있는가? 각각의 종교들이 전제하고 있는 인간적인 것은 특수한 것인가 아니면 보편적인 것인가? 또한 종교들 간의 대화에서 이루어진 합의는 어떤 특정한 종교의 독자성과 정체성을 파괴할 위험은 없는가?[24] 그 같은 교회 일치적 합의내용은 다시 어떤 특정한 종교인들에게 도덕적 규범으로 제시할 수 있고, 그들은 그것을 받아들일 준비를 하고 있는가?[25]

이 같은 물음 속에서 우리는 한스 큉이 제시한 에큐메니칼 신학적 대안 역시 칸트적인 의미에서 하나의 '이념'에 지나지 않으며, 종교대화를 가능하게 하는 일종의 '규제적 원칙'으로 작동하고 있다는 사실을 확인한다. 그러나 물론 한스 큉은 이것을 단순하게 규제적인 것으로 생각하지 않고, 세계평화를 가능하게 하는 현실적인 원칙, 즉 세계종교의 기초적 윤리규범으로서 인간성 및 '인간적인 것'을 구체적으로 매개하는 변증법적 이념이라고 확신하고 있다.

종교 간의 대화를 가능하게 하는 근거기준이 마련되었다고 하더라도 여전히 남아있는 문제는 대화능력과 입장견지 사이의 대립일 것이다. 종교인이 어떤 입장을 지킨다는 것은 무엇을 뜻하는가? 그가 고집하는 것이 진리라면 문제가 없을지도 모른다. 그러나 그가 고집하는 것이 언제나 진리라는 보장을 우리는 어디에서 확증할 수 있는가? 우리가 고집하는 것이 진리라면 마땅히 그것을 지켜낼 용기도 필요할 것이다. 그러나 우리가 지금까지 목숨을 바칠 정도로 소중한 것이라고 여겨온 것이 아무것도 아닌 것이라고 한다면 그것은 도대체 어떻게 되는 것일까? 신앙의 입장은 대화를 차단하는가? 어떤 교의적 진리를 추구할 경우에 그와 같은 태도표명은 보편적 규범요구를 불가능하게 만드는 것일까? 만일 그것들이 양립할 수 있다면 교의적 주장을 어느 선까지 지지해야 하는 것일까? 이와 같은 복잡한 문제상황 속에서 한스 큉은 어떤 특정한 종교가 고유한 진리주장 이외에도 보편적 요구를 할 수 있는 가능성 영역을 그려내고자 시도하였다. 우선 일반적인 윤리적 기준에 의하면 어떤 종교가 인간적인 색채를 띠는 한에서 참되고 선한 종교라는 것이다. 일반적인 종교적 기준에 의하면 어떤 종교가 그 고유한 원천과 경전에 충실한 경우에 참되고 선한 종교이다. 그리고 특별한 기독교적 기준에 의하면 어떤 종교는 그 이론과 실천이 예수의 정신을 드러낼 경우에 참되고 선한 종교가 된다. (*PW*, 127) 이와 같은 한스 큉의 접근방식은 각각의 종교가 개방적인 대화를 수행하기 위하여 저마다의 고유한 신앙영역을 포기하도록 강제할 필요가 없다는 사실을 분명하게 보여주고 있다. (*PW*, 130) 다시 말하면 결코 포기할 수 없는 것은 각 종교의 고유한 신앙내용이라는 것이다. 그렇기 때문에 어떤 특정한 신앙을 가진, 즉 입장견지를 전제하고 있는 사람과 대화를 시도할 경우에는 그들에게 더 이상 뒤로 물러설 수 없는 입장이 있다는 것을 감안해야 한다.

예를 들면 기독교인의 경우에 첫째로, 우리는 교의적으로 다른 가능성에 대한 충분한 정보와 이해 없이 자신의 입장만을 고집해서는 안 된다. 둘째로 우리는 자신의 길에서 본 실망과 다른 길이 보여준 열광으로 인하여 다른 길로 바꾸어서는 안 된다. 셋째로 다른 종교에서 배우는 내용을 단순하게 오래된 신앙에다 덧붙여서는 안 된다. 넷째로 우리는 참된 의미의 기독교적인 과제로부터 출발하여 다른 종교로부터 배운 내용을 바탕으로 자신의 길을 새롭게 변형시켜야 한다. 존 캅이 말한 것처럼 일치를 향한 '창조적인 변화의 길'[26]을 가야 한다.(*PW*, 134) 이처럼 입장견지의 근본지평에서 대화능력을 발휘함으로써 종교 간의 대화가 가능하게 되고, 이를 바탕으로 세계평화의 모색을 시작하는 것이다.

테제: "종교들 사이의 평화 없이는 국가들의 평화도 없으며, 종교들 사이의 대화 없이는 종교들 사이의 평화도 없고, 신학적인 기초연구 없이는 종교들 사이의 대화도 없다."(*PW*, 135) 한스 큉은 이처럼 종교대화와 종교평화의 관계성을 밝히면서 종교적 시대상황 및 종교신학적 기초연구에 대한 분석과 구상을 보여주고 있다. 새 천년의 시대에 세계종교는 어떤 위치에서 어떤 모습을 하고 있을까? 이러한 물음에 대한 답변은 세계종교의 기초연구로부터 찾을 수 있을 것이다. 종교대화의 기초가 되는 자료들은 종교학자들의 중립적인 학문적 판단, 즉 비판적인 학문성으로 확보할 수 있기 때문에, 한스 큉이 제안한 연구과제, 즉 "종교평화 없이는 세계평화도 없다"는 '인류가 직면하고 있는 종교적 위치에 대한 전지구적 분석과 전망'을 통하여 구체적인 모습을 드러낼 것이다.(*PW*, 139) 그는 유대교, 기독교, 이슬람교, 심지어 불교에 대한 폭넓은 학문적 연구에 착수하여 이미 놀라운 연구결과를 발표한 바 있다.[27] 한 종교에 대한 전체적 조망, 즉 역사적 발전과정과 체계설명의 시도를 통하여 그 종교와 관련된 모든 사실들을 적확하게 기술함으로써, 대화 상대자로서 세계종교에 대한 성실성을 확보

하고자 하였다.

한스 큉은 자신의 종교연구가 지향하는 이 같은 목표를 달성하기 위하여 역사적으로 지배적이었던 세 가지 유형의 역사기술 방법론에 대한 비판적인 태도를 견지하였다.

첫째로 헤겔의 역사철학(*PW*, 42)은 다양한 세계종교들을 세계사의 변증법적 노정을 통하여 드러내기는 하지만 서구정신을 상징하는 기독교를 절대종교로 파악함으로써 기독교 정신의 우월성을 지나치게 강조하였다. 이와 같은 헤겔적 기술방식은 상대적으로 다른 종교의 위상을 폄하할 수밖에 없으며, 따라서 이와 같은 연구 분위기에서는 진정한 의미에서 종교대화를 기대할 수 없게 된다.

둘째로 스펭글러의 문화형태학은 헤겔과는 반대로 민족적인 국가로부터 세계사를 접근하지 않고, 국가를 형성하는 문화로부터 세계사를 파악하려는 시도였다.(*PW*, 145) 세계정신보다는 국가를 단위로 한 것이다. 그는 영적 상태를 표현하는 여덟 개의 문화권을 상정하고, 그 순환과정을 관찰하려고 하였다. 서구의 몰락, 결정론, 비합리주의 등으로 학문적 위상을 구축하였던 스펭글러는 제국주의 출현의 정당성을 주장함으로써 논란을 불러일으켰으나, 결정적으로 포스트모던 시대의 출현 가능성, 즉 다중심주의적이고 초문화적이며 다양한 종교적 시대와 새로운 유럽공동체에 대한 가능성을 전혀 고려하지 못하였다. 또한 그는 문화의 몰락현상에도 불구하고 세계의 대종교들이 스스로 문화를 산출하고 포용하는 힘을 가지고 있다는 사실을 간과하였다.

셋째로 토인비의 문화순환론은 사변적 요소를 떨쳐버린 헤겔의 진화사관과 결정주의적 비관주의를 배제한 스펭글러의 순환이론을 결합한 것으로서, 6천년간 존재하였던 26개의 문화공동체 개념을 중점적으로 분석하였다. 그는 생성 소멸하는 문화의 진화과정에서 세계의 대종교들이 핵심적인 역할을 수행한다는 사실을 강조하였으며, 결국에는 세계의 대종교들이 인류의 단일사회에 봉사하는 유일한 단일종교로 일치할 수 없는가를 다루고자 하였다. (*PW*, 149) 그러나 이와 같은 사실은 한스 큉이 제시한 종교대화의 기본원칙에 반하는 것이다. 종교대화는 단일종교로의 통합을 목표하는 것이 아니라 각각의 종교가 갖고 있는 고유성을 인정하는 것으로부터 시작한다. 또한 한스 큉은 토인비가 유대교와 이슬람교를 소홀하게 다루는 것에 반대하여 각각의 종교를 전체로서 연구하여, 종교의 다양한 위상을 드러내고자 하였다.

여기에서 한스 큉이 주목하는 방법론은 토마스 쿤 Thomas Kuhn (1922~)의 패러다임 이론이다. 종교체계의 패러다임 이론 Paradigmen-theorie은 각각의 종교가 문화의 역사 안에서 차지하는 위상을 그대로 보여줄 수 있기 때문에 경쟁적인 관계에 있는 세계종교의 현상들을 적확하게 기술하는데 매우 적절하였던 것이다. 이를 바탕으로 한스 큉은 현재 영향력을 행사하고 있는 세계의 주요 종교를 집중 분석하여 세 가지 유형의 초개인적, 국제적, 초문화적 종교의 흐름체계를 다음과 같이 제시하였다. (*PW*, 160) 먼저 셈족의 종교는 예언적 특성을 갖고 있으며, 신과의 직접적인 만남으로부터 시작하고 대결적 신앙의 양상을 띠고 있다. 인도의 종교는 신비적 특성을 갖고 있으며, 단일성과 내적 명상을 지향하고 있다. 중국의 종교는 지혜론적 특성이 강하고 근본적으로 조화를 중시하고 있다.

이러한 사실을 바탕으로 우리는 평화를 위한 일치신학의 가능성 조건에 대해서 개신할 수 있을 것이다. (*PW*, 162) 가장 기본적이고 중요한 것은 보편종교, 또는 단일종교를 요구하는 것이 종교대화의 목적이 아니라는 사실이다. 경합적인 상태에 있는 종교들 사이의 평화를 실현하는 데 그 목적이 있는 것이다. 이와 같은 종교대화를 가능하게 하기 위해서는 무엇보다도 창조적이고 구체적인 평화의 신학, 즉 각각의 종교신학에 대한 근본적인 연구를 수행하여 사유체계를 일관적으로 정리하되, 종교들 사이의 핵심적인 차이점을 드러내고 자아비판과 자아수정을 요구할 수 있는 신학연구가 선행되어야 한다. (*PW*, 163) 가장 중요한 것은 일치를 위한 지평을 확보해야 한다. 종교, 문화적으로 다원화된 사회에서 종교대화는 종교들 사이의 대화뿐만 아니라 정치가, 실업가, 학자, 교회, 신학, 종교교육 등 모든 집단, 모든 영역에서 종교대화를 요구해야 한다. 그것은 공식적, 비공식적, 학문적, 영성적, 일상적 대화를 모두 포괄하는 광범위한 실험이어야 한다.

이러한 종교대화의 실험을 통하여 우리는 국가간의 세계윤리를 배제하고서는 어떠한 인간의 공생과 공존도 불가능하고, 종교 간의 평화를 배제하고는 국가간의 어떠한 평화도 불가능하며, 종교 간의 대화를 배제하고서는 종교 간의 어떠한 평화도 불가능하다는 사실을 확인하게 되는 것이다. (*PW*, 171)

전 지구적으로 타당한 세계도덕의 정초를 위하여 한스 큉이 제안한 에큐메니칼 전략은 1993년에 세계종교의회가 채택한 '세계도덕 선언' Erklärung zum Weltethos[28])과 같이 선언적 성격을 가지고 있을 뿐이다. 그것은 우리에게 하나의 정언명령으로서 부단하게 실현하기 위하여 노력하지 않으면 안 되는 칸트적인 이념이나 또는 칼-오토 아펠 Karl Otto-Apel이 설정하였던 이상적인 의사소통공동체의 실현요청과 같은 것이다. 그것이 언제, 어떻게 그리고 어떤 방식으로 실현할 것인가의 문제는 한스 요나스 Hans Jonas나 에른스트 블로흐, 그리고 아펠의 철학적 논의로 돌아가서 다시 새롭게 시작할 수밖에 없다.

제4부
종교와 신비

그리스도가 베드로에게 천국열쇠를 넘겨주고 있다. 페루지오(1448~1523)作

제 11 장

죄악은 어디로부터 오는가?

1. 창조설과 세계제작이론(플라톤)

> 이러므로 한 사람으로 말미암아 죄가 세상에 들어오고 죄로 말미암아 모든 사람이 죄를 지었으므로 사망이 모든 사람에게 이르렀느니라. (로마서 5, 12)

> 인자는 자기에게 대하여 기록된 대로 가거니와 인자를 파는 그 사람에게는 화가 있으리로다. 그 사람은 차라리 나지 아니하였더라면 제게 좋을 뻔하였느니라. (마태복음 26, 24)

열심히 하느님을 섬기던 사람들이 갑자기 하느님의 존재를 의심할 때가 있다. 그리고 자기의 사는 모습을 돌아보면서 이렇게 묻게 된다. 인간은 정말 하느님이 창조하신 것일까? 만일 하느님이 인간과 세계를 창조하셨다면 왜 그는 죄악을 허용하였을까? 만일 그가 허용한 것이 아니라면 도대체 죄악은 어디로부터 온 것일까? 내가 저지른 죄악들은 나의 탓인가, 그렇지 않으면 하느님이 예정한 것인가? 이와 같은 의심들은 한번 시작하기만 하면 끝없이 이어진다. 하느님이 결국 그의 의지대로 사람을 만들고 태초의 동산에서 살게 하였다면, 인간은 그가 계획한대로 살 수밖에 없는 것이 아닐까? 하느님이 어떤 사람을 악인으로 예정해 두었다면 그 사람이 악행을 하게 되는 것은 그 사람 자신의 의지실현이 아니고 하느님에 의한 것이 아닌가? 그리고 만일 인간이 하느님의 예정과 섭리 속에서도 일정한 자유의지를 행사할 수 있다면, 그와 같은 자유의지 사용의 한계는 도대체 어디에 있는 것인가? 우리는 과연 어떻게 하느님의 의지와 섭리를 인간의 자유와 조화할 수 있는 것인가? 그리하여 우리는 또 다시 묻는다. 최초의 인간 아담은 과연 성서가 말하는 대로 하느님의 명령을 거역하고 자유의지를 잘못 사용하게 됨으로써 죄악에 빠지게 되었던 것일까? 그렇다면 그가 하느님의 명령에 거역할 수 있고 하느님과의 약속을 지키지 않을 수도 있었던 그와 같은 부정의 힘은 도대체 어디로부터 온 것일까? 아담은 분명히 하느님의 의지사용에 의해서만 창조되었다. 그러므로 하느님 이외의 존재로부터 그와 같은 힘의 출처를 찾는 것은 불가능하게 된다.

그리하여 우리는 또다시 묻게 된다. 예수를 밀고하였던 유다는 과연 어떻게 해석해야 하는 것일까? 물론 대부분의 기독교인들과 목회자들은 특별한 반성 없이 유다를 악인으로 생각한다. 그리고 예수의 십자가와 부활을 거대한 구속사적 사건으로 받아들인다. 그러나 그들은 예수가 왜 이 세상에 왔으며 또한 그가 어떻게 올 수 있었는가를 생각하지 않는다. 다시 말하면 그들은 이구동성으로 예수가 인간을 죄악으로부터 대속하기 위하여 왔다고 말한다. 그러나 그와 같은 죄악이란 무엇일까? 아담의 행위가 과연 죄악이라

■ 아담과 이브, 루벤스 作(상), 유다의 배신, 지오토 作(하)

고 볼 수 있는 것일까? 그리고 우리가 아담의 행위를 죄악이라고 하더라도 그것이 우리와 도대체 무슨 관계가 있는 것일까? 다른 사람이 지은 죄로 인하여 내가 죄인이 되는 것은 받아들일만한 사실인가? 그리고 나무열매를 따먹은 한시적인 행위가 과연 인류 전체를 영원토록 처벌할 수 있는 정당한 사유가 될 수 있을까? 이 모든 사실을 받아들인다 할지라도 우리는 계속해서 묻지 않을 수 없다. 다시 말하면 인류를 구속하기 위하여 이 세상에 온다고 하였던 예수가 이 세상에 태어나기 위하여 얼마나 많은 어린 아이들이 무참하게 살상되었던가를 한번 상기해 본다면, 그의 구속사적인 사건을 성취하는 데 불가피하게 용인할 수밖에 없었던 그런 참혹한 희생은 죄악이 아닌가? 그리고 그와 같은 죄악 없이 그의 구속사가 과연 성취될 수 있었던 것일까? 그렇다면 유다의 배신행위는 도대체 무엇인가? 만일 그의 배신이 없었다면 예수의 삶도 달라졌을지 모른다. 그리고 그의 십자가 사건과 부활 같은 것은 전혀 일어나지 않았을지도 모른다. 그러므로 만일 예수가 유다의 배신으로 죽게 되었다면 예수의 구속사 실현을 위하여 유다의 행위는 정당화될 수도 있다. 왜냐하면 유다의 배신 없이는 예수의 구속사업도 완성할 수 없기 때문이다. 그러므로 유다는 예수의 구속사업을 위하여 자기희생을 감내한 사람인 셈이다. 그러나 기독교는 유다의 행위를 영원한 저주로 이해하고 규탄한다. 왜 그와 같은 논리적인 부조리를 수 천 년 동안 용납할 수 있었던 것일까? 그리하여 사람들은 이제 우리가 현대의 유다는 아닌가, 그리고 우리는 어쩔 수 없는 죄인에 지나지 않는가라고 묻는 것이다. 유다는 과연 천국의 건설을 위한 일등공신인가 그렇지 않으면 영원한 형벌과 저주의 대상인가를 묻게 되는 것이다.

죄악의 기원에 관한 문제는 어쩔 수 없이 창조론과 밀접한 관계를 가지고 있다. 다시 말하면 이 세상 어떤 절대자가 시간 속에서 창조한 것인가, 그렇지 않으면 이 세상은 영원부터 스스로 존재하고 있었는가에 따라 크게 성격을 달라진다. 만일 세계가 영원부터 스스로 존재하는 것이라면 죄악에 대한 기원을 단순한 인간들의 관습적 또는 사회적인 차원으로 돌릴 수 있다. 그렇다면 그것은 인간과 인간의 관계 속에서 성립한 문제일 것이다. 그러나 만일 이 세계와 인간을 어떤 절대자로가 창조한 것이라면, 피조물들에서 발견하는 인격적인 결함에 대한 책임은 그렇게 만든 창조자에게 돌아갈 수밖에 없다. 상품의 결함에 대한 책임은 그 상품 자체에 있는 것이 아니라 제작자에게 있기 때문이다. 그리고 투박한 질그릇을 만들어 놓고 보기에 좋지 않다고 불평하는 것은 불합리하다. 이와 같이 창조론을 주장할 경우에는 죄악의 기원에 대한 책임을 회피하기가 어렵게 된다. 피조물은 조물주와 하느님의 의도에 따라서 빚어진 결과에 지나지 않기 때문이다.

플라톤

세계의 창조를 설명하는 두 길이 있다. 그 하나는 희랍인들이 제시한 창조신화이다. 특히 플라톤의 후기 저작인 『티마이오스』에 나타나는 세계제작론이 그것이다. 엄밀히 말하면 이것은 창조가 아니고 제작의 문제이다. 최초의 혼돈상태 chaos 또는 텅빈 공간 chora으로 언표한 원초적인 물질세계는 이미 주어져 있다. 그러므로 플라톤의 창조신 데미우르고스는 무로부터 창조하는 것이 아니고 이미 존재하고 있는 물질적 혼돈을 재료로 삼아 자신의 선한 의지로써 세계를 형성하고 제작한 것이다. 그리고 제작자는 최선을 다하여 자신의 선한 의지를 실현하면서 이 세상을 만들었던 것이다. 그것은 마치 대장장이가 주어진 재료를 가지고 보검을 만드는 것과도 같으며, 예술가가 물감을 사용하여 최선의 작품을 그려내는 창작행위와 비교할 수 있다. 그러나 제작자의 의도가 아무리 좋다 할지라도 미리 주어진 재료가 저질이면 훌륭한 작품을 만들 수 없는 것도 사실이다. 그러므로 적어도 플라톤이 묘사하는 세계제작론에서는 데미우르고스가 죄악의 기원에 대한 책임을 회피할 수 있는 근거를 제시한다. 다시 말하면 죄악에 대한 변설을 혼돈상태에 전가할 수 있기 때문이다. 그리하여 자신은 순수한 선의지로 가장 최선의 세계를 창조하려고 했으나 주어진 물질적 자료의 한계 때문에 만족스러운 성과를 얻지 못하였다고 말할 수 있다. 그리하여 좋은 것과 나쁜 것에 관하여 자연적인 설명이 가능하게 된 것이다.

세계창조에 대한 두 번째 교설은 히브리적 또는 기독교적인 창조론이다. 기독교는 무로부터 창조를 주장한다. 다시 말하면 역사의 시초에 하느님이 우주를 창조하고 또한 하느님의 의지에 의하여 그의 형상을 닮은 최초의 인간을 만든 것이다. 그리고 그는 인간에게 자유의지를 부여하고 그와 계약을 맺고 자기에게 순종하는 사람이 될 것인지를 시험하고자 하였다. 그리하여 자신의 말을 어기고 에덴동산의 한 가운데 있는 선악을 알게 하는 나무의 실과를 따 먹으면 영원한 저주와 형벌을 내리고, 그렇지 않을 경우에는 축복을 주리라고 하였다. 여기에서 하느님이 인간에게 실험적으로 부여하였던 자유의지는 두 가지 조건을 모두 해도 좋다는 내용인 것 같지만 실제로는 두 가지 조건 가운데서 어느 하나만을 선택하도록 강요하는 자유인 것이다. 그리고 이와 같은 자유의지의 실험결과에 의하여 최초의 인간은 결국 죄악의 나락에 빠지게 되었다. 그리고 이와 같은 최초 인간의 죄는 모든 인류가 짊어져야 하고 또한 그들 스스로의 힘으로는 원죄로부터 벗어날 수 없다고 하면서, 구원은 오직 하느님을 대신한 예수의 십사가 죽음을 통해서만 성취할 수 있다고 하였다. 그러나 만일 하느님이 정말로 이 세상을 무로부터 창조한 것이 사실이라면, 모든 창조결과들은 하느님의 자의적인 행위결과에 지나지 않으며 그에 대한 책임을 회피할 수 없다.

플라톤의 창조론과 기독교의 창조론을 종합하려고 시도했던 사람은 신플라톤주의의 주창자 플로티노스Plotinos (205~269)이다. 그런데 플로티노스는 플라톤이 고심하였던 이데아와 현상적인 사물들의 관계를 보다 논리적으로 설명하려는 시도에서 유출설 Emanationstheorie을 주장하였다. 다시 말하면 최고 최선의 존재자인 일자 das Eine로부터 모든 만물이 흘러나와서 다시 그에게로 복귀한다는 것이다. 이상과 같은 그의 철학사상과 세계관은 후일에 범신론적 만물복귀설의 효시를 이루게 되고, 특히 중세의 교부신학자들에게 결정적인 역할을 하게 된다. 그럼에도 불구하고 플로티노스의 유출설은 플라톤의 세계제작론에 비하여 죄악의 기원에 관한 문제를 효과적으로 처리하지 못하고 있다. 플로티노스는 최고 최선의 존재로부터 단계적 유출을 말하면서도 그것에 보다 가깝게 있는 것은 선하고 가장 멀리 있는 것은 악하다고 규정한다. 다시 말하면 죄악은 어떤 적극적인 개념이 아니라, 다만 최고 최선의 존재가 결여한 상태를 뜻한다. 그리고 유출한 모든 존재자들은 다시 원초적인 최고 최선의 존재에로 복귀한다는 것이다.

그러나 바로 여기에는 논리적인 약점이 있을 수 있다. 어떻게 최고 최선의 존재가 이질적인 죄악의 문제를 허용할 수 있는가? 아무리 존재 그 자체로부터 멀리 떨어져 있다 할지라도 본래가 선한 것이면 선한 것일 수밖에 없지 않은가? 그것은 바로 동양사상에서 성선설과 성악설의 자체 한계와도 관련이 있다. 그리고 최고 최선의 존재로부터 더 나가서 멀리 있는 것은 오히려 그만큼 복귀의 가능성이 가까워진 것이므로, 존재의 결핍보다는 존재와의 친밀함을 드러내는 것은 아닌가? 그리하여 플로티노스의 체계에서 가장 악한 것은 실제로 가장 선한 것은 아닌가? 이와 같은 물음들을 철학적으로 해명하지 못한 이상 죄악에 대한 책임은 결국 최고 최선의 존재에게 돌려질 수밖에 없으며, 그리하여 최고 최선의 절대자라는 개념 속에 죄악의 개념이 들어 있다는 논리적 모순을 심화시킬 뿐이다.

플로티노스

그렇다면 기독교적인 창조론에서 우리가 한번 생각해 볼 철학적인 문제는 무엇일까? 첫째로 지적할 수 있는 것은 기독교의 하느님이 최초의 창조행위를 하는 시점에서 무로부터 창조하였다고 주장할 경우, 창조 이후에 빚어지는 모든 책임은 하느님에게 돌아갈 수밖에 없다는 사실이다. 왜냐하면 하느님이 창조하기 전에는 그의 의지 이외에는 아무것도 있지 않았기 때문이다. 플라톤의 데미우르고스처럼 이미 주어진 질료의 한계 속에서 세계를 제작한 것이 아니고, 하느님은 자신이 원한다면 보다 좋은 재료를 선택하여 사용할 수 있는 권한을 가졌기에 더 큰 책임이 따르게 된다. 그러므로 하느님은 사탄과 악령의 존재를 스스로 창조한 것이 되며, 성서적 또는 도덕적으로 규정할 수 있는 모든 죄악의 근원에 대한 책임을 회피할 수 없게 된다.

두 번째로 지적할 수 있는 문제는 하느님의 형상대로 인간을 창조한 것이 사실이라면, 어떻게 하느님을 닮은 인간이 사탄의 유혹에 빠질 수 있었는가라는 물음을 던질 수 있다. 예를 들면 예수 그리스도는 사탄의 유혹을 받았지만 이길 수 있는 힘을 가졌다. 그러나 최초의 인간은 사탄의 유혹을 견뎌내지 못하였다. 그렇다면 최초의 인간은 하느님의 형상대로 지음을 받은 것이 아니거나 혹은 하느님 자신도 사탄의 유혹에 가끔 빠진다는 것을 뜻하게 된다. 그와 같은 사실을 우리는 「욥기」에서 발견할 수 있다. 여기에서 보면 하느님은 사탄의 제의대로 평화롭게 하느님을 섬기면서 살고 있는 욥을 괴롭히는 시험에 동의하였다. 보다 중요한 것은 하느님은 왜 그의 형상대로 만든 인간에게 신적 본성들에 속하는 선악의 구별 능력과 영원한 생명의 가능성을 박탈하려고 하였던 것일까? 인간이 하느님의 형상대로 만들어졌다면 그가 선과 악을 구분함으로써 선한 행위를 하고 또한 영원한 삶을 구가하려는 것은 지극히 당연한 본능적 요구가 아닌가?

세 번째로 우리는 하느님이 최초의 인간에게 부여한 자유의지가 실제로 인간의 자유의지인가를 의심하게 된다. 최초의 인간에게는 두 가지 선택의 길이 놓여 있었다. 그것은 엄밀한 의미에서 자유의지의 사용이 아니라 두 가지 사실 중에서 하나를 선택하라고 강요하는 것에 지나지 않는다. 그리하여 그것은 인류에게 더 이상 자유의 문제가 될 수 없으며, 사실상 필연과 구별할 수 없는 것이다. 그리하여 우리는 하느님이 왜 최초의 인간에게 제3의 가능성을 주지 않았는가를 묻게 되면서, 성서에서 기술한 자유의지는 실제로 자유의지일 수 없다는 생각을 하게 된다.

네 번째로 하느님과 인간의 최초 약속은 공정하고 정당했는가라는 대한 의문을 제기할 수 있다. 조물주와 피조물의 계약은 주인과 노예, 그리고 상품 생산자와 상품사이의 계약과 같은 것이다. 계약은 쌍방간의 동등한 자격조건 하에서 서로의 의사를 존중하는 가운데서만 성립할 수 있다. 그렇지 않을 경우에 우리는 그것을 불평등 계약이라고 부른다. 그러므로 하느님과 최초 인간 사이에 맺어진 계약은 인류 최초의 불평등 계약이다. 왜냐하면 그것은 하느님의 일방적인 명령으로 이루어진 것이며, 인간은 그 요구조건에 따를 수밖에 없었던 상황이기 때문이다. 그리고 계약조건도 인간에게 대단히 불리하다. 그대로 지키고 있으면 주어진 조건에서 계속 살 수 있고, 한번이라도 어기면 영원한 형벌을 받을 것이라는 조항은 인간으로서 받아들이기 어려운 내용이다. 왜 하느님은 최초의 인간에게 그의 명령을 어겼을지라도 곧 반성하고 회개하면 용서받을 수 있는 조항과 인간의 자발적인 의지에 의하여 다시 신성한 최초의 상태로 복귀할 수 있다는 조항을 삽입하지 않고, 우주적 차원에서 형벌과 구속사를 예정했던 것일까? 기독교인들과 달리 유대인들은 원죄설에 대한 관념이 없다. 그들은 자신이 범죄할 경우에 하느님 앞에서 회개하고 용서를 구할 수 있다고 믿고 있다.

다섯 번째로 인류가 최초인간의 실수로 지은 죄를 모두 둘러쓰는 것은 지구상의 제도 가운데서 가장 비합리적인 연좌제로 생각할 수도 있다. 그리고 그와 같은 죄를 그렇게 처벌하는 것이 하느님의 지성으로 보기에 합리적인가라고 되물을 수 있다.

여섯 번째로 하느님이 인류를 구원하기 위해 섭리하는 과정에서 빚은 죄악은 용납해도 좋은가라는 점이다. 예수탄생을 정점으로 한 유아살해와 그의 십자가 구속을 위해서 반드시 필요한 유다의 배신은 유다의 잘못이라기보다는 하느님 자신의 실존적 한계는 아닐까? 그렇지 않다면 그들에 대한 상급과 축복, 다시 말하면 인류의 역사상에서 악행을 저지를 수밖에 없는 모든 사람들과 악령에게 내리는 특별한 상급은 천국에서 따로 준비하고 있는 것인가? 이상과 같은 모든 문제들은 죄악의 기원에 대한 책임 문제와 함께 철학적으로 한번 생각해 볼만한 것들이다.

2. 영혼출생설과 자유의지론(아우구스티누스)

아우구스티누스 Augustinus (354~430)의 사상은 근본적으로 플라톤 철학에 의한 기독교 해석의 절정이라고 할 수 있다. 특히 죄악의 기원과 인간의 구원에 대한 문제와 관련한 그의 생각은 자신의 인생행로와 깊은 관계를 가진다. 그는 기독교로 개종하면서 그의 청년기에 탐닉하였던 쾌락을 정당화해 주었던 사상적 기반에 대한 철저한 자아비판을 수행한다. 청년 시절의 아우구스티누스를 사로잡았던 사상은 마니교였다. 기독교가 세계창조를 선하신 하느님의 것으로 여길 경우에 직면하게 되는 죄악과 고통의 문제를 마니교는 이원론으로 극복할 수 있었기 때문이다. 원래 마니교는 성서적 요소와 희랍적 요소를 결합하여 영지주의적인 사상을 이끌어낸 그노시스학파와 맥을 같이 한다. 그노시스학파에 속한 마르치온은 구약성서의 하느님인 데미우르고스가 신약성서의 하느님인 예수보다 하위라고 주장하면서 이원론적인 기독교 해석을 시도한다. 마니교 역시 두 개의 궁극적인 원리를 설정하고 있다.

마니

성 아우구스티누스의 비전, 카르파치오 作, 1500년

하나는 선한 하느님으로서 빛의 원리가 되는 오르마즈드Ormuzd이고, 다른 하나는 악한 하느님으로서 어둠의 원리가 되는 아리만Ahriman이다. 이들은 영원한 대립적 투쟁을 통하여 정신과 물질의 세계를 지배한다. 다시 말하면 영혼은 선의 원리에 의한 것이고 육체는 악의 원리에 의한 것이다. 그리고 종교적인 고행과 금욕생활은 소수의 종교지도자에게만 주어진 의무이다. 아우구스티누스는 이와 같은 마니교의 주장이 방탕한 그의 청년시절의 쾌락을 포기하지 않으면서 오히려 정당화할 수 있는 이론적 전거가 될 수 있다고 생각하였다.

그러나 후일에 아우구스티누스는 신플라톤주의의 영향을 받기 시작하면서 마니교의 이원론에 의하지 않고서도 죄악의 문제를 해결할 수 있다고 생각하였다. 다시 말하면 악이란 어떤 적극적인 것이 아니라 하느님의 결핍 또는 결여에 지나지 않는다는 것이다. 이것은 386년의 여름에 일어난 아우구스티누스의 유명한 회심과 더불어 마니교 비판의 출발점이 된다. 그의 기독교 개종을 위하여 가장 먼저 필요한 것은 낡은 사상에 대한 비판이었고, 이와 같은 근거에서 『마니교들에 반대하는 창세기론』De Genesis contra Manichaeos과 같은 마니교 비판서가 나오게 된 것이다.

다른 한편 그는 411년 경부터 원죄를 부정하는 펠라기우스 학파에 주의를 기울이기 시작한다. 펠라기우스는 기독교의 구원론에서 하느님의 은총을 약화시키고 인간의 의지를 강조하면서, 결국 원죄를 부정하려고 하였다. 그는 410년에 첼레시우스와 함께 카르타고를 방문하였으나 그 이듬해에 동료인 첼레시우스는 카르타고 종교회의에서 파문당하였다. 그리하여 펠라기우스는 자신의 이론을 옹호하기 위하여 아우구스티누스의 『자유의지론』을 인용하기까지 했으나, 정작 아우구스티누스는 그를 철저하게 비판하였다.[1] 그리하여 418년에 아프리카 주교회의와 황제 호노리우스, 그리고 교황 조시무스는 펠라기우스파를 이단으로 선고하고 말았다. 아우구스티누스의 사상적인 핵심은 타락하여 죽어야 할 인류는 오직 하느님의 은총으로만 구원에 이를 수 있다는 것이다. 여기서는 원죄와 은총의 개념이 맞물려 있다. 그렇다면 펠라기우스가 아우구스티누스로부터 인용하였던 자유의지는 과연 무엇이며, 그것은 어떻게 은총과 모순 없이 공존할 수 있는 것일까?

아우구스티누스에 의하면 인간의 영혼은 하느님이 창조한 것이다. 그런데 여기에서 하느님은 인간의 영혼을 각각 개별적으로 창조했는가, 그렇지 않으면 아담의 영혼가운데서 유전하도록 창조했는가라는 물음이 나온다. 전자의 경우에는 모든 인간의 개별적인 영혼과 하느님의 직접적인 은총관계나 예정과 섭리에 관한 이론이 살아날 수 있으나, 원죄설을 정당화하는 데는 어려움이 생기게 된다. 왜냐하면 아담의 영혼과 나의 영혼은 독립적인 것이고, 하느님이 직접 창조하고 섭리한 것이므로, 아담의 죄를 나에게 전가하는 것은 현실적으로 불합리하기 때문이다. 그와 반대로 후자와 같은 영혼출생설 traducianism의 경우에는 영혼이 부모의 물질적 특성을 유전적으로 물려받는 것이므로, 영혼이 정신적이고 비물질적이며 개별적이라는 전통적인 개념과 상충한다. 그러나 이것은 원죄설을 설명하는 데는 대단히 효과적이라고 할 수 있다. 이미 터툴리아누스 Tertullianus는 원죄설을 뒷받침하기 위하여 어

조로아스터교에서 악의 신 앙그라 마이뉴가 인류의 조상을 유혹하고 있다(좌), 마니교의 사제들(우)

린 아이의 영혼은 새싹처럼 아버지의 정자로부터 비롯된다는 영혼출생설을 주장한 사실이 있다. 아우구스티누스도 영혼출생설에 더 호의적인 태도를 보였다. 아우구스티누스처럼 영혼출생설을 주장하게 되면 물론 원죄론은 쉽게 설명할 수 있을 것이다. 그러나 새로운 어려움이 떠오를 수 있다. 만일 한 사람의 죄를 모든 인류가 짊어져야 한다면 한 사람의 희생만으로 모든 인류를 구속해야 한다. 아담의 죄가 우리의 의지와 상관없이 우리에게 씌워진 것처럼, 예수의 희생도 우리의 믿음과 상관없이 모든 죄를 씻어내야 할 것이다. 다시 말하면 인류전체의 의지와는 관계없이 우리 모두를 지배한 죄악의 영향, 즉 원죄설을 인정한다면, 예수의 십자가 죽음으로 모든 인류는 아무 조건 없이 구원을 받아야 한다. 그것도 우리의 의지와는 상관없이 아담에 의하여 원죄가 성립한 것처럼, 우리의 믿음과 결단에 관계없이 예수의 구속에 의하여 해방을 맞아야 하는 것이다. 그러나 기독교 신학은 여기에 단서조항을 첨가한다. 원죄설과 영혼출생설을 말하면서도 개인의 구원은 신앙의 결단에 의하여 이루어진다고 말하고 있기 때문이다. 그리고 바로 그 신앙의 결단은 자신의 의지가 아니라 하느님의 은총으로 가능하게 된 것이라고 말한다. 그러므로 여기에서도 인간의 자유와 결단, 그리고 하느님의 은총 사이에 신학적인 어려움이 발생한다. 아우구스티누스는 우리가 하느님을 따르거나 부정하는 것은 자유이지만, 하느님을 따르도록 결정하는 데는 이미 하느님의 의지가 작용하고 있다고 본다. 그렇다고 한다면 우리가 하느님을 따르겠다고 결정하는 것은 실제로 우리의 의지사용에 의한 것이 아니고 하느님의 의지사용에 의한 것이다. 그러므로 하느님을 신앙하는 우리의 의지적 결단은 하느님의 은총인 것이다. 따라서 우리는 그 역도 생각할 수 있다. 우리가 하느님으로부터 멀어지게 되는 것은 실제로 우리의 의지적 결단에 의한 것이 아니고 하느님의 의지사용에 의한 것일 수 있다. 그러므로 하느님을 불신하는 것은 하느님의 저주이며, 모든 죄악에 대한 원초적 근원은 하느님으로부터 온다고 볼 수 있는 것이다. 그러므로 아우구스티누스의 경우에 그가 만일 끝까지 인간의 자유의지와 하느님의 은총을 동일한 것으로 여길 경우에, 그가 의도했던 것과는 반대로 죄악에 대한 근원과 책임은 결국 하느님에게로 돌려지는 것이다. 그리하여 도덕적인 악의 근원은 창조자에 있는 것이 아니라 피조물의 의지에 있다는 아우구스티누스의 주장은 설득력을 잃게 된다.

3. 원죄설과 유출론(위디오니시우스, 보나벤투라)

그렇다면 이제 우리는 과연 유다의 배신을 악행이라고 말해도 좋을까라는 물음에 부딪히게 된다. 만일 유다의 임무수행을 하느님이 미리 예정한 것으로 보고, 또한 그것이 구속사를 위하여 불가피한 조치인 것을 알게 되었다면, 우리는 그의 배신을 어떻게 생각해야 하는 것일까? 유다와 예수가 가지고 있었던 '나라'에 대한 생각은 근본적으로 달랐다. 유다는 예수가 정치적인 혁명에 의하여 유대인의 식민지생활을 청산하리라고 믿었다. 실제로 그는 예수가 계획한 일이 무엇인지를 알지 못하였다. 그와 반대로 예수는 유다의 마음을 미리 알고 있었고 그에게 부여한 임무가 무엇인지를 알고 있었다. 그리고 그 일들은 하느님이 미리 계획하신 대로 완벽하게 이루어졌다. 유다는 하느님의 섭리가 무엇인지도 모른 채로 계획에 가담한 것이다. 그렇다면 누가 과연 누구를 배신한 것일까? 유다가 예수를 배신한 것인가? 아니면 예수가 유다를 버린 것인가?

사건의 전모를 알고 있는 사람들은 단순히 예수가 유다에게 배신당하였다고 주장할 수 없을 것이다. 이 사건은 하나의 신비이다. 그리고 이것은 모든 세상적인 일에도 그대로 해당한다. 힘을 가진

자의 논리가 지배논리가 되고 정의가 되는 것처럼 유다의 행위는 여기에서 순전히 예수 중심으로 기술된 것일 뿐이다. 그러므로 인간이 판단해서는 안 된다는 말은 우리에게 의미심장하게 들린다. 만일 기독교인들이 그토록 저주받은 인간으로 여겼던 유다가 그들보다 먼저 하느님의 나라에 가있다고 한다면, 그들은 하느님에게 배신감을 느낄 것인가? 유다의 삶은 우리에게 무엇을 시사하고 있는 것일까? 이 세상에 존재하는 모든 악들이 선한 것들을 드러내기 위해 존재한다면 우리는 그와 같은 악행들을 비난할 수 있는 정당성을 어디에서 찾아야 하는 것일까? 열강의 제국주의적 경제정책, 정치인들의 무분별한 치부행각, 그리고 온갖 세상에 난무하는 폭력들을 비판해야 할 이론적 근거를 어디에서 구할 수 있는 것일까? 왜 그와 같은 행위들은 나쁘고 악한 것일까? 이와 같은 문제들은 세계창조에 대한 기독교적인 해명만으로는 참으로 해결하기가 어려워진다. 이러한 어려움을 인식하기 위하여 우리는 또 다시 유출론적 입장을 취하고 있는 위디오니시우스와 무로부터 창조를 강조하는 보나벤투라의 생각을 대비해 보기로 한다.

위디오니시우스

위디오니시우스 Pseudo-Dionysius, Areopagita (500년경에 활동한 시리아의 수사)는 이 세계는 하느님의 선이 흘러넘친 것이라고 함으로써 신플라톤 학파의 유출설에 의한 설명을 시도한다. 그리고 하느님으로부터 흘러나와 존재하는 모든 것은 선한 것이라고 본다. 다시 말하면 존재하는 것은 무엇이든지 간에 선한 것이다. 그리고 악이란 하나의 상실과 결여를 뜻한다. 만일 존재하고 있는 어떤 것이 그가 구비해야할 본래적인 것을 상실하거나 결여한 상태에 있을 때 우리는 그것을 악하다고 하는 것이다. 그러므로 모든 피조물들은 그것들이 존재하고 있는 한 악일 수 없다. 만일 악마와 악령이 있다면 그것 역시 선인 것이다. 왜냐하면 악마와 악령 역시 그 존재를 선 그 자체인 하느님으로부터 받았기 때문이다. 그리하여 위디오니시우스는 하느님이 만물을 창조하신 것이라면 또는 모든 것이 하느님으로부터 흘러나온 것이라면 이 세상에 존재하고 있는 모든 부정적인 것과 비도덕적인 것마저 그로부터 기인한 것이라는 사실을 은폐하려고 하지 않는다. 그러므로 만일 유다와 같은 사람이 존재하고 있다면 그는 일단 선한 사람이라는 것이다. 그렇다면 왜 우리는 악마와 악령을 일반적으로 악하다고 말하는 것일까? 위디오니시우스에 의하면 악마란 자신의 존재구조 때문에 악한 것이 아니고, 다만 자신들이 지니고 있었던 고유한 천사적인 성품을 잃게 됨으로써 악하게 되었다고 말한다. 그럼에도 불구하고 위디오니시우스는 존재자를 악하게 만드는 결여와 같은 것이 도대체 무엇으로부터 존재하게 되는가를 생각하지 못하고 있다. 우리는 바로 여기에서 그리고 바로 이 점에서 위디오니시우스의 이론을 비판할 수 있다.

만일 결여 그 자체가 있다면 그와 같은 결여와 상실의 존재구조 역시 하느님으로부터 흘러나온 것이라고 할 수 있으며, 따라서 그것마저 악한 것이라고 할 수 없게 된다. 그리고 왜 어떤 존재자들은 어떤 특정한 성질을 가지고 있어야만 하고, 그 반대이어서는 안 되는 것일까라고 물을 수도 있다. 다시 말하면 악령이란 악한 정신을 가지고 있는 한에서만 자신의 고유한 존재를 가지고 있는 셈이며, 바로 그 경우에만 선한 것이다. 악령이 악한 짓을 하지 않고 착한 일만을 하게 된다면, 그 악령에게는 악령이 가져야 할 악한 정신을 상실한 것이 되어서, 위디오니시우스의 견해에 의하면 결국 악한 존재가 되는 것이다. 가령 버림받은 유다가 자기의 고유한 임무를 벗어나서 예수를 배반하지 않았다면, 그는 선한 사람이 되는 것이 아니라 오히려 그와 반대로 악한 사람이 된다. 왜냐하면 그는 자기가 해야 하는 그리고 오식 그만이 할 수 있는 일을 상실하였기 때문이다. 그러므로 만일 유다가 예수를 배신하지 않을 경우에 우리는 그를 착한 사람이라고 할 수 없고, 그와 반대로 악한 사람이라고 해야 할 것이다. 그와 반대로 예수의 예를 들어보기로 하자. 만일 예수가 십자가에 못 박히게 되는 것을 두려워하여 그만이 할 수 있는 일을 회피하여 버렸다면 그는 악한 사람이 될 것이다. 그는 실제로 붙잡히기 전에 그와 같은 기도를 드리면서, 하느님께서 이 잔을 피할 수가 있으시면 피하게 해달라고 절규한다. 그러나 그는 곧 자신의 할 일을 깨닫고 십자가의 죽음을 받아들이게 된다. 그렇다면 도대체 악이란 무엇인가? 도대체 그 누가 어떤 존재에게 그 고유한 사명을 부여하는 것일까? 왜 사람들은 유다의 고유한 임무 완수는 선하다고 하지 않고 예수의 임무 달성만을 찬양하는 것일까? 누가 그 선하고 악한 것을 판단하는 것일까?

보나벤투라

후일에 보나벤투라 Bonaventura (1221~1274)는 기독교 신학을 다시 정립하는 가운데서 하느님과 피조물의 관계를 언급한 적이 있다. 원칙적으로 그는 정통 기독교가 주장하는 하느님의 형상 imago에 의한 창조와 일시적인 창조설을 다시 복원하면서 하느님이 만든 이 세계는 과연 가능한 최선의 세계인가를 물었다. 그러면서 만일 그것이 최선의 세계가 아니었다면 하느님은 최선의 세계를 만들 능력이 없었는가를 묻고 있다. 이 물음은 바로 우리가 추적하고 있는 죄악의 기원이나 책임에 관한 물음과 그 근원을 같이 하는 물음이다. 다시 말하면 하느님은 이 세계에서 악한 것과 고통스러운 것을 피할 수 없었는가를 묻고 있는 것이다. 보나벤투라는 이 물음에 반대 혹은 모순이라고 생각이 드는 대답을 하고 있다. 즉 하느님은 현재의 세계보다 더 훌륭한 세계를 만들 수 있다는 것이다. 이 대답을 일반적인 기독교인들은 쉽게 수긍할 수 있을 것이다. 왜냐하면 하느님은 지금의 세계보다 훨씬 훌륭한, 그리하여 눈물도 없고 한숨도 없는 천국의 세계를

약속하고 있기 때문이다. 그렇다면 하느님은 왜 처음부터 그렇게 좋은 세계, 최선의 세계를 만들지 않았을까? 여기에서 보나벤투라는 이 세계를 보다 좋게 만든다는 말의 의미가 무엇인가에 따라서 좋은 세계에 대한 개념은 달라질 수 있다고 말한다. 지금의 세계에 속하여 있는 우리 인간들에게 하느님만을 섬기도록 강제하였다면 죄악에 빠지지 않는 보다 나은 세계를 만들 수 있다는 것이다. 그러나 만일 하느님이 인간의 자유로운 선택에 의하여 하느님을 섬기도록 하였다면, 하느님은 인간의 자유의지를 박탈하면서 하느님을 강제로 섬기게 하지는 않았을 것이라고 말한다. 또한 죄악이 없는 세계, 그리하여 인간을 천사와 같은 존재로 격상하여 창조한다면, 그것은 지금의 세계보다 더 좋은 것이 아니고 지금의 세계와는 전혀 다른 세계가 되어버린다는 것이다. 이와 같은 대답은 결국 하느님을 죄악의 기원에 대한 책임으로부터 사면해 주는 것이 아니라 오히려 더 어렵게 만들어 버린다. 하느님은 그가 약속하는 천국을 위하여 지금의 세계를 회피할 수 없었다는 결론이 된다. 인류의 구원을 위하여 예수를 십자가에 달기 위해서는 유다의 배신이 근본적으로 필요하였으며, 따라서 유다의 행위는 그 자신의 의지사용이라기보다는 하느님의 예정과 섭리의 일단이었음을 드러낼 뿐인 것이다.

4. 원죄설과 범신론(에리우게나)

중세철학에서는 죄악의 기원을 범신론적으로 해명하려는 시도도 엿보인다. 그러나 이와 같은 시도에서도 어려움은 여전하다. 에리우게나 Johannes Scotus Eriugena (810~877?)는 스피노자의 범신론을 연상하게 하는 주장을 하면서 하느님을 '창조하면서 창조되지 않는 자연' Natura quae creat et non creatur으로 파악하려고 한다. 그리하여

에리우게나

이 세계 속에 존재하는 모든 것은 하느님의 창조작용에 의하여 발출한 것이며, 이와 같은 창조행위는 일시적으로 이루어진 것이 아니라 하느님과 함께 영원히 작동한다는 것이다. 그렇다면 제1원인으로서 하느님은 어떤 방식으로 자연을 창조하고 섭리하는 것일까? 제1원인인 하느님은 두 가지 방식으로 피조물을 규정한다. 그 하나는 '창조되면서 창조하는 자연'의 발출이다. 이것은 세계의 창조과정 속에 들어설 수 있는 모든 것들 가운데 가장 원초적인 이데아에 대한 하느님의 예정을 의미한다. 그리하여 하느님은 모든 피조물의 본질적 원형을 말씀 안에서 그리고 영원한 예정 가운데서 창조하신다. 그러므로 하느님이 규정한 원초적인 이데아는 하느님이 예정하고 창조한 것으로서 현실적인 세계를 창조하는 자연이다. 그리고 이와 같은 창조작용에 의하여 구체적으로 드러난 자연이 바로 '창조되면서 창조하지 않는 자연'이다. 이것은 실제로 세계 속에서 구체적인 존재방식을 가지고 있는 모든 것들을 가리킨다. 그런데 에리우게나에 의하면 이와 같은 모든 것들은 단순히 창조된 채로 버려진 것이 아니고 다시 하느님에게로 복귀한다고 말한다. 그리고 모든 피조물들이 복귀하고 있는 그 궁극적인 방향은 최종적인 목적인으로서 '창조하지도 창조되지도 않는 자연'이라는 것이다. 그리하여 제1원인으로부터 발출한 세계 창조작용은 최후적인 목적인인 하느님에서 완성에 이른다. 결국 에리우게나가 말하는 하느님이란 피조물과 다른 어떤 것이 아니고, 실제로는 피조물과 '하나이며 동일한 것' unum et id ipsum이다. 그리고 모든 것들은 하느님으로부터 발출하며 또한 모든 것들이 다시 하느님에게로 귀결한 것은 바로 하느님이 '모든 것에서 모든 것' omnia in omnibus이라는 사실을 말해준다.

이와 같은 에리우게나의 생각은 확실히 당시 사람들의 기독교에 대한 이해를 뒷받침해 주고 있다. 성서가 말하는 원죄와 영원한 형벌에 대하여 납득할 수 없는 어려움을 은밀하게 발설하고 있는 것이다. 이처럼 창조과정을 범신론적으로 설명할 경우에 우리는 적어도 악의 문제를 정통 기독교가 주장하는 것처럼 설명할 수 없다. 만일 하느님이 모든 것에서 모든 것이라면 죄악의 기원에 대한 책임을 회피할 수 없기 때문이다. 여기에서 에리우게나는 위 디오니시우스의 생각을 빌어서 이 문제를 벗어나려고 한다. 악령과 악인은 그것이 피조물인 이상 하느님에게 복귀할 수밖에 없으며, 그리하여 결국 선한 존재로도 인식할 수 있다고 본다. 그러나 악한 의지는 하느님으로부터 비롯된 것이 아니며, 따라서 그것은 처벌의 대상이 된다고 말한다. 이와 같은 주장은 실제로 하느님이 모든 것 속에서 모든 것이라는 그의 원론적인 주장을 번복하는 결과가 되며, 이론 명제와 실천명제의 모순적인 관계를 드러내고 있을 뿐이다. 결국 우리는 죄악의 문제를 어떻게 설명하더라도 해결할 수 없는 어려움이 도사리고 있다는 사실을 알게 된다.

결국 죄악의 기원에 관한 물음은 우리에게 하나의 신비로 남게 된다. 그리고 이 세계가 어떤 절대자로부터 지음을 받았다고 주장하게 되는 종교의 영역에서 그와 같은 의구심은 보다 심각하게 된다. 결국 우리는 죄악을 상대적으로 이해될 수밖에 없다. 우리는 예수를 배반한 유다의 행위를 지금까지 특별한 반성 없이 악한 것으로 여겨왔다. 그러나 유다의 행위 없이 예수의 구속사가 온전히 이루어질 수 없다는 사실을 발견하면서 그에 대한 전통적인 이해가 잘못된 것임을 알게 된다. 그렇다고 하여 우리는 그의 배신행위를 찬양할 수 있는가? 기독교인이라면 그 어느 누구도 그의 행위를 찬양하려고 하지 않을 것이다. 그렇다면 도대체 왜 이와 같은 현상이 나타나게 된 것일까? 아마도 현행의 가치관과 역사적 전통의 힘이 크게 작용한 결과라고 생각할 수 있겠다. 그리고 그것은 지배적인 힘의 위상에 따라 결정할 수도 있을 것이다. 실제로 우리는 성서의 처음 이야기를 살펴보면 인류가 하느님에게 지은 죄가 아주 미약하다는 사실과, 또한 그것은 우리가 살고 있는 세도가 정하는 실정법으로는 죄라고 부를 수 없다는 사실을 발견하게 된다. 그리하여 에른스트 블로흐와 같은 철학자는 인간과 세상을 그렇게 엉터리로 만들어 놓고서, 그것을 '보시기에 좋았다'라고 말한 하느님은 악한 하느님으로서 우리가 궁극적으로는 극복해야 할 대상이라고 말한다.

오늘날 한국의 민중신학자 서남동徐南同(1918~1984) 교수는 죄악의 문제를 민중의 물음으로 이해하려고 시도한 바 있다. 다시 말하면 죄는 지배자의 언어라는 것이다. 그러므로 인간의 구원을 말하고 싶다면, 고통 속에 실체적으로 신음하고 있는 민중의 한을 절대적으로 해체하기 위한 신학, 그리하여 이른바 한의 사제론 또는 한의 신학을 수립해야 한다고 강조한다. 죄에 대한 민중론적 이해는 죄악의 기원과 그 책임이라는 일단의 물음을 우리의 고유한 철학으로 수립하는데 중요한 계기가 될 것이다. 그러나 죄악의 기원에 대한 설명은 여전히 미스테리로 남는다. 다시 말하면 왜 하느님은 그와 같은 민중의 한을 방치하고 있는가라는 본질적인 물음을 다시 제기할 수 있기 때문이다. 도대체 왜 하느님은 힘을 가진 사람들이 지은 죄는 죄로 여기지 않고, 약한 사람들이 지은 죄만을 죄로써 다스리는 세계질서를 창조하신 것일까? 그러므로 이제 하느님 앞에서 죄 역시 더 이상 죄가 될 수 없고 한으로서만 존재하게 된다. 그럼에도 불구하고 우리는 죄악의 기원에 대한 철학적 해명 없이 일상생활 속에서 악행을 저지른 듯한 사람들, 그것도 힘이 없어서 잡혀오는 사람들만을 처벌하고 있다. 일상적인 삶의 영역에서 우리가 생각하는 죄란 너무나 단순하기만 하다. 그리하여 실제적으로 엄청난 죄악을 저지르고 있는 사람들은 버젓이 살아갈 수 있지만 우리의 조그마한 실수는 용서받지 못하는 세계현실 속에서 지금 우리는 살아가고 있는 것이다.

제 12 장

신들의 정체는 무엇인가?

에리히 폰 대니켄(상), 앗시리아의 오벨리스크에 새겨진 혼합동물의 모습(하)

인류가 신봉하는 종교에서 신들은 수 천 년 전에 지구를 방문한 고도의 지능을 갖춘 외계인들이라고 파격적인 주장을 하는 사람이 있다. 스위스 태생의 유사고고학자 에리히 폰 대니켄 Erich von Däniken (1935~)이다. 그는 인류의 모든 전설과 신화에 등장하는 신들은 사실상 외계인이라고 주장한다. 그의 주장에 의하면 창세기의 창조 사건은 외계인들의 유전자 조작에 지나지 않는다. 그는 고내 이집트와 고대 그리스, 고대 유대인들의 성서와 나스카의 유적들에서도 외계인의 흔적을 찾아내려고 고심하였다. 그는 이 방면의 권위자이고 약 30여권에 달하는 방대한 저서를 남기고 있다.[1)]

1. 스핑크스는 유전자 조작인가?

대니켄은 고대 이집트의 동물숭배 전통에서 우주인의 유진체

스핑크스

복합 기술의 흔적을 찾아내고자 하였다. 다양한 형태의 스핑크스들은 우주인들의 소일거리였으며, 실제로 신성한 동물들의 무덤이나 동물미라에서 다양한 동물의 뼈를 발견했다고 주장하였다. 고대의 역사가들이 증언하고 있는 '성스러운 황소'로 알려진 아피스Apis, 죽은 자들의 신으로 알려진 오시리스Osiris, 그리고 아피스와 오피리스의 합성신으로 알려진 세라피스Serapis의 무덤에서 거대한 황소 미라 대신에 개와 자칼과 같은 여러 동물들의 뼈를 발견했다는 것이다. 아피스의 지하동굴인 세라피움Serapeum에서도 신성한 황소의 머리를 발견하지 못했다. 이집트 고고탐사로 유명한 오귀스트 마리에트Auguste-Ferdinand-Francois Mariette (1821~1881)는 1851년 11월 12일 아피스Apis의 석관을 발굴하였는데, 신성한 황소의 머리는 찾지 못하였다. 1852년 9월 5일 그는 또 다시 3,500년 전에 만들었던 오시리스의 신상이 앞에 서 있는 두 개의 석관을 발굴하

오귀스트 마리에트

이집트의 신들(좌로부터 오시리스, 아누비스, 호루스, 좌), 황소 숭배(기원전 9세기, 이라크 박물관, 우)

였으나, 그 속에서도 역시 아피스의 미라가 아닌 작은 뼈 조각들만이 있었다고 한다.2) 영국의 다른 고고학팀을 이끌었던 로버트 몬드 경 역시 부키스 황소숭배의 현장이었던 바카리아Baqaria 무덤에서 미라를 발견하였으나, 그것 역시 황소가 아니라 자칼이나 개의 모습을 하고 있었다. 로버트 몬드 경은 아부시르 근처의 지하묘지에서 고급 향유를 바른 황소 미라 두 개를 발견하였다. 리넨 붕대가 손상되지 않은 채 원형 그대로였다. 그런데 겉모습은 황소였지만 실제로 붕대를 풀어보니 송아지와 황소뼈를 포함한 일곱 종류의 서로 다른 짐승의 뼈가 뒤죽박죽 섞여 있었다.(35-36)

이것은 무엇을 의미하는 것일까? 머리도 없고 몸체도 남아있지 않은 뼈조각들을 보관하기 위하여 거대한 화강암 용기를 만들었다는 것은 납득할 수 없는 일이다. 90톤에서 100톤에 이르는 화강암 석관은 세라피움으로부터 수천 킬로미터나 떨어진 아스완에서 운반해 온 것이다. 이집트인들은 왜 동물들의 미라를 만들었으며, 그것을 보관하기 위하여 그 엄청난 노동력을 허비했던 것일까? 온갖 종류의 스핑크스는 도대체 어떻게 된 것일까? 고대 이집트인들은 사람의 미라 이외에도 황소, 암소, 숫양, 사자, 물고기, 따오기, 전갈 등 40종 이상의 동물 미라를 만들어 보존하였다. 심지어 따오기는 40개에서 100개 정도의 알까지 함께 보관했으며, 나일강 서쪽 파이윰 오아시스의 지하 공동묘지 테브티니스 지하도시에는 20만개가 넘는 악어 미라를 보존하고 있다. 그것들을 보호하기 위하여 지하에는 수케이온Sucheion이라는 거대한 미로가 만들어졌는데 지금까지 그것들 대부분을 발견하지 못하고 있다.

고대의 역사가 디오도로스Diodoros(기원전 60~30)는 『세계사』 *Bibliotheca Historica* 1권 86장에서 이집트인들의 동물숭배는 태초의 신들과 관련이 있다고 보고하였다. 수가 인간보다 적었던 태초의 신들은 특정한 동물의 형태를 취하여 인간을 제압하였으며, 신들이 온 세상과 존재를 모두 지배할 수 있게 되자 그들을 구해준 동물들에게 감사하는 의미에서 신성한 존재로 공표했다는 것이다.(75) 헤로도토스Herodotos(기원전 490~425)의 묘사에 의하면 아피스 황소는 검은 색깔이고, "이마에는 사각형 모양의 하얀 점이 있고 등에는 독수리의 형상이 그려져 있고 꼬리털은 이중이며 혀 밑에 딱정벌레 모양의 무늬가 있다."(77) 아피스 황소는 프타신의 작품이고 우주의 후손으로 숭배의 대상이 되었다. 플루타르크Plutarchos(46?~119)는 신성한 아피스 황소는 자연에서 태어난 것이 아니고 하늘에서 떨어지는 달빛을 받아 태어났다고 하였다. 오귀스트 마리에트가 세라피움에서 발견한 기념비에는 아피스에 대하여 "너는 아버지가 없다. 하늘이 너를 창조했다"고 적혀 있었다. 역사가 헤로도토스는 "이집트인은 아피스가 하늘의 광선으로 잉태된다고 주장했다"라고 적고 있다.(78) 아피스는 유전체 복합동물이었던 것이다.

헤로도토스

여기에서 대니켄은 아피스를 비롯한 수많은 종류의 스핑크스들이 우주인들이 유전자 조작으로 만든 특이한 동물들이라고 주장한다. 그는 두 사람의 증인을 세우고 있다. 이집트의 사제 마네토Manethos(기원전 300년경)와 339년에 죽은 유세비우스Eusebius 주교이다. 플루타르크는 마네토가 프톨레마이오스 왕조의 첫 번째 왕(기원전 304~282)과 동시대인이며, 왕이 무거운 조각상을 배로 알렉산드리아에 옮겼을 때 그것이 세라피스라는 사실을 마네토가 알려주었다고 적었다.

마네토는 이집트에서 신들이 13,900년 동안 다스렸으며, 그 후 반신들이 11,000년 동안 통치하였는데, 그 신들은 온갖 다양한 괴물들과 혼합동물들을 만들었다고 보고하였다. 동일한 내용을 유세비우스 주교도 전하고 있는데, 신들이 만든 것 중에는 "두 날개 달린 사람", "날개가 넷, 몸은 하나, 머리는 둘인 사람", "남성이면서 여성인 사람", "염소 허벅지에다 머리에 뿔이 난 사람", "말의 발을 가진 사람", "뒷모습은 말의 형상이고 앞모습은 사람의 형상을 한 말 인간", "인간의 머리를 한 황소", "몸이 네 개이고 꼬리는 물고기 지느러미처럼 등위로 솟아오른 개", "개의 머리를 가진 말", "말의 머리에 인간의 몸을 하고 물고기의 꼬리가 달린 괴물", "용 모양의 괴물" 등이 있었다고 한다.(83-84) 루브르 박물관에는 기원전 2,200년 전에 만들어진 10센티미터의 작은 키에 사람의 머리를 가진 황소상 3점이 있다. 이집트의 사원 벽에는 "산양의 머리가 달린 사자", "인간의 머리가 달린 개 혹은 염소", "새의 머리가 달린 산양", "악어머리가 달린 인간" 등이 있다. 호머의 사이렌, 헤시오도스의 메두사, 그리고 새의 머리와 날개를 가진 사람의 형상처럼 특이한 혼합동물들은 진화 과정에서 형성된 것은 아닐 것이다. 그래서 대니켄은 이 혼합동물들의 존재에 대하여 단 두 가지 가능성밖에 없다고 보았다. 그것은 당대의 화가, 조각가, 작가들에 의한 상상의 산물로서 전혀 존재하지 않았거나, 그것이 아니라면 유전자 조작을 통하여 만들어졌다는 것이다. 혼합동물은 생식기관과 염색체가 다르기 때문에 짝짓기로 번

메두사의 목에 칼을 겨냥한 페르세우스(상),
밧줄에 묶여있는 혼합동물,
런던 대영박물관(하)

식할 수 없다.(95)

그래서 대니켄은 인류가 짐승의 상태에서 갓 벗어날 무렵에 외계인들이 화성과 목성 사이에서 에너지 충전을 위하여 정박해 있는 수백년 동안 태양계에 머물면서 지구인들을 지배하였고, 그 과정에서 혼합동물 형태의 새로운 생명체를 만들었다는 것이다. 그들이 떠나간 후에 사제들은 신이 남긴 동물들을 신성하게 여겼으며, 그들이 돌아와서 다시 볼 수 있도록 소중하게 보존했다고 설명하였다.(96-102)

2. 피라미드의 비밀

파라오 쿠푸의 조각상, 높이 5cm, 카이로 이집트 박물관

이집트 나일강의 서쪽 편에 카이로와 마주하는 고대 이집트의 수도 맴피스에 거대한 피라미드가 서 있다. 우리는 그것을 대피라미드라고 부른다. 그것은 놀라운 수학적, 천문학적인 정보에 기초한 건축물이다. 대피라미드의 공사는 제4왕조의 파라오 쿠푸 Khufu (기원전 2551~2528)가 등극하면서 시작한 것으로 알려지고 있다. 제4왕조의 네 명의 파라오가 갈렸던 초기 80년 동안 897.4만m^3 규모의 피라미드 건축물이 세워졌으며 1,206만 6천개의 돌덩어리를 사용하였다. 하루 평균 413개의 돌덩어리를 다듬어 낸 것이다.(186) 헤로도토스의 계산에 의하면 대피라미드 건축은 10만명의 노동자들이 20년 동안 작업하는 것을 필요로 한다.(195) 디오도로스 Diodoros Cronos (기원전 4세기)는 36만명이 20년 동안 작업한 것으로 계산하였다.(197) 문제는 이 엄청난 공사가 누구의 지시에 의하여, 어떤 방식으로, 어떤 기술적 배경으로 진행되었는지에 대한 기록도 남아 있지 않다는 것이다. 더구나 대미라미드의 건축 결과가 현대적인 인문지리학적 지식을 이미 전제하고 있어서 풀리지 않는 수수께끼로 남아 있다. 2천년 전의 이집트 역사가들조차도 대피라미드의

이집트 북부 기자(giza)에 있는 대 피라미드

건설자와 건설 방법에 대하여 아무것도 모르고 있었다.

현대적인 도량형의 기준이 되는 미터법은 1875년 국제미터법 협약에 의하여 확정하였다. 미터의 기준은 지구 자오선의 4천만 분의 1이다. 지구의 둘레를 정확하게 안 연후에야 비로소 길이의 단위를 생각할 수 있었던 것이다. 그런데 아직 수학적인 지식체계조차 갖추지 못했던 4,500년 전 고대 이집트의 피라미드 작업 현장에서는 이런 고도의 지식들을 적용하고 있었다. 어떻게 그런 일이 가능할 수 있을까? 대피라미드의 데이터가 갖고 있는 특징들은 신비 그 자체이다. 대피라미드는 정확하게 동서남북 네 기본방위를 가리키고 있다. 방위 개념을 가지고 있었던 것이다. 대피라미드는 지구의 육지 크기를 절반으로 나누는 중심에 위치하고 있다. 그리고 피라미드를 통과하는 자오선은 해양과 대륙을 정확하게 이등분하며, 이 자오선은 모든 자오선 중에서 육지의 길이가 가장 길다. 따라서 대피라미드는 완벽한 측량 기준점이 될 수 있다. 대피라미드의 높이 대 밑둘레 비례는 원의 반지름과 둘레의 비례와 같으며, 그 네 벽은 세계에서 가장 큰 삼각형이다. 대피라미드는 거대한 해시계로서, 10월 중순부터 3월 초까지 피라미드 그림자 길이는 일년의 길이이고, 피라미드를 둘러싼 석판의 길이는 1일의 그림자 길이와 같다. 지구의 적도 직경은 12,756,326m이고 지구의 하루는 86,400초이다. 지구의 적도 직경을 86,400으로 나누면 피라미드 높이 147.64m가 나온다.(271) 사각 밑면의 변 길이는 365.342 이집트 엘레이며, 이는 열대 태양년의 일수와 일치한다. 대피라미드에서 지구의 중심까지 거리는 대피라미드에서 북극까지 거리와 일치하며, 북극에서 지구 중심까지 거리와 같다. 대피라미드 네 면의 총면적은 피라미드 높이의 제곱이다.(178-179) 대피라미드의 경사각도는 2월말부터 10월 중순까지 정오의 해가 그림자를 만들지 않도록 계산한 것이다. 태양신 라가 인간에게 신호를 보낼 수 있도록 배려했다는 것이다. 이것은 지구와 태양 사이의 평균거리가 피라미드에 숨겨있다는 것을 말해 준다. 지구와 태양 사이의 평균거리는 피라미드 높이의 10의 9승이다. 피라미드 안에 있는 왕의 무덤 천장에는 화강암 100개가 필요하도록 설계하였다. 피라미드 설계자는 지구와 태양에 대한 현대적 지식을 망라라고 있었던 것이다. 어떻게 이와 같은 수학적, 지리적 지식이 생겨난 것일까? 피타고라스 Pythagoras(기원전 580?~500?), 아르키메데스 Archimēdēs(기원전 287?~212), 유클리드 Euclid(기원전 330?~275?)와 같은 고대의 위대한 수학자들은 피라미드 건축 후 2000년이 지나서야 등장하였다.(184)

서기 1360년경 아랍의 역사가 아흐메드 알-마크리지 al-Maqrīzī (1364~1442)는 피라미드에 관한 자료를 수집하여 『히타트』*Hitat*라는 책으로 남겼다. 그들은 돌을 아스완 지역에서 가져왔으며, 문자가 씌어진 잎들 위에 돌을 얹어놓고 한 번 탁 치면 돌이 피라미드 쪽으로 운반했다는 것이다.(199) 대니켄은 골리앗 크레인과 같은 현대적인 도구 없이 피라미드를 건설하는 것이 수수께끼라는 것을 잘 알고 있다. 그래서 그는 피라미드가 고도의 과학기술을 가진 외계인이 건조했다고 확신하게 된 것이다. 그는 대피라미드의 석재가 아스완에서 운반한 것이 아니라 우주인들이 만든 인공석이라고 주장한다.(208) 이 사실은 1889년 이집트 학자 윌버와 1974년 캘리포니아 스탠포드 연구소의 데이비도비츠 교수가 확인한 것이다(208-210). 그러나 이런 기술은 당대의 인류가 가질 수 있는 지식이 아니다. 그래서 대니켄은 외계인의 것이 분명하다고 생각하였다. 고대 이집트의 모든 사원과 기념비에서 발견되는 "날개달린 태양 원반"이 있다. 제1왕조 때의 유적에 "한 쌍의 날개가 달린 태양의 배"가 새겨지기도 하였다.(243) 그 그림의 옆에는 '넓게 펼치다'라는 뜻을 가진 '후트' hut와 '날다'라는 의미의 '아피' api라는 말도 함께 새겨져 있다. 성스러운 황제의 용사였던 '태양의 아들' 호르-후트가 커다란 태양 원반의 형상을 한 라-하르마키스의 배를 향하여 솟구쳐 올라갔다는 기록이 있다. 그 때문에 호르-후트는 '하늘의 왕'으로 불리었다.(245-247) 이 태양의 배를 대니켄은 외계인이 타고 온 우주선이라고 본다. 대니켄은 이와 같은 날개달린 태양이 앗시리아와 신바벨론 등 세계 곳곳에서 눈에 띄었다고 주장한다.

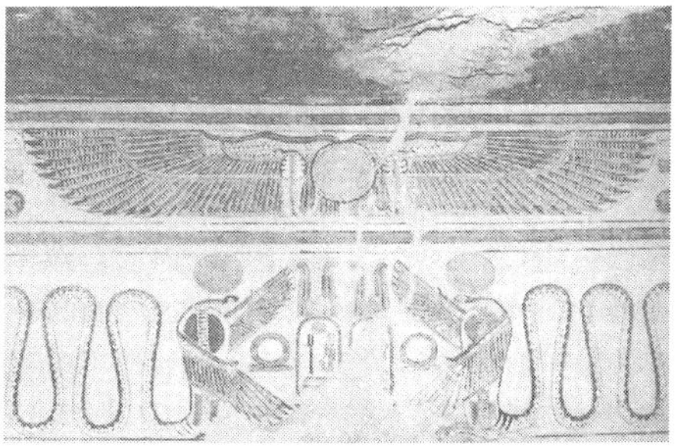
파라오 세토스 무덤 속 날개 달린 태양원반 벽화

알-마크리지의 『히타트』에 의하면, 대홍수가 일어나기 300년 전에 하늘이 열리고 눈부신 빛이 드러났고, 하늘에서 내려온 남자들이 쇠몽둥이로 사람들을 내리쳤다.(309) 대홍수를 예견하여 피라미드를 건축하게 한 사람은 바로 헤르메스였으며, 그는 구약성서의 에녹과 동일인물이라고 적혀 있다. 14세기 아라비아의 여행저술가 이븐-바투타 Ibn Battutah (1304~1377) 역시 에녹 Enoch (성서의 일곱 번째 인물)이 대홍수에서 학문과 지식을 보존하기 위하여 피라미드를 지었다고 말했다.(313) 이러한 근거에서 대니켄은 피라미드가 아주 오래된 대홍수 이전에 외계인의 사자가 건설한 것이었다고 본 것이다.

3. 하늘의 아들과 거인족의 출현

대니켄의 성서 해석은 파격적이고 도발적이다. 그는 성서가 원본이 존재하지 않는 필사본들이라고 보는 데서 출발한다. 성서 해석학적으로 잘못된 출발은 아니다. 1884년에 시나이 수도원에서 발견한 4세기경의 시나이 사본 성서는 약 1만6천 개의 교정 흔적이 있으며, 프리드리히 델리치 교수는 3천여 군데의 필사 오류를 확인했다고 한다.(43-44) 뿐만 아니라 4세기에서 10세기 사이의 필사본들 중에서 8만 군데의 불일치를 발견했다는 것이다. 예수의 출생지에 대하여 마태복음과 누가복음은 예루살렘의 남쪽 마을 베들레헴으로 보고하지만 마가복음은 북부지역의 나사렛이라고 적고 있다. 예수가 십자가에서 마지막으로 남긴 말도 텍스트에 따라서 다르다. 마태복음(27,46)과 마가복음(15,34)에는 "나의 하나님, 나의 하나님, 어찌하여 나를 버리셨나이까?", 누가복음(23,46)에는 "아버지여, 제 영혼을 아버지 손에 맡깁니다!", 그리고 요한복음(19,30)에는 "이제 다 이루었다"라고 적혀 있다. 때로는 성서가 모순적인 내용을 기술하기도 한다.

그래서 대니켄은 유대인의 고대전설로부터 성서를 이해하고자 한다. 그는 아담과 이브가 하늘에서 내려오는 빛의 전차를 본 사실로부터 이야기를 풀어나간다.(55) 하늘의 천사를 앞장세우고 케루빔이 조종한 네 바람에 이끌리는 그 전차에는 강력하신 하느님이 타고 있었다. 유대인의 하늘 개념에는 빌론, 라키아, 셰카킴, 게불, 마크혼, 마온, 아라보트 등이 있다. 인간이 관찰하는 곳은 첫 번째 하늘 빌론이고 최상의 하늘 아라보트에는 세라핌, 케루빔 등이 있다.(56) 한 하늘과 다른 하늘 사이의 여행시간은 약 500년이 걸린다. 유대인의 전설에 의하면 에덴동산은 오래 전부터 존재하고 있었으며, 1,361년 3시간 2초가 지나서야 하늘과 땅의 창조가 이루어졌다.(60) 하늘의 천사 가운데서 가장 강력한 존재는 열두 쌍의 날개를 가진 이스마엘이었다. 에덴동산의 범죄는 사과 때문이 아니라 이스마엘이 이브를 유혹하여 임신시킨 데서 비롯되었다.(62) 인간에게 동경과 소망의 대상이었던 하늘나라는 인간을 창조하기 전부터 질투와 반목과 분쟁에 휩싸여 있었다. 일부에서는 이스마엘이 아닌 루시퍼라고 보기도 하지만 대니켄은 큰 차이가 없다고 생각한다. 이브의 첫 아들 카인의 종족은 짐승처럼 행동했으며, 어머니와 딸, 그리고 형제의 아내를 길거리에서 범하였다.(64) 땅으로 내려온 타락한 하늘 천사들은 인간 여자들과 관계하며 거인족을 낳았다. 유대인 전설에는 잔혹한 '에미터', 거대한 '레파이터', 힘센 '기보림', 간교한 '삼수니터', 미치광이 '아비덴', 더러운 '네피림' 등의 이름을 가진 거인들이 등장하였다. 다윗은 여섯 개의 손가락과 여섯 개의 발가락을 가진 거인과 싸웠다는 기록이 있다.(사무엘하 21,18-22) 예언자 바룩Baruch은 하느님께서 대홍수를 통하여 모든 생물체와 409만 명의 거인을 없애버렸다고 밝히고 있다. 수메르의 『길가메쉬 서사시』, 바빌론의 『에누마 엘리시』 등 지구상의 거의 모든 전설에서 공통적으로 대홍수를 언급하고 있다.

대니켄은 수천 년 전에 외계인이 지구를 방문했다고 보았다. 이브를 유혹한 하늘의 사람 이스마엘도 외계인일 것이다. 창세기(6,1)에는 "사람이 땅 위에서 불어나면서 사람의 딸들이 태어났다. 하나님의 아들들이 그 사람의 딸들의 아름다움을 보고, 자기들이 좋아하는 여자를 아내로 삼았다"는 기록이 있다. 여기에서 "하나님의 아들들"은 좋은 의미로 쓰인 것이 아니다. 그렇다면 타락한 천사로 해석해도 좋을 것이다. 그러나 대니켄은 이들이 곧 외계인이며, 외계인과 인간의 교배로 인하여 복합생물체가 생겨났으며, 그들이 곧 거인족이라고 본다. 외계인들로부터 잘못된 유전정보를 물려받게 되는 사건, 그것이 바로 원죄라는 것이다.(84-85)

고대 유대인의 전설에 의하면 243년 동안 인간들을 다스렸던 지혜로운 왕, 에녹은 대홍수 이전에 살았던 인류의 조상으로서 이집트의 대피라미드를 건설하게 한 사람이었다. 그가 파라오 쿠푸와 동일인인지 아니면 쿠푸의 배후인물인지는 알 수 없다. 타키 알 마크리지(1364~1442)는 에녹('통찰력이 있는 자', '알고있는 자', '봉헌된 자'를 뜻함)이 '사우리드', '헤르메스', '이드리스'('원래 현명한 이', '원래 조상'이라는 뜻)라는 이름을 가지고 있다고 기록하였다. 그는 별을 보고 대홍수가 다가오는 사실을 알고서 피라미드를 짓게 하여 보물과 학문서와 모든 것들을 보관하도록 했다는 것이다.(101) 에녹이 저술한 것으로 알려진 묵시록은 교부들이 성경으로 채택하지는 않았으나, 에티오피아 교회를 비롯한 일부 교회에서는 에녹서를 경전으로 채택하였다. 에녹은 200명에 달하는 '하늘의 아들들'이

날개와 날틀은 고대 종교의 공통요소들이다. 대니켄은 앗시리아와 바벨론의 아후라 마즈다 신의 날개, 이집트의 날개달린 태양원반, 날개달린 천사 등을 우주인의 출현이 형상화 된 것으로 보고 있다.
날틀 위에 앉아 있는 신들(대영박물관, 左上), 느부갓네살 2세 궁전입구의 아후라 마즈다 신(右上), 날개 달린 그룹(기원전 8세기, 파리 루브르 박물관, 左下), 다리우스 1세 황궁에 있는 날개 달린 사자(기원전 5~4세기, 파리 루브르 박물관 소장, 左下)

내려와 사람의 딸들을 범하였으며, 그 사이에서 거인족이 출현했다고 적고 있다.(105) 거인들은 먹을 것이 없자 사람들을 먹어 치웠으며, 온갖 생물들과 서로의 살과 피를 먹음으로써 지구 생태계를 위협하였다. 결국 최고의 신은 대홍수로 그들을 절멸시켰다.

창세기(5,20-24)에는 에녹에 대하여 다음과 같이 기록하고 있다. "에녹은 65세에 므두셀라를 낳았다. 에녹은 므두셀라를 낳은 다음 300년 동안 하나님과 함께 살면서 아들 딸을 더 낳았다. 에녹은 모두 365년을 살았다. 에녹은 하나님과 함께 살다가 사라졌다. 하나님께서 데려가신 것이다." 성서의 표현대로라면 에녹은 사라졌다. 에녹은 불타는 전차를 타고 구름 속으로 사라졌다. 하늘로 올라간 것이다. 이 사건은 므두셀라의 아들 라멕이 113세 되던 해에 일어났다. 에녹은 죽지 않고 살아서 하느님께로 간 유일한 사람이다. 이에 대하여 대니켄은 외계인 가설을 다시 확인한다. "여기 서술된 신 혹은 가장 높은 자는 결코 모든 곳에 현존하는 창조주, (...) 모든 종교가 숭배하는 창조주가 아니다. 그 같은 실수와 끔찍한 행위가 진정한 신의 행위라는 주장은 신성모독이다. 신 혹은 가장 높은 자 대신에 외계의 우주비행사를 가정해보자. 그러면 모든 사건과 실수, 파라독스가 쉽게 이해된다."(111) 구약성서에 나오는 잔인한 신의 정체가 외계인이라는 것이다.

4. 구약성서의 증언들

대니켄의 구약성서 탐사는 계속 이어진다. 모세가 기술한 소돔과 고모라의 멸망은 외계인들이 주도했다고 그는 주장한다. 소돔과 고모라에 떨어진 유황과 불덩이는 핵폭발이었으며, 그 다음날 아브라함은 '용광로에서 뿜어나오는 자욱한 연기'와 핵폭발 현상을 목도했다(창세기 19,27-28)는 것이다.[3)]

십계명을 받는 모세

계속해서 그는 모세가 여호와 하느님과 만나는 광경(출애굽기 19, 16-19,23-24; 20,18)을 주목한다. 모세는 시나이산에서 우뢰와 번개와 나팔소리와 자욱한 연기를 목도하였다.(170) 그것은 바로 우주선이 착륙하는 광경이라는 것이다. 다윗의 시편(29,7-9; 104,3-4)에서 여호와의 소리가 번갯불과 함께 울려퍼지고 상수리 나무를 비틀고 숲을 벌거숭이로 만드는 현상이나 구름으로 수레를 삼고 바람의 날개를 달고 화염을 자기 종으로 삼는다는 표현 모두가 우주선과 연관이 있다는 것이다.(171) 선지자 미가도 하느님이 강림할 경우에 산들이 녹았다고 기술하고 있다.(미가서 1,3-4) 대니켄은 모세가 하느님으로부터 받은 언약궤(창세기 25,10)가 외계인과 연락할 수 있는 발신장치라고 주장하였다.(75-76) 거기에는 고압전류가 흐르고 있다. 언약궤가 기우뚱거리는 것을 보고 웃사Ussa라는 사람이 떠받들려고 하다가 즉사한 것은 고압 전류 때문이라는 것이다. 그는 사해에서 발견한 쿰란 문서 가운데 하늘 마차와 비행물체에 관한 기록뿐만 아니라, 모세계시록(33장)에서 이브가 하늘에서 네 마리의 번쩍이는 독수리들이 끄는 빛의 마차가 자신에게 달려오는 것을 보았다는 기록을 증거로 제시하였다.

대니켄은 구약성서에 나타나는 창조 기사와 수태 기사 역시 외계인과 연관이 있는 것으로 해석하였다. 아브라함이 99세 되던 때에 하나님의 사자가 나타나서 이미 폐경 상태의 사라가 수태할 것이라고 약속한 일이 있다.(창세기 21,1-2) 또한 주님이 선지자 예레미야에게 복중에 태어나기도 전부터 그를 알고 있었다고 말한 사실도 있다. 그뿐만 아니라 하느님은 그들의 형상대로 인간을 창조하였으며, 아담에게 취한 갈빗대로 여자를 창조하였다.(창세기 1,26-27; 2,22) 대니켄은 이 모든 일이 외계인의 유전자 프로그래밍에 의해

서만 가능하다고 주장한다.(173)

대니켄이 제시한 가장 결정적인 텍스트는 에스겔Ezekiel서이다. 에스겔은 기원전 597년 제1차 바벨론 포로 때 유다왕 여호야긴과 함께 잡혀갔으며, 그곳에서 5년째 되던 해 6월 5일에 하느님의 계시를 받고 이스라엘 백성의 선지자가 되어 기원전 587년 신바빌로니아 제국에 의하여 유다왕국의 수도 예루살렘이 파괴될 때까지 예언 활동을 하였다. 예루살렘의 함락 소식 이후에는 이스라엘 민족의 부흥에 대하여 예언하였다. 에스겔은 기원전 592년에 일어난 사건을 다음과 같이 기록하고 있다.

에스겔서(새번역 2001) 제1장

1 때는 제 삼십년 넷째 달 오일이었다. 그 때에 내가 포로로 잡혀 온 사람들과 함께 그발 강 가에 있었다. 나는 하나님이 하늘을 열어 보여 주신 환상을 보았다.
2 여호야긴 왕이 포로로 잡혀 온 지 오 년째가 되는 그 달 오일에,
3 주님께서 바빌로니아 땅의 그발 강 가에서 부시의 아들인 나 에스겔 제사장에게 특별히 말씀하셨으며, 거기에서 주님의 권능이 나를 사로잡았다.
4 ○그 때에 내가 바라보니, 북쪽에서 폭풍이 불어오는데, 큰 구름이 밀려오고, 불빛이 계속 번쩍이며, 그 구름 둘레에는 광채가 나고, 그 광채 한가운데서는 불 속에서 빛나는 금붙이의 광채와 같은 것이 반짝였다.
5 그러더니 그 광채 한가운데서 네 생물의 형상이 나타나는데, 그들의 모습은 사람의 형상과 같았다.
6 얼굴이 각각 넷이요, 날개도 각각 넷이었다.
7 그들의 다리는 모두 곧고, 그 발바닥은 송아지의 발바닥과 같고, 광낸 놋과 같이 반짝거렸다.
8 그 생물의 사면에 달린 날개 밑에는 사람의 손이 있으며, 네 생물에게는 얼굴과 날개가 있었다.
9 그들의 날개 끝은 서로 닿아 있으며, 앞으로 나아갈 때에는 몸을 돌리지 않고, 각각 앞으로 곧게 나아갔다.
10 ○그 네 생물의 얼굴 모양은, 제각기, 앞쪽은 사람의 얼굴이요, 오른쪽은 사자의 얼굴이요, 왼쪽은 황소의 얼굴이요, 뒤쪽은 독수리

의 얼굴이었다.
11 이것이 그들의 얼굴 모양이었다. 그들의 날개는 위로 펼쳐져 있는
데, 두 날개로는 서로 끝을 맞대고 있고, 또 두 날개로는 그들의
몸을 가리고 있었다.
12 그들은 영이 가고자 하는 곳으로 갈 때에는, 각각 앞으로 곧게 나
아갔다. 그들은 몸을 돌리지 않고 앞으로 나아갔다.
13 ○그 생물들의 모양은 마치 활활 타는 숯불이나 횃불과 같이 보였
다. 그 불은 그 생물들 사이를 오가며 빛을 냈고, 불 속에서는 번개
가 튀어나오고 있었다.
14 그 생물들은 이쪽 저쪽으로 번개처럼 빠르게 달렸다.
15 ○그 때에 내가 그 생물들을 바라보니, 그 생물들의 곁 땅 위에는
바퀴가 하나 있는데, 그 바퀴는 네 얼굴을 따라 하나씩 있었다.
16 그 바퀴의 형상과 구조를 보니, 그 형상은 빛나는 녹주석과 같고
네 바퀴의 형상이 모두 똑같으며, 그 구조는 마치 바퀴 안에 바퀴
가 들어 있는 것처럼 보였다.
17 그 바퀴들은 사방 어디로 가든지, 방향을 돌이키지 않고서도 앞으
로 나아갔다.
18 그 바퀴의 둘레는 모두 높고, 보기에도 무서우며, 그 네 둘레로
돌아가면서, 눈이 가득하였다.
19 그 생물들이 나아가면, 바퀴들도 생물들의 곁에서 함께 나아갔고,
생물들이 땅에서 떠오르면, 바퀴들도 함께 떠올랐다.
20 그 생물들은 어디든지, 영이 가고자 하면, 그 영이 가고자 하는
곳으로 갔다. 바퀴들도 그들과 함께 떠올랐는데, 생물들의 영이
바퀴 속에 들어 있었기 때문이다.
21 생물들이 나아가면 그 바퀴들도 나아갔고, 생물들이 멈추어 서 있
으면, 바퀴들도 멈추어 서 있었다. 또 생물들이 땅에서 떠오르면,
바퀴도 그들과 똑같이 떠올랐는데, 생물들의 영이 바퀴들 속에 들
어 있었기 때문이다.
22 ○그 생물들의 머리 위에는 창공 모양의 덮개와 같은 것이 있는데,
수정과 같은 빛을 내서, 보기에 심히 두려웠으며, 그 생물들의 머
리 위에 펼쳐져 있었다.
23 그런데 창공 모양의 덮개 밑에는 그 생물들이 펼친 날개가 서로
맞닿아 있었다. 이쪽 생물들이 두 날개로 자기의 몸을 가리고 있
고, 저쪽 생물들도 두 날개로 자기의 몸을 가리고 있었다.
24 그들이 움직일 때에는, 나는, 그들이 날개치는 소리를 들었다. 그
소리는 마치 힘찬 물소리와도 같고, 전능하신 분의 천둥소리와도

같고, 떠드는 소리 곧 군인들의 진영에서 나는 함성과도 같았다. 그들은 멈추어 서 있을 때에는 날개를 드리웠다.
25 그들의 머리 위에 있는 창공 모양의 덮개 위에서 소리가 들렸다. 그들은 멈추어 서 있을 때에는 날개를 드리웠다.
26 ○또 그들의 머리 위에 있는 창공 모양의 덮개 위에는, 청옥처럼 보이는 보석으로 만든 보좌 형상을 한 것이 있었고, 그 보좌 형상 위에는, 사람의 모습과 비슷한 형상이 있었다.
27 또 나는 그의 허리처럼 보이는 그 위쪽에서 금붙이의 광채와 같은 것이 불꽃처럼 안팎으로 그를 둘러싼 것을 보았는데, 그의 허리처럼 보이는 그 아래쪽에서도, 나는 불꽃과 같은 모양을 보았다. 이렇게 그는 광채로 둘러싸여 있었다.
28 그를 둘러싼 광채의 모양은, 비 오는 날 구름 속에 나타나는 무지개 같이 보였는데, 그것은 주님의 영광이 나타난 모양과 같았다. 그 모습을 보고, 나는 얼굴을 땅에 대고 엎드렸다. 그 때에 말씀하시는 이의 음성을 내가 들었다.

에스겔서 10장

9 내가 또 보니, 네 바퀴가 그룹들 곁에 있는데, 이 그룹 곁에도 바퀴가 하나 있고, 저 그룹 곁에도 바퀴가 하나 있었으며, 그 바퀴들의 모습은 빛나는 녹주석 같았다.
10 그 바퀴들의 모양은 넷이 똑같이 보여서, 마치 바퀴 안에 다른 바퀴가 있는 것과 같았다.
11 그들이 출발할 때에는, 네 방향으로 나아가는데, 그들이 어느 방향으로 출발하든지 돌 필요가 없었다. 어느 방향이든지 그 곳으로 머리를 두면, 모두 그 뒤를 따라갔다. 그래서 그들은 돌지 않고서도 어느 방향으로든지 다녔다.
12 그들의 등과 손과 날개 할 것 없이, 그들의 온 몸과 네 바퀴의 온 둘레에 눈이 가득 차 있었다.
13 내가 들으니, 그 바퀴들의 이름은 '도는 것'이라고 하였다.
14 ○그룹마다 얼굴이 넷이 있는데, 첫째는 그룹의 얼굴이요, 둘째는 사람의 얼굴이요, 셋째는 사자의 얼굴이요, 넷째는 독수리의 얼굴이었다.
15 그룹들이 치솟았다. 그들은 내가 그발 강 가에서 보았던 바로 그 생물들이었다.
16 그룹들이 나아가면 바퀴들도 그 곁에서 함께 갔고, 그룹들이 땅에서 떠올라 가려고 그들의 날개를 펼칠 때에도, 그 바퀴들이 그룹들

의 곁에서 떨어져 나가지 않았다.
17 그룹들이 멈추면 바퀴들도 멈추고, 그룹들이 치솟으면 바퀴들도
그들과 함께 치솟았다. 그 생물의 영이 그 바퀴들 속에 있기 때문
이었다.

에스겔이 본 것은 무엇일까? 외계인의 비행선이었다. 대니켄의 대답이다. 에스겔은 한 번도 외계인의 비행선을 본 적이 없었기 때문에 바퀴와 날개들이 움직이는 복잡하고 괴이한 기계로 묘사했다는 것이다. 대니켄은 400년 전에 어떤 수도사가 에스겔의 환상을 그려놓은 그림을 소개하고 있다.(415) 그리고 미항공우주국 NASA의 설계연구부 조셉 블룸리치 부장이 재현한 그림도 수록하였다.(419) 그 괴물체는 영락없이 우주선이었다. 그는 선지자 에스겔의 묘사대로 사방으로 회전할 수 있는 바퀴를 설계하는 데 성공하였으며, 1974년 2월 5일 미국 특허권을 획득하였다.(422) 에스겔의 묘사가 과학적 근거가 있는 사실이라면 그것은 더 이상 환상이 아니고 실제 현장을 목격했을 가능성이 크다.(427) 그러나 하나님이 그런 환상을 보여준데 대한 납득할만한 설명은 불가능하다. 에스겔이 목도한 놋쇠빛의 남자는 외계인이었고, 그는 성전의 크기를 가르쳐주기 위하여 에스겔을 찾았다고 한다.(431) 그래서 대니켄은 이제 에스겔이 묘사한 성전이 어디에 존재하는가를 찾아 나섰다. 그리고 페루의 안데스 산맥에 있는 챠빈 데 우안타르 성전이

에스겔이 본 환상을 한 수도사가 재현한 그림(좌)을 미항공우주국 설계연구부장 조셉 블룸리치가 재구성한 도면(우)

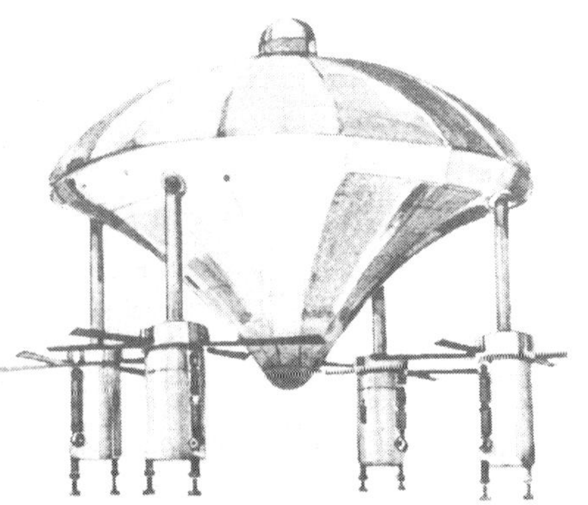

라고 주장하였다.(441) 그는 16가지 사실을 추정 근거로 제시하고 있다.

- 에스겔은 마차로 아주 높은 산위로 옮겨졌다. 챠빈 데 우안타르 성전도 높은 산위에 위치한다.
- 에스겔은 그 산의 남쪽 성읍을 보았다. 챠빈 데 우안타르 성전 근방에도 성읍들이 넓게 펼쳐져 있다.
- 에스겔은 성전의 현관 정면이 동쪽으로 나있다고 묘사했다. 챠빈 데 우안타르 성전도 그렇다.
- 에스겔의 성전은 3층이다. 챠빈 데 우안타르 성전도 그렇다.
- 에스겔은 북쪽, 남쪽, 동쪽으로 난 세 개의 문을 지나야 바깥의 앞뜰에 이를 수 있다고 하였다. 챠빈 데 우안타르 성전도 그렇다.
- 놋쇠빛의 남자가 잰 앞뜰의 크기는 사방이 50m인 정사각형이었다. 챠빈 데 우안타르 성전의 크기는 49.7m이다.
- 에스겔은 안쪽 뜰에서부터 계단 4개가 사방으로 나 있다고 하였다. 챠빈 데 우안타르 성전도 그렇다.
- 놋쇠빛의 남자가 잰 크기가 다섯 자인 문들 사이에 있는 기둥 높이는 바빌로니아 자로는 2.29m이고 이집트 자로는 2.62m였다. 챠빈 데 우안타르 성전에 있는 기둥 높이는 2.30m이다.
- 에스겔은 내벽과 외벽 주위에 걸려 있는 그룹(케루빔)의 그림들을 보았다. 챠빈 데 우안타르 성전도 그렇다.
- 에스겔에 의하면 성전 남쪽 벽에는 물이 흐르고 있다. 챠빈 데 우안타르 성전에는 조그마한 시내가 남쪽에서 흘러나와 동남쪽에 있는 건물에 이른다.
- 에스겔은 물이 동쪽으로 흘러 강물로 변했다고 하였다. 챠빈 데 우안타르 성전에 있는 작은 모나스강은 동쪽으로 흘러 마라뇽강으로 연결된다.
- 놋쇠빛의 남자는 선지자에게 강물이 흘러들어간 곳은 생명체로 가득 차고, 그 물 속에는 수많은 물고기들이 있다고 하였다. 이 묘사는 리오 마라뇽강과 아마존 지역과 일치한다.
- 놋쇠빛의 남자는 에스겔에게 항상 푸른 나무들과 열매들이 있는 곳의 풍요로움에 대하여 찬양하였다. 이 묘사는 리오 마라뇽강과 아마존 지역과 일치한다.
- 챠빈 데 우안타르 성전에 있는 성스러운 숫자 '7'은 이스라엘에서처럼 매우 중요한 역할을 한다.

- 에스겔은 기원전 592~570년 사이에 경험한 사건을 기록하였다. 챠빈 데 우안타르 성전은 기원전 800~500년 사이에 세워졌다. 에스겔서의 원본이 현재 추정보다 200년 정도 오래된 것이라 하더라도 시기가 일치한다.
- 놋쇠빛의 남자는 에스겔에게 그의 민족이 자기에게 새로운 성전을 세워주었다고 말했다. 챠빈 데 우안타르 성전은 무에서 생겨난 최초의 성전이었다. (441-443)

안데스의 예루살렘, 챠빈 데 우안트르 신전 엘 카르티요 정문

기원전 1000~500년 사이에 외계인들이 이스라엘 사람들을 남미로 옮겨다가 새로운 성전을 세우게 했다는 것이다. 성전이 완성되자 우주인들은 바빌로니아의 그발강가로 가서 이스라엘인의 정신적 지도자였던 에스겔을 태우고 챠빈 데 우안타르 성전을 직접 보여주었다는 것이다. (445) 이런 사실들을 그대로 믿기는 매우 어려운 일이다. 그럼에도 불구하고 그의 책들은 불티나게 팔려 나간다. 이러한 현상들을 어떻게 설명해야 좋을지 모르겠다.

5. 나스카의 수수께끼

나스카의 이 기하학적 도형 흔적은 우주선의 착륙 과정에서 생긴 것인가?

1930년, 남아메리카 페루의 피스코Pisco에서 160km 떨어진 곳에 신비한 지상그림들이 있는 나스카Nasca 고원이 사람들의 눈에 띄었다. 기하학적 보표譜表들과 추상적인 디자인, 그리고 잘 정돈된 바위 조각들이 평평한 돌 황무지 위에 펼쳐져 장관을 이루고 있다. 그것은 나스카에서 북쪽의 팔마에 이르기까지 약 50km에 달한다. 비행기 활주로의 모양을 한 지상그림의 정체는 아직까지 규명하지 못하고 있다.[4] 과학학술지 『네

이처』는 나스카의 연대를 기원전 190년에서 기원후 600년 정도로 추정하였다.[5]

나스카는 연평균 20분 정도밖에 비가 오지 않는 고온 건조한 기후지대로서 자갈로 이루어져 있다. 나스카의 그림들은 이 자갈들을 파헤쳐서 만들어진 초대형 음각그림들이다. 땅에서는 그것이 무엇인지를 전혀 알 수 없으며, 높은 공중에 올라가야만 비로소 그 형체를 볼 수 있다. 마리아 라이헤 박사는 『사막의 비밀』 1968이라는 책에서 그 표시들이 후대에 전해져야 할 천문관측 내용일 수 있다는 의견을 조심스럽게 피력하였다.[6] 대니켄은 나스카의 그림들이 외계인들의 임시 비행장이라고 추정한다. 이 그림들 중 상당수가 비행선이 착륙할 때 생겨난 자국들이라는 것이다.[7] 고고학자들은 이 그림들을 '잉카 도로', '매직 라인', '천문학 달력'이라고 부르기도 한다. 신들이 떠나간 후에도 고대 잉카인들은 그들의 귀환을 고대하면서 보완하는 작업을 했을 것이라고 본 것이다. 기하학적 그림이나 거미, 원숭이, 고래, 이구아나, 물고기, 독수리 등의 그림들이 바로 그것이다.

타라파카 Tarapacar 사막의 해발 200m의 외진 언덕에 100m 크기의 거대한 로봇 그림이 그려져 있다.[8] 그 로봇의 머리에는 4개씩 세 쌍으로 된 12개의 안테나가 달려있다. 기하학적 도형으로 이루어진 이 그림의 정체가 무엇인지는 밝혀지지 않았다. 다른 혹성에서 온 생명체의 작품일 것이라는 견해도 있지만 정확하게 알 수는 없다.[9] 나스카에 대한 연구서들이 102종이나 나왔지만, 대니켄은 그 신빙성을 믿지 않았다. 그가 나스카 그림들 중에 주목하는 것은 최근에 발견된 키가 40m에 달하는 형상들인데, 그들은 헬멧과 같은 물체를 머리에 쓰고 있거나 고성능 안테나와 같은 물체를 밖으

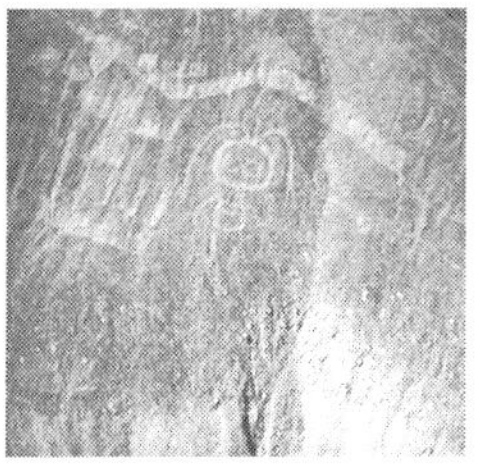

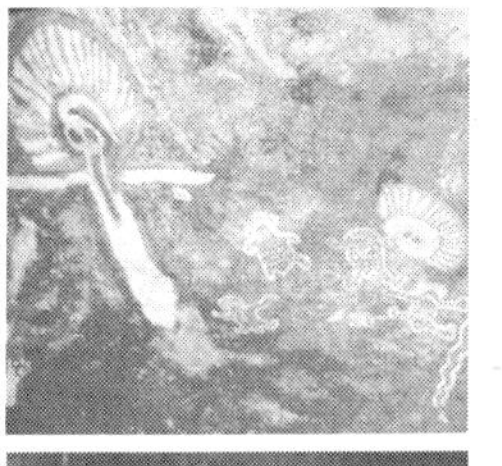

머리에 안테나를 달고 있는 우주인 형상을 한 나스카의 흔적(1, 2)
오스트레일리아의 두 창조신(3)과 원시인의 암각화(4)
이탈리아에서 발견된 화성인 신(5)
앙리 로테가 사하라 타실리 산에서 발견한 사람들(6)

로 늘어뜨리고 있다.[10]

고대의 신화는 알에서 나온 사람들을 자주 거론하고 있다. 알은 우주선을 상징한다.[11] 티베트의 신화에 의하면 창조가 되지 않은 존재에서 하얀 빛이 생겨나고, 그 빛의 원소에서 완벽한 알이 생겨났는데, 그 알이 깨어지면서 한 인간이 나왔다. 이 '우주의 알'은 중국 리아오 전설이나 『이집트 사자의 서』와 리그베다에도 나온다. 일본의 기원설화에도 알이 나오고 우리나라의 박혁거세도 알에서 나왔다. 이처럼 난생설화는 신화학의 주요 화두이다. 타이완의 타이페이성 박물관에 진열된 한 목각품은 헬멧으로 머리를 보호한 사람의 모습을 하고 있다.[12] 일본인들의 최초 황제는 우주에서 왔다고 믿고 있다. 실제로 일본 타코마이Takomai의 도구Dogu 상은 우주인의 형상을 하고 있다.[13] 프랑스 고고학자 앙리 로떼가 발견한 사하라 타실리Tassili 산악지대에서 8m 크기의 '위대한 화성의 신'이라는 암벽화가 있다.[14] 오스트레일리아 킴벌리 산맥에서 발견한 사람 형상의 동굴화는 머리를 헬멧으로 감싸고 있다.[15]

대니켄은 이 형상들이 바로 고대 인류가 관찰한 외계인의 모습이라고 주장한다. 대니켄의 주장은 흥미롭다. 그의 책들은 베스트셀러로 불티나게 팔려나가고 있다. 대니켄은 인류가 개명하기 전에 외계인이 지구를 방문했다고 주장한다. 거의 모든 민족의 신화와 설화에 그 흔적이 남아있다는 것이다. 고대인들의 관찰 사실들은 현대적인 관점에서 볼 때 외계인들이 타고 왔을 우주선에 관한 것들이 많다는 것이다. 대부분의 민족들은 그들의 시작을 하늘과 연결시키고 있다. 티베트와 인도 사람들은 우주를 대지의 '어머니'라고 불렀으며, 잉카 사람들은 '태양의 아들들'이라고 했고, 마야인들은 서쪽하늘의 네 번째 별자

자이나교의 행렬, 상공에 비행물체가 떠 있다.

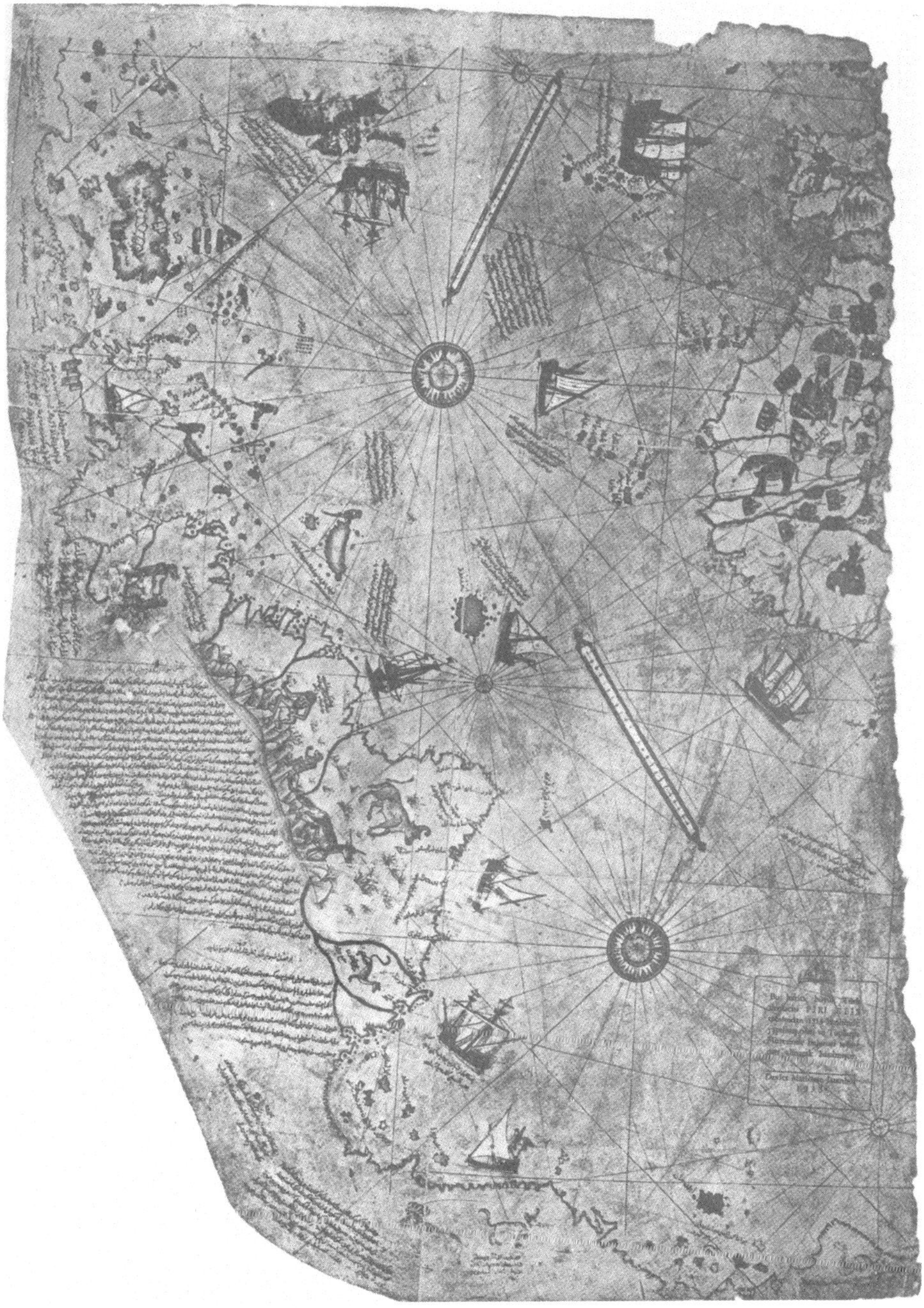

▌피리레이스 제독의 지도(1517년), 12000년 전부터 만년설에 덮여있는 남극의 해안선을 정확하게 그리고 있다.

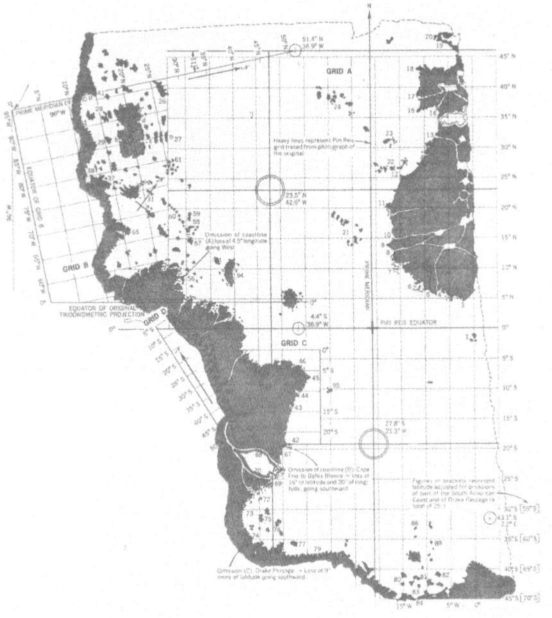

▌피리레이스의 지도에 표현된 남극 해안선과 섬들

리인 묘성昴星의 자녀라고 하였다. 우리나라의 신화에 나오는 환인, 환웅, 환검도 하늘 사람들이다. 이 신들은 새나 하늘마차 등을 빌어서 지구에 내려왔다. 인디언들은 '천둥새'의 후손으로 자처했으며, 라파뉘 Rapanui 사람들의 조상은 새鳥 인간이었다. 또한 게르만인들의 여자 조상은 '날아가는 신들의 종족'과 함께 왔으며, 인도인들의 신들인 인드라 Indra, 구르카 Gurkha, 비마 Bhima는 하늘에서 화선火船을 타고 내려왔다. 남양제도의 토인들이 믿는 하늘 신 탕갈라오 Tangalao는 번쩍거리는 알 속에 들어있는 체로 하늘에서 내려왔다. 그리고 에녹과 엘리야는 '불타는 하늘마차'를 타고 사라졌다.[16] 1929년 이스탄불의 토카피 Tokapi 궁전이 고대박물관으로 단장하던 해 11월 9일 할릴 엘뎀 터키 국립박물관장은 홍해와 페르시아만 함대사령관 피리 레이스(1465~1554) 제독의 지도 조각들을 발견하였다. 피리 레이스는 1513년에 지도를 그리기 시작하였으며 1517년에 그 지도를 이집트 정복자인 술탄 셀림 1세에게 헌정하였다. 1954년 미국의 고대 해도 전문가 알링턴 말러리는 1513년 당시 아직 세상에 알려지지 않았던 남극 대륙이 그려져 있는 사실을 발견하고 경악하였다.[17]

말러리는 미해군 수리학연구소의 동료 월터스에게 그 지도를 보였다. 남북 아메리카의 해안선 굴곡과 남극의 윤곽, 그리고 남아메리카 대륙의 끝자락이 푸에고 섬에서 출발하여 좁은 대륙 연결로로 뻗어가다가 남극을 향해서 넓게 펼쳐져 있는 사실을 확인하였다. 빙하기 말인 11,000년 전에 남아메리카와 남극 사이에 육계도陸繫島 land-tied island가 존재했던 것이다. 그러나 이것은 15세기 초의 상식으로는 도저히 불가능한 일이었다.[18] 그 지도는 카이로를 중심으로 그려졌으며, 위도와 경도의 개념을 적용한 현대의 지도 기술보다 조금도 뒤처지지 않았다. 이미 1만년 전에 눈으로 덮여버린 남극의 윤곽선을 정확하게 그려내고 있었던 것은 불가사의이다. 피리 레이스 제독은 이 지도를 어떻게 그릴 수 있었을까? 대니켄은 그의 지도가 고대의 외계인들이 그려놓은 지도에서 전승한 것이라고 추정하고 있다. 영국의 천문학자 데이비드 휴스는 은하계가 600억 개의 항성으로 이루어져 있으며, 그 중에 지구와 비슷한 조건을 가진 항성이 40억 개에 달한다고 보고하였다. 이러한 사실들을 바탕으로 대니켄은 지구상의 모든 종교에서 숭배하는 신들이 실제로는 외계인일 가능성이 높다고 주장하였다.

그러나 이 모든 가설을 지지하고 있는 가장 근본적인 증거는 외계인의 존재 사실이다. 그러나 외계인의 존재 여부는 아직도 확인할 방법이 없다. 외계인이 출몰했을 것이라는 수많은 자료들이 보고되고 있음에도 불구하고 외계인의 존재 자체가 확인되지 않는 이상 그것들은 한갓 가설에 지나지 않게 된다. 현 시점에서 대니켄의 주장은 유사 고고학과 유사 과학의 외형을 갖춘 유사 종교의 모습을 하고 있을 뿐이다. 그는 교황청이 최근에 진화론을 인정했다(요한 바오로 2세)고 주장하면서, 창세기의 하느님 '엘로힘'이 복수형이며 그 신들은 이제 외계인들로 대체되어야 한다고 강조하고 있다.[19]

이 우주에는 수없이 많은 은하들로 가득차 있다. 네쌍둥이 외계 태양계, 바람개비 은하, 수레바퀴 은하, 심장성운, 쌍은하, m66 (위로부터 좌우로)

제 13 장

세상의 종말은 어떻게 오는가?

1. 그리스도교의 종말 사상

종말론 eschatology은 기독교 신학에서 죽음, 사후영혼의 상태, 재림, 죽은 사람들의 부활, 천년왕국, 천국과 지옥 등에 대하여 다룬다. 세계의 마지막 사태들을 주요 내용으로 다루는 것이다. 초기 기독교 교회에서는 지상에서의 천년왕국설, 그리스도의 재림, 육체 부활, 천국과 지옥에 대한 신앙을 가지고 있었다. 그러나 시간이 흐르면서 초대 교회의 종말사상은 수정이 불가피하게 되었다. 곧 이루어질 것이라고 믿었던 그리스도의 재림이 오지 않았기 때문이다.

오리게네스(185~254)는 인간의 영혼이 죽은 후에도 존속한다는 사실과 죽은 이들의 부활을 믿었다. 『제1원리에 대하여』[1]에 나타난 그의 기본정신은 그리스 철학과 영지주의 사상에 기초하고 있었다. 그래서 부활하는 것은 현재의 육체 flesh가 아니라 그 육체의 형상인 영적인 몸 body이다. 그리고 죄의 정도에 따라서 형벌의 기간이 다를 수는 있지만 궁극적으로 모든 인간은 하느님에 의하여 구원을 얻게 된다는 보편회복설 apokatastasis을 주장하였다. 그 이론적 전거는 "하나님이 영원 전부터 거룩한 선지자의 입을 의탁하여 말씀하신 바 만유를 회복할 때까지는 하늘이 마땅히 그를 받아 두리라."는 사도행전(3,21)의 말씀이다. 따라서 그는 사후에도 회개가 가능하다고 보았으며, 그리스도가 음부에 내려가서 죽은 사람의 영혼들을 구제하였다고 주장하였다.

알렉산드리아의 디오니시우스Dionysius, 가이사랴의 유세비우스Eusebius of Caesarea(4세기), 니사의 그레고리우스Gregorius of Nyssa(331~396), 루피노스Rufinus, Tyrannius(345?~410 또는 411)는 그의 견해를 지지하였으나, 안디옥의 유스타티우스Eustathius(?~337?), 에피파니우스Epiphanius(315~403), 제롬Jerome, Hieronymus, Eusebius(347?~419 또는 420)은 반대하였다. 특히 이집트의 감독 네포스는『알레고리 반박』*Against the Allegories*에서 천년왕국설에 대한 오리게네스의 비유론적 해석을 논박하면서, 천년왕국은 성경의 기록(요한계시록 20-21)대로 문자적으로 이루어질 것이라고 주장하였다. 비판자들은 오리게네스가 육체 부활을 부정함으로써 사실상 부활 신앙을 인정하지 않았다고 단정하였다. 결국 543년 유스티니아누스 황제와 553년 제2차 콘스탄티노플 공의회 오리게네스의 종말론을 이단으로 단죄하였다.2)

편지를 읽고 있는 아우구스티누스

종말론 사상을 체계적으로 정리한 사람은 아우구스티누스(354~430)였다. 그의 역사이해는 청년시절에 심취했던 마니교의 영향력 속에서 세계 역사를 이원론적으로 해석하는 특징을 가지고 있다. 그는『신국』에서 종말적 사건으로서 적그리스도의 박해, 그리스도의 도래, 죽은 자의 부활, 악인과 의인의 분리 등을 들었으나, 세계 종말의 시점에 대해서는 불가지론적 입장을 취하였다.3) 먼저 그는 죽음에 대하여 두 가지 입장을 보이고 있다. 첫째 죽음은 인간 존재, 즉 육체의 죽음이고, 둘째 죽음은 영혼의 죽음, 즉 영원한 정죄를 뜻한다. 첫째 죽음을 통하여 인간의 영혼은 부활할 때까지의 중간상태 기간 동안에 육체와 분리한 상태로 존속한다. 의인의 영혼은 죽은 후에 천국에서 하나님과 더불어 축복을 누리지만, 악인의 영혼은 지옥에서 고통을 당해야 한다. 천국과 지옥의 중간상태, 즉 연옥에서 부활과 최후심판을 기다리는 경우도 있다. 둘째 죽음은 육체가 부활한 상태에서 심판을 받아 영원한 형벌에 처해지는 경우를 말한다. 아우구스티누스는 특히 지옥의 영원성을 강조하였다. 그것은 오리게네스를 비롯한 보편 구원론자들이 사탄을 비롯한 모든 피조물들은 궁극적으로 하느님의 구원을 받을 것이라는 주장에 쐐기를 박는 것이었다. 아우구스티누스는 천사나 인간을 막론하고 회심 기회를 상실했을 경우에는 영원한 형벌에 처해진다고 단정하였다. 그는 연옥을 암시하는 교리체계를 인정하였으나 연옥에서 구원 받을 수 있는 사람은 그의 생전에 신앙을 가진 자에 국한한다고 엄격하게 규정하였다. 그에 의하면 영혼은 불멸적 존재이다. 첫째 부활은 원죄상태에서 하느님의 은혜로 중생에 이르는 자비의 부활이고, 둘째 부활은 심판 전에 육체가 부활하는 것이다. 부활한 몸은 현재의 몸과 동일한 정체성을 가지고 있으나 근본적으로 변화한 다른 몸으로서 영적인 몸 spiritual body이다. 이로써 그는 그리스도교의 부활이론을 정교화하였으며, 육체적 물질적 가치를 부정하는 플라톤주의와 신플라톤주의를 극복하고 육체의 가치를 새롭게 평가하였다.[4]

루터 Martin Luther (1483~1546)는 은총과 칭의를 중시한 종교 개혁 사상가다. 그는 처음에는 종말론 사상에 대하여 큰 관심을 갖지 않았지만, 터키 군대가 유럽 기독교 국가를 침공하면서부터 다니엘서 번역을 서두르면서 종말의 일들에 천착하였으며, 교황을 적그리스도로 규정하였다.[5] 그는 먼저 인간의 죽음을 수면 상태로 이해하였다. 이는 예수께서 죽은 나사로에 대하여 잠들었다고 표현한 것(요한 11,11)에 근거하였다. 종교개혁 시대에는 죽음의 상태에 대한 다양한 입장들이 각축하였다. 재세례파에서는 영혼 불멸을 부정하지는 않았으나 죽은 사람의 영혼은 심판 날까지 수면상태에 있다고 보았다. 영혼수면설은 보덴스타인 Andres Bodenstein과 베스터

마틴 루터,
하인리히 불링거(위로부터)

부르크Gerhard Westerburg가 주장한 것이다. 이에 반대하여 종교개혁자 불링거Johann Heinrich Bullinger(1504~1575)는 영혼 불멸을 변호하였다. 칼뱅Jean Calvin(1509~1564) 역시 1542년 『영혼수면론』에서 재세례파의 입장을 반박하였다. 재세례파가 영혼의 잠을 죽음과 파멸로 해석한 데 대하여 안식을 누리는 것으로 해석했던 것이다. 루터 역시 같은 입장을 취하였으며, 부활 이전 상태의 영혼은 몸이 없는 상태로 그리스도와 함께 복락을 누리다가 마지막 심판 때에 부활한다는 것이다. 그러나 루터의 온건한 영혼수면설은 교회의 지지를 받지 못하였으며, 알트하우스Paul Althaus(1888~1966)와 쿨만Cullman이 같은 입장을 취하고 있을 뿐이다.[6)]

오리게네스가 제시한 만인구원설은 현대에 들어와서 칼 바르트Karl Barth에 의하여 새롭게 전개한다. 그는 예수 그리스도의 십자가 사건은 하느님과 인간의 보편적인 화해를 겨냥한다고 주장하였다. 하느님은 인간을 정죄하고 지옥에 떨어지게 하지만 거기로부터 다시 구원하는 자비로우신 존재이다. 선택된 자와 선택을 받지 않은 자 사이의 차이는 상대적인 것이며, 하느님의 구원은 모든 사람을 향하고 있다는 것이다.(디모데전서 2,4) 바르트는 하느님은 모든 사람을 구원하기에 충분히 강력하신 존재라고 보았다. 따라서 그는 선택 받은 자만이 구원을 얻는다는 칼뱅의 예정론을 비판하였다.[7)] 바르트는 하느님의 영원한 진노를 부정하면서도 지옥과 영벌의 존재만은 인정하는 모호한 입장을 취하면서 자신을 보편 구원론자로 명백하게 드러내지 않았으나, 에밀 브루너Emil Brunner(1889~1966)와 존 힉John Hick은 그를 보편 구원론자로 규정하였다.[8)]

2. 천년왕국설

사도 요한이 쓴 것으로 알려진 요한계시록 20장의 내용은 다시 오실 예수 그리스도의 지상 통치에 관한 것, 즉 천년왕국설Chiliasm이다. 이 기사에 대한 해석은 예수의 재림을 전후하여 전천년설premillennialism, 후천년설postmillennialism, 무천년설amillennialism로 나타난다. 전천년설은 예수 그리스도가 육체적이고 인격적인 모습으로 재림한 후에 갑작스럽게 천년왕국이 문자 그대로 실현한다는 입장이다. 후천년설과 무천년설은 비유적, 상징적 해석에 근거한다. 후천년설은 땅끝까지 복음을 전파하고 성령의 역사에 의하여 악을 추방하고 평화를 확산하면서 천년왕국을 점진적으로 실현하고 그 마지막 시기에 그리스도께서 재림한다는 입장이다. 무천년설은 천년왕국이 별도로 존재하는 것이 아니라 그리스도의 초림과 재림 사이의 교회시대라고 보는 입장이다. 초대교회와 초기 교부시대에는 가까운 장래에 하느님의 나라가 지상에 도래한다는 전천년설을 일반적으로 신봉하였다.

밧모섬에서 계시를 받고 있는 사도 요한

아우구스티누스 역시 초기에는 전천년설을 지지하였으나 아프리카 도나티스주의자 티코니우스Tyconius (4세기)의 영향을 받아서 만년에는 후천년설로 돌아서게 되었다. 요한계시록 20장에 기록된 사건은 미래 사실이 아니라 현재 사실, 즉 교회시대를 뜻한다고 해석하였다. 그는 요한계시록의 천년설을 문자적으로 읽지 않고 상징적으로 해석하였던 것이다. 따라서 교회는 땅위의 하늘나라, 즉 지상의 천국이며, 천년은 세계 역사의 마지막 천년 또는 세계의 전체 지속 기간이고, 성도들은 그리스도와 함께 왕노릇을 하는 것으로 본 것이다 아우구스티누스의 영향력으로 전통교회는 후천년설을 신봉하게 되었다.

루터는 아우구스티누스의 입장을 수용하면서, 천년왕국설을 그리스도의 미래 통치가 아닌 교회시대로 해석하였다. 그는 창조 6일의 사역에 근거하여 인류의 역사를 6천년으로 잡았으며, 다섯 번째 천년기는 그리스도로부터 11세기까지이고, 천년왕국은 요한계시록이 씌어진 때부터 이미 시작했었다는 것이다. 루터는 1545년에 간행한 『요한계시록』 강해 서문에서 1-3장은 소아시아의 일곱교회가 창립된 과거 사실을 기록하였으며, 4-5장은 미래에 환난을 당할 전체 교회의 모습을 다루었고 여기에서 악한 천사는 이단과 거짓 감독들, 선한 천사는 거룩한 교부와 감독들이라고 해석하였다. 6-8장은 미래의 환란을 다루는데, 6장에서는 육체적 환난, 7-8장에서는 영적 환난을 계시하고, 여기에서 선한 천사들은 스피리디온, 아타나시우스, 힐라리 등 거룩한 교부들과 니케아회의로 해석하였다. 9-11장의 일곱 천사와 나팔은 초기 기독교의 주요 이단을 지시하며 타티아노스 Tatianos (120?~173), 마르치온 Marcion (85?~160?), 오리게네스, 도나투스주의자들, 아리우스, 무함마드, 교황을 지칭하는 것으로 해석하였다. 11-12장의 두 증인과 아이 밴 여인은 경건한 교사들과 그리스도인들을 뜻한다. 용을 피하여 광야로 나간 여인은 교회를 의미한다. 13장의 666은 세속적 교황의 존속 기간으로, 14장의 적그리스도는 교황으로 해석하였다. 여기에서 '영원한 복음을 가진 천사' (14,6-11)는 루터 자신을 상징한다고 보았다. 14-15장은 교황에 충성하고 복음에 항거하는 자들에 대한 심판, 16장은 교황에 대한 그리스도의 반격으로 해석하였다. 여기에서 '짐승'을 교황으로 보았다. 17장에서 '음녀'는 교황이며, 로마교회의 태동과 부패를 지시한다는 것이다. 18장은 영적 교황, 바벨론의 멸망을, 19장에서 '백마탄 자'는 그리스도를 나타내고, 교황지지자들에 대한 싸움에서 승리한다는 것이다. '곡'과 '마곡'은 터키를 뜻한다. 20장은 터키의 출현 이후에 오는 마지막 심판을 그린다. 21장 이하는 마지막 위안에 대한 기사이다. 그리스도만이 주이시며, 모든 불신자는 정죄를 받

지옥불의 묘사
(Visio Tnugadali)

아서 사탄과 함께 지옥에 던져진다는 것이다.9)

루터는 천년왕국이 끝나고 사탄이 풀려나는 사건(요한계시록 20,7)을 1073년 교황 그레고리 7세가 세계지배에 대한 야망을 드러냈던 사건으로 보고, 교황을 적그리스도로 간주하였다. 가장 위험스러운 교회의 적들은 영혼을 속이는 자들이고(누가 12,4-5), 하느님의 성전에 앉는 자(살후 2,4)로서 적그리스도야말로 교황이라고 본 것이다. 루터는 교황이 하느님의 말씀, 하느님, 그리스도를 능가하는 권위를 가지고 있으며, 복음보다는 행위를 중시하는 로마교회의 교리에 근거하여, 교황을 적그리스도로 단정하였다. 이와 반대로 보헤미아의 후스파는 교황의 비기독교적 생활을 비판하면서 적그리스도라고 규정하였다.10) 이상에서와 같이 루터는 하느님의 나라가 이미 도래하였으며 그 마지막을 향하여 질주하고 있다고 해석하였던 것이다.

자유주의 신학자 알프레히트 리츨Albrecht Ritschl (1822~1889), 아돌프 하르낙Adolf von Harnack (1851~1930) 역시 하느님의 나라가 이미 도래한 것으로 해석하였다. 리츨은 그리스도교 신학을 윤리적으로 해석하여 종교적, 영적 중심에다가 도덕적 중심을 강조하였다. 예수 그리스도의 은총과 사랑, 구속도 중요하지만 그리스도가 이룩한 윤리적 공동체의 실현 역시 중요한 것이다. 리츨은 그리스도의 윤리적 공동체가 바로 교회이고 하느님의 나라라고 보았다. 하느님의 나라는 사랑에 의한 감동으로부터 이룩한 인류 공동체에 다름 아니다. 그는 예수를 인류가 사표로 삼아야 할 윤리적 교사로 소개한 것이다.11) 리츨의 신학은 칸트의 이성신학으로부터 영향받은 것이다. 하르낙은 1900년의 베를린 대학 강의록『기독교의 본질』에서 하느님 나라와 그 도래, 하느님 아버지와 인간 영혼의 무한한 가치, 정의와 사랑의 계명을 강조하였다.12) 하르낙에 의하면 하느님의 나라는 미래에 도래하는 하느님의 외적 통치, 그리고 현재에 나타난 하느님의 내적 통치라는 이중적인 측면을 가지고

알프레히트 리츨, 아돌프 하르낙(위로부터)

있다. 전자는 유대민족의 전승이고 후자는 예수 그리스도의 독자성이다. 하르낙은 하느님의 나라를 "개인의 마음 속에 존재하는 거룩한 하느님의 통치"라고 이해하였다.(What is Christianity? 56) 그리하여 리츨과 하르낙은 하느님의 나라를 종말론적, 미래적인 것으로 보지 않고 현재의 영적 체험 또는 윤리적 공동체의 점진적 실현이라는 측면을 강조하였던 것이다. 이들의 입장은 아우구스티누스나 루터 Martin Luther (1483~1546)의 후천년설 주장에 가깝다고 볼 수 있다.

그와 반대로 요한네스 봐이스 Johannes Weiss (1863~1914)는 『하느님의 나라에 대한 예수의 설교』(1892)에서 리츨과 하르낙이 하느님의 나라를 성서적으로 이해하지 않고 진화론적이고 비종말론적인 계몽주의 사상에 근거했다고 비판하였다. 하느님의 나라는 초월적이고 초현세적이며, 어떤 현재적 사실과도 동화할 수 없다는 것이다. 따라서 그는 하느님의 나라는 현재적이고 윤리적인 것이 아니며 철저하게 종말론적이고 미래적인 묵시라고 규정하였다.[13] 그것은 점진적으로 실현하는 것이 아니라 하느님이 급작스럽게 선포한다는 것이다. 우리는 단지 그것의 도래를 기다릴 수밖에 없는 것이다.

봐이스의 견해는 알버트 슈바이처 Albert Schweitzer (1875~1966)가 계승하였다. 그는 『역사적 예수 연구』(1906)에서 예수의 공생애 전체를 종말론적으로 해석하고자 하였다 consistent eschatology. 예수의 메시지에 담긴 핵심은 재림이며, 유대 묵시문학에 근거한 천국을 주로 이야기 했다는 것이다. 예수는 하느님의 나라를 현재적인 것이 아니라 미래적인 것으로, 그리고 매우 가까이 다가오는 사건으로 생각하였다. 슈바이처에 의하면 예수는 제자들의 전도여행이 끝나기 전에 인자가 와서 하느님의 나라를 이룩할 것이라고 착각하였으나, 아무것도 이루어지지 않자 히느님 나라의 도래가 늦추어졌나고 수정했던 것이다. 그래서 예수는 하느님 나라의 도래를 위하

요한네스 봐이스, 알버트 슈바이처, 찰스 다드, 루돌프 불트만(위로부터)

여 십자가에서 죽었으나 하느님의 나라는 끝내 오지 않았다는 것이다. 종말론에서 하느님의 나라를 슈바이처는 예수의 묵시적 환상으로 변질시킨 것이다.14)

슈바이처의 주장은 찰스 다드Charles Harod Dodd (1884~1973)가 비판했다. 그는 예수의 초림과 함께 하느님의 나라가 실현되었다고 본다realized eschatology. 이와 함께 미래 종말론은 그리스도교 본연의 것이 아니라 유대 묵시문학에 근거한 것이라고 보면서,15) 다드는 다시 후천년설을 복원한 것이다. 하느님의 나라를 미래적인 사건이 아니라 현재적인 것으로 이해하려는 다드의 주장은 비신화화론Demythologisierung, demythologization을 제시한 루돌프 불트만Rudolf Bultmann (1884~1976)의 신학에서도 찾아볼 수 있다. 불트만은 성서 속에 신화적인 요소가 많다고 보고, 이것을 재해석하여 현재적인 것 속에서 의미를 발굴하자고 제안한다. 신화적인 요소의 뒤에 숨어있는 의미를 추구하는 것이야말로 신약성서의 해석방법론이라는 것이다. 불트만은 사도 요한의 종말론 묘사가 현재적 현상이라고 진단하면서, 예수의 부활, 성령 강림, 재림 사건이 하나의 동일한 사건이며, 예수를 믿는 자는 이미 영생을 얻은 것으로 보았다. 종말론적 사건들은 미래적인 것이 아니라 오늘 여기에 있는 구체적인 실존 안에서 의미를 갖게 되는 독특한 경험이라는 것이다.16)

현대신학자 가운데서 종말론을 근본신학으로 정립한 사람은 역시 위르겐 몰트만Jürgen Moltmann (1926~)이다. 그는 에른스트 블로흐의 희망철학에 영향을 받아서 희망의 신학을 정립하였으며, 종말론을 신학의 마지막이 아닌 시작이자 전체로서 새롭게 자리매김하였다. 그는 하느님의 계시는 역사 속에서 약속의 형태로 주어지며, 따라서 그것들은 근본적으로 역사적이고 종말론적인 미래 지평을 지향한다고 보았다. 종말론을 역사 초월적, 현재적인 것이 아니라 역사 내재적, 미래적인 것으로 규정한 것이다.17)

위르겐 몰트만

3. 유사기독교와 세대주의의 종말론

19세기에 천년왕국사상은 다양한 형태의 논란을 불러 일으켰다. 요셉 스미스의 몰몬교와 찰스 러셀의 여호와의 증인, 그리고 다비의 세대주의가 바로 그것들이다.

요셉 스미스

솔트레이크시의 몰몬교 사원

요셉 스미스Joseph Smith (1805~1844)는 미국에서 몰몬교를 창시하였다. 1823년에 금판 위에 기록된 책을 계시받았으며, 1830년에 몰몬경을 번역 출판하였다. 그 직후 뉴욕에서 6명의 회원으로 '그리스도의 교회'를 창설하고 나중에 '말일성도 예수 그리스도 교회' The Church of Jesus Christ of Laterday Saints로 개칭하였다. 그가 죽은 후에 두 파로 분열하였는데, 다수파의 후계자 브리감 영Brigham Young (1801~1877)은 유타Utah주 솔트레이크Salt Lake에 본부를 두었고, 스미스의 아들 스미스 3세는 소수파의 후계자로서 미조리주 인디펜던스에 본부를 창설하였다. 이들은 이스라엘 민족의 문자적인 회복을 믿으며, 그리스도가 미국에 재림할 것이라고 주장한다. 스미스는 1891년 2월 14일에 재림한다고 예언한 바 있다. 몰몬교도는 천국을 해, 달, 별의 왕국으로 구분하며, 몰몬교도만이 가장 높은 단계의 천국인 해의 왕국에 들어갈 수 있다고 주장하였다. 달의 왕국은 몰몬교와 연관된 사람들, 가장 낮은 별의 왕국은 모든 기독교인들이 들어가는 천국이라고 구분하였다. 또한 그들은 지옥이나 영원한 형벌을 부정하고 죽은 사람을 위한 세례를 인정하였다.[18)]

찰스 러셀Charles Taze Russel (1852~1916)은 '여호와의 증인' Jehovah's Witnesses을 창설하였다. 그는 천년왕국운동을 통하여 안식교를 창시한 윌리엄 밀러William Miller (1782~1849)로부터 영향을 받았다. 밀러는 1884년 10월 22일에 그리스도가 재림할 것이라고 예언한 바 있다. 러셀 역시 그리스도가 1784년에 비밀리에 재림했으며 1914년부터 여호와의 왕국이 시작될 것이라고 주장하였다. 그의 후계자로는 조셉 러너포드Joseph F. Rutherford (1869~1942), 그리고 나단 노어 Nathan H. Knorr (1905~1977)가 있다. 여호와의 증인에서는 그리스도의 육체적 부활을 부정하고 영적인 부활만을 인정한다. 그리스도의 재림 역시 가시적으로 이루어지지 않는다. 1784년에 이미 보이지 않게 재림했다는 것이다. 그들은 영혼의 불멸을 부정하고, 인간의 영혼은 육체가 살아있는 동안에만 존속한다고 보았다. 죽은 사람의 영혼은 수면상태에 있다가 마지막 심판 때에 하느님에 의하여 영적 존재로 다시 창조되어 생명을 부여받게 된다. 또한 그들은 지옥의 존재를 부정하며 지상천국론을 주장한다. 그들은 그리스도가 1914년에 재림하여 하늘에서 왕국을 시작하는데, 그 왕국의 신민들은 144,000명의 여호와의 증인들이라고 강조하였다. (요한계시록 7,4)[19]

찰스 러셀, 존 다비 (위로부터)

영국에서는 존 다비 John N. Darby (1800~1882)가 세대주의 운동을 시작하였다. 그는 계시문서에 나오는 전천년기 재림, 환난 전 휴거, 유대적 천년왕국 등이 문자적으로 그대로 이루어질 것이라고 주장하였다. 1860년대에 미국 전역으로 급속하게 번졌으며, 특히 칼뱅주의의 적극적인 지지를 받게 되면서 블랙스톤 William Blackstone,[20] 스코필드 C.I. Scofield 등이 체계화하였다. 세대주의는 전천년주의적 종말론을 신봉하였으며, 20세기 중반에 이르면서부터 후천년설을 압도하게 되었으며, 대다수의 미국 근본주의와 복음주의 기독교인들이 신봉하게 되었다.

블랙스톤은 성서의 예언을 문자적으로 해석해야 한다고 강조한다. 구약성서의 예언들이 그리스도의 초림에서 문자적으로 이루어졌기 때문에 그리스도의 재림 역시 그렇게 해석해야 한다는 것이다. 그리스도가 베들레헴에서 (미가 5,2) 동정녀를 통하여 탄생하고 (이사야 7,14) 예루살렘에 입성한 (스가랴 9,9) 후에 친구에 의하여 배신 당하고 (시편 41,9;55,12-14), 은 30개에 팔리며 (스가랴 11,12) 손과 발에 못이 박히는 (시편 22) 수난이 그대로 이루어졌다. 그러므로 그리스도의 재림 (데살로니가전서 4,16), 신자의 공중 휴거 (데살로니가전서

4,17), 지상 재림 (사도행전 1,11), 지상 통치 (다니엘 7,13-14, 요한계시록 2,27) 등 그리스도의 재림에 관한 예언들도 문자적으로 이루어질 것이라고 본 것이다. 블랙스톤은 하느님의 나라가 문자적으로 미래에 이루어질 것이라고 보면서 전천년설을 지지하였다. 그 성서적 전거로서는 적그리스도의 멸망 (데살로니가후서 2,8), 대환난 직후 그리스도의 재림 (마태 24,29-31), 그리스도의 지상 통치 (이사야 32,1; 예레미야 23,1-6, 마태 19,28; 요한계시록 5,10), 그리스도, 신자, 악인의 부활 (고린도전서 15,22-26, 데살로니가전서 4,13-17, 요한계시록 20,4-14) 등을 들었다. 그는 종말이 다가오는 징조로서 여행과 지식의 증가 (다니엘 12,4), 고통 당하는 때 (디모데후서 3,1), 강신술 (디모데전서 4,1), 배교 (디모데후서 2,3), 세계적 복음전파 (마태 24,14), 부의 축적 (야고보 5,1), 이스라엘의 회복 (예레미야 30,11) 등이다.[21)]

세대주의의 교회론은 이스라엘과 교회를 엄격하게 구분한다. 이스라엘은 아브라함의 육신의 자손을 뜻하며, 교회는 천년왕국이 오기 전에 과도기적으로 나타나는 신앙공동체이다. 이스라엘은 대환난을 견디고 난 후 천년왕국에 들어가게 되지만, 교회는 대환난이 오기 직전에 휴거함으로써 재림 그리스도를 영접하게 된다.

세대주의 종말론은 다니엘서 9장의 해석에서 특징적이다. 선지자 다니엘은 하느님의 백성들이 이방인의 통치를 받아 고난을 당하게 되는데, 그 이방인의 시대는 네 명의 왕들에 의하여 계속 진행한 그 중의 한 왕이 예루살렘 성의 재건을 명령한다. 그 후 70이레 week가 지나면 다윗의 보좌를 회복하기 위하여 메시아가 출현한다. 처음 일곱 이레 동안에 예루살렘을 재건하고, 그 후 62이레가 지나면 메시아가 나타나도록 되어있지만, 이스라엘 백성은 그를 거부한다. 악한 통치자가 마지막 한 이레 동안에 그들을 멸망시키려고 하지만 메시아의 재림으로 그것을 막게 된다. (다니엘 9,24-27) 그런데 히브리어 '이레'는 7을 뜻하며, 70이레는 490 (70×7)년이다.

최후심판에서의 악마들 (1130년, 좌), 천국과 지옥 (플로렌스 13세기, 우)

이것은 예루살렘 재건 명령과 메시아 왕국의 실현 사이의 기간을 가리킨다. 즉 이스라엘에 대한 하느님의 계획이 490년 후에 완성한다는 것을 뜻한다. 아닥사스다왕이 유대인들에게 예루살렘 성의 중건을 허락하는 조서를 내린(느헤미야 2,1-8) 시점에서 483년(처음 7이레와 62이레)이 지난 후 그리스도가 십자가에서 죽으셨다.

보수주의자들은 그리스도가 죽은 69이레 이후 70이레가 즉각 뒤따랐다고 해석한다. 서기 70년에 이스라엘 민족이 멸망한 사건을 생각했던 것이다. 그러나 세대주의자들은 70이레가 즉시 이어지지 않았다고 본다. 유대인들이 그리스도를 받아들이지 않고 거부했기 때문이라는 것이다. 그래서 하느님은 69이레 이후의 마지막 일정을 중지하고 이방인을 통하여 새로운 백성들의 교회를 세우고자 하였다. 그래서 69이레와 70이레 사이에 교회시대가 들어서게 되었다는 것이다. 그리스도가 천년왕국을 세우기 전 마지막 7년 동안에 다니엘서와 요한계시록에 예언된 사건들을 성취한다. 짐승과 적그리스도로 알려진 정치지도자가 출현하고 유대인들이 팔레스타인으로 귀환한다. 대환난 직전에 그리스도가 공중 재림하고 죽은 자들이 부활하여 살아있는 성도들과 함께 공중으로 휴거 rapture하여(데살로니가전서 4,16-17) 그리스도를 영접한다. 7년 동안

이어지는 어린 양의 혼인잔치에 휴거한 자들이 거하는 동안에 지상에서는 대환난과 그리스도의 통치가 이루어지고, 그 후에 그리스도가 지상에 내려오면서 revelation 아마겟돈 전쟁이 발발하고 악의 세력을 정복한다. 이 때 사탄은 음부에 갇히게 되며, 지상에서 천년왕국을 건설한다. 세대주의론자들에 의하여 전천년설의 르네상스를 맞이하게 된 것이다.

4. 노스트라다무스

9.11 사태,
노스트라다무스(위로부터)

2001년 9월 11일 뉴욕 무역센터의 쌍둥이 빌딩이 아랍계 자살테러단의 비행기 공격으로 무너져 내렸다. 워싱턴 국방성과 펜실바니아에서도 비행기가 떨어졌다. 인터넷을 통하여 한 예언자의 이름이 회자하고 그의 시 한 편이 급속도로 퍼져나갔다. 이 사건들을 미리 자신의 눈으로 본 예언자는 노스트라다무스 Nostradamus (1503~1566)였다. 그 예언 시의 내용은 이렇다. "신의 도시에 거대한 번개가 치고, 두 형제는 혼란에 의해 무너질 것이며, 그 동안 요새는 견디어 낼 것이다. 거대한 지도자는 굴복할 것이며, 큰 도시가 타오를 때 세 번째 큰 전쟁이 시작될 것이다." 이 시는 짜깁기 된 가짜로 판명되었다. 그러나 헤어 J.B Hare라는 사람이 찾아낸 4행시는 노스트라다무스가 남긴 진짜 예언이었다.

> 몸은 둘, 머리는 하나, 그리고 둘로 갈라진 벌판,
> 전대미문의 네 개에 응답하리라.
> 거대한 것에 비해 너무도 작은 것, 거대한 것에 피해를 안기리라.
> 뾰족한 탑이 무너지리라, 그리고 외수아에 더 큰 피해를 안기리라.
> (노스트라다무스, 백시선 XII,52)

"몸은 둘, 머리는 하나, 그리고 둘로 갈라진 벌판"은 세계무역센터의 쌍둥이 건물을 가리키는 것이다. "전대미문의 네 개"는 테러

리스트에 납치당한 항공기를 가리킨다. "거대한 것에 비해 너무도 작은 것"은 쌍둥이 건물과 비행기를 뜻한다. 프랑스어 "외수아" Eussouis의 발음은 '외수아'이고, USA를 불어식으로 읽으면 "위(에)스아"가 된다. 노스트라다무스 당시에는 존재하지 않았던 나라였다.[22] 노스트라다무스의 예언이 실현한 것일까?

9 · 11 사태를 암시하는 또 다른 시가 있다. "45도에서 하늘이 불타오르리라. 불이 커다란 새 도시를 향해 다가가리라. 그 즉시로 거대한 불꽃들이 사방으로 용솟음칠 것이고 그 때 그들은 노르만족에게서 확인받고 싶어하리라."(백시선 VI,97) 이 시에서 45도는 북위 45도이다. 뉴욕의 위도는 북위 40.77도이다. 노스트라다무스 당시에 북위 45도에 위치한 거대 도시는 중국의 베이징, 터키의 앙카라에 불과하다. "커다란 새 도시"는 뉴욕이 분명하다. "불이 커다란 새 도시를 향해 다가가리라"는 비행기가 세계무역센터와 충돌하는 광경을 묘사한 것이다. "거대한 불꽃"은 비행기 폭탄을 뜻한다. 그런데 사람들은 "노르만족에게서 확인받고 싶어한다"고 하였다. 노르만은 북쪽 사람, 특히 프랑스에 속한 노르망디 사람을 뜻한다. 다시 말하면 9 · 11 사태로 인하여 노스트라다무스의 열풍이 확산하는 것을 암시해주는 대목이다.[23]

▮ 영화 노스트라다무스 포스터, 히틀러의 출현 (위로부터)

노스트라다무스는 1503년 12월 4일 프랑스 프로방스 지역에서 태어났다. 그의 가문은 수학과 천문학에 밝았으며, 그 자신은 명문 의과대학인 몽펠리에서 의학과 철학을 공부하였다. 1544년에 프로방스로 돌아와서 페스트 환자를 돌보다가 1554년 3월 23일부터 환상 중에서 3797년까지 관측한 사실들을 4행시로 쓰기 시작하였다. 2243년 동안에 일어날 사실들을 1년 만에 1천여 편의 시로 담은 것이다. 이

모든 작업을 마치고 나서 노스트라다무스는 1555년 3월 1일, 그의 아들에게 서문 형식의 편지를 쓰게 된다. 그의 예언서는 1555년에 출판이 이루어졌다. 그의 시는 너무나 충격적이다. '교황청의 몰락'(백시선 X,65), '1559년 7월 10일 앙리 2세 Henri II (1519~1559) 의 죽음'(백시선, I,35), '나폴레옹의 출현'(백시선 I,60), '파스퇴르의 명성과 불명예'(백시선 I,25), '1582년 그레고리오력의 제정'(백시선 I,42), '제1차 세계대전'(백시선 I,34; III,5; IX,55), '제2차 세계대전'(백시선 X,66), '윈스턴 처칠'(백시선 V,4), '히틀러'(백시선, II,24; III,35,79; V,29) 등에 대한 예언은 사실로 드러났다. 그렇다면 인류를 종말로 치닫게 할 제3차 세계대전에 대해서는 어떤 예언들을 남겨 놓았을까?

앙리 2세

1981년 5월 2일 더블린에서 런던으로 향하던 아일랜드 항공 소속 비행기가 납치당한 사건이 일어났다. 그 납치범의 요구는 "바티칸은 파티마 제3의 비밀을 세상에 공표하라"는 것이었다.[24] 파티마의 비밀은 도대체 무엇인가?

1917년 5월 13일 포르투갈의 파티마에 성모 마리아가 나타나서 루치아(10세), 프란치스코(9세), 히야친타(7세), 이 세 어린이에게 인류 운명과 직결된 세 가지 계시를 내린 적이 있다. 5개월 동안 매월 13일에 성모 마리아가 발현하였으며, 약 7만명이 목도하였다. 1930년 10월 13일 레이리아 주교는 파티마의 기적을 공인하였고, 교황도 이를 인준하였다. 1953년에는 파티마 성지에 대성당을 건립하였다. 계시를 받은 세 어린이 중에서 프란치스코와 히야친타는 1919년과 1920년에 유행성 독감으로 죽었으며, 루치아 수녀는 파티마 근교의 카르멜리테 수녀원에서 2005년 2월 13일 97세의 나이로 세상을 떠났다. 첫 번째 계시는 제1차 세계대전의 종결에 대한 것이고, 두 번째 계시는 제2차 세계대전의 발발과 러시아의 공산화 및 몰락에 관한 내용이었다. 교황청은 1942년에 이 두 가지 계시 내용을 발표하였다. 그러나 세 번째 계시에 대해서는 침묵하였다. 1958년 가을에 교황 비오 12세 Pius XII (1876~1958)는 세 번째 계시를 처음으로 열어보았으나 공표하지 않았으며, 그 후임 바오로 6세 Paulus VI (1897~1978)는 그것을 읽고서 충격을 받아 의자에서 굴러 떨어졌다고 한다. 그는 세 번째 계시 내용을 간추려서 교회지도자들에게 보냈는데, 그것은 제3차 세계대전에 대한 것이었다. 2000년 5월 13일 교황청 국무원장 안젤로 소다노 추기경은 파티마의 세 번째 비밀이 교황 요한 바오로 2세 Johannes Paulus II (1920~2005)의 저격사건(1981년 5월 바티칸 성베드로 광장)과 연관이 있다고 발표하였다. 그러나 교황에 대한 암살 기도는 여러 차례 발생하였기 때문에 교황청이 비밀의 내용을 숨긴다는 의혹이 흘러나왔다. 따라서 그 비밀은 제3차 세계대전의 와중에서 교황청이 몰락을 고하게 된다는 내용일 것으로 추정하고 있다. 노스트라다무스뿐만 아니라 그에 앞서서 성 말라쉬(1094~1140)가 교황청의 몰락에 대한 예언을 했기 때문이다. 말라쉬 대주교는 1138년 교황청을 방문했을 당시 혼수상태에 빠져 교황청의 몰락을 예시하였는데, 112번째 교황 베드로 2세가 등극하여 시련을 극복한 후에 일곱 언덕의 도시(로마)가 파괴될 것이라는 내용이었다.25) 그 예언으로부터 111번째 교황은 요한 바오로 2세였고, 새로 등극한 112번째의 교황은 베네딕토 16세(제265대)이다. 말라쉬의 예언은 빗나갔지만 노스트라다무스 역시 교황청의 몰락을 예언하고 있어서 예사롭지 않다.

교황 요한 바오로 2세

1999년 여름에 세계의 종말이 올 것이라는 노스트라다무스의 예언은 아직 이루이지지 않았다. 인류는 아직 존재하고 있는 것이다. 그러나 노스트라다무스의 예언이 잘못된 것이 아니라 인류의 노력에 의하여 재앙이 잠시 미루어졌을 뿐이라고 믿는 사람도 있다. 그 시의 내용은 다음과 같다. "1999년 일곱 번째 달, 하늘에서 공포의 대왕이 내려오리라: 앙골무아 대왕을 부활시키리라. 화성의 앞뒤로 행복이 지배하리라."(백시선 X,72) 그 동안 이 시는 1999년 7월에 제3차 세계대전의 발발을 예고하는 것으로 알려졌다. 그러나 이 해석 자체가 잘못이라는 견해도 있다.26) 고대 유대력의 시작은 3월이므로, 노스트라다무스의 예언은 1999년 9월의 사건이며, "앙골무아" Angolmois는 '앙구무아' Angoumois로서 앙굴렘 Angouleme의 옛이름이며, 따라서 앙구무아의 왕은 프랑스 대통령이라는 것이다. 1999년에 프랑스는 코소보 학살을 자행한 세르비아 전쟁에 적극 개입하여 NATO 회원국으로서 책무를 다하겠다고 선언하였다. 하늘에서 내려온 공포의 대왕은 NATO의 항공기들이 세르비아에 퍼부은 폭탄세례라는 것이다. 화성 Mars 역시 '3월'로 해석해야 문맥이 맞다는 것이다.

제3차 세계대전의 발발은 세계종말의 신호탄이다. 그것은 노스트라다무스가 예시한 세 번째 적그리스도의 정체와 연관이 있다. 주석가들은 첫 번째 적그리스도는 나폴레옹이고, 두 번째 적그리스도는 히틀러라고 지적한다. 그렇다면 세 번째 적그리스도는 누구인가? 노스트라다무스에 의하면 그는 동방에서 출현하고 무함마드를 신봉하며 아드리아해를 건너와서 이탈리아와 유럽을 공격하게 된다. (백시선, I,9; II,29; V,55) 따라서 세 번째 적그리스도를 리비아의 지도자 가다피 Gaddafi (1942~)라고 보는 견해가 있다. (백시선 V,14) 그의 시 한 편만 소개한다. "토성과 화성이 사자자리에 있게 될 때, 스페인이 점령되리라. 그 전쟁에서 리비아의 주인에게 공격받음으로써, 그 주인이 살고 있는 몰타 섬 근처에서, 그리고 로마는 수탉에게 공격받으리라." (백시선 V,14) 우선 토성과 화성이 사자자리에 오게 되는 천문학적 시간은 2008년 7월 10일이며, 이 전쟁은 27년 동안 지속한다는 설이 있다. 몰타 섬은 리비아와 이탈리아의 중간에 위치한다. 스페인이 리비아에 대패하여 이슬람 국가로 회귀하고, 프랑스가 이탈리아를 공격한다는 것이다. 그 이유는 이탈리아가 이미 이슬람 세력이 점령했기 때문이다.27) 도대체가 그대로 믿기 어려운 내용들이다.

"바다의 이름을 가진 종교가 오리라. 아달룬카티프 자손의 종파가 항거하리라, 그 가증스럽고 고집스런 종파가 모두에게 두려움을 주리라, 그 중 둘이 알레프와 알레프에게 상처를 입히리라."(백시선 X,96) "바다의 이름을 가진 종교"는 아직 나타나지 않았다. 새로 생겨날 것이라고 추정한다. "아달룬카티프" Adaluncatif, Ada(lun)catif에서 괄호 안의 lun(e)은 '달'을 뜻하는데, 이것은 이슬람 국가들을 상징한다. 나머지 Adacatif는 Cadafit, Khaddafy이다. "알레프"는 아메리카, 미국을 뜻한다. 가다피의 두 아들은 미국의 폭탄 세례에 의해 부상당한 적이 있다.28) 노스트라다무스의 예언에 의하면 리비아의 잠수함이 지중해를 건너 이탈리아를 공격할 것이다.(백시선 II,5) "바다를 바라보는 거대한 도시, 습지에 둘러싸인 도시"가 공격당할 것이다.(백시선 IX,48) 리비아의 핵 폭탄이 나폴리 항구를 12월 22일(동지)에 공격할 것이다. 이 때 러시아가 유럽의 패권을 되찾기 위하여 움직인다.(백시선 VIII,15) 중립국 스위스마저도 전쟁의 소용돌이에 휘말리게 된다.(백시선 VIII,10; IX,44) 이스라엘도 이라크에 의하여 철저하게 유린 당하게 될 것이다.(백시선 VIII,96) 그러나 전쟁의 결과는 그리스도교와 이슬람 양쪽이 모두 패배하여, "불신자, 신 그리고 성자"가 떠돌게 되며(백시선 IX,83), "수석주교는 이 세계에 무릎을 꿇게" 된다.(백시선 X,70) 그리하여 전쟁 후에 태양(기독교)과 금성(이슬람교)이 다시 하나가 되고 새로운 왕이 출현하여 지상에 평화가 올 것이다.(백시선 VI,24) 세계의 새로운 우두머리 "쉬랑" Chiren이 유일한 승리자가 될 것이다.(백시선 VI,70) "달의 지배가 끝나고 20년이 지날 때, 다시 7000년의 시대가 시작되리라. 태양이 그 시대의 종말을 끝낼 때, 내 예언도 마침내 완성되리라."(백시선 I,49) 달의 지배의 종말이나 태양 시대의 종말은 세계 종말을 암시한다. 그럼에도 불구하고 인류는 멸망하지 않고 새로운 우주시대에 들어갈 수 있다고 하였다. 3797년에 세계종말이 오지만, 인류는 다른 태양계로 들어가서 그 삶을 영위하게 된다는 것이다. 우리는 노스트라다무스의 예언을 어떻게 이해해야 하는가?

5. 바이블 코드

2001년 9월 11일 오전 8시 48분에 발생한 세계무역센터 테러사건은 5761년(히브리력은 서력기원보다 3760년 먼저 시작한다) 전에 이미 성서 속에 암호화 되어 있으며, 2006년에 닥칠 '최후의 날', 즉 세계 핵전쟁에 대한 카운트다운이었다. 이와 같은 사실은 어떤 예언가나 또는 광신적인 묵시론자의 주장이 아니다. 세계적인 명성을 자랑하는 『워싱턴 포스트』와 『월스트리트 저널』의 기자로 활동해왔던 마이클 드로스닌Michael Drosnin이 출판한 『바이블코드 II』에서 주장한 내용이다. 드로스닌은 비록 유대인이기는 하지만 종교인이 아니고 더더구나 예언가도 아니다. 실제로 일어난 사건을 있는 그대로 신속하게 알리는 것을 사명으로 알고 있는 기자일 뿐이다. 그래서 그의 주장은 쉽게 무시할 수가 없다.

마이클 드로스닌

1997년에 드로스닌은 노스트라다무스보다 훨씬 더 실증적인 방식으로 세계의 종말을 예고하였으며, 그가 쓴 『바이블 코드』는 세계적인 베스트셀러가 되었다.[29] 바이블 코드를 발견한 사람은 이스라엘의 수학자 엘리야후 립스Eliyahu Rips 박사였다. 그는 1994년에 동료 교수 도론 위춤Doron Witzum, 요아브 로젠베르그Yoav Rosenberg와 함께 미국의 학술전문지 『통계과학』에 「창세기에서 등거리 문자 배열」이라는 논문을 발표하였다. 우리가 읽고 있는 성서 텍스트 속에는 앞으로 일어날 주요 사건들을 암호로 기록해 놓았다는 것이다.

구약성서를 기록한 언어는 고대 히브리어다. 이 텍스트를 띄어쓰기 간격 없이 한 줄로 나열하면 총 30만 4,805자가 된다. 원하는 단어를 입력하면 컴퓨터 조합으로 행수가 재배열되면서 검색 내용이 나온다. 암호는 일정한 간격으로 가로, 세로, 또는 대각선의 형태로 나타난다. 예를 들면 1995년 11월 4일에 발생한 라빈 이스라엘 총리의 암살사건에 대하여 성서는 '이츠하크 라빈'과 '암살할 암살자'라는 단어를 같은 곳에 암호화 해 둔 것이다. 암살자의 이름 '아미르'와 함께 새로 선출될 총리의 이름 '네탄 야후'까지 코드화해 놓았다는 것이다. 드로스닌 기자는 약 1년 전에 이 사실을 이스라엘 정부에 알렸으나 암살을 막지는 못하였다.

또한 "히틀러"의 이름 옆에서 "사악한 인간", "독일에서", "나치스", "베를린"이라는 단어가 눈에 띄었다. 드로스닌 기자는 바이블 코드를 처음 알게 되었던 1992년 6월에 "클린턴"이라는 검색어에 "대통령"이라는 단어가 겹쳐 있는 것을 보고 그의 당선을 예측했다고 한다. 6개월 후 클린턴은 대통령이 되었다. 클린턴이 백악관 성추문 사건으로 자신의 죄를 고백하였던 1998년 8월에 그가 다시 찾아보았을 때에는 "클린턴"이라는 단어 주변에 "숨겨진 비밀, 여종의 연인", "탄핵", "국가는 탄핵에 반대한다"라는 단어가 함께 있는 것을 발견할 수가 있었다. 클린턴은 탄핵의 위기에 몰렸지만 결국 탄핵을 당하지는 않았던 것이다. 9·11 테러사건을 지척에서 바라보면서 드로스닌 기자는 바이블 코드를 작동시켰다. "쌍둥이" 옆에는 "빌딩", "내려앉게 만드리라", "두 번", "비행기"라는 단어들이 잇달아 나타났다.

많은 학자들과 종교가들이 바이블 코드의 신빙성에 회의를 품었다. SBS도 "그것이 알고 싶다"라는 프로그램에서 이 문제를 다루었고, 바이블 코드의 주장은 통계적 허구에 지나지 않는다고 결론 내렸다. 반드시 성서가 아니라 다른 책을 사용해도 비슷한 결과를 얻을 수 있다는 것이었다. 그러나 립스 교수와 드로스닌 기자는 이를 반박한다. 어떤 텍스트에서도 하나의 단어를 조합할 수는 있지만, 특정한 사건을 암시하는 의미있는 여러 단어들이 겹쳐서 나타나는 것은 성서뿐이라는 것이다. 하느님은 세계종말의 비밀을 감추어 둔 것일까? 그리고 그것을 알아낼 수 있는 선지자들이 존재하는 것일까? 세계의 비밀이 예언을 통하여 알려질 수 있는 것인지, 아니면 그것은 단순한 우연에 지나지 않는 것인지 우리로서는 단정적으로 말하기가 매우 어려운 문제이다.

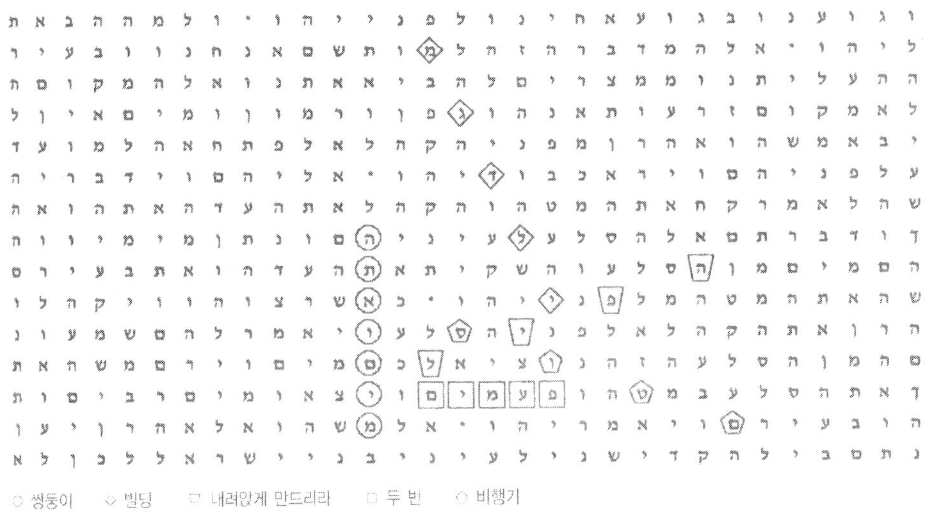

9.11사태 코드

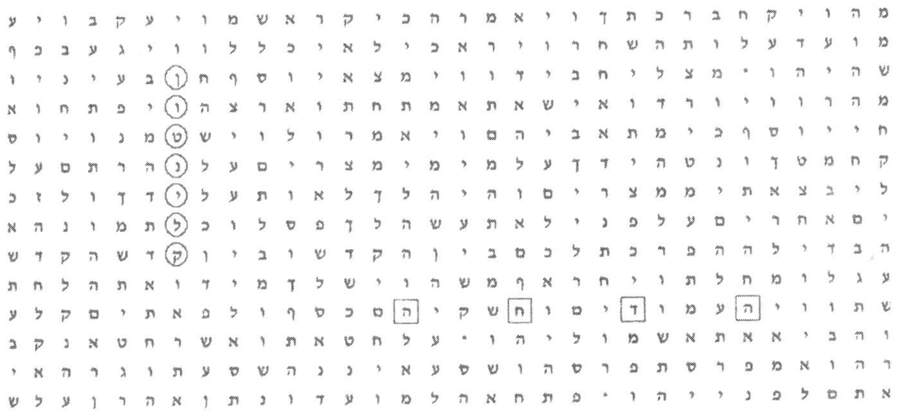

○ 클린턴 □ 탄핵

○ 클린턴 ◇ 탄핵 □ 숨겨진 비밀, 여종의 연인

▌히틀러 코드, 클린턴 코드(위로부터)

제 14 장

무엇을 믿어야 하는가?

1. 혜능과 돈점론의 문제

혜능선사(중국 光孝寺), 성철스님(위로부터)

혜능 慧能 Huineng (638~713)의 『육조단경』에는 선 수행방식의 두 가지 형태, 즉 돈오돈수와 돈오점수의 문제를 개진하고 있다. 돈점론은 불교계의 중요한 논쟁대상이 되어 왔다. 그리고 최근에는 성철 性徹 (1912~1993) 스님이 돈오점수설의 폐단을 성토함으로써 새로운 논쟁의 발단이 되었다. 선가 禪家의 근본은 돈오돈수에 있으며, 돈오점수는 결코 선가의 이론이 될 수 없다는 것이 성철의 근본입장이다. 성철에 의하면 돈오점수를 선가에 끌어들인 보조국사 역시 점수설의 한계를 시인하면서도 그로부터 완전하게 자유롭지는 못했다. 따라서 선가에서는 보조국사의 가르침도 인정해서는 안 된다고 극단적인 주장을 하였다.

무릇 이설 중의 일례는 돈오점수 頓悟漸修이다. 선문의 돈오점수 원조 元祖는 하택 荷澤이며 규봉 圭峯이 계승하고 보조 普照가 역설한 바이다. 그러나 돈오점수의 대종 大宗인 보조도 돈오점수를 상술한 그의 「절요」 節要 벽두에서 하택은 시지해종사 是知解宗師니 비조계적자 非曹溪嫡子라고 난언하였다. 이는 보조의 독단이 아니요 육조 六祖가

수기授記하고 총림이 공인한 바이다. 따라서 돈오점수사상을 신봉하는 자는 전부 지해종도이다. 원래 지해는 정법을 장애하는 최대 금기이므로 선문의 정안조사들은 이를 통렬히 배척하였다.[1]

불교적 최고선, 즉 해탈을 성취하는 데서 수행방식의 차이가 있다. 돈오점수설과 돈오돈수설이 바로 그것이다. 오조 홍인弘忍(601~674)대사가 그의 가사와 법통을 전수하려는 과정에서 극적으로 소개되고 있는 신수神秀 Shenhsiu (605~706) 상좌와 혜능惠能의 견해 차이는 이 두 가지 유형의 수행방식의 특징을 잘 드러내고 있다. 이 두 사람의 논쟁은 중국 선사상의 지형도를 뒤바꾼 돈오점수설과 돈오돈수설의 대결을 초래하였다. 신수가 홍인에게 바친 게송의 내용은 이렇다:

> 몸은 보리의 나무요 마음은 밝은 거울과 같나니 때때로 부지런히 털고 닦아서 티끌과 먼지 묻지 않게 하라.[2]

여기에서는 '닦음', 즉 지속적인 수행을 강조하고 있다. 돈오점수설의 전형적인 텍스트인 것이다. 이 게송에 대하여 홍인대사는 그가 진리의 문 앞에 이르렀을 뿐, 아직 문 안으로 들어오지 못하였으며, 따라서 이에 의지하면 타락하지는 않겠지만 보리를 얻지는 못할 것이라고 평가했다.[3] 그러나 혜능이 바친 게송은 신수의 입장과는 전적으로 대척적이다:

> 보리는 본래 나무가 없고 밝은 거울 또한 받침대 없네. 부처의 성품은 항상 깨끗하거니 어느 곳에 티끌과 먼지 있으리오.[4]

여기에서는 '닦음', 즉 '점수'가 들어설 자리가 없다. 그 대신에 본래의 밝고 깨끗한 성품만을 강조하고 있다. 돈오돈수설의 전형적인 텍스트인 것이다. 홍인대사는 혜능의 게송을 매우 은밀하고 조심스러운 방식으로 승인하였다. 이 사실을 뒤집어보면 그 당시의 주도적인 사상은 돈오점수설이었던 것으로 보인다.

혜능과 신수, 이 두 사람의 논쟁은 육조단경의 후반부에서도 계속 이어진다. 신수가 그의 제자 지성을 혜능에게 보내어 시험한다는 이야기이다. 신수의 입장은 분명하다. 그는 "모든 악을 짓지 않는 것을 계戒라 하고, 모든 선을 받들어 행하는 것을 혜惠라 하며, 스스로 그 뜻을 깨끗이 하는 것을 정定"이라고 했다.[5] 이에 반하여 혜능은 "마음의 땅에 그릇됨이 없는 것이 자성의 계요, 마음의 땅에 어지러움이 없는 것이 자성의 정이요, 마음의 땅에 어리석음이 없는 것이 자성의 혜이니라"고 말했다.[6] 혜능에 의하면 신수의 생각은 작은 근기의 사람에게 권하는 것이고, 자신의 법은 큰 근기를 가진 사람을 위한 것이다. 자신의 성품을 깨치면 그런 것들을 세우지 않아도 되기 때문이다. 자기의 성품은 그릇됨도 없고 어지러움도 없으며 어리석음도 없다. 자기의 성품을 단박에 닦으면 별도로 세울 필요가 없기에 그런 것이다.[7] 이 사건은 혜능의 전적인 승리로 마무리되고, 선불교의 수행방식은 돈오돈수설로 귀착하는 것처럼 보인다.

돈오돈수설의 근본 입장을 다시 한번 확인해 보자. 그것은 자신의 본래적인 참된 모습을 단박에 깨달아서 부처님의 도를 성취하는 것이다. 최고선의 완전한 실현은 순간적인 깨달음으로 성취할 수 있다는 것이다. 따라서 도덕적인 완전성에 도달하기 위한 무한한 노력이나 무한진행은 불필요하다.

> 모든 만법이 자기의 마음 가운데 있느니라. 그럼에도 어찌 자기의 마음을 좇아서 진여의 본성을 단박에 나타내지 못하는가? 「보살계경」에서 말씀하기를 "나의 본래 근원인 자성이 맑고 깨끗하다"고 하였다. 마음을 알아 자성을 보면 스스로 부처님의 도를 성취하나, 당장 활연히 깨쳐서 본래 마음을 도로 찾느니라.[8]

> 자기의 성품은 그릇됨도 없고 어지러움도 없으며 어리석음도 없다. 생각생각마다 지혜로 관조하여 항상 법의 모양을 떠났는데, 무엇

을 세우겠는가? 자기의 성품을 단박 닦으나, 세우면 점차가 있으니 그러므로 세우지 않느니라.[9)]

혜능은 오조 홍인의 말씀을 한번 듣고서 크게 깨우쳐 진여의 본래 성품을 단박에 보았다고 술회하면서 이러한 돈법을 후일에 널리 퍼지게 하여 도를 배우는 이로 하여금 저마다 스스로 마음을 관찰하여 자기의 본성을 단박에 깨치게 하라고 가르쳤다.[10)] 『종경록』에서 "당장에 무심하기만 하면 그 한량이 허공 밖을 벗어나는데 어찌 다시 지위와 점차를 닦아 밟을 필요가 있겠는가"라고 한 것은 바로 이런 것을 가리킨 것이다.[11)] 보살계경에 나오는 '자성이 맑고 깨끗함' 自性淸淨, 그리고 유마경에 나오는 '즉시에 탁 트이어 깨침' 卽時豁然에 기대어 육조대사는 '마음을 알아 성품을 보는 것' 識心見性이 곧 '스스로 부처님의 도를 이루는 것' 自成佛道이라고 강조하였다.

돈오란 금생을 떠나지 않고 곧 해탈을 얻나니 무엇으로써 그것을 아는가? 비유컨대 사자새끼가 처음 태어날 때도 사자인 것과 같으니 돈오를 닦는 사람도 또한 이와 같아서 돈오를 닦을 때에 곧 부처님 지위에 들어가느니라. 마치 대나무가 같게 되어 함께 다름이 없는 것과 같음이니, 왜냐하면 마음이 공하기 때문이니라. 돈오를 닦는 사람도 또한 이와 같아서 순식간에 망념을 없애버리고 영원히 아인심 我人心을 끊어서 필경 공적하여 곧 부처님과 같게 되어 다름이 없는 까닭에 범부가 성인이라고 하느니라. 돈오를 닦는 사람은 이 몸을 떠나지 아니하고 곧 삼계를 뛰어나나니, 경에 이르기를 "세간을 무너뜨리지 아니하고 세간을 뛰어나며 번뇌를 버리지 아니하고 열반에 들어간다"고 하였느니라. 돈오를 닦지 않는 사람은 마치 여우가 사자를 따라 좇아 다녀서 백천겁을 지나더라도 마침내 사자가 되지 못하는 것과 같느니라.[12)]

그러므로 돈오돈수설이란 자성을 바로 보게 되면 단박에 깨칠 수 있다는 수행방식이다. 이 설은 처음부터 인간이 불성을 가진 존재이며, 따라서 그가 스스로의 존재를 인식하게 되면 곧 바로 부처가 될 수 있다는 강한 주장을 담고 있다. 그것은 마치 사자새끼가 태어날 때부터 사자인 것처럼 불성을 가진 존재는 처음부터 부처님이라는 것이다. 이와 같은 돈오돈수설은 돈오점수설에 대한 새로운 대안으로 떠오른 것이다.

그렇다면 돈수설과 점수설 사이에는 어떤 근본적인 차이가 있는 것일까? 혜능의 직접적인 표현에 의하면 그것은 수행의 근본적 차이라기보다는 수행방식의 차이에 지나지 않는다. 깨달음 자체의 차이가 아니고 깨달음에 이르는 방식의 차이에 지나지 않을 뿐이다. 그러므로 그 두 가지 수행방식에는 정도의 차이는 있을지언정 본질의 차이는 없다고 보아야 한다. 그러나 이것은 성철스님에 의하여 선 수행상의 방법 문제가 본질의 문제로 완전하게 왜곡됨으로써 새로운 논쟁을 유발시켰다. 따라서 이 논쟁은 처음부터 창조적인 사유전개의 차원에서 제기된 것이 아니었기 때문에 필연적으로 교조적인 차원으로 추락할 수밖에 없었다.

혜능은 '점'漸과 '돈'頓에 대하여 이르기를 법은 한 가지이지만 그 견해에 더디고 빠름이 있을 뿐이라고 하였다. 따라서 법 그 자체에는 '점'과 '돈'이 있을 수 없다는 것이다. 오직 영리한 사람과 우둔한 사람이 있기 때문에 법을 체득하는 정도에 따라서 '점'과 '돈'이라고 이름한 것에 지나지 않는다는 것이다.[13)]

> 가르침에는 돈頓과 점漸이 없으나 미혹함과 깨침에 더디고 빠름이 있나니 만약 돈교의 법을 배우면 어리석은 사람이라도 미혹하지 않느니라. 설명하자면 비록 일만 가지이나 그 낱낱을 합하면 다시 하나로 돌아오나니 번뇌의 어두운 집 속에서 항상 지혜의 해가 떠오르게 하라. 삿됨은 번뇌를 인연하여 오고 바름正이 오면 번뇌가 없어지나니 삿됨과 바름을 다 버리면 깨끗하여 남음 없음에 이르는도다.[14)]

이와 같은 돈오돈수의 길은 단박에 깨우치지 못하는 사람들에게도 그대로 적용할 수 있는 것은 아니다. 그리하여 혜능은 스스로 마음을 관찰하여 자기의 본래 성품을 단박에 깨치는 것이 좋지만, 만약 스스로 깨치지 못하는 사람이 있다면 큰 선지식大善知識을 찾아 지도를 받아서 자성을 보라고 가르치고 있다.[15]

> 만약 능히 스스로 깨치지 못하는 이는 모름지기 큰 지식을 찾아서 지도를 받아 자성을 볼 것이니라. 어떤 것을 선지식이라고 하는가? 최상승법이 바른 길을 가리키는 것임을 아는 것이 큰 선지식이며 큰 인연이다. 이는 이른바 교화하고 지도하여 부처를 보게 하는 것이니, 모든 착한 법이 다 선지식으로 말미암아 능히 일어나느니라. 그러므로 삼세의 모든 부처와 십이부의 경전들이 사람의 성품 가운데 본래부터 스스로 갖추어져 있다고 말할지라도, 능히 자성을 깨치지 못하면 모름지기 선지식의 지도를 받아서 자성을 볼지니라. 만약 스스로 깨친 이라면 밖으로 선지식에 의지하지 않는다. 밖으로 선지식을 구하여 해탈 얻기를 바란다면 옳지 않다. 자기 마음속의 선지식을 알면 곧 해탈을 얻느니라. 만약 자기의 마음이 삿되고 미혹하여 망염으로 전도되면 밖의 선지식이 가르쳐 준다 하여도 스스로 깨치지 못할 것이니, 마땅히 반야의 관조를 일으키라. 잠깐 사이에 망념이 다 없어질 것이니 이것이 곧 자기의 참지식이라, 한번 깨침에 곧 부처를 아느니라.[16]

혜능은 여기에서 돈법과 점법의 구별이 있을 수 없으며, 한번 깨치면 원래 차별이 없음을 강조한다.[17] 돈황본 육조단경의 저자는 여기에서 돈과 점의 구별은 사실상 특별한 문제가 될 수 없다는 것을 지적하고 있다. 그렇다면 성철스님처럼 돈오돈수만이 옳고 돈오점수는 잘못된 것이라고 주장할 필요도 없을 것이다. 그것이 다만 수행 속도의 차이에 지나지 않는다면 이는 사람의 능력에 따라서 각각 다르게 나타나는 것이 지극히 당연한 일인데도 돈오돈수만이 참된 길이라고 주장하는 것은 오히려 잘못일 수 있다. 돈오돈수와 돈오점수는 사실상 수행 목적 자체의 차이일 수 없고 수행방식이나 수행능력의 차이에 지나지 않기 때문이다. 그런데 불교적 세계관에서 모든 사람들에게 주어져 있다고 믿는 능력은 저마다 차이가 있으며, 따라서 각자의 능력에 따라 필요한 수행방식을 선택할 수밖에 없다. 그러므로 어떤 특정한 수행방식만이 절대적으로 옳다고 주장하거나 다른 어떤 방식은 전적으로 그릇된 것이라는 성철의 지적은 그가 절대적으로 의존하고 있는 혜능의 가르침과도 맞지 않다.

성철의 주장은 크게 두 가지 관점에서 비판할 수 있다. 첫째로 돈오돈수의 강조가 돈오점수의 부정을 의미하지는 않는다는 사실이다. 혜능이 『육조단경』에서 돈오돈수의 입장을 강화했던 것은 사실이지만, 그렇다고 하여 돈오점수설을 '이단'이라고 단정하는 것은 잘못이다. 그러나 성철은 돈오점수설을 이단사설로 매도하는 잘못을 범하고 있다. 둘째로 돈오돈수를 승인할 경우에도 '수행불행'을 정당화하지 못한다는 사실이다. 단박에 깨달아서 부처님의 지위에 오를 수 있다고 하더라도 그 이후의 모든 수행이 부처님행이라고 주장할 수 있는 정당성은 확보될 수 없다. 한번 부처가 중생으로 전락할 가능성이 없다면 불성을 가진 존재가 삿된 생각을 가짐으로써 미망에 사로잡히게 되었다는 불교적 세계관은 들어설 자리가 없어지기 때문이다. 혜능 역시 부처도 마음을 잘못 두게 되면 일시에 중생으로 전락한다고 강조하였다.

> 만약 뒷세상 사람들이 부처를 찾고자 할진 대는 오직 자기 마음의 중생을 알라. 그러면 곧 능히 부처를 알게 되는 것이니, 곧 중생이 있음을 인연하기 때문이며, 중생을 떠나서는 부처의 마음이 없느니라. 미혹하면 부처가 중생이요 깨치면 중생이 부처이며 우치하면 부처가 중생이요 지혜로우면 중생이 부처이니라. 마음이 험악하면 부처가 중생이요 마음이 평등하면 중생이 부처이니 한평생 마음이 험악하면 부처가 중생 속에 있도다. 만약 한생각 깨쳐 평등하면 곧 중생이 스스로 부처이니 내 마음에 스스로 부처가 있음이라 자기 부처가 참 부처이니 만약 자기에게 부처의 마음이 없다면 어느 곳을 향하여 부처를 구하리오.[18)]

그러나 성철은 돈문에서 말하는 불오염은 점수문에서 말하는 그것과는 차원이 다르다고 이의를 제기한다. 즉 "점수문의 돈오는

'육진의 번뇌가 전과 다름없어서客塵煩惱 如前無殊 무념이 아니므로 생각생각 오염되어 불오염이 되지 않는다. 그러므로 무념을 돈증(頓證 단박에 깨침)하기 전의 수행은 모두 오염수汚染修인 것이다. 비록 망념이 본래 공空한 것은 안다 하여도, 망념이 계속 일어났다 없어졌다 하므로 경계를 따라 생각이 일어나遇境生念 전전轉轉히 오염되기 때문이다."[19] 그러나 이러한 주장 역시 부처에서 중생으로 전락할 가능성에 대하여 똑같이 적용할 수 있다는 사실을 인정하지 않으면 안 될 것이다.

돈오돈수의 강조가 돈오점수의 부정을 의미하지는 않는다는 사실과 관련하여 우리는 이미 혜능의 텍스트에서 돈점의 구별이 근기의 차이에서 오는 것이고 법의 차이가 아니라는 사실을 확인한 바 있다.[20] 또한 이 문제와 관련하여 우리는 혜능과 법달의 일화를 생각할 수 있다. 혜능은 법화경을 읽고서도 뜻을 알지 못하는 법달이라는 스님에게 불행佛行에 대하여 설명하면서, "다른 승乘이 있지 아니하고 오로지 한 불승佛乘뿐이라"고 강조하였던 사실이 있다.[21]

그러나 수행방법의 차이에 대한 또 다른 일화도 있다. 지상 스님이 혜능에게 사승법四乘法에 대하여 물은 적이 있었다. 그러자 혜능은 이렇게 답하였다.

> 너는 자신의 마음으로 보고 바깥 법의 모양에 집착하지 말라. 원래 사승법이란 없느니라. 사람의 마음이 스스로 네 가지로 나누어 법에 사승이 있을 뿐이다. 보고 듣고 읽고 욈은 소승小乘이요, 법을 깨쳐 뜻을 앎은 중승中乘이며, 법을 의지하여 수행함은 대승大乘이요 일만 가지 법을 다 통달하고 일만 가지 행을 갖추어 일체를 떠남이 없으되 오직 법의 모양을 떠나고 짓되, 얻는 바가 없는 것이 최상승最上乘이니라.[22]

여기에서 '삼승'三乘이나 '사승'四乘은 단지 방편에 지나지 않을 뿐이고, 참된 본래의 법은 하나밖에 없다는 사실을 확인할 수 있다. 부처님께서 '삼승'을 설한 것은 다만 세상의 근기가 둔한 사람을 위한 것일 뿐이다. 그러나 이러한 방편은 전통적으로 권장해 왔던 하나의 수행방식이며, 따라서 이단사설은 아닌 것이다. 칸트Kant(1724~1804)가 말한 '하나의 참된 종교' eine wahre Religion, 그러나 '수많은 신앙 유형' vielerlei Arten des Glaubens을 강조한 것처럼, 혜능 역시 '일승법'이나 '돈법' 이외에도 근기의 차이에 따른 '삼승법'과 '점수'를 인정했던 것이다.

2. 종교철학

종교철학 philosophy of religion, Religionsphilosophie은 종교의 본질과 의미를 철학적 방법으로 규명하려는 학문적 시도이다. 종교철학은 종교현상 그 자체와 그에 대한 신학적 주장 및 종교현상에 대한 기술적 내용들에 대한 조직적이고 체계적인 철학적 성찰이라는 사실에서 이차적이라고 할 수 있다. 그러므로 대부분의 종교철학적 논의는 일차적인 신학에 종사하는 사람들에게 적대감을 느끼게 하는데 결정적인 역할을 해 왔다. 종교현상에 대한 논리적 또는 이성적인 설명의 시도는 지나치게 신비적이거나 광신적인 종교적 행위뿐만 아니라 비교적 중도적이고 합리적이라고 알려진 종교인들에게서도 거부감을 일으키기 때문이다. 종교인들은 종교에 대한 학술적 논의를 부정하려고 하거나 신앙적 감정의 논리와 이성적 논리의 모순에도 불구하고 종교적 집단 혹은 영역 속에 머물러 있으면서 정신적 종교적 위안을 갈구하려고 한다. 그러나 이 모든 현상들에 대해서 종교철학은 가장 예리하게 비판의 칼을 들이대고 있다.

일반적으로 사람들은 전통적 신학에서 변신론Theodizee이라는 의미에서 '종교적 신념에 대한 철학적 변론'이나 인간의 이성을 근거로 한 자연신학적 사고의 연장을 종교철학이라고 생각하였다.[23] 그러나 종교철학은 신학의 한 영역이 아니고 철학의 영역에 속하므로, 특정한 종교를 전파하기 위한 학문적 노력이나 교의학적 집산물이 아닌 것이다. 종교철학은 '종교에 대한 철학적 사유'이다. 그러므로 종교철학은 신학의 전제가 되는 종교경험 및 예배행위를 비롯한 모든 종교적 현상들과 이를 바탕으로 신학적으로 조직화한 모든 교의학에 대한 철학적 성찰과 비판적 이해를 추구하는 학문이다. 따라서 종교철학은 역사와 사회에 나타난 종교현상을 실증과학의 입장에서 연구하는 종교학이나 종교현상학, 그리고 특정 종교의 교리를 검토하는 신학이나 교의학과는 철저하게 구분되어야 할 것이다.

칸트는 종교신앙의 대상이 학문의 대상이 아니라고 주장하였다. 다시 말하면 인간의 이성은 초월적인 존재의 유무에 대하여 판단할 수 있는 능력을 가지지 않았기 때문에 그것들이 존재한다고 주장하는 유신론이나 그것들이 존재하지 않는다고 주장하는 무신론 모두가 잘못을 범하고 있다고 주장하였다. 따라서 칸트는 신앙에 자리를 만들어 주기 위하여 학문의 한계를 제한하고자 하였다. 칸트에 의하면 종교는 도덕을 보완하기 위해서만 의미를 갖는다. 도덕법이 명하는 의무를 신이 내린 명령으로 받아들이는 자세만이 이성적인 의미에서 종교신앙이라고 할 수 있다는 것이다. 전통적인 기독교(계시신앙)는 도덕을 이상으로 추구하지 않으며, 도덕은 하나의 수단에 시나지 않는다. 그러나 칸트는 기독교 신앙은 도덕적 의무를 수행하는 사람들에게 위안적 희망으로 간주할 수 있는 한에서만 참된 신앙이 될 수 있다고 보았다. 그렇기 때문에 칸트의 종교철학에서 예수 그리스도의 존재는 신성한 구세주의 모습보다는 도덕적 이론을 설파하는 한 사람의 스승으로서 면모만이 소개될 뿐이다. 즉 칸트에서 종교는 인간의 실천이성적인 노력의 한계를 보완해주는 도덕적인 필요성을 전제하고 있다. 앞에서 살펴본 것처럼 칸트의 이성신앙 또는 도덕신학에 대하여 슐라이어마허는 종교를 '절대 의존의 감정' the feeling of absolute dependence 이라고 규정하면서 칸트를 비판하였다.

종교철학은 매우 다양한 형태로 전개하고 있다. 실존철학의 아버지로 불리는 죄렌 키에르케고어 Sören Kierkegaard (1813~1855)의 철학은 기독교 신학에 엄청난 반향을 불러 일으켰으며, 그 이후 하이데거 Martin Heidegger (1889~1976), 사르트르 Jean-Paul Sartre (1905~1980), 마르셀 Gabriel Marcel (1889~1973)이 계승해 나갔다. 다른 한편 에드문트 후설 Edmund Husserl (1859~1938)의 현상학은 종교 연구에 하나의 획기적인 방법론으로 인정받으면서 많은 기여를 하였다. 영미권에서는 무어 G.E. Moore (1873~1958), 러셀 Bertrand Russel (1872~1970), 비트겐슈타인 Ludwig Wittgenstein (1889~1951) 등을 중심으로 분석철학 및 언어철학을 새롭게 연구하기 시작하면서 종교언어에 대한 철학적 분석도 중요한 주제로 떠올랐다. 그 중에서도 특히 플루 A.G.N Flew와 매킨타이어 A. MacIntyre는 철학적 신학과 종교적 행위에 관한 언어사용에 관한 분석적 작업을 수행하였다.

키에르케고어, 하이데거, 비트겐슈타인(위로부터)

힉 John Hick에 의하면 종교철학은 신神과 거룩함, 구원, 경배, 창조, 희생, 영생과 같은 종교적 개념과 종교적 언어들의 본질을 분석하고 고찰한다. 그러나 그는 인류학, 사회학, 심리학과 같은 상이한 학문적 관심과 유대교, 기독교, 불교, 신비주의, 공산주의 등과 같은 상이한 종교 및 유사종교 영역을 고려한다면, 이 모든 영역에 종사하는 사람들이 동시에 받아들일 수 있는 종교에 대한 보편적 정의는 존재하지 않을 것이라고 하였다.[24)]

종교철학의 영역은 우선 방법론적으로 볼 때, 철학적 신학으로서 종교철학, 현상학적 종교철학, 언어-분석적 종교철학, 희망철학 및 비판주의적 관점에서 종교철학으로 대별할 수 있으며, 학문영역과 관련하여 종교문제가 하나의 독립적인 철학적 주제로 다루어지고 있다.

현대 사회에서 가장 중요한 종교철학의 과제로서는 종교간의 대화 모색과 종교적 평화 구축에 있다. 하나의 지구 속에서 살고 있는 지금의 상황에서 저마다 다른 세계종교들이 상이한 진리를 주장하는 데서 빚어지는 갈등으로부터 일어나는 문제를 해소하는 것이 종교철학의 가장 시급한 그리고 가장 중요한 과제가 될 것이다. 따라서 어떻게 고유한 문화적 전통과 도덕적 관습, 그리고 교리적 독자성을 유지하면서 다른 종교와의 평화적 대화 또는 공존을 모색할 수 있는가를 탐문해야 할 것이다. 한스 큉은 "종교평화 없는 세계평화는 없다"고 함으로써 세계 도덕성과 세계 평화의 구축이 종교 간의 대화로부터 시작한다고 강조하였다.[25] 그에 앞서서 칸트는 계시종교를 이성신앙 또는 도덕신학으로 이행하게 함으로써 도덕적 세계질서를 구축하기 위하여 고심한 적이 있었다. 다양한 종교들 사이에서 무엇인가 공통적인 요소가 있다면 그것은 아마도 도덕성일 것이다. 그러므로 종교 간의 대화를 가능하게 하는 근거는 도덕성과 인간애에서 찾을 수 있을 것이다.

독일의 철학자 칸트Immanuel Kant는 종교에 대한 인간의 이해를 혁명적으로 전도시킨 사람이다. 그럼에도 불구하고 그의 종교이론은 포이에르바흐나 마르크스의 그것에 비해서 잘 알려지지 않았다. 칸트는 이미 그들의 사상을 예견하고 있었다. 칸트는 그의 유명한 종교철학 저서 『이성의 오롯한 한계 안에서 종교』(1793)에서 다음과 같이 말하고 있다: "하나의 (참된) 종교만이 있다. 그러나 신앙의 다양한 유형들이 존재할 수 있다. 또한 우리는 그 신앙유형의 차이로 인하여 서로 분리되어 있는 여러 교회들 가운데서도 이 하나의 참된 종교와 만날 수 있다고 말할 수 있다. 그러므로 이 사람은 이 혹은 저 종교에 속한다기보다는 이러한 혹은 저러한 (유대교, 회교, 기독교, 카톨릭, 루터교의) 신앙에 속한다고 말하는 것이 더 적절한 표현일 것이다."[26]

▌임마누엘 칸트

여기에서 칸트가 말한 '하나의 참된 종교'는 분명히 지금까지 모든 종교유형들을 가능하게 하였던 초월론적 정초근거, 즉 이 세계의 모든 신앙유형들을 가능하게 하는 가장 근본적인 종교임이 분명하다. 교회신앙이 맹위를 떨치고 있었던 시대에 칸트의 이와 같은 발언은 가히 급진적, 혁명적이라고 할 수 있다. 그러나 지금까지 칸트 학자들은 칸트의 이와 같은 발언이 구체적으로 무엇을 의미하는지에 대해서는 적극적으로 연구하지 않았다. 칸트는 이 발언을 통하여 진정한 종교의 존립근거가 도덕주의에 있으며, 이를 통하여 특정한 신앙유형의 세계신학화가 가능하다는 강력한 주장을 전하고 있다.

그 이후에도 에른스트 트뢸치 Ernst Troeltsch, 폴 틸리히 Paul Tillich, 윌프레드 캔트웰 스미스 Wilfred Cantwell Smith, 존 힉 John Hick, 라이문도 파니카 Raumundo Panikkar, 한스 큉 Hans Küng 등의 신학자 및 종교철학자들은 종교에 대한 새로운 개념규정을 시도하면서 종교대화를 지속적으로 추진하기 위하여 다양한 이론들을 제시하였다.

3. 신학

신학(교의학)은 특정한 종교를 변론하거나 선교하기 위한 목적으로 체계화된 지식이다. 종교와 신 개념의 형상적 차이에 따라서 일신론 Monotheismus 다신론 Polytheismus, 범신론 Pantheismus 등으로 구분하며, 구체적으로 기독교 신학, 회교 신학, 불교 신학, 유교 신학, 무교 신학 등을 예로 들 수 있다. 신학은 과학성에 비추어 볼 경우에 주관적이거나 자의적 또는 독단적 성격을 가진다고 볼 수 있다. 학문으로서 신학이 가능한가라는 물음은 가장 중요하고 근원적인 철학적 주제가 되어 왔다.

기독교의 경우에 신학적 자기주장은 그리스도에 대한 역사비평적 연구, 신정통신학과 비신화화 경향, 타 종교와의 대화에 대한 논의로 압축할 수 있다.

첫째로, 그리스도에 대한 역사비평적 연구는 슈트라우스David F. Strauss (1808~1874)가 『예수의 생애』 *Life of Jesus* (1836)에서 신약성서 안에 있는 신화적 요소를 탐색함으로써 시작하였으며, 이어서 교회사학자인 아돌프 폰 하르낙Adolf von Harnack (1851~1930)은 역사적 예수와 관련된 교의를 새롭게 해석함으로써 알프레히트 리츨Albrecht Ritschl에게 영향을 주었다. 그 후에 알버트 슈바이쳐Albert Schweitzer (1875~1965)는 역사적 예수에 대한 급진적인 해석을 시도하였다.

둘째로, 칼 바르트Karl Barth (1886~1968)의 신정통주의는 역사비평적 연구에 반대하여 신의 자기 계시인 기독교의 말씀과 문화의 소산인 타 종교를 분명하게 구분한다. 핸드릭 크레머Hendrik Kraemer (1888~1965)는 그의 저서 『비기독교 세계에서 기독교 복음』 *The Christian Massage in a Non-Christian World*에서 바르트의 구분법을 선교신학에 적용하여 기독교와 타 종교와의 만남은 불가능하다고 주장하였다. 그러나 루돌프 불트만Rudolf Bultmann (1884~1976)은 신약성서에 나타난 초대교회와 현대인의 사유양식이 같을 수 없다는 사실에 착안하여 신약성서의 신화적 요소들에 대한 실존적 해석을 시도하였다. 그는 신약성서의 메시지를 비신화화하게 되면 그 진정한 의미가 드러나서 현대인의 실존적 물음에 적절한 대답이 주어질 수 있다고 주장하였다.

셋째로, 제2차 세계대전 이후 세계적인 문화교류가 활발하게 이루어지면서 기독교와 다른 종교들 간의 만남이 하나의 중요한 신학적 주제로 등장하였다. 틸리히Paul Tillich의 문화신학은 인간의 보편적 경험인 궁극적 실재에 대한 궁극적 관심ultimate concern과 그것을 나타내는 상징 언어와 종교사 일반에 대한 관심을 종합하고 있다. 칼 라너Karl Rahner의 익명의 그리스도인, 그리고 세계도덕성 확립을 위한 한스 큉Hans Küng의 에큐메니칼 대화전략은 종교간의 대화에 대한 새로운 관심의 산물이다.

불교권에서는 영국의 리스 데이빗T.W. Rhys Davids (1843~1922)이 팔

리스 데이빗, 다이세츠 스즈키, 폴 틸리히 (위로부터)

리경전간행회 Pali Text Society를 설립하여 불교 경전을 서구에 번역 소개하였으며, 일본의 선불교학자 스즈키 鈴木大拙 Suzuki Daisetsu (1870~1966)는 선불교 사상을 미국과 유럽에 소개하기도 하였다.

폴 틸리히 Paul Tillich (1886~1965)는 종교를 '궁극적인 관심에 의하여 사로잡힌 존재의 상태'로 파악한다.27) 궁극적 관심이란 다른 일차적인 관심들과는 달리 우리의 삶의 의미에 관한 물음들에 대해서 답을 가지고 있는 그런 관심으로써 무제약적으로 진지하고 그것들과 갈등을 일으키는 어떤 유한한 관심도 희생시키려는 의지를 보여준다. 이와 같은 궁극적 관심은 종교 영역에서 신(하나의 신 또는 신들), 브라마 the Brahma, 일자 the One 등으로, 그리고 유사종교의 영역에서는 국가, 과학, 사회의 특수한 형식 또는 단계, 인간성의 최고이상 등으로 나타난다.

틸리히는 이와 같은 그의 종교 개념을 신앙의 대상에도 그대로 적용하여 존재론과 성서적 종교의 상호관계를 새롭게 수립하고 있다: "존재론과 성서적 종교의 상호관계는 무한한 과제이다. 플라톤과 아리스토텔레스의 존재론, 쿠자누스와 스피노자의 그것, 칸트와 헤겔의 그것, 노자와 화이트헤드의 그것과 같이, 성서적 메시지의 이름으로 받아들일 수 없는 그 어떤 특별한 존재론도 없다. 구원론적 존재론도 없으나, 존재론적 물음은 구원의 물음 속에 포함되어 있다. 존재론적 물음을 제기하는 것은 필연적인 과제이다. 파스칼에 반대하여 나는 아브라함과 이삭과 야곱의 하느님과 철학자의 하느님은 동일한 하느님이라고 말한다. 그분은 인격이시며, 동시에 하나의 인격으로서 그 자신의 부정인 것이다." 28)

틸리히를 이해하는 데 중요한 책 가운데 하나는 존 로빈슨 John A. T. Robinson의 『신에게 솔직이』29)를 들 수 있다. 로빈슨은 지금까지 묘사되어 왔던 성서의 하느님을 전지전능하고 무소부재하며 밤낮을 가리지 않고 감시하고 있는 거인과 같은 섭리의 하느님이었다고 말한다. 다시 말하면 성서의 신은 바로 인간적인 상황에

도저히 접근할 수 없는 최고 존재를 의미한다는 것이다. 로빈슨은 이와 같은 '높이'로서의 하느님은 이제 별다른 의미를 갖지 못한다고 말한다. 틸리히가 말하는 하느님 역시 그렇다. 성서의 하느님은 이제 더 이상 어떤 최고 존재자일 수 없으며, 그것은 가장 높은 곳에 있는 존재자가 아니라 모든 존재자들을 존재하게 하는 존재자체로서 이해해야 한다고 말한다. 만일 하느님이 한갓 하나의 존재자라면 그는 곧 유한한 세계의 범주인 시간과 공간, 그리고 물질에 종속되지 않으면 안 되는 위험에 직면하게 된다. 제약된 존재자이건 또는 무제약적인 어떤 것이든 지간에, 만일 그것이 최고의 존재자라면 그것은 하나의 존재자에 지나지 않을 뿐 존재자체가 되지는 못할 것이다. 이와 같은 어려움을 피하기 위하여 선행 신학자들은 신의 존재에 대하여 여러 다른 이름들을 부여하기도 하였다. 아우구스티누스는 무제약적인 하느님을 진리자체 verum ipsum, 선자체 bonum ipsum라고 보았으며 토마스 아퀴나스는 하느님을 본질이 현실화되는 실존 existentia으로 보지 않고 자존적인 존재자체 ipsum esse subsistens로 설명하였다.

이와 같은 철학사적 정황을 고려하면서 틸리히는 하느님을 어떤 하나의 최고적인 존재자로 보지 않고 존재자체로 보려고 하였다. 우리가 말하고 생각하고 있는 하느님의 속성은 우리들 자신의 경험으로부터 추론한 것에 지나지 않으며, 따라서 이것들을 문자그대로 하느님에게 적용할 수 있는 것들이 못된다. 그러므로 하느님에 대하여 우리가 말할 경우, 추상화된 문자에 담긴 그대로의 의미를 부여한다면 우리는 하느님에 대하여 거짓된 것을 말하는 것이 되며, 신을 창조물의 수준으로 끌어내리는 결과를 초래하게 된다. 그리하여 틸리히는 우리들이 '하느님'이라는 말마디를 잊어버리는 것이 좋다고 말한다. 왜냐하면 하느님의 존재에 대해 확신을 가지고 단언하는 것은 하느님의 존재를 부정하는 무신론과 다름이 없기 때문이다. 그러므로 하느님은 진리자체이기에 앞서 존재 그 자체이며 모든 존재자들을 존재하게 하는 '존재의 근거' 또는 '존재지반' Seinsgrund이며, '존재의 힘'으로 이해해야 한다는 것이다. 그리하여 틸리히는 성서의 하느님을 자신의 고유한 철학용어로 번역하여 존재지반, 존재자체, 깊이, 하느님을 초월한 하느님, 궁극적 관심, 존재의 힘으로 불렀다.

틸리히는 전통적인 종교적 상징이 '높이'의 표현임에 반대하여 '깊이'의 하느님으로 대체하고 변형한다. 이것은 초월적 존재로서의 하느님을 실존철학적인 깊이의 하느님으로 변형한 것이다. 그리하여 하느님이란 모든 존재의 무궁무진한 깊이와 기반에 대한 이름이다. '깊이'의 개념은 원래 무의식의 영역을 새로 발견해 냈던 심층심리학과 현대의 실존주의 철학에서 주로 사용되고 있다. 틸리히는 바로 이런 깊이의 개념으로 하느님을 포착하려고 한다.

틸리히는 '깊이'란 어떤 존재자를 의미하는 것이 아니고 영적인 특징을 위한 하나의 상징이라고 이해한다. 그리하여 그는 '심연(깊이)에 대하여 아는 사람은 하느님에 관하여 아는 사람'이라고 말한다.[30] 혹자는 가장 깊이 감추어진 하느님이 가장 명백한 하느님이라고 말하기도 한다. 심지어 실존주의 철학자인 키에르케고어 Kierkegaard (1813~1855)는 고독한 사람들은 실존에 더 깊이 침잠함으로써 하느님을 단독적으로 만날 수 있다고 강조하기도 한다. 그리하여 이제 '깊이', 즉 '심연'은 하느님을 상징하는 표현이 된다. 상징은 교차로에 켜진 빨간 신호등과 같이 그 자신을 초월해서 다른 하나의 실재를 지시하는 기능을 가진다. 다시 말하면 깊이의 상징은 진리와 종교, 그리고 하느님을 지시한다. '깊다'는 말마디는 영적으로 '얕다'나 '높다'의 반대 개념이다. 그것은 천박한 믿음과 천박한 진리를 배격하는 동시에 우리의 실존과 관계가 없는 초월적 존재자를 무의미하게 한다. 그리고 진리는 얕은 것이 아닌 깊은 것이며, 고난은 높이가 아닌 깊이의 문제이다.

> 모든 존재의 이 무궁무진한 깊이와 기반에 대한 이름이 곧 하느님입니다. 하느님이란 말은 바로 그 깊이를 의미하는 것입니다. [...] 깊이를 아는 사람은 하느님을 아는 것입니다.[31]

진리의 빛과 고난의 암흑은 둘 다 깊은 것이며, 하느님과 또한 바로 그 하느님을 향하여 고난으로부터 한恨의 소리를 외쳤던 시편기자에게는 실존적 깊이가 있었던 것이다. 또한 무제약적인 하느님의 계시가 현현하고 그것을 수용하는 종교 역시 깊이의 차원이다. 종교란 인간정신 전체를 상징하는 깊이이며, 그것은 바로 궁극적 관심에 의하여 사로잡혀 있는 상황을 뜻한다. 신학이란 바로 이 궁극적 관심의 대상에 관한 학문이다. 이 대상이 바로 존재자체라는 사실은 말할 나위도 없거니와, 키에르케고어가 말하는 무한한 열정이나 칸트가 그의 『실천이성비판』에서 말하는 정언명법이나 도덕을 위한 요청만큼이나 적절한 표현이다. 그러나 종교는 궁극적 관심의 상실로 하여 세속화를 초래할 수도 있으며, 유한한 것을 궁극적인 관심의 대상으로 등용하는 이른바 우상숭배를 통하여 악마화를 초래할 수도 있다. 그러므로 종교나 영적 생활, 그리고 궁극적 관심에는 항상 존재자체를 열망하는 실존적 깊이가 함께 해야 한다.

이상에서 보는 것처럼 틸리히는 포괄적인 신 관념을 지향하고 있는 동방정교회의 신앙과 매우 유사한 신관을 제시하고 있다.[32] 그는 기독교와 타종교의 대화 가능성을 보색하기 위하여 그리스도 중심적 신앙을 탈피하여 신 중심적 사고를 펼쳐나간다. 그는 각각의 종교에서 추구하는 초월적 신들이 어떤 공통된 근거를 가지고 있다는 점에 착안하여 유대인의 신과 기독교의 신, 그리고 노자의 도가 결국 똑같은 하느님이고, 따라서 이런 모든 신들보다 위에 있는 신, 즉 '하느님 위에 있는 하느님' God above God이야말로 모든 종교의 진정한 근거인 동시에 실존적 깊이라는 사실을 강조하였다. 그는 신국Reich Gottes이나 열반Nirvana 역시 하나의 상징으로 해석한다. 신국은 사회적, 정치적, 인격적인 상징이고, 열반은 존재론적 상징이다.[33] 틸리히에 이르게 되면서 서구의 기독교는 비로소 불교와 대화할 수 있는 가능적인 지평을 확보하게 되었다.[34]

4. 종교와 도덕의 관계(한스 큉)

현시대는 각각의 서로 다른 종교, 이념, 전통, 문화가 존재할 뿐만 아니라, 같은 시간과 장소 안에서 상호작용을 하는 이른바 다문화적 컨텍스트를 특징으로 하고 있다. 근대 이전의 세계나 사회에서는 시간과 공간에서 원격성이 이질적인 것들의 충돌을 완화시키는 역할을 수행하였다. 그러나 현대사회에서는 그와 같은 원격성을 극복함으로써 다문화적 복합성에 은폐된 충돌 가능성을 그대로 노출하고 있다. 이와 같은 실체적 위기현상들로 인하여 인류는 지금 전례 없이 새로운 도덕의 정초를 요구하게 되었다.

그렇다면 이러한 위기의 실체는 도대체 무엇인가? 이 세계는 지금 군사비용으로 매분 당 1,800만 달러씩 지출하고 있다. 기아와 질병으로 매 시간당 500여명의 어린이들이 죽어가고 있다. 매일 한 종 이상의 동식물이 멸종하고 있다. 1980년대에 들어와서 매주 체포와 고문과 살해가 증가하고 있다. 제3세계 사람들은 1,500억 달러 이상의 외채에 시달리고 있으며, 매월 75억달러가 증가하고 있다. 매년 한국의 넓이 3/4에 해당되는 원시림이 사라지고 있다. 이상과 같이 환경, 정치, 경제영역에서 갈수록 고조되는 위험요소들은 인류의 생존을 위협하고 있으며, 우리는 그 해결에 대한 단초가 쉽게 보이지 않는 상황에 처해 있는 것이다. 이와 함께 종교문화적 갈등요인 역시 세계평화를 실제적 또는 잠재적으로 위협하고 있다.[35] 따라서 '전체인류를 위한 도덕의 필연성'을 요구하고 있는 것이다.

1928년 스위스 출신의 세계적 신학자이고 현재는 튀빙겐 대학의 에큐메니칼 신학 정교수로서 활동하고 있는 한스 큉은 최근에 지금까지 그가 집중적으로 수행하여 왔던 조직신학 및 철학에 대한 작업[36]과는 좋은 대조를 이루는 종교적 실천 및 세계도덕성의 과제를 중점적으로 다루고 있다.[37]

한스 큉

이 새로운 과제는 그가 1989년 2월 파리에서 유네스코 주최로 열린 심포지움에서 "종교평화 없이는 세계평화도 없다"라는 주제를 발표하고, 1990년 2월 다보스Davos에서 개최된 세계경제포럼에서 "우리가 생존하기 위해서는 왜 전 지구적 윤리 기준이 필요한가?"라는 주제강연을 하게 되면서 구체적으로 드러났다. 이 과정에서 한스 요나스 및 칼-오토 아펠과의 공개적인 대화가 있었다는 사실은 매우 특기할만하다.(*PW*, 15) 현대철학의 영역에서 보편적인 규범윤리학의 정초요구를 강하게 피력하고 있는 두 사람의 사상적 노선은 한스 큉의 세계도덕 정초요구와 맥락을 같이 하고 있기 때문이다. 1989년부터 그는 로베르트-보쉬Robert-Bosch 재단의 지원 아래 "종교평화 없이는 세계평화도 없다"는 주제 연구에 천착하게 되었다. 그리하여 현 시대의 도덕적, 종교적 갈등의 해소를 위한 대화노력을 통하여 세계평화를 추구한다는 그의 기본구상이 마련된 셈이다.[38]

그는 한 사람의 신학자로서 세계도덕과 세계평화를 언급하는 것은 한계가 있다는 사실을 잘 인식하고 있었다. 1990년 2월에 그는 교회 안의 문제해결을 위한 구상을 담아서 『희망의 보존: 교회개혁론』[39]이라는 책으로 출간하였다. 그리고 교회 밖의 문제해결을 위하여 『세계윤리구상』을 새롭게 내놓게 된 것이다. 이 책을 통하여 한스 큉은 개별적인 종교들과 윤리전문가들이 원천에 대한 공동연구, 역사적 분석, 세계적 평가, 정치적 사회적 진단을 통하여 전 지구적 윤리를 위한 의식을 창출하고자 하였다. 세계윤리는 인류의 생존을 위하여 구상한 것이다. 그는 이 책의 서문에서 이렇게 말한다: "세계도덕이 없는 생존은 없다. 종교평화가 없는 세계평화는 없다. 종교대화가 없는 종교평화는 없다."(*PW*, 13) 결국 추구되어야 할 세계도덕은 서로 다른 종교들 간의 대화로부터 비로소 정초할 수 있다는 것이다.

종교들은 전적으로 다르고 서로 모순이 되는 이론적 실천적 구상들을 갖고 있다. 교의와 경전, 제의와 제도, 윤리와 규율에서도 다른 것이 사실이다. 그렇다면 이렇게 서로 다른 가치를 추구하는 다양한 종교들이 어떻게 하나의 공통적인 윤리적 요구를 실현할 수 있는 것일까? (*PW*, 80f) 세계종교가 제시하는 윤리적 조망은 무엇인가? 첫째로 세계의 주요 종교는 '인간의 복지'를 정향하고 있다. 그것은 모든 종교가 추구하는 기본 방향이다. 둘째로 세계종교는 '기초적인 인간성의 격률' (*PW*, 82)을 선포하고 있다. 모든 종교들이 타협 불가능한 척도로서 요구하는 윤리규범은 절대자가 직접 제시하는 형식을 취하고 있으며, 따라서 모든 사람에게 절대적인 효력을 가질 수밖에 없다. 모든 세계종교는 살인하지 말고, 거짓말하지 말고, 도적질하지 말며, 간음하지 말고, 부모를 공경하고 자녀를 사랑하라는 다섯 가지 계명을 의무화하고 있다. 셋째로 세계종교는 '중용의 합리적 길' (*PW*, 83)을 제시하여, 방임주의 Libertinismus와 율법주의 Legalismus, 소유욕과 무소유, 쾌락주의와 금욕주의, 감각주의와 초감각주의, 세계애착과 세계부정의 사이에서 중용의 길을 걷게 한다. 넷째로 세계종교들은 '황금률' Goldene Regel을 절대적 규범, 즉 정언명령으로 채택하고 있다.[40]

이처럼 종교는 개인의 삶과 사회생활에 윤리적 동기를 부여해왔다. 그리고 종교는 윤리적 실험이 실패하는 곳에서도 유대교의 '부활', 기독교의 '영생', 이슬람의 '낙원', 불교의 '열반', 도교의 '불멸성'과 같은 삶의 의미지평과 목표설정을 적극적으로 제시하고자 하였다. 만일에 종교가 이와 같이 특별한 형태로써 도덕에 참여하여 개별적인 인간의 양심에 호소하지 않았다면, 한스 요나스와 같은 생태철학자가 제아무리 인류가 누리고 있는 향락을 자발적으로 제한할 것을 강조하였다 하더라도 아무런 의미도 없었을지도 모른다. 그리하여 우리는 전 지구적인 악덕 또는 세계악덕을 피하고, 전 지구적으로 요구하는 세계덕목을 실현하기 위하여 세계의 종교가 공동으로 노력해왔다는 사실을 인정할 필요가 있다. 1970년 일본의 교토에서 열린 '평화를 위한 세계 종교회의'에서는 세계사회에 기여하는 세계종교의 세계윤리가 무엇이어야 하는가에 대해서 적절한 해답을 제시하고 있다. 세계종교는 평화의 실현과 일치의 추구라는 공동선을 지향하고 있다는 것이다.41)

그리하여 한스 큉은 포스트모던 사회에서의 도덕적 요구들을 다음과 같이 정리하고 있다.(*PW*, 93ff) 첫째로 자유뿐만 아니라 정의까지도 주어져서 모든 인간이 동등한 권리를 갖고서 연대하는 '사회적 세계질서'를 요구한다. 둘째로 평등뿐만 아니라 다원성까지도 주어져서 다양한 인종과 문화전통이 화해할 수 있는 '다원적 세계질서'를 요구한다. 셋째로 형제애뿐만 아니라 자매애까지도 주어져서 남녀의 성차별이 존재하지 않는 '동반자적 세계질서'를 요구한다. 넷째로 공존뿐만 아니라 평화까지도 주어져서 군사주의와 분쟁으로부터 자유로운 '평화증진의 세계질서'를 요구한다. 다섯째로 생산성뿐만 아니라 환경과의 연대성까지도 주어져서 모든 세계창조물이 공존할 수 있는 '자연친화적 세계질서'를 요구한다. 여섯째로 관용뿐만 아니라 일치주의까지도 주어져서 부단한 용서와 쇄신을 바탕으로 자비와 찬양의 공동체를 가꾸어 나갈 수 있는 '일치적 세계질서'를 요구한다. 결국 이상과 같은 포스트모던적 요구들에서 확인할 수 있는 것은 인류의 미래를 위한 우리의 전지구적인 책임을 지금보다 더 절실하게 의식한 적이 없으며, 따라서 윤리를 격리시켜보는 것 자체가 이제 더 이상 불가능하다는 사실이다. 세계도덕 없이는 인류의 생존 역시 생각할 수 없기 때문에 우리는 필연적으로 전 지구적으로 타당한 보편적인 규범윤리학의 정초를 요구하지 않으면 안 되는 것이다.

사진자료 인용문헌

Andresen, Gisela & Dieter u.a.: *Die Bibel. Geschichte und Gegenwart*. Darmstadt 2002.

Boardman, John u.a.: *The Oxford Illustrated History of Greece and the Hellenistic World*. Oxford University Press 1988.

Boardman, John u.a.: *The Oxford Illustrated History of the Roman World*. Oxford University Press 1988.

Chadwick, Owen: *Die Geschichte des Christentums*. Tübingen 1996.

Clarke, Peter B.: *Atlas der Weltreligionen*. München 1994.

Däniken, Erich von: *Auf den Spuren der Allmächtigen*. München 1995.

Däniken, Erich von: *Der Jüngste Tag hat längst begonnen*. München 1998.

Däniken, Erich von: *Die Augen der Sphinx*. München 1989.

Däniken, Erich von: *In Search of Ancient Gods*. London 1974.

Däniken, Erich von: *Zeichen für die Ewigkeit*. München 1999.

Decker, Rainer: *Hexen. Magie, Mythen und die Wahrheit*. Darmstadt 2004.

Dinzelbacher, Peter: *Himmel, Hölle, Heilige. Visionen und Kunst im Mittelalter*. Darmstadt 2002.

Fagan, Brian M.: *The Seventy Great Mysteries of the Ancient World*. London 2001.

Farrington, Karen: *Weltreligionen*. Wien 2000.

Geier, Manfred: *Martin Heidegger*. Hamburg 2005.

Hancock, Graham: *Heaven's Mirror. Quest for the lost Civilization*. New York 1998.

Höffe, Otfried(Hrsg.): *Klassiker der Philosophie*. München 1981.

Hogue, John: *Messiahs. The Visions and Prophecies for the Second Comming*. Boston 1999.

Holenstein, Elmar: *Philosophie-Atlas. Orte und Wege des Denkens*. Zürich 2004.

Johnson, Paul: *Das Papsttum von den Anfängen bis in die Gegenwart*. Stuttgart 1998.

Kedourie, Elie(Hrsg.): *Die Jüdische Welt*. München 2002.

Kettermann, Günter: *Atlas zur Geschichte des Islam*. Darmstadt 2001.

Korea Foundation, *Korean Cultural Heritage. Thought & Religion*. Seoul 1996.

Küng, Hans: *Spurensuche. Die Weltreligionen auf dem Weg*. München 1999.
Leach, Edmund: *Lévi-Strauss*. Hamburg 1991.
Lohmann, Hans-Martin: *Sigmund Freud*. Hamburg 1998.
Manley, Bill(ed.): *The Seventy Great Mysteries of Ancient Egypt*. London 2003.
Martin, Gottfried: *Platon*. Hamburg 1969.
Matthiae, Paolo: *Geschichte der Kunst im Alten Orient 1000~330 v. Chr. Die Großreiche der Assyrer, Neubabylonier und Achämeniden*. Darmstadt 1996.
Neumann, Uwe: *Augustinus*. Hamburg 2004.
Nicholas de Lange(Hrsg.): *Illustrierte Geschichte des Judentums*. Darmstadt 2000.
Papineau, David(Hrsg.): *Philosophie. Eine illustrierte Reise durch das Denken*. Darmstadt 2006.
Raffwlt, Albert u.a.: *Karl Rahner*. München 1997.
Robinson, Francis(ed.): *Cambridge illustrated History of Islamic World*. Cambridge University Press 1996.
Sass, Hans-Martin: *Ludwig Feuerbach*. Hamburg 1978.
Smart, Ninian(ed.): *Atlas of the World's Religions*. Oxford, New York 1999.
Smith, Huston: *The Illustrated World's Religions*. New York 1994.
Wehr, Gerhard: *Meister Eckhart*. Hamburg 1989.
Wehr, Gerhard: *Paul Tillich*. Hamburg 1998.
Wehr, Gerhard: *Thomas Müntzer*. Hamburg 1972.
Wiggershaus, Rolf: *Jürgen Habermas*. Hamburg 2004.
Wilkinson, Richard H.: *The Complete Gods and Goddesses of Ancient Egypt*. London 2003.
Willis, Roy(Hrsg.): *Mythologie*. München 1993.
Zibawi, Mahmoud: *Die christliche Kunst des Orients*. Düsseldorf 1995.
Zotz, Volker: *Konfuzius*. Hamburg 2000.

드로스닌, 마이클, 『바이블 코드 II』, 청림출판 2003.
드로스닌, 마이클, 『바이블 코드』, 황금가지 1997.

참고문헌

Andresen, Gisela & Dieter u.a.: *Die Bibel. Geschichte und Gegenwart*. Darmstadt 2002.

Baigent, Michael u.a.: *Holy Blood, Holy Grail*. New York 1982.

Bloch, Ernst: *Atheismus im Christentum; Zur Religion des Exodus und des Reichs*, Frankfurt 1968.

Bloch, Ernst: *Avicenna und die Aristotelische Linke*. Frankfurt 1952.

Bloch, Ernst: *Das Prinzip Hoffnung*. Frankfurt 1954~1959.

Bloch, Ernst: *Religion im Erbe, Eine Auswahl aus seinen religionsphilosophische Schriften*. Hrsg. von J. Moltmann, München und Hamburg 1959.

Bloch, Ernst: *Tübinger Einleitung in die Philosophie*. Frankfurt

Boardman, John: *The Oxford Illustrated History of Greece and the Hellenistic World*. Oxford University Press 1988.

Boardman, John: *The Oxford Illustrated History of the Roman World*. Oxford University Press 1988.

Capps, Walter H.: *Religious Studies. The Making of a Discipline*. Minneapolis 1995.

Chadwick, Owen: *Die Geschichte des Christentums*. Tübingen 1996.

Cho, Hung Youn: *Koreanischer Schamanismus*, Hamburg 1982.

Clarke, Peter B.: *Atlas der Weltreligionen*. München 1994.

Coedell, Scott: *A God for this World*. New York 2000.

Coward, Harold: *Pluralism*. Challenge to World Religions. New York 1985.

Däniken, Erich von: *Auf den Spuren der Allmächtigen*. München 1995.

Däniken, Erich von: *Der Jüngste Tag hat längst begonnen*. München 1998.

Däniken, Erich von: *Die Augen der Sphinx*. München 1989.

Däniken, Erich von: *In Search of Ancient Gods*. London 1974.

Däniken, Erich von: *Zeichen für die Ewigkeit*. München 1999.

Decker, Rainer: *Hexen. Magie, Mythen und die Wahrheit*. Darmstadt 2004.

Dinzelbacher, Peter: *Himmel, Hölle, Heilige. Visionen und Kunst im Mittelalter*. Darmstadt 2002.

Dupré, Wilhelm: *Einführung in die Religionsphilosophie*. Stuttgart 1985.

Durkheim, Emil: *Die elementaren Formen des religiösen Lebens*. Frankfurt 1981.

Fagan, Brian M.: *The Seventy Great Mysteries of the Ancient World*. London 2001.

Farrington, Karen: *Weltreligionen*. Wien 2000.

Fearer, J. Clayton: *Religion in Philosophical and Cultural Perspective. A new Approach to the Philosophy of Religion through cross-disciplinary Studies*. Canada 1967.

Fischer, Helmut: *Christentum*. Köln 1996, 2003.

Geier, Manfred: *Martin Heidegger*. Hamburg 2005.

Glasenapp, Helmuth von: *Das Indienbild deutscher Denker*. Stuttgart 1960.

Glasenapp, Helmuth von: *Kant und die Religionen des Ostens*. Königsberg 1944.

Grübel, Monika: *Judentum*. Köln 1996, 2003.

Hancock, Graham: *Heaven's Mirror. Quest for the lost Civilization*. New York 1998.

Heidegger, Martin: *Was ist die Metaphysik*? Frankfurt 1949.

Heiler, Friedrich: *Die Religionen der Menschheit*. Stttgart 1984.

Hewitt, Harold(ed.): *Problems in the Philosophy of Religion. Critical Studies of the Work of John Hick*. London 1991.

Hick, John H.: *An Interpretation of Religion. Human Responses to the Transcendent*. Yale University Press 1989.

Hick, John H.: *Disputed Question in Theology and the Philosophy of Religion*. New Haven 1993.

Hick, John H.: *God and the Universe of Faiths*. New York 1973.

Hick, John H.: *God has many names*. The Westminster Press, Philadelphia, Pennsylvania 1980.

Hick, John H.: *Philosophy of Religion*. Englewood Cliffs, New Jersey 19732.

Hick, John H.: *The Fifth Dimension. An Exploration of the Spiritual Realm*. Oxford 1999.

Hick, John H.: *The Metaphor of God Incarnate. Christology in a Pluralistic Age*. Kentucky 1993.

Hick, John H.: *The Non-Absoluteness of Christianity*, in: *The Myth of Christian Uniqueness. Toward a Pluralistic Theology of Religions*. New York 1987.

Hick, John H.: *The Second Christianity*. London 1983.

Hick, John H.: *The Theological Challenge of Religious Pluralism*, in: *Christianity and Other Religions*. Oxford 2001.

Hick, John H.: *Three Faiths - One God. A Jewish, Christian, Muslim Encounter*. London 1989.

Hiltmann, Jochen: *Miruk. Die heiligen Steine Koreas*. Frankfurt 1987.

Höffe, Otfried(Hrsg.): *Klassiker der Philosophie*. München 1981.

Hogue, John: *Messiahs. The Visions and Prophecies for the Second Comming*. Boston 1999.

Holenstein, Elmar: *Philosophie-Atlas. Orte und Wege des Denkens*. Zürich 2004.

Jaspers, Karl: *Reason and Existenz*. London 1956.

Johnson, Paul: *Das Papsttum von den Anfängen bis in die Gegenwart*. Stuttgart 1998.

Kalupahana, David J.: *Buddhist Philosophy. A Historical Analysis*. The University Press of Hawaii, Honolulu 1976.

Kandler, Karl-Hermann: *Nikolaus von Kues. Denker zwischen Mittelalter und Neuzeit*. Göttingen 1995.

Kant, Immanuel: *Die Religion innerhalb der Grenzen der blossen Vernunft*. Riga 1793.

Kedourie, Elie(Hrsg.): *Die Jüdische Welt*. München 2002.

Kern, Walter u.a.(Hrsg.): *Handbuch der Fundamental-Theologie. 1. Traktat Religion*. Freiburg 1985.

Kettermann, Günter: *Atlas zur Geschichte des Islam*. Darmstadt 2001.

Kim, Jin: *Die Hoffnungsphilosophie im Maitreya-Buddhismus*. Ulsan 1997.

Kim, Jin: *Kants Postulatenlehre, ihre Rezeption durch Ernst Bloch und ihre mögliche Anwendung zur Interpretation des Buddhismus*. Frankfurt, Bern, Paris, New York 1988.

Kim, Y.S., *Six Korean Women. The Socialization of Shamans*. West Publishing Co. 1979.

Kinnamon, Michael(ed.): *The Ecumenical Movement. An Anthology of Key Texts and Voices*. Michigan 1997.

Korea Foundation, *Korean Cultural Heritage. Thought & Religion*. Seoul 1996.

Küng, Hans: *Christianity & World Religions. Paths of Dialogue with Islam, Hinduism, and Buddhism*. Tr. by Peter Heinegg, New York 1996(1986).

Küng, Hans: *Projekt Weltethos*. München 1990.

Küng, Hans: *Spurensuche. Die Weltreligionen auf dem Weg*. München 1999.

Lanczkowski, Günter: *Einführung in die Religionsphänomenologie*. Darmstadt 1992.

Landdauer, G.: *Die Revolution*. Frankfurt 1907.

Leach, Edmund: *Lévi-Strauss*. Hamburg 1991.

Leach, Edmund: *Mythos und Totemismus. Beiträge zur Kritik der strukturalen Analyse*. Frankfurt 1967.

Leeuw, Van der G.: *Phänomenologie der Religion*. Tübingen 1933.

Lohmann, Hans-Martin: *Sigmund Freud*. Hamburg 1998.

Manley, Bill(ed.): *The Seventy Great Mysteries of Ancient Egypt*. London 2003.

Martin, Gottfried: *Platon*. Hamburg 1969.

Matthiae, Paolo: *Geschichte der Kunst im Alten Orient 1000~330 v. Chr. Die Großreiche der Assyrer, Neubabylonier und Achämeniden*. Darmstadt 1996.

Meyendorff, John: "*The Christian Gospel and Social Responsibility*," in *Continuity and Discontinuity in Church History*, ed. E.F. Church and T. George, Leiden: E.J. Brill, 1979.

Moltmann, J.: *Ernst Bloch und die Hoffung ohne Glauben*, in: *Das Experiment Hoffnung*, München 1974.

Moltmann, J.: *Im Gespräch mit Ernst Bloch; Eine theologische Wegbegleitung*, München 1976.

Moltmann, J.: *Theologie der Hoffnung; Untersuchungen zur Begründung und zu den Konseguenzen einer christlichen Eschatologie, München* 1964.

Münster, Arno: *Gespräch über die Kategorie Novum*, in *Tagträume vom aufrechten Gang, Sechs Interviews mit Ernst Bloch*. Frankfurt 1977.

Neumann, Uwe: *Augustinus*. Hamburg 2004.

Neuner, Peter: *Ökumenische Theologie. Die Suche nach der Einheit der christlichen Kirchen*. Darmstadt 1997.

Nicholas de Lange(Hrsg.): *Illustrierte Geschichte des Judentums*. Darmstadt 2000.

Nicholaus Cusanus: *Nicholas of Cusa's De Pace Fidei and Cribratio Alkorani*. Translation and Analysis by Jasper Hopkins, Minneapolis 1994.

Nikolaus von Kues, *De pace fidei*. h VIII, ed. R. Klibansky et H. Bascour OSB, Hamburg 1970. *Über den Frieden im Glauben*, hg. v. L. Mohler, PhB 223, Leiozig 1943; *De pace fidei. Der Friede im Glauben*, übers. v. R. Haubst, T 1, Trier 1982; *Nicholas of Cusa's De Pace Fidei and Cribratio Alkorani*. Translation and Analysis by Jasper Hopkins, Minneapolis 1994. pp. 33-71: *De Pace Fidei, On Peaceful Unity of Faith*.

Okholm, Dennis L.(ed): *Four Views on Salvation in a Pluralistic World*. Michigan 1995.

Otto, Rudolf: *Das Heilige. Über das Irrationale in der Idee des Göttlichen und sein Verhältnis zum Rationalen*. München 1963.

Otto, Rudolf: *West-Östliche Mystik*. München 1971.

Oxtoby, Willard G.: *World Religions. Western Traditions*. Oxford University Press 1996.

Panikkar, Raimundo: *Der unbekannte Christus im Hinduismus*. Mainz 1990 (1986).

Panikkar, Raimundo: *The Intrareligious Dialogue*. Revised Edition. Paulist Press, New York 1999.

Papineau, David(Hrsg.): *Philosophie. Eine illustrierte Reise durch das Denken*. Darmstadt 2006.

Raffwlt, Albert u.a.: *Karl Rahner*. München 1997.

Rahner, Karl: *Die anonymen Christen*, in: *Schriften zur Theologie VI*, Einsiedeln 1968.

Ramstedt, G.J.: *Studies in Korean Etymology*, 1949.

Robinson, Francis: *Cambridge illustrated History of Islamic World*. Cambridge University Press 1996.

Robinson, John A.: *Honest to God*. London 1963, dt.-Ausgabe: Gott ist anders. München 1963.

Sass, Hans-Martin: *Ludwig Feuerbach*. Hamburg 1978.

Schaeffler, R.: *Religionsphilosophie*. München 1983, englische Ausgabe: *Reason and the Question of God. An Introduction to the Philosophy of Religion*. New York 1999.

Schaeffler, R.: *Was dürfen wir hoffen? Die katholische Thelogie der Hoffnung zwischen Blochs utopischem Denken und der reformatorischen Rechtfertigungslehre*, Darmstadt 1979.

Scheck, Frank Rainer: *Buddhismus*. Köln 1996, 2003.

Schmidt, B.: *Ein Bericht. Zu Entstehung und Wirkungsgeschichte des "Prinzips Hoffnung"*, in *Materialien zu Ernst Blochs "Prinzip Hoffnung"*, Frankfurt 1978.

Scholz, Werner: *Buddhismus*. Köln 1996, 2003.

Schweitzer, Albert: *Die Religionsphilosophie Kants von der Kritik der reinen Vernunft bis zur Religion innerhalb der Grenzen der blossen Vernunft*. Leipzig und Tübingen 1899.

Smart, Ninian(ed.): *Atlas of the World's Religions*. Oxford, New York 1999.

Smith, Huston: *The Illustrated World's Religions*. New York 1994.

Smith, W. Cantwell: *Believing: An Historical Perspective*. The University Press of Virginia 1977, Oxford 1998.

Smith, W. Cantwell: *Comparative Religion. Whither and Why?*, M. Eliade & J. Kitagawa ed.: The History of Religions. Chicago 1959.

Smith, W. Cantwell: *Faith and Belief. The Difference between Them*. Princeton University Press, Princeton 1979, Oxford 1998.

Smith, W. Cantwell: *Patterns of Faith around the World*. Oxford 1962, Oxford 1998.

Smith, W. Cantwell: *The Faith of Other Men*. New York 1962.

Smith, W. Cantwell: *The Meaning and End of Religion*. New York 1962, Minneapolis 1991.

Stephenson, Gunther: *Wege zur religiösen Wirklichkeit*. Darmstadt 1995.

Tillich, Paul: *Auf der Grenze*. München 1987.

Tillich, Paul: *Biblical Religion and the Search for Ultimate Reality*. The University of Chicago Press, Chicago 1955.

Tillich, Paul: *Christianity and the Encounter of the World Religions*. New York and London 1963.

Tillich, Paul: *Dynamics of Faith*. New York 1957.

Tillich, Paul: *Love, Power, and Justice. Ontological Analysis and ethical Applications*. Oxford University Press 1954.

Tillich, Paul: *Morality and Beyond*. London and Glasgow 1963.

Tillich, Paul: *Mystik und Schuldbewußtsein in Schellings philosophischer Entwicklung*. Gütersloh 1912.

Tillich, Paul: *Religionsphilosophie*. Stuttgart 1962. *What Is Religion?* New York 1973.

Tillich, Paul: *Systematic Theology*. The University of Chicago Press. Vol. 1, 1951; Vol. 2, 1957;

Vol. 3, 1963.
Tillich, Paul: *The Courage To Be*. London and Glasgow 1952.
Tillich, Paul: *The New Being*. New York 1955.
Tillich, Paul: *The Shaking of the Foundations*. Charles Screibner's Son's, 1948.
Tillich, Paul: *Theology of Culture*. Oxford University Press 1959.
Tokarew, S.A.: *Die Religion in der Geschichte der Völker*. Berlin 1968.
Troeltsch, Ernst: *Die Absolutheit des Christentums und die Religionsgeschichte*. München und Hamburg 1929.
Troeltsch, Ernst: *Die Stellung des Christentums unter den Weltreligionen (The place of christianity among the worldreligions)*, in *Christian Thought. Its History and Application. Trans*. by Baron F. von Hügel, University of London Press 1923; Wipf and Stock Publishers, West Broadway 1999.
Waardenburg, Jacques: *Religionen und Religion*. Belin 1986.
Wehr, Gerhard: *Meister Eckhart*. Hamburg 1989.
Wehr, Gerhard: *Paul Tillich*. Hamburg 1998.
Wehr, Gerhard: *Thomas Müntzer*. Hamburg 1972.
Weiss, Walter M.: *Islam*. Köln 1996, 2003.
Welte, Bernhard: *Religionsphilosophie*. Freiburg 1978.
Wiggershaus, Rolf: *Jürgen Habermas*. Hamburg 2004.
Wiggins, James B.: *In Praise of Religious Diversity*. London 1999.
Wilkinson, Richard H.: *The Complete Gods and Goddesses of Ancient Egypt*. London 2003.
Willis, Roy(Hrsg.): *Mythologie*. München 1993.
Zibawi, Mahmoud: *Die christliche Kunst des Orients*. Düsseldorf 1995.
Zotz, Volker: *Konfuzius*. Hamburg 2000.

『논어』, 시공사 2000.
『대종경』
『도덕경』, 시공사 2000.
『東經大全』
『바가바드기타』, 시공사 2000.
『브리태니커』 한글판.
『성경전서』, 개역개정판, 대한성서공회 1998.
『시크교』, 시공사 2001.
『원불교전서』, 원불교출판사, 익산 1977.
『조로아스터』, 시공사 2000.

『甑山道 道典』, 대원출판 2000.
『天道教經典』, 天道教中央總本部.
『청오경·금낭경』, 최창조 역, 민음사 1993.
『코란』, 무하마드 아하마드 지아드 저, 비봉출판사 2001.
『탈무드』, 시공사 2000.
『한국민족문화대백과사전』
『한국의 민속·종교사상』, 삼성출판사 1997.
강성도, 『종교다원주의와 구원』, 대한기독교서회 1997.
강주헌, 『노스트라다무스가 예언한 21세기 대충돌』, 나무생각 2001.
게오르규, 비르질, 『마호메트평전』, 초당 2002.
겐넵, 반, 『통과의례』, 을유문화사 2000.
고려대 민족문화연구원 한국사상연구소 편, 『자료와 해설, 한국의 철학사상』, 예문서원 2001.
그뤼벨, 모니카, 『유대교』, 예경 2007.
길희성, 『포스트모던 사회와 열린 종교』, 서울, 민음사 1994.
김경재, 『이름없는 하느님』, 삼인 2002.
김삼룡, 『한국미륵신앙의 연구』, 동화출판공사, 1983.
김성환, 『우주의 정오 : 서우 전병훈과 만나는 철학 그리고 문명의 시간』, 소나무 2016.
김승철(편), 『종교다원주의와 기독교』, 제1, 2권, 도서출판 나단, 서울 1993.
김승혜 편저, 『종교학의 이해』, 왜관, 분도출판사 1986.
김양동, 『한국 고대문화 원형의 상징과 해석』, 지식산업사 2015.
김재섭, 『금문 속의 고조선』, 우반재 2011.
김재섭, 『문자로 나타난 하나님』, 거근당 2017.
김진(목사) 외, 『한국 종교문화와 문화신학』, 한들, 서울 1998.
김진(목사), 『피할 수 없는 만남, 종교간의 대화: 파니카의 종교신학』, 한들, 서울 1999.
김진, 『믿음, 사랑, 희망에 대하여』, UUP 2006.
김진, 『살고있는 순간의 어두움』, 세종출판사 2001.
김진, 『선험철학과 요청주의』, UUP 1999.
김진, 『아펠과 철학의 변형』, 철학과현실사 1998.
김진, 『처용설화의 해석학』, UUP 2008.
김진, 『철학의 현실문제들』, 개정판, 철학과현실사 2003.
김진, 『칸트·순수한 이성의 한계 안에서의 종교』, UUP 1999.
김진, 『칸트와 불교』, 철학과현실사 2000.
김진, 『칸트와 생태사상』, 철학과현실사 2003.
김진, 『칼 마르크스와 희랍철학』, 개정판, UUP 1998.
김진, 『퓌지스와 존재사유: 자연철학과 존재론의 문제들』, 문예출판사 2003.

김진, 『하느님의 길』, 철학과현실사, 2005.
김태곤, 『韓國巫俗硏究』, 집문당, 1981.
니버, 라인홀트 편, 『맑스, 엥겔스의 종교론』, 아침 1988.
다카야, 마노, 『도교의 신들』, 들녘 2001.
대니켄, 에리히 폰, 『나스카의 수수께끼』, 삼진기획 1998.
대니켄, 에리히 폰, 『미래의 수수께끼』, 삼진기획 2001.
대니켄, 에리히 폰, 『성서 속의 암호』, 삼진기획 2001.
대니켄, 에리히 폰, 『스핑크스의 눈』, 삼진기획 2002.
대니켄, 에리히 폰, 『신들의 전차』, 정음문화사 2001.
댄 버스틴, 『다빈치 코드의 비밀』, 루비박스 2005.
뒤르켕, 에밀, 『종교생활의 원초적 형태』, 노치준 외 역, 민영사 1992.
드로스닌, 마이클, 『바이블 코드 II』, 청림출판 2003.
드로스닌, 마이클, 『바이블 코드』, 황금가지 1997.
라모트, 에티엔, 『간추린 인도불교사』, 시공사 1997.
라이헨바하, 브루스 외, 『종교철학』, 이화여자대학교출판부 1994.
란츠콥스키, 귄터, 『종교사입문』, 왜관, 분도출판사 1997.
랭커스터, 브라이언, 『유대교입문』, 김영사 1999.
러셀, 제프리 버튼, 『마녀의 문화사』, 다빈치 2001.
레비스트로스, 클로드, 『신화와 의미』, 이끌리오 2000.
로빈슨, 프랜시스, 『사진과 그림으로 보는 케임브리지 이슬람사』, 시공사 2002.
루스, 마이클, 『다윈주의자가 기독교인이 될 수 있는가?』, 청년정신 2002.
루이스, 제임스, 『세계의 종교와 관습』, 엄성옥 외 역, 서울, 은성 1995.
르누아르, 프레데릭, 『다빈치 코드의 진실과 거짓』, 문학세계사 2005.
리치, 마테오, 『천주실의』, 서울대학교출판부 1999.
리쾨르, 폴, 『악의 상징』, 문학과지성사 1994.
린 프크닛, 클라이브 프린스, 『다빈치 코드와 숨겨진 역사』, 교문사 2006.
매쿼리, 존, 『20세기 종교사상』, 한숭홍 역, 서울, 나눔사 1989.
목창균, 『종말론 논쟁』, 두란노 1998.
뮐러, 막스, 『종교학입문』, 서울, 동문선 1995.
바이스, 발터, 『이슬람교』, 예경 2007.
바이스마르, B., 『철학적 신론』, 허재윤 역, 서울, 서광사 1994.
바하, 요아킴, 『비교종교학』, 서울, 민음사 1988.
박종우, 『중국종교의 역사』, 살림 2006.
박종천, 『상생의 신학』, 한국신학연구소, 1991.
반 델 레에우, 게라르두스, 『종교현상학입문』, 왜관, 분도출판사 1995.
배국원, 『현대 종교철학의 이해』, 동연 2000.

베이전트, 마이클 외, 『성혈과 성배』, 자음과모음 2005.
벨테, 베른하르트, 『종교철학』, 분도출판사 1998.
변선환, 『종교간 대화와 아시아신학』, 한국신학연구소, 천안 1996.
부산예술문화대학 동학연구소 편, 『해월 최시형과 동학 사상』, 예문서원 1999.
불먼, 윌리엄, 『유체이탈』, 아름드리미디어 2002.
샤프, 에릭, 『종교학』, 한울 1986.
서남동, 『民衆神學의 探究』, 한길사 1983.
세르게이 토카레프, 『세계의 종교』, 사상사 1991.
셰크, 프랑크 라이너, 『불교』, 예경 2007.
숄츠, 베르너, 『힌두교』, 예경 2007.
쉐플러, 리챠드, 『종교철학』, 서울, 이론과실천사 1994.
쉼멜, 안네마리, 『이슬람의 이해』, 분도출판사 1999.
슐라이어마허, 『종교론』, 대한기독교서회 2002.
스마트, 니니안, 『세계의 종교』, 예경 2004.
스피노자, 베네딕트,『신학-정치론』, 책세상 2002.
아이허, 페터, 『신학의 길잡이』, 대한기독교서회 2002.
안경전, 『이것이 개벽이다』, 개정신판, 대원출판 2002.
암스트롱, 카렌, 『이슬람』, 을유문화사 2003.
어윈 루처, 『다빈치 코드 깨기』, 규장 2004.
에클, 크리스티안, 『클라시커 50 성서』, 해냄 2002.
엘리아데, M., 『샤머니즘』, 문상희 역, 삼성출판사 1977.
엘리아데, M., 『성과 속: 종교의 본질』, 이동하 역, 학민사 1983.
엘리아데, M., 『신화와 현실』, 이은봉 역, 성균관대학교출판부 1985.
엘리아데, M., 『종교사개론』, 이재실 역, 서울, 까치 1993.
엘리아데, M., 『종교의 의미 - 물음과 답변』, 박규태 역, 서울, 서광사 1990.
엘리아데, M., 『종교학입문』, 이은봉 역, 성균관대학교출판부 1982.
예레미아스, 요륵, 『하나님의 후회. 구약성서의 하나님 이해』, 기독교서회 2002.
오강남, 『예수는 없다』, 현암사 2001.
오경환, 『종교사회학』, 서울, 서광사 1990.
오토, 루돌프, 『성스러움의 의미』, 왜관, 분도출판사 1987.
유동식 외 저, 『종교다원주의와 신학의 미래』, 서울, 종로서적 1989.
유동식, 『풍류도와 한국의 종교사상』, 연세대학교출판부 1997.
유동식, 『韓國巫敎의 歷史와 構造』, 연세대학교출판부 1975.
윤호진, 『無我·輪廻問題의 硏究』, 민족사 1992.
융, 구스타프, 『심리학과 종교』, 창 2001.
이능화, 『百敎會通』, 운주사 1989.

이돈화, 『천도교창건사』, 천도교 중앙종리원장판, 경인문화사 1982.
이디노풀로스, 토마스, 『예루살렘』, 그린비 2002.
이정립, 「해원사상」, 『증산사상연구』 제3집, 1977.
이찬수 외, 『종교신학의 이해』, 분도출판사, 왜관 1996.
이현희, 『東學思想과 東學革命』, 청아출판사 1984.
일연, 『사진과 함께 읽는 삼국유사』, 강운구 사진, 까치 1999.
일연, 『삼국유사』, 김원중 역, 을유문화사 2002.
장 미셸 살망, 『사탄과 약혼한 마녀』, 시공사
정수일, 『이슬람문명』, 창작과비평사 2002.
정승석, 『윤회의 자아와 무아』, 장경각 1999.
정진홍, 『종교문화의 인식과 해석: 종교현상학의 전개』, 서울대학교출판부 1996.
조성기, 『한국의 신화』, 동아일보사 2002.
조수동, 『무아와 연기』, 문창사 1998.
주강현, 『우리 문화의 수수께끼』, 한겨레신문사 1996.
준이치, 이시카와, 『종교분쟁지도』, 자작나무 1996.
지라르, 르네, 『폭력과 성스러움』, 민음사 1993.
지라르, 르네, 『희생양』, 민음사 1998.
차옥숭, 『무교』, 서광사 1997.
차옥숭, 『천도교, 대종교』, 서광사 2000.
최영진, 『조선조 유학사상사의 양상』, 성균관대학교출판부 2005.
최준식, 『한국의 종교, 문화로 읽는다』, 사계절 1998.
카워드, H., 『종교다원주의와 세계종교』, 한국종교연구회 역, 서울, 서광사 1990.
칸트, 임마누엘, 『별이 총총한 하늘 아래 약동하는 자유』, 빌헬름 바이셰델 편, 이학사 2002.
칸트, 임마누엘, 『실천이성비판』, 아카넷 2002.
칸트, 임마누엘, 『이성의 한계 안에서의 종교』, 이화여자대학교출판부 1984.
캔트웰 스미스, 윌프레드, 『종교의 의미와 목적』, 왜관, 분도출판사 1991.
캔트웰 스미스, 윌프레드, 『지구촌의 신앙』, 분도출판사, 왜관 1989.
캡스, 월터, 『현대종교학 담론』, 까치 1999.
콜린스, 마이클, 『사진과 그림으로 보는 기독교 역사』, 시공사 2001.
큉, 한스, 『가톨릭 교회』, 을유문화사 2003.
큉, 한스, 『그리스도교, 본질과 역사』, 분도출판사 2002.
큉, 한스, 『세계윤리구상』, 분도출판사 1992.
클레망, 카트린, 『테오의 여행. 소설로 읽는 세계의 종교와 문명』, 동문선 1997.
키타가와, 조셉, 『동양의 종교』, 사상사 1994.
털리, 마크, 『예수의 생애』, 문학동네 2004.

토카레프, 세르게이, 『세계의 종교』, 한국종교연구회 역, 사상사 1991.
틸리히, 폴, 『흔들리는 터전』, 김천배 역, 대한기독교서회, 1959.
파니카, R., 『종교간의 대화』, 서울, 서광사 1992.
피셔, 헬무트, 『그리스도교』, 예경 2007.
피퍼, 안네마리, 『선과 악』, 이끌리오 2002.
핑컬스타인, 이스라엘, 『성경. 고고학인가 전설인가』, 까치 2002.
하에리, 쉐이크, 『이슬람교입문』, 김영사 1999.
한국종교연구회, 『세계종교사입문』, 청년사 1991.
한국종교연구회, 『한국종교문화사강의』, 청년사 1998.
한인철, 「윌프레드 스미스의 신앙중심적 다원주의」, 『종교다원주의의 유형』, 한국기독교연구소 2000.
한인철, 「존 힉의 실재중심적 다원주의」, 『종교다원주의의 유형』, 한국기독교연구소 2000.
행크 헤네그라프, 폴 마이어, 『다빈치 코드 진실인가? 허구인가?』, 생명의 말씀사 2004.
헤겔, 『종교철학』, 지식산업사 1999.
헤센, 요한네스, 『종교철학의 체계적 이해』, 허재윤 역, 서울, 서광사 1994.
휠러, 스티븐, 『이것이 영지주의다』, 샨티 2006.
흄, 데이비드, 『자연종교에 관한 대화』, 울산대학교출판부 1998.
힉, 존, 『새로운 기독교』, 김승철 역, 나단 1991.
힉, 존, 『성육신의 새로운 이해』, 변선환 역, 이화여자대학교출판부 1997.
힉, 존, 『종교철학개론』, 황필호 역, 서울, 종로서적 1980.
힉, 존, 『하느님은 많은 이름을 가졌다』, 이찬수 역, 서울, 창 1991.
힉, 존, 『종교철학』, 동문선 2000.

미주

1. 종교란 무엇인가?

1) 아르케(arche)는 본질(Wesen), 시작(Anfang), 근원(Ursprung), 원리(Prinzip), 원인(Ursache) 등을 뜻하는 말이다.
2) 마테오 리치의 『천주실의』(1603)는 유교, 도교, 불교의 영향권에 있는 중국의 지식인들에게 기독교 사상을 변론하는 탁월한 저서로서, 우리나라의 실학사상가들에게도 큰 영향을 주었다. 1999년에 송영배 교수 등이 번역한 한국어판(서울대학교출판부)이 있다.
3) 데이비드 흄, 『자연종교에 관한 대화』, 울산대학교출판부 1998. 이 저술에 등장하는 크리안테스는 이신론과 신인동형동성설의 지지자로서, 신과 인간에 공통적으로 주어진 이성을 통하여 자연에 드러난 신의 존재와 섭리를 헤아릴 수 있다는 입장을 제시하였다.
4) 비코, 『새로운 학문』, 동문선, 서울 1997, 9-35쪽에 나오는 저술 목적을 참조.
5) 임마누엘 칸트, 『별이 총총한 하늘 아래 약동하는 자유』, 빌헬름 바이셰델 편, 이학사 2002, 21-126쪽 참조.
6) 슐라이어마허, 『종교론 : 종교를 멸시하는 교양인을 위한 강연』, 대한기독교서회, 서울 2002, 56-61쪽 참조.
7) 염정삼, 『《설문해자주》 부수자역해』, 서울대학출판부, 2007, 193쪽.
8) 유동식, 「한국의 민속·종교사상에 대하여」, 『한국의 민속·종교사상』 삼성세계사상 21, 삼성출판사, 서울 1997, 13쪽.
9) 힉은 어떤 하나의 특성이나 특정한 개념 정의만으로 종교의 모든 것을 설명할 수는 없다고 본다. 그는 비트겐슈타인이 말한 '가족유사성'과 같은 개념으로 종교에 대한 접근을 시도한다. 존 힉, 『종교철학』, 동문선, 서울 2000, 14쪽.
10) 일연, 『삼국유사』, 김원중 역, 을유문화사 2002, 37쪽.
11) 전북 순창군 팔덕면 창덕리 소재 남근석이 볼만하다. 여근바위는 경기도 안양시 삼막동 삼막사와, 서울시 인왕산 국사낭의 것이 실감나고, 울산시 울주군 강동면 어물리 소재 공알바위도 유명하다. 주강현, 『우리 문화의 수수께끼』, 제1권, 한겨레신문사 1996. 특히 28-45쪽에 나오는 「남근과 여근의 풍속사」를 참조할 것.
12) Walter H. Capps, *Religious Studies. The Making of a Discipline*. Minneapolis 1995, pp. 71-74. 한국어판: 『현대종교학 담론』, 까치, 서울 1999, 114-118쪽 참조.

13) 프레이저는 영혼에 대하여 다음과 같이 말하고 있다. "그것은 성질상 수증기나 엷은 막 혹은 그림자 같은 종류의 가벼운, 실체가 없는 인간의 형상이다. 그리고 그것이 생명을 불어넣은 개체의 삶과 사고의 원인이며, 독자적으로 과거 혹은 현재의 신체 소유자의 개인적 의식과 의지력을 소유하고 있다. 그것은 몸에서 멀리 떠나는 것이 가능하며, 이곳에서 저곳으로 순식간에 이동할 수 있다. 대체로 손으로 만질 수 없고, 보이지는 않지만 물리적 힘을 보여주며, 특히 깨어 있거나 잠든 사람에게 자기가 가졌던 몸과 흡사한 모습의 유령으로 나타난다. 그것은 그 몸이 죽은 후에도 계속 존재하고 사람들에게 나타나며, 다른 인간이나 동물의 몸, 심지어 물건에까지 들어가서 그것을 소유하고 움직인다." Walter H. Capps, *Religious Studies,* p. 81; 한국어판, 127쪽.

14) Walter H. Capps, *Religious Studies*, p. 85; 한국어판, 133쪽 참조.

2. 종교는 어떻게 생겨났는가?

1) Max Müller, *Introduction to the Science of Religion.* London 1873. 『종교학입문』, 동문선, 서울 1995.

2) Walter H. Capps, *Religious Studies. The Making of a Discipline.* Minneapolis 1995, p. 82, 한국어판: 『현대종교학 담론』, 까치, 서울 1999, 129쪽 참조.

3) Walter H. Capps, *Religious Studies*, pp. 87-89; 한국어판, 135-138쪽 참조.

4) Walter H. Capps, *Religious Studies*, pp. 89-93; 한국어판, 138-143쪽 참조.

5) Walter H. Capps, *Religious Studies*, pp. 41-43; 한국어판, 77-78쪽 참조.

6) Walter H. Capps, *Religious Studies*, pp. 159-162; 한국어판, 231-235쪽 참조.

7) Walter H. Capps, *Religious Studies*, pp. 162-168; 한국어판, 235-243쪽 참조.

8) 루돌프 옷토: 『성스러움의 의미』, 분도출판사 1987, 47-48쪽.

9) 오토는 슐라이어마허의 종교 감정론을 비판하면서 제임스의 견해를 원용하고 있다. "인간의 의식 속에는 실재에 대한 감각, 객관적 현존에 대한 느낌, '저 밖에 있는 어떤 것'이라고 부를 만한 것에 대한 지각이 있는 것 같으며, 이 감각은 현재의 심리학이 주장하는 바와 같이 실존하는 존재들을 본래 우리에게 알려 주는 특수하고 개별적인 감각들보다도 더 깊고 넓은 것이다." 루돌프 옷토: 『성스러움의 의미』, 분도출판사 1987, 44쪽.

10) Walter H. Capps, *Religious Studies*, pp. 20-24; 한국어판, 49-54쪽 참조.

4. 서구인들은 무엇을 믿는가?

1) 제임스 F. 루이스 외, 『세계의 종교와 관습』, 은성 1995, 145쪽.

2) Philip S. Alexander, *Textual Sources for the Study of Judaism.* New York 1984, p.112. 제임스 F. 루이스 외, 『세계의 종교와 관습』, 은성 1995, 145쪽에서 재인용.

3) 『세계의 종교와 관습』, 169쪽.

4) 『세계의 종교와 관습』, 175쪽.

5) 『세계의 종교와 관습』, 187쪽.

6) 『세계의 종교와 관습』, 193쪽.

7) 유대교에 대한 보다 상세한 정보는 『브리태니커』 한글판(1993, 17권 225-228쪽), 노먼 솔로몬의 『유대교란 무엇인가』(동문선 1999), 브라이언 랭커스터의 『유대교 입문』(김영사 1999), 모니카 그뤼벨의 『유대교』(예경 2007)에서 찾아볼 수 있다.

8) 『세계의 종교와 관습』, 256-257쪽.

9) 그리스도교에 대한 보다 상세한 정보는 『브리태니커』 한글판(1993, 2권 656-661쪽), 한스 큉의 『가톨릭 교회』(을유문화사 2003), 헬무트 피셔의 『그리스도교』007)에서 찾아볼 수 있다.

10) 이슬람에 대한 보다 상세한 정보는 『브리태니커』 한글판(1993, 17권 681-684), 카렌 암스트롱의 『이슬람』(을유문화사 2003), 발터 M. 바이스의 『이슬람교』(예경 2007)에서 찾아볼 수 있다.

5. 동양인들은 무엇을 믿는가?

1) 힌두교에 대한 보다 상세한 정보는 『브리태니커』 한글판(1993, 25권 687-691쪽), 베르너 숄츠의 『힌두교』(예경 2007)에서 찾아볼 수 있다.

2) 도교에 대한 보다 상세한 정보는 『브리태니커』 한글판(1993, 5권 18-22쪽), 마노 다카야의 『도교의 신들』(들녘 2001), 박종우의 『중국종교의 역사』(살림 2006)에서 찾아볼 수 있다.

3) 유교에 대한 보다 상세한 정보는 『브리태니커』 한글판(1993, 17권 208-212쪽), 최영진의 『조선조 유학사상사의 양상』(성균관대학교출판부 2005)에서 찾아볼 수 있다.

4) 불교에 대한 보다 상세한 정보는 『브리태니커』 한글판(1993, 10권 272-283쪽), 동국대학교 불교교재편찬위원회의 『불교사상의 이해』(동국대학교출판부 2001), 프랑크 라이너 셰크의 『불교』(예경 2007)에서 찾아볼 수 있다.

6. 한국인들은 무엇을 믿는가?

1) 『브리태니커』, 1993, 제8권, 44쪽.

2) 고은, 「미륵과 민중」, 『문학과 지성』, 1979년 봄호: 여기에서는 황선명 외 저, 『근대한국 민중종교사상』(학민사 1983)의 223쪽에서 인용한다. 이 논문은 한국신학연구소가 편찬한 『한국민중론』에도 실려 있으며 민중불교 이해를 위해서 대단히 유익한 글이다.

3) 김삼룡, 『한국미륵신앙의 연구』, 동화출판공사 1983, 44쪽 이하.

4) 『삼국유사』, 탑상 제4, 352쪽.

5) 월명사의 도솔가는 다음과 같다. "오늘 여기에 산화가를 부를제 솟아나게 한 꽃아 너는 곧은 마음의 명을 받들어 미륵좌주를 모셔라"(今日此矣散花唱良, 巴寶白乎隱花良汝隱, 直等隱心音矣命

叱使以惡只, 彌勒座主陪立羅良) 이를 해석하면 다음과 같다. "용루龍樓에서 오늘 산화가를 불러 푸른 구름에 한 송이 꽃을 날려 보낸다. 은근하고 곧은 마음이 시키는 것이니 도솔천의 대선가大仙家를 멀리서 맞이하리." 『삼국유사』, 感通第七, 531쪽.

6) 이 문제에 대해서는 김삼룡의 같은 책 132-146, 「미륵사 창건의 미륵신앙적 요인」을 참조하라. 『삼국유사』, 紀異第二, 213-216쪽.

7) 남백월산南白月山의 두 성인聖人 노힐부득努肹夫得과 달달박박怛怛朴朴이 성도한 이야기는 『삼국유사』 塔像第四, 357쪽 이하에 나온다. 남백월산은 지금의 경남 창원시에 위치하고 있다. 부득은 미륵불彌勒佛을 구하였고 박박은 미타불彌陀佛에 의지하였다. 성덕왕 8년(709)에 스무 살 가량의 아름다운 낭자가 난초와 사향 냄새를 풍기며 북쪽 암자에 있는 부득에게 하루 밤 자고 가기를 청하자 "절은 깨끗함을 지키는 데 힘써야 하므로 그대가 가까이 올 수 있는 곳이 아니오. 이 곳에 머물지 말고 빨리 떠나시오" 라고 말하면서 단호하게 거절하였다. 낭자는 다시 남쪽 암자에 기거하는 박박에게 가서 똑 같이 청하였더니, "이곳은 부인과 함께 있을 곳이 아니지만, 중생의 뜻에 따르는 것 또한 보살행의 하나지요. 더구나 깊은 골짜기에 밤이 어두웠으니, 어찌 소홀히 대접할 수 있겠소" 라고 말하면서 그녀를 받아 들였다. 낭자가 산기産氣가 있다면서 짚자리를 깔아주기를 청하자 박박은 그렇게 하여 해산하게 하였고, 다시 낭자가 목욕시켜 주기를 청하자 낭자를 통 속에 앉히고 더운 물로 목욕을 시켜주었다. 그러자 통 속의 물에서 향기가 풍기며 물이 금색으로 변하였고, 낭자는 박박도 목욕할 것을 청하였다. 박박이 그 말에 따르자 피부가 금빛으로 변하였으며, 낭자의 청에 따라 옆에 있는 연화대蓮花臺에 앉았다. 낭자는 박박의 대보리大菩提를 돕기 위하여 현신한 관음보살이었다. 노힐이 박박의 파계를 비웃기 위하여 그곳에 왔다가 금빛 찬란한 미륵존상으로 변한 박박을 보고 예를 갖추어 자초지종을 묻자, 부득 역시 남은 물로 목욕을 한 후에 무량수無量壽 부처가 되었다.

8) 진표율사眞表律師는 전주 출신이며, 『삼국유사』 義解第五(471-484쪽)에 그에 관한 두 개의 기록이 있다. 12살에 금산사 숭제법사崇濟法師의 문하에 들어 정진하다가 23살에 지장보살을 뵙고 정계(淨戒)를 받았다. 그는 다시 미륵보살을 구하고 그 현신으로부터 『점찰경』占察經 두 권을 얻은 후에 금산사, 발연사, 속리산에 머물면서 불법을 전하였다. 김삼룡, 『한국미륵신앙의 연구』, 230쪽.

9) 김삼룡, 『한국미륵신앙의 연구』, 156쪽 이하.

10) 김삼룡, 『한국미륵신앙의 연구』, 176-183쪽 참조.

11) 이는 『장경』葬經 또는 『장서』葬書라고도 불린다. 최창조 역주, 『청오경·금낭경』, 민음사, 서울 1993 참조.

12) 최창조, 『청오경·금낭경』, 민음사, 서울 1993, 25쪽. 骨骸反根 吉氣感應 累福及人.

13) 최창조, 『한국의 풍수사상』, 민음사 1984. 33-40쪽 참조.

14) 『삼국유사』 紀異 第一, 106-109쪽 참조. 여근곡女根谷은 여인의 생식기 모양을 한 지형으로서 경주에서 대구로 철길을 따라가면 건산과 아화 사이에 있다. 107쪽.

15) 동경대전은 최제우가 순한문체로 저술한 동학의 경전이다. 최시형은 1880년 강원도 인제에 경전 간행소를 설치하여 이를 배포하였다. 「포덕문」布德文, 「논학문」論學文, 「수덕문」修德文, 「불연기연」不然基然의 4편이 중심을 이루고 있나. 1861년 전북 남원에서 저술한 포덕문에서 최제우는 서세동점을 경고하고 보국안민輔國安民과 광제창생廣濟蒼生의 정신을 설파하고 있

다. 「논학문」에서 그는 1860년 4월 5일에 있었던 종교 체험을 기술하고 있으며, 21자 주문에 대한 해설과 천지조화의 운수와 천도의 이치를 설명한다. 「수덕문」에서 그는 수심정기守心正氣, 즉 하늘 조화의 참된 마음을 공경하고 믿을 것을 강조한다. 불연기연은 최제우가 처형되기 바로 전인 1863년에 집필하였고, 사상적으로 가장 원숙한 인식론적 근거를 설명하고 있다.

16) 최제우가 1860~1863년에 한글 가사체로 지은 동학 경전이다. 1881년 최시형이 충북 단양에서 처음으로 간행하였다. 특히 「용담가」龍潭歌는 1860년에 최제우가 득도하고 지은 가사이며 풍수지리사상과 충효사상을 강조하고 있다. 같은 해에 지은 「안심가」安心歌는 사회적으로 불안한 부녀자들을 안심시키면서 앞으로의 좋은 시절에는 여자들이 주체가 될 것이라고 말하였다.

17) 至者, 極焉之爲至. 氣者, 虛虛蒼蒼, 無事不涉, 無事不命, 然而, 如形而難狀, 如聞而難見, 是亦渾元之一氣也. 今至者, 於斯, 入道, 知其氣接自也. 願爲者, 請祝之意也. 大降者, 氣化之願也. 侍者, 內有神靈, 外有氣化, 一世之人, 各知不移者也. 主者, 稱其尊, 而與父母同事者也. 造化者, 無爲而化也. 定者, 合其德, 定其心也. 永世者, 人之平生也 . 不忘者, 存想之意也. 萬事者, 數之多也. 知者, 知其道而受其知也. 故明明其德, 念念不忘, 則至化至氣, 至於至聖. 『東經大全』, 「論學文」, 『한국의 민속·종교사상』, 삼성출판사 1997, 499-500쪽.

18) 수운의 역사관과 기독교 역사관의 비교 문제는 김경재 교수의 논문 「崔水雲의 侍天主와 歷史意識」(『한국문화신학』, 한국신학연구소 1983)을 참조하라.

19) 이 밖에도 증산교의 경전에는 『생화정경』生化正經(삼덕교 1954), 『중화경』中和經(미륵불교 1955), 『선도진경』宣道眞經(태극도 1965), 『증산대도전경』甑山大道典經(법종교 1970), 『전경』典經(대순진리회 1970), 『교전』教典(보천교 1981), 『증산도성전』(甑山道聖典(증산도중앙총무부 1988) 등과 같이 각 교파에서 만든 것들이 있다.

20) 『大巡典經』 제2장 「天師의 成道와 奇行異蹟」 5. 증산에 의하면 삼계는 음양상수의 법칙에 따라서 천지의 운동 변화를 예정해 놓은 천지도수天地度數 또는 운도運度에 의하여 움직인다. 이 운도에 의하면 세계의 역사는 선천에서 후천으로 진행하는데, 현대 사회는 선천에서 후천으로 교체되는 말세末世에 해당한다. 그런데 말세인 현재는 선천시대의 상극적 갈등으로 쌓인 신명계와 인간계의 원한과 살기가 지배적이다. 인간계를 조정하기 위해서는 우선적으로 극도로 혼란한 신명계를 다스릴 필요가 있으며, 이것은 오직 삼계대권을 가진 증산 자신에 의해서만 가능하다고 주장한다.

21) 증산이 말하는 천지공사天地公事는 선천의 낡은 천지를 고쳐서 후천선경이라는 이상세계를 열기 위한 천지개벽 작업을 말한다. 천지공사의 주재자는 물론 구천상제九天上帝인 증산 자신이다. 그는 천계의 대권을 주재하는 절대자인데 천계의 신성불보살들이 인류와 신명계를 큰 겁액으로부터 구제하라는 요청을 받고 전라도 모악산 금산사 미륵금상에 임하게 되었다. 그는 먼저 수운에게 천명과 신교를 내려 대도를 세우려 하였으나 수운이 참 빛을 발하지 못하자 직접 강림하여 중생을 구하고자 하였다. 천지공사는 크게 운도공사運道公事, 신도공사神道公事, 인도공사人道公事로 구분한다. 운도공사는 천지간에 예정된 변동의 원리와 천지의 도수를 고치는 작업을 뜻한다. 여기에는 구체적으로 말세의 운도를 조정하는 세운공사世運公事, 각종 재액을 물리쳐서 세상을 구하는 액운공사厄運公事, 각 종교의 진수를 모아서 무극대도를 만드는 교운공사教運公事, 그리고 각 지방의 땅 기운을 조정하는 지운공사地運公事가 있다. 신도공사는 원한을 품고 죽은 신명들의 한을 풀어줌으로써 신명계의 평화를 이룩하는 것을 말한다. 여기에는 신명의 원한을 풀어주는 해원공사解寃公事, 신명들의 갈등을 해소하기 위하여 새롭

게 신명을 배치하고 지방과 민족에 따라 다른 신들을 통합하는 통일신단의 구성이 해당한다. 인도공사는 살아있는 사람들의 문제를 해결하고 도를 체득할 수 있도록 헤아리지 못하는 인간들에게 수행을 통하여 신명과 동화하게 하고[神化道通], 후천시대의 윤리 도덕을 닦게 하는 것이다. 신화도통을 위해서는 주문을 외우거나 기도하는 등 수행 생활을 하고, 새로운 도덕 이념으로서는 인존사상人尊思想과 해원상생사상解冤相生思想을 제시하고 있다.

22) 4은四恩이란 일원상의 진리를 네 가지 유형의 은혜로 구체화한 것이다. 이 세상과 나의 관계를 긍정적 낙관적으로 파악하여 은혜라고 규정하며, 여기에는 천지은天地恩, 부모은父母恩, 동포은同胞恩, 법률은法律恩이 해당된다. 4요四要는 4은의 정신에 입각하여 평등의 윤리로 세상을 구제하고 인류 사회를 발전시키는 행동지침으로서 자력양성, 지자본위智者本位, 타자녀 교육, 공도자 숭배公道者 崇拜를 말한다.

23) 3학三學은 일원의 진리에 바탕을 두고 원만한 인격을 양성하는 공부 방식으로서, 정신 수양, 사리 연구, 작업 취사를 말한다. 8조八條는 3학 수행에 도움이 되는 신信·분忿·의疑·성誠과 이를 방해하는 불신·탐욕·나태·어리석음을 가리킨다.

24) 『正典』 제2 교의편 제1장, 『圓佛敎全書』, 익산 1977, 23쪽. 소태산은 『대종경』에서 일원의 진리를 다음과 같이 부연 설명하고 있다: "일원의 진리를 요약하여 말하자면 곧 공空과 원圓과 정正이니, 양성에 있어서는 유무 초월한 자리를 관하는 것이 공이요, 마음의 거래 없는 것이 원이요, 마음이 기울어지지 않는 것이 정이며, 견성에 있어서는 일원의 진리가 철저하여 언어의 도가 끊어지고 심행처가 없는 자리를 아는 것이 공이요, 지량知量이 광대하여 막힘이 없는 것이 원이요, 아는 것이 적실하여 모든 사물을 바르게 보고 바르게 판단하는 것이 정이며, 솔성에 있어서는 모든 일에 무념행을 하는 것이 공이요, 모든 일에 무착행을 하는 것이 원이요, 모든 일에 중도행을 하는 것이 정이니라." 제2교의품, 『원불교전서』, 115쪽.

25) 『正典』 제1 총서편 제2장, 『圓佛敎全書』, 익산 1977, 22쪽.

26) 『大宗經』 제14 전망품 19-21, 『圓佛敎全書』, 익산 1977, 392-393쪽.

27) 나철의 호는 홍암弘巖이며, 전남 순천 보성 출생이다. 29세때 문과에 장원급제한 후 승정원가주서承政院假注書, 승문원권지부정자承文院權知富正字의 벼슬을 거쳐서 33세에 징세서장徵稅署長에 임명되었으나 1904년에 호남 출신의 우국지사들과 유신회維新會를 조직하여 구국운동에 참여하였다. 1905년 을사조약乙巳條約이 체결된 후 의분을 참지 못하다가 1907년 매국賣國대신들을 암살할 계획을 세웠으나 거사 직전에 탄로가 남으로써 10년형을 선도 받고 신안군 지도智島에 유배를 당하였다. 이를 우연히 알게 된 고종이 특사로 그를 석방하였다. 그러나 그는 정치적 구국운동의 한계를 절감하고 민족 개조를 위한 종교운동에 뛰어들었으니, 1909년 음력 1월 15일 중광절重光節에 단군대황조신위檀君大皇祖神位를 모시고 제천의식을 거행한 뒤 단군교인 대종교를 재정립하였다. 음력 3월 15일을 단군승천기념절檀君昇天紀念節로 정하고 대제(大祭)를 주관하였다.

28) 『신리대전』, 『한국의 민속·종교사상』, 삼성출판사 427-428쪽.

29) 일一은 우주의 근본이요 만유의 비롯되는 수이니, 이 일一보다 먼저 비롯됨은 없느니라. 이를 분석하면 하늘과 땅과 사람의 삼극三極이 되지만, 그 근본은 다함이 없느니라. 이 하늘의 근본인 일은 창조과정에 있어서 첫째 번이 되고, 땅의 근본인 일은 그 둘째 번이 되고, 사람의 근본인 일은 그 셋째 번이 되었느니라. 만유의 비롯인 일一을 쌓아나가면, 십十까지의 끝수에 이르도록 커지되, 아무 부족함이 없이 성수成數인 삼三으로 화하나니, 하늘의 음陰과 양陽인

두 가지는 삼三이란 성수의 자리에서 되었고, 땅의 음양 두 원소元素도 삼의 자리에서 되었고, 사람의 음양 둘도 이 삼이란 자리에서 이루어졌나니, 이 삼극의 큰 삼三을 합하면, 육六 삼三과 사四로써 하늘과 땅이 운행運行을 하며, 육대六大의 육이 되나니, 이 육에서 칠七, 팔八, 구九가 낳아지느니라. 삼과 사로써 하늘과 땅이 운행運行을 하며, 육을 중심으로 그 앞뒤에 있는 오五와 칠七로 서로 가락지와 같은 원형을 이루는지라, 이 근본과 비롯이 되는 일一은 오묘하게 붙어서, 우주 사이에 만 번 가고 오되, 그 쓰임은 변하지만, 근본은 움직이지 않느니라. 이 근본이란 곧 마음이니, 이는 태양에 근본하여 사람의 중심에 밝게 비치니, 사람의 근본은 하늘과 땅과 같으니라. 일一이란 근본으로 돌아가면 마침이 되나, 마친 일一은 없느니라. 『천부경』, 『한국의 민속·종교사상』, 삼성출판사 433쪽.

30) 『삼일신고』, 『한국의 민속·종교사상』, 삼성출판사 404쪽.

31) 『신리대전』, 『한국의 민속·종교사상』, 삼성출판사 423쪽.

32) 尊爲萬邦之上, 親爲兆民之始, 道爲百敎之先. 『신리대전』, 『한국의 민속·종교사상』, 삼성출판사 426쪽.

33) 뤄빈지, 『(대륙역사의 진실)금문신고: 청동기에 새겨진 충격적인 동이족 역사』, 태산 역주, 미래교류 2012. 전7권.

7. 정통과 이단의 기준은 무엇인가?

1) Richard A. Jr. Norris, *The Council of Chalcedon's "Definition of the Faith", in: The Christological Controversy*, Philadelphia 1980, 155-157.

2) Rowan Williams, *Jesus Christus II: Alte Kirche*, in: TRE, 16, S. 726-745.

3) Norris, 10-12; *Irenaeus, Against Heresies, in: The Christological Controversy*, R.A. Norris(ed.), Philadelphia 1980, pp. 49-60.

4) Norris, 12-14; J.N.D. Kelly, *Early Christian Doctrines*, New York 1978, "The Beginnings of Christology", pp. 138-162; Tertullian, *On the Flesh of Christ*, in: Norris 1980, pp. 64-72.

5) Origen, *On First Principles*, in: Norris 1980, pp. 73-81.

6) Athanasius, *On the Incarnation of the Word*, in: Edward R. Hardy(ed.): *Christology of the Later Fathers*. Philadelphia 1954, pp. 43-110.

7) Apollonarius of Laodicea: *On the union in Christ of the body with the Godhead*, in: Hardy 1954, pp. 103-111.

8) J.N.D. Kelly, *Early Christian Doctrines*, New York 1978, "The christological settlement", pp. 310-343.

9) 그리스도교의 역사적 전개를 간략하게 살펴보려면 한스 큉과 헬무트 피셔의 책을 참고하라. Hans Küng, *Kleine Geschichte der katholischen Kirche*, Berlin 2002. *The Catholic Church: A Short History*, Modern Library, 2003, 한국어판: 『가톨릭 교회』, 배국원 역, 을유문화사 2002. Helmut Fischer, *Schnellkurs Christentum*. Köln 2001, 한국어판 : 헬무트 피셔, 『그리스도교』, 유영미 역, 예경 2007.

10) Dan Brown, *The Da Vinci Code*. New York 2003, 댄 브라운, 『다빈치 코드』, 베텔스만 2004.

11) 발터 옌스, 『유다의 재판』, 「가룟 유다의 시복재판에 관한 보고서」, 아침 2005.

12) Lynn Picknett, Clive Prince: *The Templar Revelation*, 1997; 린 프크넷, 클라이브 프린스, 『다빈치 코드와 숨겨진 역사』, 교문사 2006. Marie-France Etchegoin, Frédéric Lenoir: *Code Da Vinci: L'enquête*, 2004; 마리 프랑스 에슈고앵, 프레데릭 르누아르, 『추적 - 다빈치 코드의 진실과 거짓』, 문학세계사 2005. Hank Hanegraaff, Paul L. Maier: *Da Vinci Code: Fact or Fiction?* 2004; 행크 헤네그라프, 폴 마이어, 『다빈치 코드 진실인가? 허구인가?』, 생명의 말씀사 2004. Dan Burstein: *Secrets of the Code*, 2004; 댄 버스틴, 『다빈치 코드의 비밀』, 루비박스 2005. Erwin Lutzer: *The Davinci Deception*, 2004; 어윈 루처, 『다빈치 코드 깨기』, 규장 2004.

13) 『추적 - 다빈치 코드의 진실과 거짓』, 문학세계사 2005, 69쪽.

14) 『추적 - 다빈치 코드의 진실과 거짓』, 문학세계사 2005, 51, 71쪽.

15) 시온 수도회는 1099년에 창설된 것이 아니다. 1956년 6월 25일에 피에르 플랑타르가 설립한 친목단체에 불과하였다. 회원은 그를 포함하여 4명이었다. 이 단체는 서민 임대 아파트 거주자의 권리와 자유를 보호하기 위한 정보지 '시르퀴'(Circuit) 신문을 발행하였다. 그런데 시온 수도회의 정관에는 C I R C U I T 가 "가톨릭 규율과 제도를 따르며, 독자적이고 전통을 지키는 기사단"(Chevalerie d' Institution et Règle Catholique Indépendante et Traditionaliste)이라고 풀이되어 있었다. 그 자신을 템플 기사단이나 메로빙거 왕조와 연결시키려는 흔적들이 보인다. 『추적 - 다빈치 코드의 진실과 거짓』, 문학세계사 2005, 74쪽.

16) 템플 기사단은 1118년 십자군이 예루살렘을 점령한 이후 창설된 실존 단체였으며, 성지순례자의 안전을 도모하면서 거액의 기부금을 조성하여 토지를 매입하고 대출사업을 하였다. 1291년 전투에서 패한 후 키프러스에 물러나 있는 동안 프랑스왕 필립 4세가 그들의 재산을 몰수하기 위하여 대규모 숙청작업을 하였고, 교황 클레멘스 5세는 이를 묵인하였다. 템플 기사단과 그 수뇌부는 신성 모독, 예수 모독 등 이단으로 단죄되어 화형에 처하여졌다. 『추적 - 다빈치 코드의 진실과 거짓』, 문학세계사 2005, 60쪽 이하.

17) 『추적 - 다빈치 코드의 진실과 거짓』, 문학세계사 2005, 190쪽 이하.

18) 『추적 - 다빈치 코드의 진실과 거짓』, 문학세계사 2005, 204쪽.

19) 어윈 루처, 『다빈치 코드 깨기』, 규장 2004, 7-18쪽 참조.

20) Michael Baigent, Richard Leigh, Henry Lincoln: *The Holy Blood and the Holy Grail*, 1982; 마이클 베이전트, 리처드 레이, 헨리 링컨, 『성혈과 성배』, 자음과모음 2005.

9. 종교 밖에도 구원이 있는가?

1) Karl Rahner, *Die anonymen Christen, in: Schriften zur Theologie* VI, Einsiedeln 1968, S. 545-554.

2) 마르샬의 존재론적 선험주의 사상은 무크(Muck)의 저서에서 잘 다루어져 있다. Muck, O.: *Die transzendentale Methode in der scholastischen Philosophie der Gegenwart*. Innsbruck 1964.

3) Rahner, Karl: *Hörer des Wortes. Zur Grundlegung einer Religionsphilosophie*. 2. Auflage. Freiburg 1963, S. 42-50.

4) Karl Rahner, *Schriften zur Theologie*, VIII, S. 187-212.

5) John Hick, *God has many names*. The Westminster Press, Philadelphia, Pennsylvania 1980, pp. 103-107.

6) John Hick, *God and the Universe of Faiths*. New York 1973, p. 104.

7) 이것은 "나를 통하지 않고서는 아무도 아버지께로 갈 수 없다"(「요한복음」 14: 6), "다른 누구에도 구원은 없다. 천하 인간에 주어진 이름 가운데 우리를 구원할 수 있는 다른 이름은 없다"(「사도행전」 4: 12)는 등, 그리스도 중심적인 구원관으로부터 비롯되었다.

8) John Hick, *God has many names*. The Westminster Press, Philadelphia, Pennsylvania 1980, p. 24.

9) John Hick, *God has many names*. The Westminster Press, Philadelphia, Pennsylvania 1980, p. 42.

10) 힉에 의하면 기독교 중심주의는 전적으로 나사렛 예수를 정점으로 하고 있다(Hick, *John: The Second Christianity*. London 1983, pp. 15-25. 앞으로는 SC로 약칭한다). 기원전 1세기에 오늘날의 이스라엘 영토에 살았던 유대인 남자의 죽음과 부활을 믿고 그를 주님으로 섬기는 신앙이 바로 기독교의 핵심을 이루고 있다.

11) John Hick, *God has many names*. Philadelphia 1980, 1982, p. 29. 이하 GhmN으로 줄인다. 한국어판으로는 이찬수 역, 『하느님은 많은 이름을 가졌다』(도서출판 창, 1991)가 있다.

12) Denzinger, *Enchiridion Symbolorum Definitionum et Declarationum de Rebus Fidei et Morum*. 29th ed., No. 468f. Freiburg 1952; Hick, GhmN, 29.

13) Denzinger, No. 714.

14) *Facing the Unfinished Task: Massages Delivered at the Congress on World Mission, Chicago III.* 1960, ed. by J.O. Percy. 1961, p. 9; GhmN, 30.

15) Denzinger, No. 1674.

16) Joseph Neuner(ed.), *Christian Revelation and World Religions*. London 1967, p. 52, 55-56; GhmN, 35, 69.

17) John Hick, *God and the Universe of Faiths*. New York 1973, p. 105: "하느님의 사랑이 범위에서 보편적이라면 그분은 인류에 대한 구원의 만남을 제한하지 않을 것이다. 그리고 하느님이 전 세계의 하느님이라면 우리는 인류의 모든 종교생활이 그 분에 대한 인간의 지속적이고 보편적인 관계의 일부분임을 깨달아야 한다."

18) Ernst Bloch, *Atheismus im Christentum*, 102쪽.

19) 같은 책, 59쪽 이하.

20) 같은 책, 61쪽, 209쪽 참조.

21) 같은 책, 129쪽.

22) 같은 책, 218쪽과 *Das Prinzip Hoffnung*, 1514쪽.

23) Ernst Bloch, *Das Prinzip Hoffnung*, 1413쪽.

10. 종교간의 대화는 가능한가?

1) Ramon Llull은 『5인의 현자에 대한 책』(Liber de quintique sapientibus)에서 쿠자누스보다 약 200년 전에 거의 같은 내용의 사상을 갖고 있었다. Raimundo Panikkar, *The Intrareligious Dialogue.*

Revised Edition. Paulist Press, New York 1999, p. ix, p. 111-117: Intrareligious Dialogue according to Roman Llull.

2) Nikolaus von Kues, *De pace fidei.* VIII, ed. R. Klibansky et H. Bascour OSB, Hamburg 1970. *Über den Frieden im Glauben*, hg. v. L. Mohler, PhB 223, Leibzig 1943; *De pace fidei. Der Friede im Glauben*, übers. v. R. Haubst, T 1, Trier 1982; *Nicholas of Cusa's De Pace Fidei and Cribratio Alkorani.* Translation and Analysis by Jasper Hopkins, Minneapolis 1994. pp. 33-71: *De Pace Fidei, On Peaceful Unity of Faith.*

3) Karl-Hermann Kandler, *Nikolaus von Kues. Denker zwischen Mittelalter und Neuzeit*, Göttingen 1995.

4) *Nicholas of Cusa's De Pace Fidei and Cribratio Alkorani.* Translation and Analysis by Jasper Hopkins, Minneapolis 1994. *De Pace Fidei(On Peaceful Unity of Faith)*, p. 35.

5) *Nicholas of Cusa's De Pace Fidei and Cribratio Alkorani.* Translation and Analysis by Jasper Hopkins, Minneapolis 1994. *De Pace Fidei(On Peaceful Unity of Faith)*, p. 33.

6) Paul Tillich, *Christianity and the Encounter of the World Religions.* Columbia University Press, New York and London 1963. pp. 40-41에서 재인용.

7) 칸트의 종교철학적 주장들이 동양종교에 적용될 수 있는가의 문제는 Helmuth von Glasenapp: *Kant und die Religionen des Ostens* (Königsberg 1944)와 *Das Indienbild deutscher Denker* (Stuttgart 1960)을 참조할 수 있다. 특히 이 문제와 관련하여 필자는 칸트의 종교 개념이 불교나 한국의 민간신앙에도 적용될 수 있으며 적용되어야 한다는 입장을 가지고 있다. 우리는 칸트가 언급한 종교의 요건, 특히 이성신앙 또는 도덕신학적 요소들이 불교나 한국의 민간신앙에서도 찾을 수 있다는 사실을 보여줌으로써 이러한 주장을 정당화 할 수 있을 것이다.

8) 칸트의 종교철학, 특히 요청적 사유방법론을 통하여 이성신앙을 정립하려는 시도에 대해서는 다음의 졸저를 참고할 수 있다. *Kants Postulatenlehre, ihre Rezeption durch Ernst Bloch und ihre mögliche Anwendung zur Interpretation des Buddhismus. Zur Unterscheidung zwischen postulatorischer Struktur und Postulats-Inhalten bei der Auflösung der Dialektik des praktischen Vernunftgebrauchs.* Frankfurt 1988; 『칸트·순수한 이성의 한계 안에서의 종교』, 울산대학교출판부 1999; 『선험철학과 요청주의』, 울산대학교출판부 1999; 『칸트와 불교』, 철학과현실사 2000; 『살고있는 순간의 어두움』, 세종출판사 2001.

9) Ernst Troeltsch, *Die Absolutheit des Christentums und die Religionsgeschichte.* Siebenstern Taschenbuch Verlag, München und Hamburg 1929. 트뢸취는 1923년에 옥스퍼드 대학의 클레멘트 웹(Clement C.J. Webb) 교수로부터 초청을 받아 「세계종교에서 기독교의 위치」(Die Stellung des Christentums unter den Weltreligionen, The place of christianity among the world-religions)라는 강연을 하였는데, 이 강연은 바로 「기독교의 절대성과 종교사」(1902)를 압축한 것이었다. 이 원고는 트뢸취의 저서 *Christian Thought. Its History and Application* (Trans. by Baron F. von Hügel, University of London Press 1923; Wipf and Stock Publishers, West Broadway 1999)에 수록되어 있다.

10) Ernst Troeltsch, *Die Stellung des Christentums unter den Weltreligionen*(*The place of christianity among the world-religions*), in *Christian Thought. Its History and Application.* Trans. by Baron F. von Hügel, University of London Press 1923; Wipf and Stock Publishers, West Broadway 1999, pp. 10, 35.

11) Paul Tillich, *Christianity and the Encounter of the World Religions.* Columbia University Press, New

York and London 1963. p. 43.

12) 이에 대해서는 스미스의『종교의 의미와 목적』에 실린 존 힉의 서문(1978)을 참고할 수 있다. John Hick, Foreword, in Wilfred Cantwell Smith, *The Meaning and End of Religion*, New York 1991(1962), pp. v-xii.

13) Wilfred Cantwell Smith: *The Meaning and End of Religion*, New York 1991(1962), pp. 156-157.

14) 캔트웰 스미스는 "인간의 종교적 다양성" 물음에는 지적, 도덕적, 신학적 문제를 내포하고 있다고 보았다. 지적 또는 학문적으로 과거의 종교집단은 자신이 속한 전통만을 신앙으로 보고, 다른 사람의 종교행위는 미신으로 봄으로써 이 두 영역을 전혀 연관성이 없는 것으로 간주하였다. 따라서 학문적 접근에서도 이 둘은 전혀 다른 원리에 입각하여 이해하는 이분법에 시달려 왔다. 지적 도전이란 합리적이며 통합적인 방식으로 서로 뚜렷이 비교할 수 있고 눈에 띌 만큼 다양한 종교현상 전체를 일관성 있게 이해하려는 것을 뜻한다. 도덕적 문제는 종교간의 대립과 분쟁이 공동체의 분열을 조장하는 데서 제기된다. 과거에는 서로 다른 문명끼리 서로를 무시하거나 싸워왔으며, 아주 드물게 서로 만날 뿐이었다. 그러나 오늘날에는 이들이 서로 만나는데 그치지 않고 상호침투하고 있다. 인간은 이제 종교 및 문화적인 다원성의 세계에서 동반자로서 함께 살아나가야 할 새로운 과제를 배워야 한다. 신학적 차원에서 그리스도의 배타주의는 모든 종교들 사이에서 분란을 조장하는 가장 중심적인 명제이다. 그러나 배타주의는 기독교의 교리 안에서 보더라도 이론적으로 바르지 않다. 전통적인 기독교 이론에 의하면 삼위 가운데 하나의 인격, 즉 그리스도가 있을 뿐만 아니라 세 분의 인격, 즉 성부와 성자와 성령이 있기 때문이다. 하느님은 역사 속에서 활동하고 계신다. 우리는 우리의 지식에 의하여 구원받는 것이 아니다. 우리는 교회의 구성원이라는 자격으로 구원을 얻는 것이 아니다. 우리는 우리의 어떤 행위에 의하여 구원을 얻는 것이 아니다. 우리는 오히려 우리를 구원할 수 있는 유일한 것, 하느님의 고뇌와 사랑에 의해서 구원을 받는다. 하느님이 어떻게 다른 사람들의 삶을 다루고, 삶 속에서 행동하시는지 우리는 궁극적으로 자신있게 알 방도가 없기 때문에 최종적인 결론을 내릴 수 없으며, 적어도 그러한 고뇌와 사랑에 한계를 설정하는데는 신중해야 한다. 우리가 하느님의 행위를 감지할 수 있는 한, 우리가 알고 있는 하느님은 세상 모든 곳에 있는 사람들에게 사랑의 손을 뻗치시며, 그분의 음성을 들으려는 모든 사람에게 말씀하신다. 인간은 교회 안에서나 밖에서나 그분의 음성을 너무나도 희미하게 경청하고 있다. 그러나 우리가 아는 한 하느님은 어떤 방법으로든 인간의 마음 속에 들어가 거주하신다. Wilfred Cantwell Smith: *Patterns of Faith around the World*. Oxford 1962, p. 121-145.

15) Wilfred Cantwell Smith: *The Meaning and End of Religion*, New York 1991(1962), p. 192.

16) Raimundo Panikkar: *Der unbekannte Christus im Hinduismus*. Mainz 1990(1986).

17) 파니카의 종교신학에 대하여는 필자와 동명이인인 김진(목사)의 논문「라이문도 파니카 종교신학의 기독론」,『한국 종교문화와 문화신학』(한들, 서울 1998) 214-244쪽과,『피할 수 없는 만남, 종교간의 대화: 파니카의 종교신학』(한들, 서울 1999)을 참조할 수 있다.

18) J. Neuer ed.,『그리스도교 계시와 세계종교』, 1967, 168ff; 변신환,「레이몬드 파니카와 힌두교인-기독교인 사이의 대화」,『종교간 대화와 아시아신학』, 한국신학연구소, 천안 1996, 137쪽에서 재인용.

19) Hans Küng: *Projekt Weltethos*. München 1990(Abk.: *PW*), S. 109.

20) 그러나 이 같은 한스 큉의 입장에는 반론의 여지가 많다. 자신의 종교가 유일하게 참된 종교이

고, 그가 믿는 하느님을 유일신으로 신앙하는 사람들에게 칸트나 한스 큉의 도덕신학적 논리는 전혀 설득력을 가질 수 없기 때문이다. 예를 들면 기독교 신앙, 그리고 특히 근본주의 신앙을 가진 사람들은 도덕적 행위로써 구원받는다고 생각하지 않으며, 심지어 비도덕적인 사람이나 전통 속에서 용납 받지 못할 행위를 한 사람들도 기독교의 확장을 목적으로 필요로 할 경우에는 하느님의 은총에 동참할 수 있다고 믿고 있다. 그러므로 종교적 광신주의나 진리절대주의 속에서는 도덕이 들어 설 자리가 없다. 그리고 이 같은 사정은 사이비 종교 집단에도 그대로 부합한다. 도덕적인 것이 무엇인가는 여기서 다시 논란의 대상이 될 것이다.

21) 한스 큉에 의하면, 종교가 인간성에 기여하고, 그 교리와 윤리, 예식과 제의를 통하여 인간의 정체성, 삶의 의미와 가치를 신장시키며, 의미 깊고 풍요로운 실존을 가능하게 할 경우에 그 종교는 참 종교인 동시에 선한 종교이다.

22) *PW*, 121.

23) *PW*, 121.

24) 1989년 파리에서 "세계종교와 인권"을 주제로 하여 개최된 국제회의에서 한스 큉은 종교대화를 위한 보편적 근거기준으로서 '인간적인 것'의 정초 가능성에 대한 공감대를 확인했다고 기술하고 있다. 인간적인 것은 절대자 안에 기초해야 하고, 종교 안에서 인간성과 평화의 능력을 함양하는 인간교육이 이루어지고 있으며, 각각의 고유한 종교전통에서 인간성의 고양을 위한 근거를 제시할 수 있다는 것이다. PW, 121. 그러나 유대교, 기독교, 이슬람교, 불교, 유교가 말하는 인간적인 것의 토대가 동일한 것이고 호환성을 갖는 개념인가에 대해서는 논란의 여지가 있다. 일치의 근거기준을 신에서 찾지 못해서 인간으로부터 찾으려고 한 것이라면 한스 큉의 주장은 확고한 것이 아닐 것이다.

25) 에큐메니칼 물음의 한계는 일치적 근거로서 제시된 보편적 기준이 특정 종파에게는 보편적인 것으로 인정을 받지 못하고 여전히 특수한 것으로 평가한다는 사실에 있다. 에큐메니칼 운동의 성과로서 얻은 보편적 규범들을 한국의 보수주의 및 근본주의 교회가 외면하는 것은 그 단적인 사례라고 할 수 있다. 이는 종교의 통합적 대화모델에서도 동일하게 나타나는 현상이다. 증산교의 메타이념은 기존의 모든 세계종교들을 통합하는 통일신단의 체계를 구축한다는 사실에 기초하고 있으나, 세계종교들이 그것을 인정할 것 같지는 않다.

26) John Cobb: *Beyond Dialogue. Toward a Mutual Transformation of Christianity and Buddhism.* Philadelphia 1982.

27) Hans Küng, *Das Judentum. Die religiöse Situation der Zeit.* München 1991; *Das Christentum. Wesen und Geschichte.* München 1994; *Christentum und Weltreligionen. Buddhismus.* München 1995; *Islam.* 1997; *Chinesische Religion* 1999; *Hinduismus.* 1999; *Das Christentum. Die religiöse Situation der Zeit.* München 1999.

28) Hans Küng(Hg.): *Ja zum Weltethos. Perspektiven für die Suche nach Orientierung.* München 1995. S. 21-24.

11. 죄악은 어디로부터 오는가?

1) 아우구스티누스, 『자연과 은총에 대하여 펠라기우스파를 반박함』(De natura et gratia contra Pelagium), p. 415.

12. 신들의 정체는 무엇인가?

1) 에리히 폰 대니켄, 『미래의 수수께끼』, 삼진기획 1998; 『나스카의 수수께끼: 신들의 출현』, 삼진기획 2001; 『제우스의 이름으로』, 백의 2001; 『성서속의 암호: 신들의 귀환』, 삼진기획 2001; 『신들의 전차』, 정음문화사 2001; 『스핑크스의 눈: 신들의 흔적』, 삼진기획 2002.
2) 『스핑크스의 눈: 신들의 흔적』, 23-28쪽.
3) 『미래의 수수께끼』, 73-74쪽.
4) 『미래의 수수께끼』, 37쪽.
5) 『나스카의 수수께끼』, 148쪽.
6) 『미래의 수수께끼』, 40쪽에서 재인용.
7) 『나스카의 수수께끼』, 81-83쪽.
8) 『미래의 수수께끼』, 43쪽.
9) 『미래의 수수께끼』, 45쪽.
10) 『나스카의 수수께끼』, 173, 179, 181, 183, 186쪽.
11) 『미래의 수수께끼』, 231쪽.
12) 『신들의 전차』, 113쪽.
13) 『미래의 수수께끼』, 239쪽.
14) 『미래의 수수께끼』, 240쪽.
15) 『신들의 전차』, 39쪽.
16) 『미래의 수수께끼』, 184쪽.
17) 『미래의 수수께끼』, 30쪽.
18) 『미래의 수수께끼』, 33쪽.
19) 『나스카의 수수께끼』, 254쪽.

13. 세상의 종말은 어떻게 오는가?

1) Origenes, *On First Principles*, Glocester 1973.
2) 목창균, 『종말론 논쟁』, 두란노 1998.
3) "그 날과 그 때는 아무도 모르나니 하늘의 천사들도, 아들도 모르고 오직 아버지만 아시느니

라."(마태 24,36) "때와 기한은 아버지께서 자기의 권한에 두셨으니 너희는 알 바 아니요."(사도행전 1,7)

4) 목창균, 39-57쪽 참조.

5) 루터의 종말론 사상에 대해서는 다음 문헌을 참고하라. Martin Luther, *Prefaces to the Books of the Bible, Works of Martin Luther*, Vol.VI, Grand Rapids, Baker Book House, p.423, pp.481-489; Paul Althaus, *Luthers Gedanken über die letzten Dinge, Luther Jahrbuch* 1941, S. 9-34; Ulrich Asendorf, *Eschatologie bei Luther*, Göttingen 1967.

6) 목창균, 68-73쪽 '죽음의 상태' 참조.

7) Karl Barth, *The Epistle to the Romans*, London 1933, 160, 384, 393, 401. 목창균, 127-139.

8) Emil Brunner, *Dogmatics*, I, Philadelphia 1950, p.348, Hick, John: *Death and Eternal Life*, London 1976, pp.260f.

9) 목창균, 61-64쪽 '요한계시록 해석' 참조.

10) 목창균, 73-75쪽 '루터의 종말론, 천년왕국' 참조.

11) Albrecht Ritschl, *The Christian Doctrine of Justification and Reconciliation*, New York 1902.

12) Adolf Harnack, *What is Christianity*? New York 1957.

13) Johannes Weiss, *Jesus' Proclamation of the Kingdom of God*, London 1971, pp.113-115, 132-135.

14) Albert Schweitzer, *Von Reimarus zu Brede: eine Geschichte der Leben Jesu Forschung, The Quest of the Historical Jesus*, London 1906, 1963, pp.349, 238, 365f, 357. Albert Schweitzer, *The Mystery of the Kingdom of God: The Secret of Jesus' Messiahship and Passion*, London 1914, p.87. 목창균, 108-111.

15) C.H. Dodd, *The Parables of the Kingdom*, New York 1961, pp. 31-34, 114-121. C.H. Dodd, *The Apostolic Preaching and its Developments*, London 1956, pp. 36-37, 84-85, 목창균, 112-113.

16) Rudolf Bultman, *Jesus Christ and Mythology*, London 1966, pp.15-18, 32-33, 55-57, 80. Rudolf Bultman, *Theology of the New Testament*, New York 1951, p.23.

17) Jürgen Moltmann, *Theology of Hope*, New York 1967, p.11-15, 41-42, 85, 224, 257-261. 목창균, 116-123.

18) 목창균, 187-190.

19) 목창균, 180-183.

20) W.E. Blackstone, *Jesus is Coming*, New York 1932.

21) W.E. Blackstone, *Jesus is Coming*, New York 1932, pp.37-38, 43-49, 83-89, 228-242. 목창균, 143-159.

22) 강주헌, 『노스트라다무스가 예언한 21세기 대충돌』, 나무생각 2001, 7-9쪽.

23) 강주헌, 34-38쪽.

24) 강주헌, 53쪽.

25) 강주헌, 27쪽.

26) 강주헌, 67-70쪽.

27) 강주헌, 62-63쪽.

28) 71-73쪽.

29) 마이클 드로스닌, 『바이블 코드』, 황금가지 1997. 『바이블 코드 II』, 청림출판 2003.

14. 무엇을 믿어야 하는가?

1) 성철, 『선문정로평석』, 3쪽 이하.

2) 『육조단경』, 성철본, 101쪽 이하: 身是菩提樹요 心如明鏡臺니 時時勤拂(佛)拭하야 莫使有塵埃니라.

3) 『육조단경』, 105쪽 이하: 五祖曰 汝作此偈에 見卽來到나 只到門前이요 尙未得入이니.

4) 『육조단경』, 110쪽: 菩提는 本無樹요 明鏡은 亦無臺라 佛性(姓)은 常淸(靑)淨커니 何處有塵埃리오. [...] 心是菩提樹요 身爲明鏡臺라 明鏡本淸淨커니 何處染塵埃리오.

5) 『육조단경』, 222쪽 이하: 秀和尙의 言戒定惠는 諸惡不作을 名爲戒요 諸善奉行을 名爲惠요 自淨其意을 名爲定이라.

6) 『육조단경』, 224쪽 이하: 心地無亂이 是自性(姓)定이요 心地無癡 自性(姓) 「是」惠니라.

7) 『육조단경』, 222-3, 225쪽: 自性(姓)은 無非無亂無癡하야 念念般若觀照하야 常(當)離法相하나니 有何可立고 自性(姓)頓修하야 立有漸이라.

8) 『육조단경』, 174-175쪽: 一切萬法이 盡在自身心中하나니 何不從於自心하야 頓現眞如本性(姓)고 菩薩戒經에 云我本源(願)自性이 淸淨이라하니 識心見性하면 自成佛道니라 卽時豁然하야 環得本心이로다.(성철본, 173쪽)

9) 『육조단경』, 225-226쪽: 自性은 無非無亂無癡하야 念念般若觀照하야 常(當)離法相하나니 有何可立고 自性(姓)頓修하야 立有漸이라.(성철본 222-223쪽)

10) 『육조단경』, 175쪽: 我於忍和尙處에 一聞하고 言下에 大悟(伍)하야 頓見眞如本性이라. 是故로 將此(汝)敎法하야 流行後代하야 令(今)學道者로 頓悟菩提하야 各自觀心하야 令自本性을 頓悟케하니라.

11) 원융 해제, 『선문정로평석』, 27쪽: 若直下에 無心하면 量出虛空之外이니 又何用更歷階梯리오(宗鏡錄 23); 만약 直下에 無心하면 허공밖에 超出하거니 또한 어찌 階梯를 修歷하리오.(성철 해제)

12) 「돈오입도요문론」(頓悟入道要門論), 『禪林寶典』 선림고경총서 제1권. 장경각, 불기 2532, 212-3쪽: 頓悟者는 不離此生하고 卽得解脫이니 何以知之오 譬如師子兒 初生之時에 卽眞師子라 修頓悟者도 亦復如是하야 卽修之時에 卽入佛位니라 如竹春生筍하야 不離於春하고 卽與母齊하야 等無有異니 何以故오 爲心空故니라 修頓悟者도 亦復如是하야 爲頓除妄念하고 永絶我人하야 畢竟空寂하야 卽與佛齊하야 等無有異故로 云卽凡卽聖也니라 修頓悟者는 不離此身하고 卽超三界니 經云 不壞世間而超世間하며 不捨煩惱而入涅槃이라 하니라. 不修頓悟者는 猶如野干이 隨逐師子하야 經百千劫하야도 終不得成師子니라.

13) 『육조단경』, 217쪽: 何名(以)漸頓고 法卽一種이로되 見有遲疾이라 見遲卽漸이요 見疾卽頓이니 法無漸頓이요 人有利鈍故로 名漸頓이니라.

14) 『육조단경』, 208쪽: 教卽無頓漸이요 迷悟有遲疾하니 若學頓教法하면 愚人도 不可迷니라. 說卽雖(須)萬般이나 合離還歸一이니 煩惱暗宅中에 常須生慧(惠)日이어다. 邪來因煩惱요 正來煩惱除니 邪正俱(疾)不用하고 淸淨至無餘로다.(성철본, 204쪽)

15) 『육조단경』, 118-9, 177쪽: 善知識아 菩提般若之智(知)는 世人이 本自有之로되 卽緣心迷하야 不能自悟하니 須求大善知識하야 示導(道)로 見性하라.

16) 『육조단경』, 176-178쪽: 若[不]能自悟者는 須覓善知識示導(亦道)로 見性(姓)이니라 何名大善知[識]고 解最上乘法이 直示正路가 是大善知識이며 是大因緣이라 所謂(爲)化導(道)令得見佛이니 一切善法이 皆因大善知識能發起라 故三世諸佛과 十二部經이 云在人性中하야 本自具有로되 不能自性(姓)悟하면 須得善知識示導(道)하야 見性이니라 若自悟者는 不假外善知識이니 若取外求善知識하야 望得解脫(說)하면 無有是處요 識自心內善知識하면 卽得解[脫]이니라 若自心이 邪迷하야 妄念顚倒하야 外善知識이 卽有教授라도 「汝若」不得自悟어든 當起般若觀照하면 刹那間에 妄念이 俱滅하야 卽是自眞正善知識이라 一悟卽知佛也니라.

17) 『육조단경』, 45쪽: 無法頓漸이나 人有利鈍하니 迷(明)卽漸契(勤)요 悟人은 頓修니라 識自(白)本(心)이 是見本性이니 悟卽元無差別이니라.

18) 『육조단경』, 277-278쪽: 後代世人이 若欲覓佛이면 但識自(佛)心衆生하면 卽能識佛이니 卽緣有衆(生)하야 離衆生無佛心이니라. 迷卽佛이 衆生이요 悟卽衆生이 佛이며 愚癡면 佛이 衆生이요 智惠는 衆生이 佛이니라. 心險(劍)하면 佛이 衆生이요 平等하면 衆生이 佛이니 一生에 心若險(劍)하면 佛在衆生中이로다. 一念悟(吾)若平하면 卽衆生이 自佛이니 我心自有佛이라 自佛이 是眞佛이니 自若無佛心하면 向何處求佛고.(성철본, 275쪽 이하)

19) 성철, 「단경지침」, 『육조단경』, 성철본, 80쪽.

20) 『육조단경』, 208, 217쪽 참조.

21) 『육조단경』, 229쪽 이하: 無有餘乘이요 唯一佛乘이라.

22) 『육조단경』, 238쪽: 汝自身心見하고 莫著外法相하라 元無四乘法이니라 人心自有(不量)四等하야 法有四乘이니 見聞讀誦이 是小乘이요 悟[法]解義是中乘이며 依(衣)法修行이 是大乘이요 萬法을 盡通하며 萬行(幸)俱備하야 一切無離하되 但離法相하야 作無所得(德)이 是最上乘이니 乘是「最上」行義요 不在口諍하니 汝須自修하고 莫問吾(悟)也어다.

23) John H. Hick, *Philosophy of Religion*. Englewood Cliffs, New Jersey 1973[2]. p.1.

24) 존 힉, 『종교철학』, 동문선, 서울 2000, 11-16쪽 참조.

25) Hans Küng, *Projekt Weltethos*. München 1990. 한국어판: 『세계윤리구상』, 분도출판사 1992.

26) Immanuel Kant, *Die Religion innerhalb der Grenzen der blossen Vernunft*. Riga 1793, S. 146.

27) Paul Tillich, *Christianity and the Encounter of the World Religions*. Columbia University Press, New York and London 1963. p. 4-5. 또한 틸리히의 저서 『새로운 존재』(Paul Tillich, The New Being. New York 1955)의 제3장 "Our Ultimate Concern"(pp. 152-160)도 참조할 수 있다. 그리고 틸리히 사상에 대한 개설적인 이해를 위해서는 로빈슨(John A.T. Robinson) 주교의 저서 『신에게 솔직이』(*Honest to God*. London 1963, dt.-Ausgabe: *Gott ist anders*. München 1963)를 참조할 수 있다.

28) Paul Tillich, *Biblical Religion and the Search for Ultimate Reality*. The University of Chicago Press, Chicago 1955, p. 85.

29) Robinson, John A.: *Honest to God*. London 1963.

30) 폴 틸리히, 『흔들리는 터전』, 김천배 역, 대한기독교서회, 1959, 76쪽.

31) John Robinson, *Honest to God*, p. 47.

32) 이것은 카워드(Harold Coward)의 지적이다.(Harold Coward, *Pluralism. Challenge to World Religions*. New York 1985, p. 26-27) 그에 의하면 동방 정교회의 신학에서는 로고스가 육화되기 전이나 이후를 막론하고 예수 그리스도 안에서 모든 민족에게 하느님이 계속해서 진리를 계시하고 있다고 주장한다. 이를 가능하게 하는 근거는 바로 성령의 편재(偏在) 신앙이었다. 이렇게 보면 "그리스도는 단순히 인간 또는 하느님이 아니라, 인간들을 하느님에게 끌어올리는 신인(神人, theanthropos)이다. 다른 종교들도 인간을 신성한 삶으로 끌어올리려는 같은 목적을 가지고 있는 한, 정교회는 그것을 하느님의 세계 안에 있는 하느님의 도구로 인지한다."(John Meyendorff, "The Christian Gospel and Social Responsibility," in *Continuity and Discontinuity in Church History*, ed. E.F. Church and T. George, Leiden: E.J. Brill, 1979, p. 189)

33) Paul Tillich, *Christianity and the Encounter of the World Religions*. Columbia University Press, New York and London 1963. pp. 64-65.

34) Paul Tillich, *Christianity and the Encounter of the World Religions*. Columbia University Press, New York and London 1963. pp. 53-75: "A Christian-Buddhist Conversation".

35) Hans Küng, *Projekt Weltethos*. München 1990. S. 20; Abk.: PW, 안명옥 역, 『세계윤리구상』, 분도출판사 1992.

36) Hans Küng, *Menschwerdung des Gottes. Eine Einführung in Hegels theologisches Denken als Prolegomena zu einer künftigen Christologie*. Freiburg 1970, München 1989; Christ Sein. München 1974; *Existiert Gott? Antwort auf die Gottesfrage der Neuzeit*. München 1978.

37) Hans Küng, *Christenheit als Minderheit. Die Kirche unter den Weltreligionen*. Einsiedeln 1965; Die Kirche. Freiburg 1967, München 1977; *Christentum und Weltreligionen. Hinhührung zum Dialog mit Islam, Hinduismus und Buddhismus*, (mit J. van Ess. H. von Stietencron, H. Bechert), München 1984; *Theologie im Aufbruch*. Eine ökumenische Grundlegung. München 1987; *Christentum und Chinesische Religion*, (mit J. Ching), München 1988.

38) Hans Küng, *Projekt Weltethos*. München 1990; *Weltfrieden durch Religionsfrieden*. Antworten aus den Weltreligionen. München 1993; *Erklärung zum Weltethos. Die Deklaration des Parlaments der Weltreligionen*. München 1993; Ja zum Weltethos. *Perspektiven für die Suche nach Orientierung*. München 1995.

39) Hans Küng, *Die Hoffnung bewahren. Schriften zur Reform der Kirche*. München 1994.

40) 황금률은 거의 모든 세계종교에서 공통적으로 발견되는 현상이다. 공자(Konfuzius; ca. 551~489 v. Chr.)는 "네 자신이 원하지 않는 바를 다른 사람에게도 행하지 말라"(Gespräche 15;23: "Was du selbst nicht wünscht, das tue auch nicht anderen Menschen an.")고 하였으며, 유대교의 랍비 힐렐(Hillel, 60 v. Chr.~10 n. Chr.) 역시 "다른 사람이 너에게 행하기를 원하지 않는 바 그것을 다른 사람에게 행하지 말라"("Tue nicht anderen, was du nicht willst, das sie dir tun.")고 말하였다 이와 같은 내용은 기독교의 황금률에서도 발견된다: "여러분은 무엇이든지 사람들이 여러분을 위해 해주기를 바라는 바 그대로 그들에게도 해주시오."(「마태복음」 7:12, 「누가복음」 6:31; "Alles, was ihr wollt, das euch die Menschen tun, das tut auch ihr ihnen ebenso.") 칸트는 이것을 "네 의지의 행위원칙이 보편적 입법의 원리에 타당하도록 행위하라"(Kant: *Grundlegung zur*

Metaphysik der Sitten. BA 66f, in: Werke, Bd. IV, S. 67: "Handle so, daß die Maxime deines Willens jederzeit zugleich als Prinzip einer allgemeinen Gesetzgebung gelten könne.")는 정언명령의 형태로 세속화하였다.

41) 한스 큉은 현대 사회에서 종교가 최소한 인류가족의 근본적 일치; 인간의 평등과 존엄에 대한 확신; 개인과 그 양심의 불가침에 대한 정서; 인간사회의 가치에 대한 정서; 권력은 동시에 권리가 아니고 인간의 권력은 스스로 만족할 수 없고 절대적이지도 않다는 사실; 사랑, 동정, 무아, 그리고 정신과 내적 진리의 힘이 궁극적으로는 증오, 적개심, 이기심보다 더 강한 힘을 갖고 있다는 사실; 부자와 억압자에 저항하여 가난한 자와 억압받는 자의 편에 가담해야 하는 의무감; 결국 선의가 승리하리라는 희망을 확신해야 한다고 강조하고 있다. 또한 동시에 그는 기독교가 역사 속에서 신적 창조물로서의 역할 미흡, 교회분리, 전쟁 책임, 권력과 부의 남용을 통한 정체경제 문제, 문화패권주의, 생명존재의 존엄성 등의 문제에서 적극적으로 기여하지 못한 점에 대하여 자체비판을 시도하였다.(*PW*, 89f)

찾아보기

사진 찾아보기

지은이 : 김 진(金 珍)

울산대학교 철학과 교수. 독일 루어대학(보쿰) 철학박사
e-mail: *jinkim@ulsan.ac.kr*

독일 루어-대학(보쿰)에서 철학, 기독교 윤리학, 한국학을 연구하였으며, 리하르트 셰플러(Richard Schaeffler) 교수의 지도 아래 철학박사 학위를 취득하였다. 1989년 이후 울산대학교 철학과 교수로 재직하고 있다. 한국 칸트학회 회장(2012-2013), 한국연구재단 인문학단장(2014-2016)을 역임하였고, 현재 대한철학회 회장을 맡고 있다.
저서로는 *Kants Postulatenlehre* (Peterlang, Frankfurt 1988), 『칼 마르크스와 희랍철학』(1990, 1998), 『철학의 현실문제들』(1994, 2004), 『종교문화의 이해』, 『아펠과 철학의 변형』(1998), 『선험철학과 요청주의』(1999), 『살고있는 순간의 어두움』(1999, 2001), 『공학윤리』(2003), 『칸트와 불교』(2000, 2004), 『칸트와 생태사상』, 『퓌지스와 존재사유』(2003), *Wahrheit und Erfahrung* (Würzburg 2004), 『무아윤회 논쟁』, 『라이프니츠, 헤겔, 쇼펜하우어와 불교』, 『니체와 불교적 사유』, 『하이데거와 불교』, 『화이트헤드와 화엄형이상학』(2004), 『동성애의 배려윤리적 고찰』, 『칸트와 세계관의 철학』, 『하느님의 길』, 『칸트와 요청주의』, 『한에 대하여』, 『최고선과 요청주의』(2005), 『믿음 사랑 희망에 대하여』, 『에른스트 블로흐와 희망의 원리』(2006), 『페미니즘 윤리학』, 『처용설화의 해석학』(2007), 『생각하는 삶』, 『처용논쟁』(2008), 『현대철학자들』(2009), 『다석 류영모의 종교사상』(2012), 『쇼펜하우어의 의지와 표상으로서의 세계 읽기』, 『콜버그의 도덕발달』(2013), 『인생교과서 칸트』, 『아산 그 새로운 울림』 제 4권 『사람과 삶』(2015) 외 다수가 있다.
주요 연구 분야는 칸트 및 현대 독일철학이고, 종교철학, 형이상학, 역사철학, 환경철학의 주제들에 관심을 가져왔으며, 최근에는 심리사상과 정치신학 분야에도 관심의 폭을 넓히고 있다.